대통령과 재난: 대통령 기록물로 본 재난의 역사

윤민재
서울대학교 사회학 박사
전 서울대학교 사회발전연구소 책임연구원
현 연세대학교 국가관리연구원 전임연구원

임정재
연세대학교 사회학 박사
전 연세대학교 디지털사회과학센터 전임연구원
현 연세대학교 사회학과 BK21교육연구단 연구교수

황민혁
럿거스대학교 정치학박사
전 럿거스대학교, 뉴욕시립대학교 강사
현 순천향대학교 글로벌 자유전공학과 강사

대통령과 재난: 대통령 기록물로 본 재난의 역사

초판 인쇄 2022년 2월 22일
초판 발행 2022년 2월 28일

지은이 윤민재, 임정재, 황민혁
펴낸이 최국주
펴낸곳 동명사
출판등록 1950년 11월 1일(제1-76호)
주소 (우 10881) 경기도 파주시 회동길 50(문발동)
전화 031-955-7200(대표)~2, 7203(편집부), 7204(물류)
팩스 031-955-7205
전자우편 webmaster@dmsbook.com
홈페이지 www.dmsbook.com

ISBN 978-89-411-8225-2 93300
값 19,000원

東 明 社

머리말

코로나19로 인해 오랜 시간동안 국민들이 고통을 경험하고 있다. 한국현대사에서 전쟁을 제외하고 이렇게 오랜 시간동안 전 국민들에게 큰 충격을 준 재난은 드물 것이다. 또한 정부 등 공적 조직과 인력이 총동원되어 재난에 대처한 경우도 우리 역사에서 찾아보기 힘들 것이다. 정부의 모든 조직, 지방정부의 행정력이 총동원될 정도로 국가적 위기상황에 직면하고 있다. 또한 정부의 대처방식에 대한 논란도 끊임없이 이어지고 있다.

역대 재난과는 다른 21세기의 새로운 재난은 국가적, 지역적, 전지구적 수준에서 의학적, 정치적, 사회적, 경제적 위기를 낳고 있다. 이러한 위기에 대한 대처방식도 국가마다 다양한 모습을 보여주고 있다. 코로나19에 대한 대처방식은 그 국가의 정치역량과 통치능력을 보여주는 잣대가 되고 있다. 이런 점에서 볼 때 "재난관리"는 한 국가의 역량을 직접 평가할 수 있는 중요한 부분이라고 할 수 있다.

그럼에도 불구하고 재난을 예방하고 관리하는 인간의 능력은 점점 더 한계를 드러내고 있다. 코로나19의 사태가 여실히 보여주고 있다. 역사가 되풀이되듯이 재난에 대한 인간의 인지와 대처방식도 되풀이 되고 있다. 한 학자의 글을 보면 잘 알 수 있다. "이번 재난으로 우리는 우리 모두가 죽는 존재라는 사실을 상기하게 되었다. 하지만 실로 놀랄만한 속도로 우리는 그런 사실을 다시 잊어버릴 것이고, 웃고 쾌활하게 삶을 이어나갈 것이며 재난에서 운이 없었던 이들을 잊어버릴 테고 우리를 기다리고 있는 다음 재난이 무엇일지에 대해서도 신경 쓰지 않을 것이다"(퍼거슨, 2021).

이 책은 다음과 같은 점을 추구한다. 바로 이 점들이 이 책이 가지고 있는 특징이자 장점이라고 할 수 있다.

첫째, 기록물과 1차 자료에 근거한 대통령 시기의 객관적 연구이다. 대통령에 관한 많은 기존 연구들은 리더십에 대한 평가에 초점을 맞추고 있다. 그 연구들은 특정한 리더십 이론에 근거를 두고 대통령의 통치능력을 평가하고 있다. 또 다른 연구들은 특정 정책을 둘러싼 당시 업적에 대한 평가를 중심에 두고 연구하고 있다. 그런데 문제는 많은 연구들이 2차 자료에 근거하여 연구를 진행하거나 1차 자료를 동원하더라도 담화문, 성명서, 회의록 등 특정 자료에만 치중하여 연구를 한다는 점이다. 제한된 기록물 동원은 연구의 한계를 극복하는데 어려움을 주고 있다. 정부 문서뿐만 아니라 각종 위원회 문서, 국회 사료, 청와대 사료 등 광범위한 기록물 동원을 통한 대통령 분석이 필요하다. 이 책은 그러한 관심을 활성화하기 위한 기초 작업이 될 것이다.

둘째, 한국사회 위기관리 문제 해결을 위한 사례분석이 이 책이 지향하는 목적 가운데 하나이다. 위기관리의 실패는 사회갈등을 촉발시키거나 국가의 신뢰 저하, 성장과 발전의 지연 등 실패를 할 경우 많은 부작용을 일으킬 수 있다. 사회갈등은 국론을 분열시키고 국가신뢰를 떨어뜨리며 사회적 비용을 늘린다. 위기관리 사례분석은 학술적으로도 의미가 있지만 정책적으로도 의미 있는 사례가 될 것이다.

셋째, 이 책은 기록물에 근거한 위기관리 정책분석을 지향하고자 한다. 일반적으로 위기관리 연구는 이론편향적인 연구들이 많았다. 즉 경험적이고 객관적인 자료에 바탕을 둔 연구보다는 외국의 특정 사례나 이론을 동원하여 한국의 위기관리를 연구하는 것이 대부분이었다. 기록물에 바탕을 둔 위기관리 정책연구는 이론편향적인 분석이 갖고 있는 현실과의 괴리, 추상적 대안 제시 등의 한계를 극복하게 할 것이다. 이 책의 주요 내용인 위기관리에 대한 기록물 정리는 위기관리 정책 분석의 새로운 지평을 열 것이다.

목차

I

서론: 대통령과 재난관리의 변천

이 책은 한국의 역대 대통령의 재임 기간 동안 나타난 대형 재난에 대응한 모습들과 중장기적인 재난관리 시스템을 형성한 과정을 이승만 대통령부터 박근혜 대통령 시기까지 역사적으로 검토해 볼 것이다. 대형재난의 주제 하에서 첫째 자연재해관리, 둘째 사회재난관리, 셋째 환경 및 전염병 관리를 주요 대상으로 설정하였다. 이러한 구분은 기존 법에 기초한 것이다. "재난 및 안전관리 기본법"에서 말하는 재난이란 국민의 생명·신체·재산과 국가에 피해를 주거나 줄 수 있는 것으로서 태풍, 홍수, 호우, 강풍, 풍랑, 해일, 대설, 낙뢰, 가뭄, 지진, 황사, 적조, 그 밖에 이에 준하는 자연 현상으로 인해 발생하는 재해 그리고 화재, 붕괴, 폭발, 교통사고, 화생방 사고, 환경 오염사고, 그 밖에 이와 유사한 사고로 발생하는 대통령령으로 정하는 규모 이상의 피해와 에너지 통신 교통, 금융, 의료, 수도 등 국가기반체계의 마비와 전염병 확산 등으로 인한 피해를 말한다.

재해(災害, disaster)는 날씨 등의 자연현상의 변화, 또는 인위적인 사고로 인한 인명이나 재산의 피해를 말한다. 재해 가운데 자연현상과 관련된 천재지변을 좁은 의미의 재해(災害) 또는 재앙(災殃)이라고 부르기도 한다. 또한 사람의 실수 또는 부주의나 고의로 일어난 사고도 재난으로 보아 인재(人災, 인재 사고)라고 표현하기도 한다. 이러한 재해의 원인을 재난(災難)이라고 부르기도 한다. 그런데 재해 또는 재난이란 용어는 다양한 의미로 사용되고 있다. 특히 발생하게 하는 원인을 중심으로 천재인 자연현상에 의한 재해와 인위적인 요인에 의해 발생하는 인위재해(인재)로 분류할 수 있다. 따라서 재해의 개념을 정의하면 자연적 또는 인위적 원인으로 생활환경이 급작스럽게 변화하거나 그 영향으로 인하여 인간의 생명과 재산에 많은 피해를 주는 현상이라고 할 수 있다.[1] 재난이라는 용어는 과거에 자연현상에 의한 재앙만을 의미했지만 경제발전과 복합재난으로 인해 자연만이 재난의 원인을 의미하지 않는다. 최근에는 많은 재난의 의미가 재해, 재난, 위기, 위험 등과 혼용되어 사용되고 있다(오태근 외, 2019).

한국과 미국, 일본에서 사용되는 법률상 재난 정의를 보면 재난을 자연적, 기술적, 사회적 위험요인에 의해서 발생하는 피해로 보고 있다. 차이점은 한국의 경우 사회재난은 대통령령으로 정하는 규모 이상의 피해를 포함하고 있고 미국은 피해 규모에 따라 비상사태와 대규모 재난으로 구분하며, 일본은 자연재난에 보다 많은 비중을 둔다는 점이다. 재난관리는 재난으로 인한 피해를 극소화하기 위하여 재난의 예방, 대비, 대응, 복구와 관련하여 행하는 모든 활동을 말한다. 그 근거는 '재난 및 안전관리 기본법'에 두고 있다. 예방은 위험감소계획을 결정, 집행하고 각종 재난으로부터 인간의 생명과 재산에 대한 위험의 정도를 감소시키는 장기적인 정책으로 이루어진다. 예방은 재난이 발생하

1 재해발생 과정의 시간적 차이에 따라 급성재해와 만성재해로 나눌 수 있다. 급성재해란 그 발생과 진행이 상대적으로 빨리 이루어지는 재해로서 폭풍, 홍수, 산불, 해일, 산사태, 위험물질 누출, 폭발 등을 들 수 있으며, 만성재해란 그 진행이 느린 재해로서 전염병, 병충해 등의 농작물 피해와 환경파괴 등이 있다. 이 분류의 의미는 재해에 관한 정보의 전달과정과 대응과정의 차이에서 찾을 수 있다. 만성재해는 상대적으로 재해의 정보전달과 대응에 시간적 여유가 많으므로 대응과 피해복구의 사전준비가 크게 요구되지 않으며, 전국적인 또는 전세계적인 범위에서의 자료의 전달과 교환을 통해 재해방지대책을 수립할 수 있다. 급성재해는 만성재해에 비하여 급격하고 또는 국지적으로 이루어지기 때문에 사전대비 및 재해발생시 신속한 대처가 필요하다.

기 전에 재난촉발요인을 제거하거나 재난요인이 표출되지 않도록 억제하는 활동을 의미한다(양기근 외, 2014).

1967년 2월 제정된 "풍수해대책법"에서는 재해를 홍수·호우·폭설·폭풍 또는 해일·기타 이에 준하는 자연현상으로 인하여 발생하는 피해로 정의하였다. 이 법은 1995년 12월 "자연재해대책법"으로 개정되었고, 이 개정법에서는 재해를 태풍, 홍수, 호우, 폭풍, 해일, 폭설, 가뭄 또는 지진, 기타 이에 준하는 자연현상으로 인하여 발생하는 피해로 정의하였다. 1995년 7월 제정된 "재난관리법"에서 재난을 화재·붕괴·폭발·교통사고·화생방사고·환경오염사고 등 국민의 생명과 재산에 피해를 줄 수 있는 사고를 의미하며 다만 자연재해는 제외한다라고 규정하고 있다. 2004년 3월 제정된 "재난 및 안전관리 기본법"에서는 재난을 국민의 생명, 신체 및 재산과 국가에 피해를 주거나 줄 수 있는 것으로 정의하고, 그 유형을 태풍, 홍수, 호우, 폭풍, 해일, 폭염, 가뭄, 지진, 황사, 적조 그 밖에 이에 준하는 자연현상으로 인하여 발생하는 재해, 화재, 붕괴, 폭발, 교통사고, 화생방사고, 환경오염사고 그 밖에 이와 유사한 사고로 대통령령이 정하는 규모 이상의 피해, 그리고 에너지, 통신, 교통, 금융, 의료, 수도 등 국가기반체계의 마비와 전염병 확산 등으로 인한 피해로 구분하였다. 이것은 각각 자연재난, 인적재난, 사회적 재난을 의미하는 것으로서 사회적 재난을 재난범주에 포함시킨 점이 주목할만하다. 그 후 2013년 8월 제정된 "재난 및 안전관리 기본법"에서 인적재난과 사회적 재난은 사회재난으로 합쳐졌다.

이승만–박정희 정부 시기의 재난관리와 관련된 주요 정책, 제도, 사건 등을 보면 다음과 같다. 이승만 정부 시기에는 한국전쟁 전후 재난관리라고 설명하기에는 미흡하지만 국가적인 차원에서의 재난관련 지원정책의 초보적인 내용이 나타났다. 이승만 정부에서 처음으로 재해라는 말을 사용하여 국가적 차원에서의 관리를 보여주는 역사적인 문건이 있다. 이것을 보면, "천지재변과 기타 비상사변으로 인하여 가옥과 재산 등의 재해를 당한 이재민의 재해부흥과 그 생업에 필요한 자금을 융자하여 재해복구에 대한 공동사업을 함을 목적으로 함. 부흥조합은 사회부장관의 감독하에 있고 사회부 장관은 부흥조합으로 하여금 사업과 재산의 상황을 보고하도록 하며 소관 공무원에게 감리하도록 한다."[2]라고 규정하였다. 재난관리의 책임은 사회부에 있었고 그 지원 내용은 부흥이라는 말로 표현되었지만 매우 모호한 내용들이었다. 그리고 그 후 재해 대상을 포괄적으로 규정하면서 국가책임의 범위를 설정하고 그것을 다루는 구체적인 법을 소방법으로 규정하였다. 이 법을 보면, "화재, 풍수해 또는 설해를 예방, 경계, 진압 또는 방위하여 국민의 생명, 신체, 재산을 재해로부터 보호하는 동시에 그로 인한 피해를 경감하여 안녕질서를 유지하고 사회의 복리 증진을 도모함을 목적으로 함. 소방시설 의무화 및 건축허가시 소방서장 의견 청취해야 함. 의용소방대 설치 규정함"으로 되어 있다.[3]

박정희 정부 시기에는 재난관리와 관련되어 다양한 법안이 등장했지만 주 내용은 시스템에 의한 재난관리나 예방책에 중점을 두지 않고 구제와 사후 처리 방식에 더 역점을 두는 내용들이었다. 가령 "보건사회부에 중앙재해구호대책위원회를 서울시, 부산시 및 도에 지방재해구호대책위원회를 둠. 구호를 받고자 하는 자는 서면 또는 구두로 구호기관에 신고해야 함. 다만 긴급을 요하는 경우에는 구호기관은 신고를 기다리지 않고 7일 이내의 구호를 실시해야 함. 재해로 인한 부상자 및 질환자는 보건소나 기타 구호기관이 지정하는 의료기관에서 치료받을 수 있음. 재해로 인하여 생활방도가 없게 된 이재자에게는 1세대당 만원 한도로 생업에 필요한 자금이나 기구를 대여할 수 있음"을 설명하는 법안은 중앙정부와 지자체 간의 유기적인 협력을 강조한 점은 중요하나 피해를 입은 국민들의 자발적 신고를 우선시함으로써 사후 선택적인 지원을 한다는 한계를 보여주었다.[4] 재난과 관련하여 의미 있는 내용이 박정희 정부 시기에 등장하였는데 바로 민방위와 재난관리를 연계한 내용이다. 이 내용

---

2 법제처, "재해부흥조합법", 1950. 4. 13. (대통령기록관소장).

3 법제처, "소방법", 1958. 3. 11. (대통령기록관소장).

4 법제처, "재해구호법시행령개정령", 1970. 2. 28. (대통령기록관소장).

을 보면, "이 법은 적의 침공이나 전국 또는 일부 지방의 안녕질서를 위태롭게 할 재난으로부터 주민의 생명과 재산을 보호하기 위하여 민방위에 관한 기본적인 사항과 민방위대의 설치, 조직, 편성과 동원 등에 관한 사항을 규정함으로 목적으로 함. 민방위라 함은 적의 침공이나 전국 또는 일부 지방의 안녕질서를 위태롭게 할 재난으로부터 주민의 생명과 재산을 보호하기 위하여 정부의 지도 하에 주민이 수행해야 할 방공, 방재, 구조, 복구 및 군작전상 필요한 노동력 지원 등 일체의 자위적 활동을 말함. 민방위에 관한 국가의 중요정책을 심의하기 위하여 국무총리 소속하에 중앙민방협의회를 둠."이라고 규정하였다.[5] 여기에서 흥미로운 점은 재난을 오늘날처럼 자연재해, 사회재난의 차원에서 민방위 활동내용을 규정한 것이 아니라 전쟁이나 이에 상응하는 위기 시에 군의 보조세력이나 간접지원의 차원에서 민방위 활동을 정의하고 그 시각에서 재난의 문제를 바라보았다는 점이다.

박정희 시기에 또 하나 눈여겨 볼만한 재난관리는 환경과 관련된 문제이다. 이 시기에는 산업화가 본격화되며 환경오염이 국민건강에 가하는 위협이 실체화되기 시작하였고, 이에 따라 1963년 "공해방지법"이 제정되었다. 이는 일본이 본격적으로 "공해대책기본법"을 제정하며 환경문제에 대응하기 시작한 1967년보다도 빠른 것이었다(岩崎 恭彦, 2012). 그러나 이후 10여 년 동안 박정희 정부가 환경오염에 관해 적극적으로 대책을 세우고 추진한 흔적은 거의 없었으며, 환경문제가 본격적으로 부각된 1977년 공해방지법이 폐지되고 "환경보전법"이 제정되면서 이후 10여 년간 환경오염관리의 골간이 되었다.[6]

전두환-노태우 정부 시기에는 국가적 재난을 관리하는 시스템의 큰 틀에 대한 개편은 없었으나, 좀 더 체계적인 재난관리로 나아가는 기초적 법안들이 마련되기 시작했다는 측면에서 "재난관리의 형성" 시기라고 할 수 있다. 전두환 대통령 시기에는 태풍피해복구 등 피해보상을 위한 법안들이 도입되었고,

5 법제처, "민방위기본법", 1975. 7. 25.(대통령기록관소장).

6 법제처, "환경보전법", 1977. 2. 1.(대통령기록관소장).

전염병 예방법과 해양오염방지법 등이 강화되었다. 특히 노태우 대통령 시기는 1987년의 절차적 민주화와 맞물려 시민사회의 환경운동이 급성장하면서 이른바 "환경담론"이 널리 퍼지게 되는 시기였다(구도완, 2006: 129). 이에 따라 환경오염재난 관리를 법안이 체계화되는 등 변화가 있었으나, 큰 틀에서 국가적 차원의 "재난관리"에 대한 변화는 보이지 않았다.

이후 김영삼-김대중 정부 시기에 우리나라는 본격적으로 재난관리체계를 갖추어 나가기 시작했으며, 이 기간을 대한민국의 '재난안전관리체계구축' 시기라고 볼 수 있다. 김영삼 정부는 "재난관리법"을 최초로 제정함으로써 본격적으로 사후 처리 및 보상에 집중하던 기존 재난관리 방식을 벗어나 국가적 재난의 예방과 상시 관리를 목적으로 하는 체계적인 시스템 구축을 시도했다. 이는 1993년 서해훼리호 침몰, 1994년 성수대교 붕괴, 1995년 삼풍백화점 붕괴 등 대규모 사회재난을 연속으로 겪은 영향이기도 했다. 단, 당시의 재난관리법은 "자연재해"는 제외하고 "화재·붕괴·교통사고·화생방사고·환경오염사고" 등으로 재난관리의 영역을 제한한 한계가 있다. 하지만 "특별재해지역선포"에 관한 규정이 이 시기에 설립되는 등, 김영삼 정부는 본격적 국가적 재난관리의 시작을 알리는 중요한 시기였다고 할 수 있다.[7] 또한 환경처가 환경부로 재편되었다.[8] 그러나 전염병 분야는 재난 관리의 분야에 포함되지 않았고, 콜레라의 재유행과 각종 가축 전염병의 위협에도 국가 전체적으로 통합적인 시스템으로 관리하기보다는 부처별 대응 혹은 일시적인 재정지원을 통해 관리되었다.[9, 10]

김대중 정부의 재난관리 시스템은 김영삼 정부 때 완성된 골격을 해외재난관리의 영역을 추가하며 확장하였다. 특히, "재난발생의 위험성을 제거"한다는

7 법제처, "재난관리법시행령중개정령", 1998. 2. 24.(대통령기록관소장).

8 법제처, "환경처와 그 소속기관직제중개정령(제14450호)", 1994. 12. 23.(대통령기록관소장).

9 최양부 기증, "돼지 오제스키병 방역대책", 1995. 9. 28.(대통령기록관소장).

10 재정경제원, "1995년도 일반회계 예비비지출(전염병긴급방역 및 예방대책지원)", 1995. 10. 4.(대통령기록관소장).

표현을 "재난을 예방"으로 바꿈으로써 재난 예방이 재난관리의 기본임을 명확히 하였다. 또한 "해외재난"의 개념을 처음 법적으로 도입하여 국외에서 국민들에게 대규모 사고가 발생할 경우 정부합동 해외재난대책 지원단을 구성하여 파견할 수 있도록 하였다.[11] 그리고 대통령 직속 민관협력 환경 자문기관으로 지속가능발전위원회가 대통령령으로 출범하였다. 이는 환경문제가 더 이상 환경부 등의 특정 부처의 과제가 아니라 국가 관리 전반의 문제로 부각되었다는 것을 의미하였다. 전염병 관리의 경우 여전히 통합적인 국가적 재난관리시스템에 포함되지는 않았지만 그동안의 전염병 관리 체계가 법정전염병의 분류 및 모니터링에 일관적인 기준이 없었던 문제점을 인식하고 2000년 1월 포괄적인 전염병예방법 개정이 이루어졌다(천병철, 2011).

노무현-이명박 대통령 시기는 재난관리체계가 정착 및 확장된 시기로 볼 수 있다. 노무현 대통령 시기에는 재난전담기구로서 소방방재청을 설립하여 운용하였으며, 재난 및 안전관리 기본법 제정을 통해 확대·일원화된 재난관리를 시도하였다. 이명박 대통령 시기에는 조직개편을 통해 통합적 재난관리 및 역량 강화를 표방하였다. 노무현-이명박 정부 시기의 재난관리 관련 주요 정책과 제도 등을 살펴보면 다음과 같다.

노무현 정부 시기의 재난관리정책의 특징은 재난관리 정책과 시스템을 근본적인 측면에서 재개편하고자 노력하였다는 점이다. 이는 국가재난관리 시스템 기획단을 설치, 소방방재청의 설립, 재난 및 안전관리 기본법 입법으로 구체화되었다. 특히 재난 및 안전관리 기본법은 재난을 국민의 생명, 신체 및 재산과 국가에 피해를 주거나 줄 수 있는 것으로 정의함으로써 기존의 인위재난과 자연재해로 이원화된 재난 개념을 통합하고 국가기반체계 마비 등 새로운 형태의 재난을 포함해 확대·일원화된 재난을 대상으로 하였다는 점에서 의의가 있다(이종열 외, 2014). 또한, 법령 개정을 통해 국가안전보장회의(이하 NSC)

11 법제처, "재난관리법중개정법률공포안", 1999. 1.(대통령기록관소장).

사무처를 확대 개편하고 NSC 상임위원회와 사무처 위기관리센터(국가안보종합상황실)을 설치하였는데, 안보뿐만 아니라 재난 분야를 포괄하는 총괄 조정 기능수행을 표방하였다(정지범, 2012).

또한 예방적 측면의 재난관리가 본격화된 것이 특징이다. 전염병 관리의 경우 사스(SARS) 방역 평가 과정의 결과물로 질병관리본부가 설치되는 등 예방적 전염병 관리의 체계가 자리를 잡기 시작하였고,[12] 대규모 환경오염사고에 대한 대처를 시뮬레이션하여 훈련하는 등 사전적 재난관리가 실행되었다.

다음으로 이명박 정부 시기의 재난관리 정책의 특징은 재난관리 조직의 통폐합을 통한 재개편이 이루어졌다는 점이다. 이명박 정부가 표방한 '작은 정부, 큰 시장' 및 대부처주의(大部處主義) 기조하에서 행정자치부가 비상기획위원회, 중앙인사위원회와 통합되어 '행정안전부'로 변경되었으며, 이 과정에서 국가안전보장회의(NSC)사무처를 폐지하였다. 소방방재청의 경우 국가재난관리업무를 집행하는 기관으로 기존체제를 유지하되 하부조직을 통·폐합하여 재편성하였다. 따라서 기존 정부들이 비군사적 부문 내에서의 통합(자연재난-사회재난 등)을 추구한 것과 달리, 행정안전부 설립을 통해 군사적-비군사적 부문 간의 통합을 확대한 것이 이명박 정부의 특징으로 볼 수 있다. 그러나 이 과정에서 '전문성과 실행력을 겸비한 조직'이 부재하여 총괄 조정 기능에 한계가 있었다는 지적(정지범, 2012)도 있었다.

그리고 이명박 정부 시기에는 전염병 관리의 경우 광우병 사태에 대한 경험 이후 해외에서의 국민 건강 위협 요인에 예민하게 반응한 사례도 있었다. 이는 일본의 방사능 누출 문제부터 조류 독감의 해외 발생의 경우까지 다양하게 나타났다.[13] 특히 코로나19 이전 마지막으로 WHO에 의해 전 세계적 대유행(pandemic)으로 선포된 바 있는 H1N1형 신종인플루엔자에 대한 대응은 세

12 국가안전보장회의사무처, "SARS(중증급성호흡기증후군)대응상황 및 향후대책", 2003. 6. 11.(대통령기록관소장).

13 대통령실, "조류독감 국내 유입 사전 차단", 2012. 7. 16.(대통령기록관소장).

부 단계별로 상세하게 확인할 수 있다.

박근혜 정부에서 행정안전부는 안전행정부로 바뀌고, 재난안전실은 안전관리본부로 격상되었다. 세월호 사건 직후 2014년 5월 19일에 박근혜 전 대통령의 특별 담화로 대한민국 해양경찰이 해체 수순을 밟게 됨에 따라 국민안전처의 예상 규모는 더 커졌다. 각 부처별로 흩어져 있는 재난관리를 일원화하였다. 당초 정부의 법률안 초안에서는 국가안전처로 명시되었으나, 야당을 비롯해 순직한 소방관 등이 국가를 구성하는 세 가지인 영토, 주권, 국민 중에서 국민의 존립을 담당하는 부처이므로 역할과 기능을 명확하고 독자성과 행정력을 갖춘 처가 아닌 국민안전부를 신설해야한다는 의견이 있었다. 일각에서는 국가안전처가 국가안전기획부를 연상시킨다는 의견도 있었다. 정부와 여당은 명칭에서 야당의 의견을 받아들였고, 야당도 처급 기관으로 신설하는 것을 수용하여 2014년 11월 7일 국민안전처로 수정된 정부조직법 개정안이 통과되면서 설치되었다.

안전행정부로부터 안전 및 재난에 관한 정책의 수립·총괄·조정과 비상대비·민방위 제도에 관한 사무를, 해양수산부로부터 해상교통관제센터에 관한 사무를, 소방방재청의 소관 사무, 그리고 해양경찰청으로부터 해양에서의 경찰 및 오염방제에 관한 사무를 이관받아 국무총리 직속 국민안전처가 설치되었다. 주 업무는 안전 및 재난에 관한 정책의 수립·운영 및 총괄·조정, 비상대비에 관한 사무, 민방위에 관한 사무, 방재에 관한 사무, 소방에 관한 사무, 해양에서의 경비·안전·오염방제 및 해상에서 발생한 사건의 수사에 관한 사무 등이었다.

이와 별도로 한국도로공사는 직제 개편을 통해 2015년 1월 1일부로 '재난안전처'를 신설했다. 재난안전처는 세월호 사고를 통해 드러난 재난 안전 체계의 문제점을 해결하기 위해 국민안전처를 출범시키는 등 변화하고 있는 국가적 재난관리체계에 적극 대응하는 한편, 종합적이고 신속한 재난안전 대응과 수습체계 확보를 위한 고속도로 재난안전관리전담 조직으로 발족한 것이었다.

이 조직은 기존에 풍수해·설해·터널화재·교량붕괴 등 부서별로 분산된 재난 대응체계를 통합해 고속도로에서 발생할 수 있는 모든 유형의 재난에 대한 강력한 컨트롤 타워 기능을 수행 할 목적으로 발족하였다.

다음 장에서는 각 유형의 재난에 대한 역대 정부들의 관리방식을 심층적으로 살펴볼 것이다. 역대 대통령 별로 의미 있는 주요 재난사건 64건을 선별하였다. 먼저 재난관리의 성공과 실패 사례 중 역사적으로 의미있는 사례들을 선별하였다. 그리고 정치적으로 대통령의 리더십이 확연히 드러나거나 정치적 환경이 재난관리에 영향을 준 사례들을 선별하였다. 또한 행정적 측면에서 관료들의 역할과 중앙정부와 지방정부, 시민사회의 협력, 공조 등 의미있는 사례들도 선별하였다. 마지막으로 사회적으로 재난문제를 둘러싸고 의미해석과 해결방식을 둘러싼 갈등, 혹은 사후 정부와 시민사회 간에 처리방식에서 나타난 눈여겨볼만한 사례들을 선별하였다. 가급적이면 대통령의 지시사항, 성명 등이 담겨져 있는 기록물을 찾아 각각의 사건에 대해 의미해석을 하고자 했다. 이 책에 동원된 자료들은 신문, 법령, 다양한 조직들이 발간한 재난관련 문서와 백서, 그리고 대통령기록관과 국가기록원이 소장하고 있는 주요 문서들이다. 선별된 재난사건들은 이승만 대통령 시기부터 박근혜 대통령 시기에 발생한 것들로 한정하였다. 이 책에서 문재인 정부 시기에 발생한 사건들을 제외한 이유는 재난과 관련된 주요 문서들이 공개되지 않았기 때문이다. 최근 코로나19의 재난을 비롯 문재인 정부에서 발생한 붕괴 및 화재사건 등은 매우 중요한 재난사건이다. 이들 사건에 대해서는. 추후 정부자료 등이 공개되면 개정판을 통해 사건들을 선별, 정리하여 보완할 예정이다.

Ⅱ 역대 대통령의 주요 재난과 대응

1 이승만 대통령

1) 대한민국 정부수립과 함께한 WHO 가입(1951. 2.)

기성세대가 "나 때는 말이야"라는 화두로 말을 시작할 때마다 불합리할 정도로 개인의 희생을 강요하는 것에 진력이 난 젊은이들은 일명 "라떼는 말"[14] 이라고 비아냥을 날리는 것이 일상이다. 대한민국의 최초의 "라떼" 스토리는 아마도 주로 해방 직후의 가난을 경험한 세대가 생산했을 것이고, 아마도 지금의 50대~60대는 그들의 아버지 세대의 "라떼" 스토리가 지겨웠을지도 모르겠다. 하지만 역사적 기록으로 보면 해방 직후 세대의 경험은 이후 산업화 세대가 겪은 그 무엇에 비하더라도 더욱 혹독하고 처참한 상황이었음을 부인할 수 없다. 특히, 해방 직후의 우리 국민들의 위생은 열악하기 짝이 없었으며 국가적 방역은 사실상 부재한 상황이었고, 콜레라와 말라리아 등 전염병이 창궐하였지만 이에 대응할 수 있는 의료진이 크게 부족했던 것이다(이선호, 2014).

14 커피 전문점에서 주로 판매하는 커피의 종류인 카페 라떼(caffe latte)에서 음차한 냉소적 표현.

이러한 당시의 상황은 "국가의 부재"라는 상황이 초래할 수 있는 비극을 나타냄과 동시에, 사태를 극복하기 위한 대한민국의 세계보건기구(World Health Organization, 이하 WHO) 가입은 이제 막 "국가 건설"의 과정을 밟고 있던 우리 정부의 절실함을 보여준다.

[그림 1.1] 해방 이후 부산항에 들어온 해외 동포들에게 방역소독을 하는 모습

출처: 한국향토문화전자대전, 『부산일보』, 2020. 4. 1. "해방 이듬해 부산 쑥대밭 만든 전염병, '호열자'를 아시나예?"에서 재인용.

해방 직후 일본과 중국 등 각지에서 100만 명이 넘는 동포들이 귀국했는데, 불행히도 이 배들을 통해 콜레라가 유입되었다. 뉴시스에 따르면 1946년 4월 중국에서 귀환한 동포들이 승선한 수송선에서 콜레라가 발병하여 격리 소독을 받게 되었는데, 그 중 사망한 2명의 시신을 부산 영도 앞바다에 수장하는 바람에 인근 마을에 콜레라가 급격히 번지게 되었다는 것이다.[15] 동아일보 1946년 10월 12일 자에 따르면 전국적으로 38선 이남지역에서 "1만 4,909명이 콜레라에 걸렸고, 그 중 9,632명이 목숨을 잃었다"고 서술하고 있다.[16] 당시의 열악한 위생상황을 감안하고 보더라도 지나치게 높은 사망률을 보이고 있음을 알 수 있다. 여기에는 낙후하다 못해 전무하다고 할 수 있었던 방역 인프라와 관련 전문의료인력의 문제가 있었다. **[그림 1.2]**와 같이 당시 신문보도에

15 『뉴시스』, 2020. 3. 29. "1946년 콜레라가 한반도를 덮치다".

16 같은 글에서 재인용.

[그림 1.2] 『부산일보』, 1949. 4. 2. 『부산일보』, 2020에서 재인용

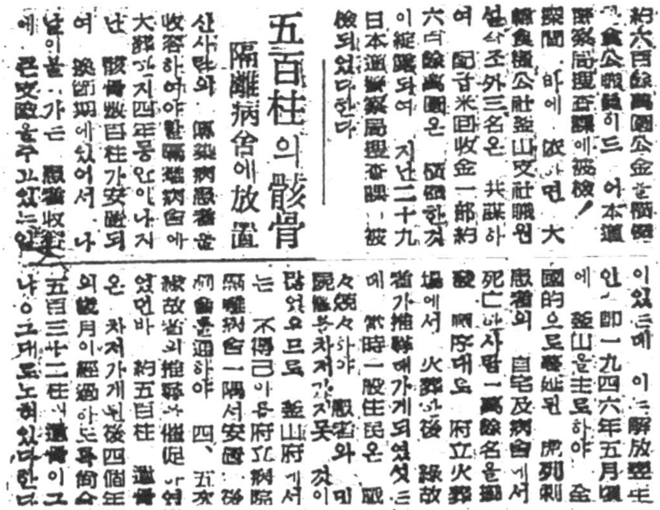
五百柱의 骸骨

隔離病舍에 放置

의하면 격리된 환자들은 사실상 아무 조치 없이 방치되다가 사망 이후 해골이 되어 병사(病舍)에 방치되었던 것이다.

방역의 실패는 국민의 생존을 직접 위협하는 만큼 정치적 리더십에도 큰 위협을 가할 수 있다. 따라서 귀국 이후 38선 이남에서 가장 유력한 지도자로 떠오르게 된 이승만은 대한민국 정부수립 이전부터 국민의 위생과 전염병 방역 문제의 중요성을 인식하였으며, 때마침 출범한 세계보건기구(World Health Organization, 이하 WHO)는 국제사회에 한국의 문제를 알릴 수 있는 좋은 기회로 주목을 받게 된다. 이에 이승만 정부는 공식 출범 이전이었던 1948년 6월 24일에 WHO가 출범할 때 최창순 사회부 차관을 옵서버로 참가시켜 대한민국의 WHO 가입에 대한 지지를 호소하게 된다. 이후 WHO 가입을 위한 정부의 요청이 이념적 대립이 극심하였던 당시 국회에서조차도 초당적인 협력으로 한 달 만에 통과하였던 것을 보면, WHO 가입 문제의 중요성에 대한 광범위한 공감대가 형성되어 있었음을 예상해볼 수 있다(이선호, 2014).

한국전쟁이 발발하고 국제사회의 의료지원이 더욱 절실해지자, 전쟁이 한창이었던 1951년 9월 이승만 정부는 필리핀 마닐라에서 WHO와의 첫 의료기술협력에 관한 조약을 체결한다. **[그림 1.3]**에서 볼 수 있는 것처럼 이 협정은 WHO가 한국에 보건관련 기술적 원조를 수행하는 것에 있어 정보의 공유 및 대한민국 정부와 WHO간 상호 의무를 규정하고 있다. 전쟁 중에 전세계의 전문 의료 인력으로부터 보건 관련 기술을 전수받고 협력하는 것 자체도 중요했

[그림 1.3] 보건사회부, "대한민국과 WHO와의 협정체결에 대한 비준요청에 관한 건", 1951. 2. 1.(대통령기록관 소장)

首文

世界保健機構(以下機構라한다)는同機構가提供할技術的援助條項
에關한協定인世界保健機構組織法第二條(A)項과經濟發展을爲한
技術的協助의擴張計劃에本機構가參與하는決定即一九五〇年五月二
十五日世界保健機構總會에서決議된WHO、A、三一一六決定事項
等을實施하고자希望하는바이며또大韓民國政府(以下政府라한다)
도韓國內의保健事業의發展을爲하여技術的援助를要求하고있음、政
府와機構는各事業의目的限界및兩者가負擔할責任、政府와機構가準
備하여야할各自의職務等에關하여相互合意를얻고자希望함으로相互
間의義務를友好的協助精神下에履行하여야할을宣言하는바이며따라
서다음과같이協定한다

第一條

A 機構는本協定에依하여締定된追加協定事項과그方法에依
하여技術的援助를供與한다

B 機構는顧問資格을가지고韓國을訪問하도록任命된專門
家(以下職員이라한다)派遣에關하여는빠드시政府와相
議한다 그職員은機構에對한責任을지고또同機構의指揮

64

겠지만, 대한민국의 존재를 해외에 조금이라도 더 각인시키고 국내적으로서는 '전 세계가 우리를 응원하고 있다'는 메시지를 보여줌으로써 애국심을 고취시키려는 노력으로 해석할 수도 있을 것이다. 이승만 대통령이 전쟁 중 휴전을 시도하려는 미국과 갈등하던 상황에서 동시에 직선제 개헌을 통해 재집권을 하려는 본인의 정치적 전략도 위협을 받고 있었기 때문에 정권의 업적을 홍보하기 위한 수단으로 이 협정을 활용하려 했으리라고 보는 연구도 존재한다(이선호, 2014).

위와 같은 과정을 거치면서 WHO는 해방 이후 대한민국 정부수립 초창기부터 줄곧 우리나라와 함께해온 몇 안 되는 국제기구 중 하나가 되었다. 특히 WHO 가입은 냉전의 영향으로 국제연합(UN)의 구성원이 될 수 없었던 우리나라의 지위에도 불구하고 가난하고 비위생적인 초기 대한민국의 실태를 전세계에 알려 국제사회의 원조를 이끌어내는 데 공헌을 하였다고 볼 수 있다. 이 사례는 국제정세를 읽고 그것을 정부수립 및 국가 시스템 건설에 활용하려 하였던 이승만 대통령의 통치 방식을 보여주는 좋은 예이다. 또 해방 이후 정부수립 이후에도 안보 역할 이외에는 실질적으로 공백에 가까웠던 국가의 영역이 본격적으로 제 자리를 잡기 시작했던 우리의 근대사의 한 변곡점이라고 할 수 있다.

2) 부산 국제시장 화재(1953. 1. 30.), 부산역전 대화재(1953. 11. 27.)

2014년 개봉한 영화 《국제시장》은 대한민국 산업화 세대에 관한 이야기이다. 영화의 주인공은 한국전쟁을 겪으며 고모가 살고 있는 부산으로 피난을 오게 되고, 고모의 가게인 '꽃분이네'에서 얹혀살게 된다. 영화의 제목이자, 그 '꽃분이네'가 위치한 곳이 바로 부산의 '국제시장'이다.

영화의 줄거리와 같이 한국전쟁이 발발 이후 많은 피난민들이 부산으로 몰려들게 되었다. 거처가 없는 피난민들은 판자집을 만들어 살기 시작하였고, 자연스럽게 대규모의 판자촌이 형성되었다. 피난민들이 급조하여 만든 판자집은 화재에 취약할 수 밖에 없었는데, 예를 들어 판자집 지붕의 재료로 사용된 미군의 기름종이는 화재가 발생하였을 때 바람에 날려 상황을 더 심각하게 만드는 역할을 하기도 하였다.[17] 이러한 사회적–역사적 배경으로 1950년대 부산은 크고 작은 화재들이 빈번하게 발생할 수 밖에 없었는데, 오죽하면 당시 부산의 가마솥 '부(釜)' 자를 부자 '부(富)'자로 바꿔야한다는 이야기가 나오거나 '부산'을 '불산'으로 부르기까지 하였다고 한다.

1953년 1월 30일 발생한 국제시장 대화재는 당시 부산 최대시장인 국제시장 대부분의 점포를 불태우고 주변 지역에도 매우 큰 피해를 끼쳤다. 국제시장 내 식당에서 술을 마시던 상인들이 석유등불을 깨뜨려 불이 났고, 금세 바라크(빠락, 바락크)[18]로 형성된 시장 전체를 휩쓸었다. 이내 불길은 인접한 창선시장과 중구 신창동, 부평동으로까지 번졌으며, 그 과정에서 기름폭발을 일으켜 더 큰 피해가 발생되었다. 소방대의 소화작업에도 불구하고, 9시간 넘게 타오른 불길은 일대를 불바다로 만들었으며, 국제시장 1,230동, 신창동 230동, 부평동 110동의 시장점포와 인근 가옥 1,600여 동이 불에 타 1조 원대의 재산피해와 6,800세대 2만 2,500명의 이재민이 발생하였다.[19]

---

17 『국제신문』, 2012. 11. 26. "부산역전 대화재 59주년… 새롭게 밝혀진 위트컴 장군 기억" 그의 공덕비, 도시철도 중앙동역 인근에 있었다".

18 1950년대 피난민들이 부산의 해변가나 하천변에 판자로 허름하게 지은 임시 건물.

국제시장 화재가 발생한지 얼마 지나지 않은 같은해 11월 27일 부산역전 대화재가 발생하였다. 부산시 중구 영주동의 판자촌에서 발생한 화염은, 불어닥친 강풍으로 순식간에 번졌으며 14시간에 걸쳐 부산역 주변 주요 번화가의 건물과 민가를 불태웠다. 이로 인해 주택 3,132채가 완전히 소실되고, 29명의 사상자와 6,000여 세대 3만 명의 이재민이 발생하였으며, 피해액은 총 2,000억 환으로 추산되었다.[20] 부산역전 대화재로 인한 피해액은 국제시장 대화재 당시 피해액의 약 12.6배에 이르렀으며, 부산역사, 부산 우편국, 부산일보사 사옥, 부산방송국 등이 불에 타 교통·통신·방송시설의 마비가 발생하였다(김승 외, 2013).

국제시장 화재가 발생하자 정부의 사회부 및 내무부에서는 부산시내 13개소의 극장, 학교, 교회를 이재민 수용소로 지정하였고, 6개 병원을 응급치료소로 정하여 부상자와 이재민에 대한 구호활동을 개시하였다. 이를 통해 오천명분의 식량을 배급하였으며, 이재민 등록도 실시하였다.[21]

당시 우리나라는 한국전쟁의 후유증으로 경제적인 어려움을 겪고 있었기에, 연이어 터진 대화재의 복구를 위해서는 미국의 원조가 절실하였다. 기록에 따르면 부산시는 미군과의 협약을 통해 재건사업을 도움받기로 하였으며,[22] 미국방성의 FOA(Foreign Operation Administration) 당국에 직접 원조를 요청하기도 하였다.[23] 이승만 대통령은 1954년 화재지구 재건식에 한미 양측 인사들과 함께 참석하였으며, 이재민 상황을 시찰하고 위로하기도 하였다.[24]

---

19 부산역사문화대전, http://busan.grandculture.net/Contents?local=busan&dataType=01&contents_id=GC04200974.

20 부산역사문화대전, http://busan.grandculture.net/Contents?local=busan&dataType=01&contents_id=GC04200974.

21 『조선일보』, 1953. 2. 2. "釜山國際市場(부산국제시장)의 火災續報(화재속보)".

22 『조선일보』, 1955. 11. 18. "驛前火災地區(역전화재지구) 再調査後 再建推進(재조사후 재건추진)".

23 『조선일보』, 1955. 1. 14. "釜山驛前災地復舊一次(부산역전재지복구일차)로 50萬弗援助(만불원조)".

24 『조선일보』, 1954. 1. 16. "釜山火災地區再建式(부산화재지구재건식) 李大統領參席下(이대통령참석하)에 擧行(거행)".

또한, 우리나라에 주둔하고 있었던 미8군의 사령관 테일러 장군은 미8군 장병들이 모은 구제금을 전달하기도 하였다.[25]

이승만 대통령 정권 초기에는 화재관리 전반에 대한 정책과 법령이 체계화되지 않았고, 대부분 국민들을 대상으로 하는 화재 예방 및 홍보 활동 위주로 진행된 것으로 보인다. 1949년 이승만 대통령의 연설기록[26]을 살펴보면 이승만 대통령은 미국의 사례를 들면서 "미국에서도 조차 화재가 크게 나면 소방대와 기계설비도 어찌할 수 없이 큰 피해를 입는다"며, 연설과 영화, 포스터 등을 통해 국민을 계몽할 필요가 있음을 강조하였다.

[그림 1.4] 부산화재현장을 시찰 중인 이승만 대통령

출처: 국가기록원, http://theme.archives.go.kr/viewer/common/archWebViewer.do?bsid=200200025566&dsid=000000000006&gubun=search.

25 『경향신문』, 1954. 1. 17. "罹災民(이재민)에 五萬弗(오만불) 테將軍新築起工式(장군신축기공식)에서 寄贈(기증)".

26 대통령기록관, https://www.pa.go.kr/research/contents/speech/index.jsp?spMode=view&artid=1310544&catid=c_pa02062.

한편으로는 홍보 위주의 화재예방 정책에는 한계가 있음을 지적하며, 처벌을 강조하기도 하였다. 각 부처의 노력에도 불구하고 화재사건이 빈번하게 발생하자, 화재방지를 위한 계몽활동 보다는 화재 유발에 대한 처벌을 강조하고, 실제로 이와 관련된 법제화를 시도하라는 내용의 기록물이 확인되었다.[27] 또한, "화재가 자신은 물론 타인과 국가에 커다란 손해를 주며 생명을 빼앗음"을 강조하며, "실화한 사람에게는 처벌하는 규정을 만들어서라도" 화재를 단속하라는 기록도 확인된다.[28] 한국전쟁 이후 혼란하였던 사회분위기를 고려하면, 체계적인 화재 및 재난관리 시스템을 구축하기에는 현실적인 어려움이 있었기에 주로 화재예방 홍보나 처벌에 중점을 맞춰 추진된 것으로 보인다.

이후 1958년 제정된 소방법[29]에서는 화재와 관련된 이승만 정부의 노력이 엿보였다. 비록 제정 당시에는 화재뿐만 아니라, 풍수재, 설해와 같은 자연재난

[그림 1.5] 대통령비서실, "화재 방지", 1954. 7. 5.(대통령기록관 소장).

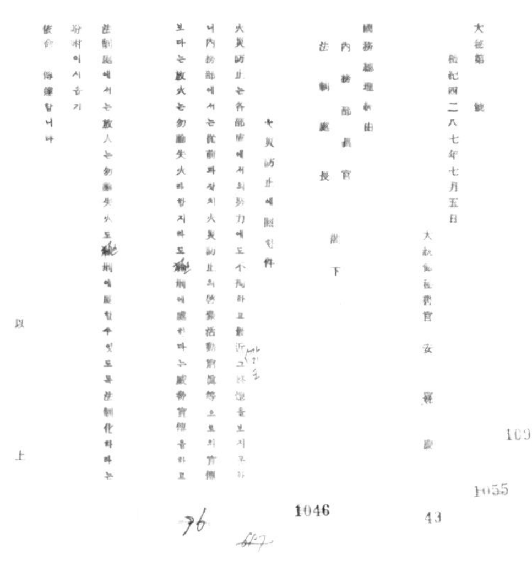
大秘第 號
檀紀四二八七年七月五日
大統領秘書官 [illegible]
總務處長 經由
內務部長官
法制處長 座下
火災防止에 關한 件
火災防止는 各部處에서의 努力에도 不拘하고 [illegible]을 보지 못하
나 內務部에서는 從前과 갗이 火災防止의 啓蒙活動 [illegible] 等으로의 宣傳
보다는 放火는 勿論 失火라 할지라도 嚴刑에 處한다는 威脅宣傳을 하고
法制處에서는 放火는 勿論 失火도 嚴刑에 處할수 잇도록 法制化하라는
分付이시옵기
依命 傳達합니다
以上
1046 43 1055 1099

27 대통령비서실, "화재 방지", 1954. 7. 5.(대통령기록관 소장).

28 대통령비시실, "방화 및 이재민 가옥 건축", 1952. 2. 14.(대통령기록관 소장).

29 https://www.law.go.kr/법령/소방법/(00485, 19580311).

까지 모두 아우르고 있으나 화재와 관련하여서 "화재의 예방, 위험물의 취급, 방화 및 소화의 설비, 화재의 경계, 화재경계지구, 소화의 활동, 화재의 조사"로 구분되어 체계적인 관리를 시도하였음을 확인할 수 있다.

흥미로운 점은 화재와 관련된 몇몇 대통령기록물에서 '공산당'이나 '게릴라' 등에 의한 '방화'가 언급되고 있어 당시 혼란하였던 시대상이 드러나기도 하였다는 것이다. 한 기록물[30]에서는 "게릴라군이 방화한 사이 공산군이 침입할 수 있으며, 항공대에서 적군의 소재를 알기 힘들어지는 문제가 발생할 수 있으므로 방화자는 체포하여 군법으로 처벌하라"는 내용이 기록되어있다. 또한 1953년 국제시장 화재와 관련된 기사[31]에서는 원주, 대구, 수원 시장 화재와 연계된 공산당의 소행일 수도 있다는 의혹을 제기하기도 하였다. 마찬가지로 1953년 12월 이승만 대통령의 연설기록[32]에도 부산에서의 화재가 공산당의 음

[그림 1.6] 대통령비서실, "방화취체에 관한 건". 1951. 2. 1.(대통령기록관 소장)

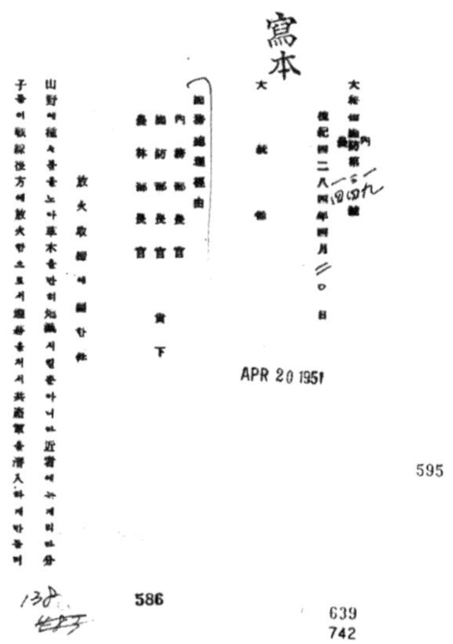

30 대통령비서실, "방화취체에 관한 건". 1951. 2. 1.(대통령기록관 소장).

31 『경향신문』, 1953. 2. 2. "一平方里千餘戶燒(일평방리천여호소)진 原因赤色分子放火(원인적색분자방화)?".

32 대통령기록관, https://www.pa.go.kr/research/contents/speech/index.jsp?spMode=view&artid=1310883&catid=c_pa02062.

모일 수 있으니, 철저히 조사하여 고의로 방화한 것이면 강력한 처벌을 하여야 한다고 기록되어있다.

이승만 정권 당시 부산에서 여러차례 발생한 대규모의 화재들은 당시 혼란한 시대상을 잘 드러낸다. 한국전쟁 이후 몰려든 피난민과 우후죽순 늘어난 판자촌들로 인해 상수도와 전기시설을 비롯한 사회 기반 시설은 턱없이 부족하였고, 항상 화재의 위험에 노출되어 하루에도 몇 차례의 화재가 발생하고 있었던 상황이었다.[33] 또한 북한과의 긴장 상황으로 북한의 테러행위 가능성을 검토(혹은 의심)하여야 하는 상황이었던 것이다.

한편, 부산에서 발생한 여러차례의 대화재는 부산의 도시계획에 영향을 미쳤다. 국제시장 재건계획에서는 바라크 건물의 무질서한 밀집이 화재를 키웠다는 점을 지적하며, 점포 간 간격 유지를 강조하였고 방화벽 설치, 도로 폭 넓히기, 내화건물 설치 등이 논의되었다.[34] 부산역전 대화재 사건 이후 발표된 도시계획에서도 신축건물들에 내화(耐火) 규정과 방화벽 설치에 대한 규정을 확인할 수 있으며,[35] 이재민들을 위한 주택(후생주택)이 건설되기도 하였다.[36] 연이은 대화재를 겪으며, 바라크 설치가 금지되었다는 점과 동시에 선거철을 앞두고 바라크 철거를 둘러싼 논란이 정치적 쟁점이 되었다는 점에도 역사적인 의미가 있다.[37]

---

33 부산역사문화대전, http://busan.grandculture.net/Contents?local=busan&dataType=01&contents_id=GC04200974.

34 『동아일보』, 1953. 2. 3. "大火事件契機(대화사건계기) 國際市場再建計劃(국제시장재건계획)".

35 『동아일보』, 1953. 12. 1. "災地(재지)에 새都市計劃(도시계획)".

36 『조선일보』, 1954. 1. 16. "釜山火災地區再建式(부산화재지구재건식) 李大統領參席下(이대통령참석하)에 擧行(거행)".

37 부산역사문화대전, http://busan.grandculture.net/Contents?local=busan&dataType=01&contents_id=GC04200974.

3) 1959년 태풍 사라(1959. 9.)

태풍 사라는 열대성 저기압으로 1959년 북태평양 서부의 사이판 섬 동쪽 해상에서 발생했다. 우리나라에 영향을 주는 태풍은 주로 북서태평양 북위 5~20°와 동경 125~155° 해역에서 발생하는 열대성 저기압 중에서 중심 부근의 최대 풍속이 17m/sec 이상의 강한 폭풍우를 동반하는 것을 말한다. 태풍 사라는 1959년 9월 16일 중심 기압 906hPa, 중심 최대 풍속 65m/sec를 유지하면서 대만 북동쪽 300km 해상에서 전향하여 북북동진하고 이후부터 매시 25km로 북상하였다. 이때부터 제주도가 태풍 사라의 영향을 받았고, 9월 17일 새벽에 중심 기압 945hPa을 유지하면서 제주도 동쪽 해상을 통과, 11시경에는 태풍 중심부가 경상남도 통영 부근에 상륙, 15시에는 경상북도 포항 지방을 거쳐 영일만으로 빠져 나갔다.[38]

태풍 사라는 서귀포시를 포함하여 제주 지방에 극심한 피해를 입혔다. 부산지역은 모든 교통과 통신시설이 마비되어 100만 이상의 부산시민이 고립되었다. 대구역에서는 2천여 명이 고립되어 많은 사람들이 노숙을 하였고 이들 대부분이 명절을 받아 귀향하던 군인들이었다.[39] 전남 고흥군의 나로도의 섬 주민 전체가 집과 농작물 거의 모두를 유실하는 피해를 입기도 하였다(이재수, 2000).

정부의 지원이 부족하여 굶주림과 추위에 떠는 이재민들이 가마니라도 달라는 요구가 빗발치기도 하였다. 또한 전국적으로 사망·실종 11명, 부상자 107명 등 엄청난 인명 피해가 발생했다. 재산 피해액은 32억 5,000만 원에 달했으며 이재민은 무려 7,500세대 3만 3,000여 명을 웃돌았다. 가옥 1,499동이 전파되고 1만 3,148동이 반파되었다. 선박 236척이 부서지거나 유실되었으며 공공건물 131동이 파괴되었다. 이외에도 교량 유실 21곳, 도로 유실 1만 4755m 등

---

38 http://seogwipo.grandculture.net/Contents?local=seogwipo&dataType=01&contents_id=GC04600032.

39 『조선일보』 1959. 9. 19. "태풍 일과후".

의 피해가 발생했다. 농경지도 2만 5,000ha가 물에 잠겼다. 전국적으로는 832명의 사망자가 발생했고, 661억 원의 재산 피해를 낸 것으로 집계되었다.

[그림 1.7]은 한국의 매월 태풍 평균 발생건수와 그 가운데 영향이 큰 발생건수를 보여주고 있다. 특히 7, 8, 9월에는 심각한 피해를 주는 태풍이 1건씩 발생하고 있음을 알 수 있다. 태풍 사라도 바로 9월에 발생하였다.

그리고 태풍 발생에 따른 인명피해도 사라가 가장 컸다. 발생일수도 길었지만 다른 태풍에 비해 압도적으로 인명피해가 컸다. 그 정도로 위력이 컸고 당시 자연재해로부터 피해를 줄일 수 있는 대책이나 시설물 관리 등이 매우 취약했다.

[그림 1.7] 연평균 태풍 발생 및 영향 개수

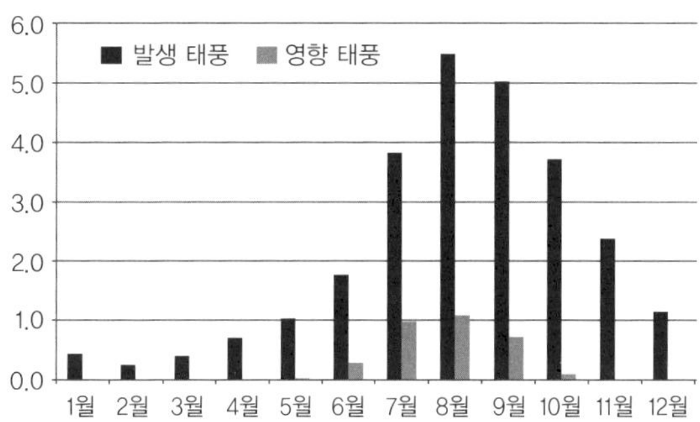

출처: 기상청 날씨누리.

표-1 태풍에 따른 인명 피해 순위(1951.-2016.) (단위: 명)

순위	태풍명	발생일	사망·실종
1	사라(SARAH)	1959. 9. 15.~9. 18.	849
2	베티(BETTY)	1972. 8. 18.~8. 20.	550
3	셀마(THELMA)	1987. 7. 15.~ 7. 16.	345
4	루사(RUSA)	2002. 8. 30.~9. 1.	246
5	매미 (MAEMI)	2003. 9. 12.~9. 13.	131

출처: 행정안전부, 자연재난대응과, “기관간 상호협력 강화해 힘센 가을 태풍에 대비해야”, 2017. 9. 12.

당시 정부는 피해에 대한 복구를 위해 보건사회부 주도로 의연금을 모집하였다. 이승만 대통령은 9월 19일 의연금을 전달하였다.[40] 이승만 대통령은 담화를 발표하고 '이재민들에게 정부와 민간차원에서 도움을 주고 그들이 하루 속히 다 같이 살도록 하는 것이 사람의 도리이며 인정'이라는 점을 강조하였다. 그럼으로써 다 같이 살게되는 정신을 발휘하면 하느님이 불쌍히 여겨 다

[그림 1.8] 태풍 사라

① 태풍 사라 당시 모습, 출처: http://www.busan.go.kr/safety/disasterhistory02.
② 이승만 대통령 태풍 사라호로 부러진 나무 복구 장면, 출처: 국가기록원.
③ 태풍 사라 피해 모습, 출처: 국가기록원.

40 『조선일보』, 1959. 9. 20. "이승만 대통령도 의연금 전달".

같이 복을 받을 것이라고 밝혔다.[41]

한편 정부는 의연금 모집을 위해 선전탑, 현수막, 포스터 등을 설치하고 신문과 라디오를 통해 홍보하였다. 목표 모금액은 약 11억 원이었다. 모금을 위해 먼저 극장을 활용하였다. 서울지역은 입장객 1인당 100환, 지방은 1인당 50환을 책정하였다. 그 다음 전국의 학생들을 대상으로 한 모금이 있었다. 국민학생 10환, 중고생 30환, 대학생 50환씩 걷기로 결정했다. 그리고 종교단체, 사회단체를 동원하여 가두모금을 하고 공무원을 대상으로 1인당 300환, 금융권과 일반회사 직원들도 300환씩 내도록 하였다. 이것은 자발적인 모금보다는 반강제적이고 의무적인 모금에 치중했다는 모습을 보여주는 것이었다. 모금액 가운데 15% 이내로 선전비와 사무실 운영비를 사용하도록 했다.[42] 이렇듯 정부의 대책과 지원은 의연금을 모집하고 긴급구호 물품을 전달하는데 그쳤다. 자연재해에 대한 국가의 지원과 책임의식은 찾기 힘들었고 그에 대한 제도나 법령의 준비를 통한 미래 재해의 대비의식도 부족했다.

[그림 1.9] 국민의연금 모금 실적

(별표제1호)

태풍재해복구의연금모금실적표
(풍수해의연금계정) (4292년12월17일현재)

모금종별	목표액	모금실적액	실적율	비고
	환	환	%	
극장	180,000,000	168,830,979	93.8	
학생	62,000,000	59,063,324	95.3	
가두	50,000,000	46,469,546	92.9	
공무원	420,000,000	600,583,508	143.0	
기타	788,000,000	662,871,827	84.1	
총액	1,500,000,000	1,537,825,184	102.5	

출처: 국무회의록, "사라 태풍피해 의연금 모집에 관한 건", 1959. 9. 25.(국가기록원 소장).

41 『조선일보』, 1959. 9. 21. "이승만 대통령 담화, 재민을 도웁자".

42 국무회의록, "사라 태풍피해 의연금 모집에 관한 건", 1959. 9. 25.(국가기록원 소장).

2 박정희 대통령

1) 공해방지법 입안(1963. 2. 1.)

기후변화와 환경문제의 심각성으로 전지구의 생존이 위협받고 있음을 시시각각 느낄 수 있는 현재와는 달리, 과거에는 많은 사람들이 깨끗한 환경과 경제적 풍요가 동전의 양면이며 환경문제를 제기하는 것은 경제발전의 걸림돌이라고 인식하던 때가 있었다. 특히 객관적으로 측정하기 어려운 국민의 행복과 삶의 질에 관한 문제 보다는 수치적으로 내세울 수 있는 양적인 경제 "성장"이 중요시되던 독재 정권 하의 산업화 시기에 이런 경향이 더욱 두드러졌다고 볼 수 있다. 그럼에도 불구하고 산업화가 진행됨에 따라 야기될 수 있는 공해문제는 특히 권력의 정당성을 눈에 보이는 결과로 입증해야 했던 군사정권에게 잠재적 위협으로 인식될 수 있었다. 박정희 정권이 우리보다 먼저 전후 복구 및 산업화가 이루어진 일본보다도 수 년 먼저 종합적인 "공해방지법"을 제정한 것에는 이러한 종합적인 상황판단이 자리하고 있었음이 틀림없다. 일각에서는 이러한 박정희 대통령의 공해방지법령 도입의 선구성을 높이 사 "환경 보호 대통령 박정희"라고 칭송하기도 한다(박창근, 2015).

[그림 2.1] 1969년 4월 5일 식목일 기념행사에서의 박정희 대통령의 모습

출처: 『뉴데일리』, 2011. 4. 5. "이승만의 식목일+박정희 그린벨트, 그리고 이명박".

물론 공해방지법과 그에 맞물린 그린벨트 지정, 그리고 산림녹화 등 환경 문제에 박정희 정권이 의외로 공을 들인 점을 부인할 수는 없다. 하지만 공해방지법이 실제로 어떤 역할을 했는지 그 효과를 들여다보면 구색 맞추기였다는 느낌을 지울 수 없다. 특히 1963년의 공해방지법은 "공장이나 사업장 또는 기계구조의 조업으로 인하여 야기되는…… 산업공해의 테두리를 벗어나지 못한 규제였다"(차철환, 1973).

공해방지법이 환경오염 관리를 위한 최소한의 역할을 할 수 있게 된 것은 1971년의 법 개정 이후부터로 추정된다. 1971년 개정된 공해방지법은 1963년의

[그림 2.2] 수도권 개발제한구역, 일명 그린벨트 설정을 의결하는 기록물

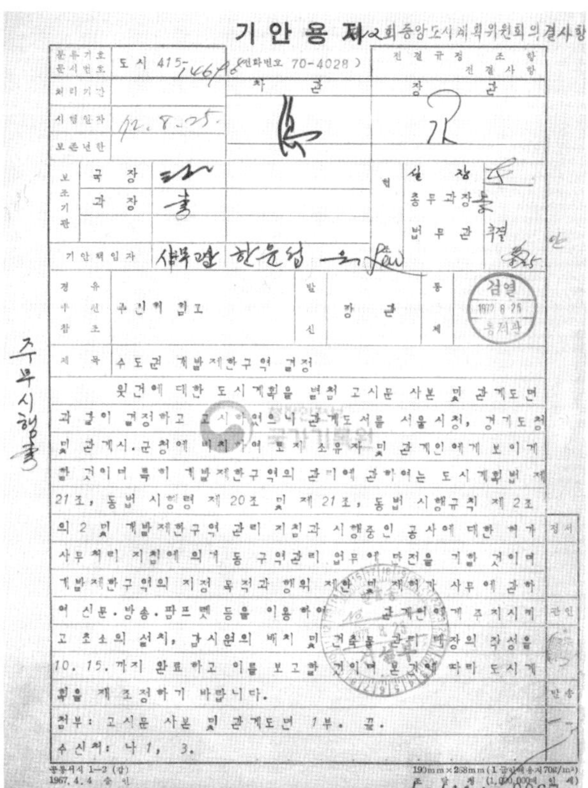

기 안 용 지

분류기호 문서번호: 도시 415- (전화번호 70-4028)

시행일자: 72. 8. 25.

경유 수신 참조: 수신처 참조

발신: 장관

제목: 수도권 개발제한구역 결정

윗건에 대한 도시계획을 별첨 고시문 사본 및 관계도면과 같이 결정하고 고시하였으니 관계도서를 서울시청, 경기도청 및 관계시.군청에 비치하여 토지 소유자 및 관계인에게 보이게 할 것이며 특히 개발제한구역의 관리에 관하여는 도시계획법 제21조, 동법 시행령 제20조 및 제21조, 동법 시행규칙 제2조의 2 및 개발제한구역 관리 지침과 시행중인 공사에 대한 허가 사무처리 지침에 의거 동 구역관리 업무에 만전을 기할 것이며 개발제한구역의 지정 목적과 행위 제한 및 제허가 사무에 관하여 신문.방송.팜프렛 등을 이용하여 관계인에게 주지시키고 초소의 설치, 감시원의 배치 및 건축물 관리 대장의 작성을 10. 15.까지 완료하고 이를 보고할 것이며 본건에 따라 도시계획을 재조정하기 바랍니다.

첨부: 고시문 사본 및 관계도면 1부. 끝.

수신처: 나 1, 3.

출처: 국가기록원, http://theme.archives.go.kr/next/koreaOf Record/greenBelt.do.

법을 그 목적부터 전면 수정하였다. **[그림 2.3]**과 같이 1963년의 법이 "공장이나 사업장 또는 기계·기구의 조업으로 인하여 야기되는" 환경 문제로 적용 범위를 한정시킨 반면, 1971년의 개정법률은 "대기오염·수질오염·소음 또는 진동으로 인한 보건위생상의 위해와 생활환경의 피해를 방지"하는 것으로 보다 적극적인 법 적용이 가능하도록 하였다.

또한 1971년 전면 개정안은 오염물질의 종류와 그 농도 기준 등을 세분화하여 사업장 별로 배출할 수 있는 오염물질의 한도를 설정하고 규제할 수 있도록 하였다. 하지만 이런 방식의 규제에는 중대한 한계점이 있었다. 당시의 연구에 의하면, 오염물질 배출에 대한 제한이 개개의 시설별로 적용되기 때문에, 대규모 공장 등 산업 시설이 집중된 지역의 경우에는 개별 시설이 환경규준을

[그림 2.3] 공해방지법 개정 전 1963년 법률 원문(上)과 1971년 개정 후(下)의 제1조 (목적) 항목 비교

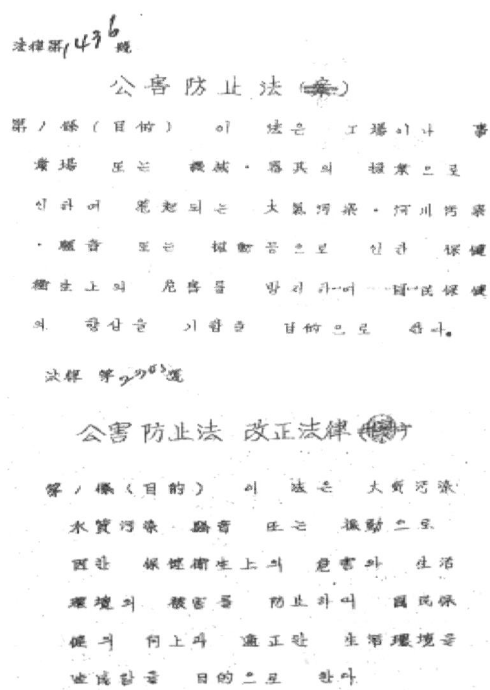
法律第1436號

公害防止法(案)

第1條(目的) 이 法은 工場이나 事業場 또는 機械·器具의 操業으로 인하여 惹起되는 大氣汚染·河川汚染·騷音 또는 振動등으로 인한 保健衛生上의 危害를 방지하여 國民保健의 향상을 기함을 目的으로 한다.

法律 第[illegible]號

公害防止法 改正法律(案)

第1條(目的) 이 法은 大氣汚染·水質汚染·騷音 또는 振動으로 因한 保健衛生上의 危害와 生活環境의 被害를 防止하여 國民保健의 向上과 適正한 生活環境을 造成함을 目的으로 한다.

출처: 법제처, "공해방지법", 1963. 2. 1., 법제처, "공해방지법개정법률", 1971. 2. 1.(대통령기록관 소장).

충족할지라도 지역의 오염물질 총량으로는 심각한 오염을 초래하는 경우를 피할 수 없었던 것이다. 이외에도 배출물 측정을 가능하게 하는 설비가 되어 있지 않은 시설의 경우 측정 규정 자체가 무의미한 경우가 발생하는 등, 규정 자체의 불합리함도 문제가 되었다. 여기에는 소관 기관 간의 책임이 불분명하고 관료 조직의 상호 의사소통이 부족한 문제도 있었다고 당시의 연구에서 밝히고 있다(차철환, 1973).

더 큰 문제는 이 법률들이 산업공해를 주 규제 대상으로 적용하고 있음에도 불구하고 그 역할을 얼마나 다했는지 불분명하다는 것이다. 앞에 인용한 연구에 의하면 "정부는.... 산하단체로 공해방지협회를 인가하고 있다. 그러나 이 협회는 그 기능을 다하지 못하고 있고 공해방지관리인을 둔다는 유명무실한 법의 조문만 가지고 있는 현실정"이라며 비판을 가하고 있다. 특히 공해방지관리인이나 "환경위생감시원의... 자격기준 등을 못박고 있지 않아" 문제가 되고 있음을 밝히고 있다(차철환, 1973). 공해방지법의 전면 개정 이후에도 산업 공해 문제 그 하나마저도 제대로 법의 적용을 받게 하지 못하고 있었던 것이다.

이와 관련하여, 박정희 대통령은 1976년 10월 18일 교통부에 지시하여 "서울 시내의 매연차량을 집중 단속"하도록 하였고 이에 대해 경제제1수석실에서 보고한 기록물이 남아 있다.[43] 그러나 자동차 배기가스의 문제가 엔진에 적용되는 환경 관련 기술적 문제를 포괄하고 있음이 보고서에 명시되어 있음에도 불구하고, 자필 메모에서 드러나는 대통령의 문제의식은 '수도권 시내버스가 매연의 주오염'이라는 부분에만 천착하여 있는 것으로 보인다. 산업시설에 대한 직접적 환경관리에 대해 대통령이 얼마나 보고받았고 얼마나 구체적인 지시사항을 전달했는지 등에 관한 기록물은 찾아보기 힘들다. 뒤에 언급될 울산·온산 지역의 환경문제가 이미 박정희 정부 시기에 불거졌음을 생각해 보면, 이때부터 장기 대책이 나왔었더라면 어땠을까 하는 아쉬움이 남는다.

43 대통령비서실, "자동차 배기공해 방지대책", 1976. 11. 23.(대통령기록관 소장), [그림 2-4] 참고.

결론적으로 박정희 정권의 환경대책은 확실히 선구적인 면이 있지만, 환경재난을 막는 시스템을 구축하려는 노력으로 보기에는 많은 아쉬움이 남는다고 평가할 수 있다. 중앙부터 지방정부까지 책임소재를 분명히 하고 위기 상황에서 이를 총괄할 수 있는 국가의 역할이 명확하지 않았던 것은 물론, 단순히 오염물질 배출을 규제하는 법률을 만들고 제대로 적용하는 것도 힘들었던 것이다. 이것은 환경재난을 방지하고 관리하는 것이 국가의 근본적 책임이라는 의식 자체가 정치 지도자나 관료들 사이에 존재하지 않았던 시기라는 점과 무관하지 않다.

[그림 2.4] 대통령비서실, "자동차 배기공해 방지대책", 1976. 11. 23.(대통령기록관 소장)의 일부. "철저한 단속"할 것을 주문하는 한편 시내버스 중 절반 가까이가 매연차량이라는 점에 민감하게 반응한 박정희 대통령의 친필 메모가 눈에 띈다.

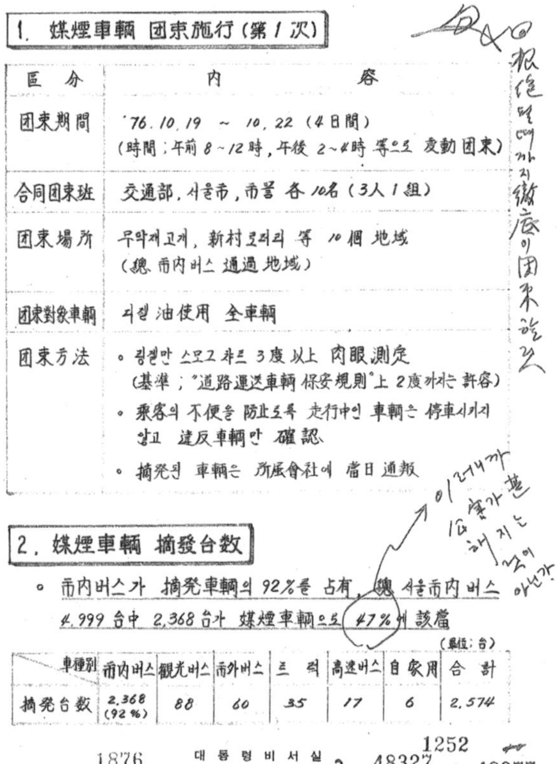

1. 媒煙車輛 団束施行 (第1次)

區 分	內 容
団束期間	'76. 10. 19 ~ 10. 22 (4日間) (時間 ; 午前 8~12時, 午後 2~4時 等으로 変動団束)
合同団束班	交通部, 서울市, 市警 各 10名 (3人 1組)
団束場所	무악재고개, 新村로터리 等 10個 地域 (總 市內버스 通過 地域)
団束對象車輛	디젤 油使用 全車輛
団束方法	◦ 링겔만 스모그 챠트 3度 以上 肉眼測定 (基準 ; "道路運送車輛 保安規則" 上 2度까지는 許容) ◦ 乘客의 不便을 防止토록 走行中인 車輛은 停車시키지 않고 違反車輛만 確認 ◦ 摘発된 車輛은 所屬會社에 當日 通報

2. 媒煙車輛 摘發台数

◦ 市內버스가 摘発車輛의 92%를 占有, 總 서울市內버스 4,999 台中 2,368 台가 媒煙車輛으로 47%에 該當

(單位 ; 台)

車種別	市內버스	觀光버스	市外버스	트럭	高速버스	自家用	合計
摘発台数	2,368 (92%)	88	60	35	17	6	2,574

1876 대통령비서실 2 48327 1252 48377

2) 1963년 태풍 셜리(1963. 6.)

1963년 6월 19–20일 사이 전라남도 해안에 태풍이 상륙하면서 큰 피해를 주었다. 6월에 발생하는 태풍은 드문 현상인데 완전한 태풍 상태가 되어 6월에 상륙한 것은 태풍 셜리가 유일하다. 셜리는 1963년 6월 13일 오후 3시 필리핀 동쪽 도경 131도 부근 해상에서 발생했다. 한반도 남부지방을 중심으로 200mm 이상의 호우와 함께 최대 풍속 30m/s의 강풍이 불어 사망 및 실종자수가 180여명에 이르렀다. 이재민은 6만명이 넘었고 25억원의 재산피해가 있었다. 경남 장승포에서는 6월 24일부터 25일 사이에 500mm가 넘는 폭우가 내려 야산이 무너지고 인근 주택을 덮쳐 70여명이 생매장되는 비극이 일어나기도 했다.

당시 피해가 컸던 장승포에서는 2011년 소공원으로 추모비를 이전해 매년 추모제를 지내고 있다. [그림 2.5]는 추모제의 모습이다. 태풍 피해로 인해 사후 추모제를 지자체 단위로 지내는 경우는 드문 일이다.

[그림 2.6] 자료에서 보듯이 피해는 남부지역에 집중되었다. 박정희 정부는 신속히 피해 상황을 점검했다. 그리고 전국적으로 구호 물품을 접수하기 시작했다. 양곡, 주요 약품, 식기류, 천막, 의류 등이 전국적으로 접수되었다.

[그림 2.5] 장승포 추모제 모습

출처: 『경남일보』, 2020. 6. 20.

[그림 2.6] 이재민 구호 상황

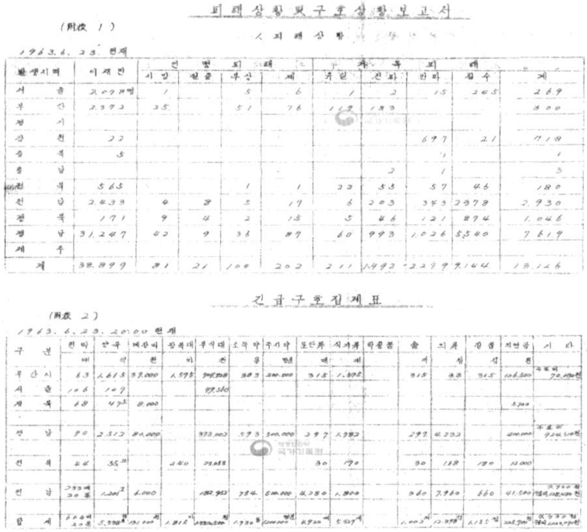

피해상황및구호상황보고서

(附表 1)

人피해상황

1963. 6. 23. 현재

발생지역	이재민	인명피해				주택피해				
		사망	실종	부상	계	유실	전파	반파	침수	계
서울	2,07[illegible]명	1		5	6	1	2	15	245	269
부산	2,372	25		51	76	119	183			300
경기										
강원	22							697	21	718
충북	5							1		1
충남							2	1		3
전북	565			1	1	22	55	57	46	180
전남	2,433	4	8	5	17	6	203	343	2378	2,930
경북	171	9	4	2	15	5	46	121	874	1,046
경남	31,247	42	9	36	87	60	993	1,026	5540	7,619
제주										
계	38,899	81	21	100	202	211	1,492	2,279	9,144	13,126

긴급구호집계표

(附表 2)

1963. 6. 23. 20:00 현재

구분	천막	양곡	매장비	[illegible]	부식대	소독약	주사약	모포류	식기류	약품품	솥	의류	[illegible]	의연금	기타
	매	석	원	[illegible]	원	[illegible]	명분	매	개		개	점	[illegible]	원	
부산시	63	1,615	37,000	1,575	[illegible]	383	200,000	315	1,375		315	33	315	126,500	[illegible] 70,050원
서울	106	107			99,560										
경북	68	47.2	8,000											3,700	
[illegible]	90	2,312	80,000		373,003	573	300,000	297	1,982		297	4,232		400,000	[illegible] 924,510원
전북	44	35.20		240	23,658			30	170		30	158	180	12,000	
전남	233매 30동	1,201.2	6,000		182,952	754	500,000	4,280	1,800		360	7,960	660	41,500	[illegible]
합계	[illegible]	[illegible]	[illegible]	[illegible]	[illegible]	[illegible]	[illegible]	[illegible]	[illegible]		[illegible]	[illegible]	[illegible]	[illegible]	[illegible]

출처: 보건사회부, “태풍 샤리호 이재민 구호상황”, 1963. 6. 24.(국가기록원소장).

또한 정부는 각계각층의 국민성금 모집계획을 세웠다. 보건사회부 장관은 대통령에게 아래 문서 내용을 보고하였다. 문서에서 보듯이 보건사회부는 약 2달 동안 전국적으로 5천만 원 정도의 모금할 것이라고 보고하였다. 모금의 주 대상은 공무원과 학생이었고 그밖에도 거리와 극장에서 모금할 것이라고 하였다. 이러한 내용을 보면 국민들의 자발적인 성금보다는 공무원, 학생 등에게 반강제적 할당으로 채워졌음을 알 수 있다. 이와는 별도로 외국의 적십자기관들이 대한적십자사에 기부금을 보내주기도 하였다.

[그림 2.7]의 신문기사를 보면 당시 영산강이 범람하여 피해를 본 주민들의 상황을 알 수 있다. 전라남도 지역만 하루 사이에 침수된 가옥이 2천동, 이재민은 3천 명이 넘었다. 전라도의 주요 철도가 대부분 매몰되기도 했다. 보건사회부는 가옥이 전파된 경우 1구당 90일 동안 식량을 지원했고 반파의 경우 60일간 지원하였다. 전파가옥에 대해서는 1만 원의 복구비를 지원하고 사망했을 경우 매장비 1천 원을 지원했다.

[그림 2.7] 하룻밤 새에 물바다로

하룻밤새에 물바다로

取材機쳐다보고「살려달라」아우성

榮山江下流…濁流속의民家

羅州上空ㅡ本社 제비號에서 金鍾玉 찍음 操縱士 金鍾元

출처: 『조선일보』, 1963. 6. 21.

[그림 2.8] 보사부 수재민 구호기준을 결정

全破家屋 복구비로萬원씩

死亡者엔 매장비千원

保社部 水災民구호기준을決定

보건사회부는 이번 三남지구의 수재에대비해서 영구적인수지변구호기준을 세우고 앞으로의 수재민구호는 이기준에 따를것이라고 20일밝혔다.

여기준을보면 ①가옥이전파됐을경우 一인당 三홉씩전이재가족의 90일간 식량을 ②반파됐을경우는 60일간 ③집이부서지지않은 이재민일경우는 30일분을 주고 부식비는 차별없이 一인당 六원씩 10일분을준다. 사람이 죽었을때 一구마다 一천원의 매장비를, 그리고 전파주택 복구비로서 동당一만원씩을 주며 집을복구하는일은 건설부가 맡기로했다.

한편 이번 잘못없는이재민 三천五백五十九명을 이웃하교에 수용, 영세민구호분량인 하루二·五홉씩 10일분을 나누어주고있는데 끝이생기분을려울 구호하게될것이라한다.

출처: 『조선일보』, 1963. 6. 21.

[그림 2.9] 수재의연금 모금 계획

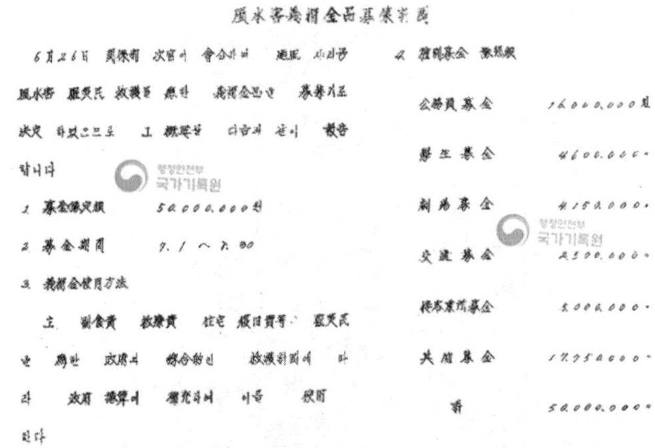

風水害義捐金品募集[illegible]

6月26日 閣僚와 次官이 會合하여 颱風 사라号 風水害 罹災民 救護를 為한 義捐金品을 募集키로 決定 하였으므로 그 概要를 다음과 같이 報告 합니다

1. 募金豫定額 50,000,000원
2. 募金期間 7. 1 ~ 7. 30
3. 義捐金使用方法

主로 副食費 救護費 住宅 復旧費等 罹災民을 為한 政府의 綜合的인 救護計劃에 따라 政府 施策에 補充하여 이를 使用 한다

4. 種別募金 豫定額

公務員募金	16,000,000원
學生募金	4,600,000〃
職場募金	4,150,000〃
交通募金	2,500,000〃
[illegible]募金	5,000,000〃
其他募金	17,750,000〃
計	50,000,000〃

출처: 보건사회부, “태풍 샤리호 수재의연금품 모집계획”, 1963. 7. 2.(국가기록원소장).

당시 정부의 지원은 식량 지원에 집중되었고 의연금도 국민들의 성금에 의존하였다. 오늘날 자연재해 피해 국민에 대한 국가지원의 내용과 비교하면 매우 제한적이었음을 알 수 있다. 이러한 큰 피해를 입었음에도 불구하고 국무회의 등에서는 태풍에 대비한 향후 방재계획이나 법안 정비 등을 전혀 논의하지 않았다. 즉 당시 자연재해에 대한 국가적 예방책이나 사후정비계획은 매우 원시적이었다고 할 수 있다.

그리고 정치적으로 보면 1963년도 중반기는 김종필의 자의반 타의반 귀국설과 박정희 의장의 대통령 출마설로 정국이 매우 복잡한 상황이었다. 어떻게 보면 이러한 상황 속에서 정치인들의 태풍피해에 대한 중요한 발언 등을 찾는 것은 어려운 일이었다.

3) 1966년 한파 대책

우리나라의 겨울철 기온은 전반적으로 하강하고 한파일 수 또한 증가하고 있는 추세이다. 최근 한파와 관련한 통계분석에 의하면 지역적으로는 충청도, 경기도에서 인명 피해가 많이 발생하였으며 인구대비로는 강원도, 경상도가 높은 것으로 나타났다. 경제 분야에서는 농수산물 피해로 인한 물가 폭등과 유가상승 등이 주요하게 나타났으며 생활 분야에서는 저체온증 및 동사 등으로 인한 사망 그리고 대설로 인한 차량 사고 등이 발생했다(박상진 외, 2015).

일반적으로 24시간 이내의 기온 강하량이 일정값 이상 지속되고 동시에 최저기온이 정해진 한계 값 이하로 내려가는 두 가지 조건을 만족하는 경우에 한파라고 한다.[44] 한파에는 한파주의보가 있다. 10월~4월에 다음 중 하나에 해당하는 경우이다. 첫째, 아침 최저기온이 전날보다 10℃ 이상 하강하여 3℃ 이하이고 평년 값보다 3℃가 낮을 것으로 예상될 때, 둘째, 아침 최저기온이 −12℃ 이하가 2일 이상 지속될 것이 예상될 때, 셋째, 급격한 저온현상으로 중대한 피해가 예상될 때이다. 두 번째는 한파경보가 있다. 이것은 10월~4월에 다음 중 하나에 해당하는 경우를 말한다. 첫째, 아침 최저기온이 전날보다 15℃ 이상 하강하여 3℃ 이하이고 평년값보다 3℃가 낮을 것으로 예상될 때, 둘째, 아침 최저기온이 −15℃ 이하가 2일 이상 지속될 것이 예상될 때, 셋째, 급격한 저온현상으로 광범위한 지역에서 중대한 피해가 예상될 때이다.

폭설과 강추위는 역대 정부에서부터 지속적으로 관심을 가져온 자연재해 대책 가운데 하나이다. 박정희 정부 시기의 한파 대책을 보면 매우 구체적인 지원정책이 나왔다. 가령 급수·연료, 분뇨수거, 보건위생, 교통, 식량 등을 살펴서 지원한다는 점을 대통령에게 보고하였다. 또한 피해를 입은 1가구당 1일 3.6kg을 연 40일간 구호 양곡 지급하며 난방을 위해 1가구당 1일 연탄 1.5개씩 90일간 공급한다고 정하였다.[45]

---

44 국립재난안전연구원, https://www.ndmi.go.kr/promote/knowledge/nature.jsp?link=8.

45 대통령비서실, "시급한 서울시 이재민의 월동대책", 1966. 2. 1.(대통령기록관소장).

[그림 2.10] 월동대책

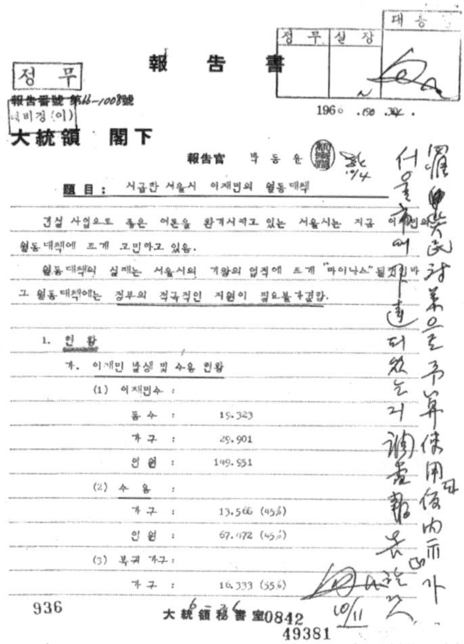
정무

報告書

報告番號 第66-1008號

大統領 閣下

報告官 박동윤

題目: 시급한 서울시 이재민의 월동대책

건설 사업으로 좋은 여론을 환기시키고 있는 서울시는 지금 이재민의 월동대책에 크게 고민하고 있음.

월동대책의 실패는 서울시의 기왕의 업적에 크게 "마이나스"될 것이므로 그 월동대책에는 정부의 적극적인 지원이 필요불가결함.

1. 현황

가. 이재민 발생 및 수용 현황

(1) 이재민수 :

동 수 : 15.323

가 구 : 25.901

인 원 : 149.551

(2) 수 용 :

가 구 : 13.566 (45%)

인 원 : 67.472 (45%)

(3) 복귀 가구 :

가 구 : 16.333 (55%)

936

大統領秘書室 0842

49381

출처: 대통령비서실, "시급한 서울시 이재민의 월동대책", 1966. 2. 1.(대통령기록관소장).

[그림 2.11] 곳곳에 한파 피해

곳곳에 寒波被害

=漢江 完全結氷, 內陸地方엔 異常乾燥注意報=

南部地方…強風과 暴雪

크리스마스 이브부터 닥쳐온 한파는 27일 서울지방의 최저기온을 영하15도2분으로 끌어 내려 올들어 가장 추운날씨로 한강을 완전히 결빙시켰다.

발묶인 旅客船

強風에 出港禁止

【釜山】 27일 부산지방해운국은 남해일대의 정기여객선(20여척)과 일반선박의 출항을 중지시켰다. 오후2시현재 남해안일대에는 초속15~20m의 강풍이 불고, 3~5m높이의 물결이 일고있다.

7個交通杜絕

積雪4百60밀리

【光州】 26일 오후3시부터 27일 오전10시까지 전남도내에 폭설이 내려 광주등 십탄 7개구간의 교통이 두절됐다.

도내에서 가장 눈이 많이 내린 곳은 영광의 4백60밀리. 교통이 두절된 구간은 다음과 같다.

▲광주-영광 ▲광주-장성 ▲영광-함평 ▲영광-고흥 ▲장성-담양 ▲장성-정읍 ▲장성-고창

鬱陵島도交通마비

출처: 『조선일보』, 1966. 12. 28.

[그림 2.12] 한파 닥치자 번지는 악성감기

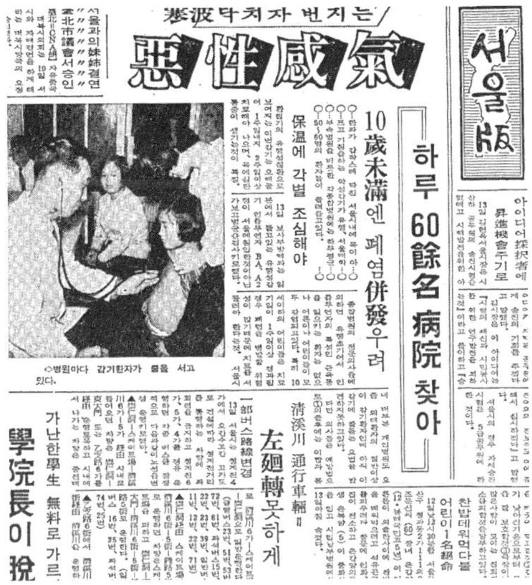

寒波닥치자 번지는

惡性感氣

하루 60餘名 病院 찾아

10歲未滿엔 폐염併發우려

保温에 각별 조심해야

서울版

◇병원마다 감기환자가 줄을 서고 있다.

출처: 『조선일보』, 1967. 11. 14.

[그림 2.11]의 신문기사를 보면 당시 한파로 인해 남부지방은 강풍과 폭설의 피해를 입었고 그 일부 지역은 교통이 두절 되고 여객선이 발이 묶이기도 했다.

1967년 한파 때 감기 환자가 속출하였다. [그림 2.12]의 신문기사에서는 감기예방을 위해 이를 잘 닦는 등 청결을 유지하고 문틈을 막고 사람들이 많이 모이는 장소에 가지 말 것을 당부하였다.[46] 오늘날 보면 조금은 어설프고 단순한 예방책으로 보이나 당시의 생활상을 엿볼 수 있는 기사 내용이다.

1971년도 박정희 정부의 한파 대책을 보면 농작물 피해 문제에 집중하였다. 당시 농림부는 한파로 인한 벼 수확 및 보리파종, 김장용 무와 배추 등의 문제와 이에 대한 대책을 대통령에게 보고하였다. 그리고 서민들을 위한 김장 문제 대책이 필요함을 강조하였다.[47] 박정희 정부 시기의 한파 대책은 서민경제와 동파사고, 교통문제에 집중되었다. 특히 한파 등으로 피해를 직접 입는

46 『조선일보』, "한파 닥치자 번지는 악성감기. 하루 60여 명 병원 찾아", 1967. 11. 14.

47 대통령비서실, "한파가 농업부문에 미친 영향과 대책", 1972. 11. 23.(대통령기록관소장).

서민층에 대한 대책이 중점적으로 다루어졌다. 그러나 이 자연재해 문제를 예방하는 조직적 차원에서의 준비나 범정부적인 대책은 전무하였다.

이 문제를 체계적으로 준비한 정부는 노무현 정부였다. 노무현 대통령 시기의 한 기록물을 보면 폭설 피해는 '자연재해대책법' 62조의 2 같은 법 시행령 57조 및 '특별재해지역선정기준 및 특별지원범위에 관한 규정' 2조2항의 지원 대상에 해당된다고 보고 특별지해지역을 선포하였다. 이재민에게 자활의지 고취를 위한 특별위로금 지원, 주택 및 농작물 대파대 및 농축산 부문의 복구비용 상향 지원을 확정하기도 하였다.[48] 또한 소방방재청은 예방 위주의 폭설 대책을 강조하였다. 인명 중시의 예방적 방재정책 추진이 필요하며 구체적으로는 산악지역, 고립 예상지구 및 등반객 안전대책 강구가 중요함을 강조하였다. 특히 국가방재역량 강화를 위하여 민간자원봉사단체 및 지역주민 스스로 협의체제를 구성하고 재난예방 및 경감에 일정 부분 역할을 담당하며 정부가 이를 지원하는 방재시스템 구축이 필요하다고 하였다.[49] 이는 재해에 대한 범국가적 차원의 거버넌스 확립이 필요함을 역설한 것이다.

이명박 대통령 시기에도 예방책을 강조하였다. 비서실은 대통령에게 폭설 대비와 관련하여 겨울철 자연재난에 대비하여 국민 생활 불편 최소화를 위해 제설 취약 구간, 산간마을 집중관리 및 24시간 비상상황관리시스템을 가동하는 등 겨울철 자연재난대책을 추진할 예정이라고 보고하였다.[50] 이처럼 과거 1960년대, 1970년대와는 다른 한파대책임을 알 수 있다.

48 대통령비서실, "특별재해지역 선포 건의", 2004. 3.(대통령기록관소장).

49 대통령비서실, "폭설피해 복구상황 및 특별재해지역 선포 검토관련 사항 국무회의 보고", 2004. 4. 6.(대통령기록관소장).

50 대통령비서실, "2011년 겨울철 자연재난대책 추진계획 보고", 2011. 12. 5.(대통령기록관소장).

4) 콜레라 및 결핵 확산 사태(1967. 2. 1.)

2019년 말 중국 우한을 시작으로 하여 전 세계를 강타한 코로나19는 독감 등 호흡기 질환에 대한 일반인들의 경각심을 강화하는 기폭제가 되었다. 이뿐만 아니라 전염성 질환 전반에 대한 국민들의 두려움도 상당해졌음을 느낄 수 있다.

전염병의 확산이 가져다주는 공포는 한반도에 문명이 형성된 이래 항상 존재해왔을 터이지만, 국가 차원에서 전염병에 체계적으로 대응하여 국민들의 생명을 보호하는 일은 아무래도 근대 이후 국가 관료제의 동원 능력이 발전한 이후에나 가능하였을 것이다. 물론 해방 이후 본격적으로 국가의 틀이 자리잡힌 이후에도 전염병은 지속적으로 국민들의 삶을 위협하였다. 권위주의 정부가 주도하는 산업화가 본격적으로 진행되었던 박정희 정부에서는 인구가 폭발적으로 증가했고 그에 따른 위생문제와 국민 건강문제가 대통령의 리더십에 대한 새로운 위협 요소로 등장했다. 특히 해방 이후부터 국민들을 괴롭히던 결핵을 퇴치하는 문제는 군사정변으로 집권한 이후 국민들을 설득할만한 성과가 필요했던 박정희 정권의 주목을 받게 된다.

[그림 2.13] 결핵예방접종 중인 1965년도 초등학교(당시 "국민학교") 학생들의 모습

출처: 네이버 블로그 〈추억의 편린들〉. https://m.blog.naver.com/PostView.nhn?blogId=s5we&logNo=220667187033&proxyReferer=https:%2F%2Fwww.google.com%2F.

[그림 2.14] 1962년 보건소법의 개정을 통해 구축한 결핵관리 조직망인 일명 "헬쓰-넷트."

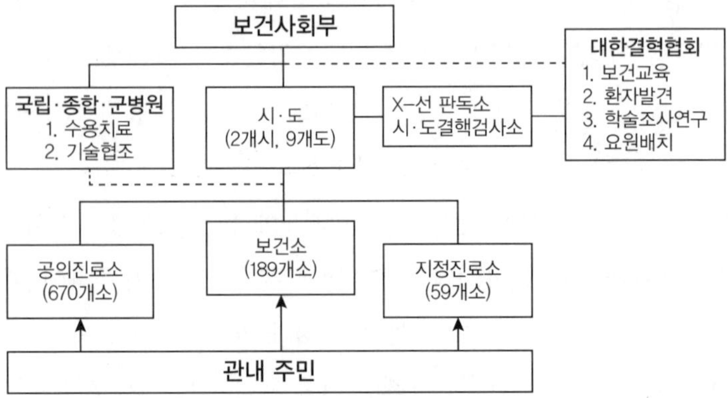

출처: 대한결핵협회, 1965, 『보건세계』. 권오영, 2019에서 재인용.

국민들에게 잘 알려진 대한결핵협회는 1953년 이승만 정권 시기에 이미 설립되어 있었지만, 결핵에 대한 본격적인 관리는 박정희 정권 시기였던 1962년 보건소법의 개정과 함께한 결핵 관리체계 구축에서 시작되었다고 할 수 있다. 당시의 보건사회부는 보건소를 중심으로한 "일원화된 조직을 통한 결핵관리"를 주장하였다(권오영, 2019). 하지만 산업화를 추진하기 위한 경제계획에 국가예산이 집중되던 시기에 보건분야에 쓸 수 있는 예산은 한계가 있을 수밖에 없었으며, 1964년 당시의 결핵관리 예산 5천만원은 "일개 대학병원 수준에도 미치지 못했다"(권오영, 2019).

보건소 조직만으로 결핵을 관리하는 것의 한계는 자명했으므로, 결국 결핵 예방 문제를 특정하여 관리하기 위한 정책의 법적 근거를 위해 1967년 결핵예방법이 통과되었다. 이 법은 **[그림 2.15]**와 같이 사업장과 학교 등 시설에 대해 의무적인 정기건강검진을 통해 결핵환자를 파악하는 것을 핵심으로 하고 있었음을 알 수 있다.

특히 WHO의 분류 상 저개발 국가였던 우리나라는 전염을 확실히 차단할 수 있는 격리치료를 위한 여건이 마련되지 않은 상황이었기 때문에 예산을 절감할 수 있는 통원 치료 위주의 결핵 관리가 진행되고 있었다. 이러한 최초 결핵관리 체계의 결함은 정부의 결핵관리가 장기적으로 뚜렷한 성과가 있었음에도 불구하고 결핵의 확실한 퇴치가 아직도 요원한 상황과 무관하지 않다. 또 보건소에 대한 예산지원의 빈약 및 홍보 부족으로 보건소의 결핵 진료에 대한 국민들의 신뢰도 부족한 상황이었다(같은 글). 예산 부족 문제를 해결하기 위해 결핵협회에서는 연말마다 일명 "크리스마스 씰"을 발행하여 판매하여 특별 모금을 진행하게 되었는데, 협회의 씰 판매로 모금을 하는 사업은 잠시 중단되었다가 현재도 다시 진행되고 있다.

[그림 2.15] 법제처, "결핵예방법", 1967. 2. 1.(대통령기록관 소장)

結核豫防法(案)

第1條(目的) 이 法은 結核의 豫防과 結核患者에 대한 適正한 醫療를 實施함으로써 結核으로 인하여 생기는 個人的이거나 社會的인 被害를 防止하여 公共福祉增進과 國民保健向上에 寄與함을 目的으로 한다.

第2條(定義) 이 法에서 "結核"이라함은 結核菌으로 인하여 발생하는 肺結核 및 其他 結核疾患을 말한다.

第3條(國家·地方自治團體 및 醫師等의 義務) ①國家와 地方自治團體는 結核을 豫防하고, 結核患者에 대하여 適正한 醫療를 實施하여야 한다.

②醫師와 其他 醫療關係者는 前項의 規定에 의하여 國家와 地方自治團體가 實施하는 結核豫防 및 結核患者에 대한 醫療業務에 協助하여야 한다.

第4條(定期健康診斷) ①다음 各號의 1에 해당하는 者에 대하여는 保健社會部令이 정하는 바에 의하여 그 事業主·學校의 長 또는 施設의 長은 年1回以上 定期健康診斷을 實施하여야 한다.

[그림 2.16] 1962년도에 결핵협회에서 발행한 크리스마스씰

출처: 대한결핵협회 블로그, https://m.blog.naver.com/PostView.nhn?blogId=knta_pr&logNo=221797407876&proxyReferer=https:%2F%2Fwww.google.com%2F.

우리나라 결핵 발병률 및 사망률이 OECD 가입국가 중 압도적 1위를 차지하고 있는 점은 언론 보도를 통해 알려져 있다. 아래의 표와 같이 최근 10년간 점점 나아지고 있는 모습을 보여주는 데이터는 희망적이지만 여전히 1년에 2,000명에 육박하는 사망자가 발생함에도 일반 국민들의 경각심이 무뎌져 있는 점은 큰 문제라고 할 수 있다.

표-2 결핵 사망자수 연간 추이(2011-2018)

연도	2011년	2012년	2013년	2014년	2015년	2016년	2017년	2018년
결핵 사망자수	2,364	2,466	2,230	2,305	2,209	2,186	1,816	1,800

출처: 대한결핵협회 홈페이지 참조(https://www.knta.or.kr /tbInfo/tbCondition/tbCondition.asp).

그 외 해방 이후 기승을 부리다가 박정희 정권 하에서 1969년 말 다시 전국을 강타했던 전염병으로는 콜레라가 대표적이다. 콜레라는 오염된 음식이나 물로 인해 주로 전파되므로 위생 수준이 고도로 향상된 2000년대 이후 대한민국에서는 유입되더라도 그 전염 속도가 예전만큼 빠르지 않아 과거처럼 공포스러운 존재는 아니라고 할 수 있다. 하지만 1960년대까지만 하더라도 집집마다 방에 요강을 두고 소변을 볼 정도로 위생 관념이 열악했기 때문에 우리나라는 콜레라 등의 수인성 질환에 취약한 상황이었다. 이런 상황에서 1969년 초동 대응의 부족으로 인해 정부가 콜레라 발발을 공식화하는 것에 지연이 발생하는 등의 복합적 요인으로 콜레라가 급격히 확산되자 사태는 전국적인

위기 상황으로 비화하였다.

이 시기의 콜레라 유행에 대한 정부의 대처에서 가장 주목할 만한 것은 방역과 반공주의의 연계였다. 당시 국민들과 정치권 모두 공산진영은 "전근대의 야만을 대표하고 자유진영은 근대와 문명을 대표하는 존재"로 여겨진 만큼(김승희, 2014), 방역실패의 책임을 "북한의 세균전"에 전가하는 것이 매우 설득력 있게 받아들여졌던 것이다. 굳이 대형 도서관에서 역사적 자료를 뒤져볼 필요도 없이, 지금도 인터넷에서 "북괴 세균전 콜레라" 등의 검색어를 입력하면 1970년 주요 언론들이 정부 발표를 받아적어 앞다퉈 보도했던 1970년의 낯뜨거운 기사가 각 언론사의 데이터 베이스를 통해서 그대로 발견된다. 동아일보는 "북괴가 남파시킨 간첩들의 소행에서 이루어졌다는 것은 의심할 여지가 없을 것"이라고 적나라하게 보도하기도 했다(김승희, 2014).

냉전이 한창이었던 당시 세균전에 대한 공포가 기승을 부렸던 것도 정부가 사태를 북한의 소행으로 몰아가도록 하기 용이했던 배경이었다. 북한은 실제로 1960년대 초 세균무기 연구소를 설치하고 이런 저런 경로로 생화학 무기의

[그림 2.17] 콜레라 상륙

출처: 한국사진기자협회, 『한국의 보도사진: 제3공화국과 유신의 추억, 1967-1979』, 눈빛, 2013: 137. 한국역사연구회(http://www.koreanhistory.org/5477)에서 재인용.

개발을 시도하고 있었던 것이다(김승희, 2014). 하지만 그 배경을 막론하고 방역을 정치적으로 접근하는 것은 국가가 현장에서 긴급하게 필요한 조치를 지원하는 것에 집중하지 못하고 정치적 공격을 피하기 위한 책임 전가에 전념하게 하는 등의 혼란을 야기하여 결국 온 국민이 그 사회적 비용을 지불해야 하는 결과를 초래할 수 있다는 점에서 절대적으로 위험하다.

박정희 정권하에서의 전염병 관리는 산업화 추진을 위한 양적 경제성장에 우선순위가 밀리고 있기는 했지만, 국가가 전염병에 대하여 상시 감시하고 체계적으로 관리하는 시스템의 필요성에 대한 공감대가 형성되기 시작되었다는 점에서 중요한 시기라고 할 수 있다. 하지만 정부 비판이 자유롭지 못했던 현실과 맞물려 방역이 정치적 문제로부터 독립되어 과학적으로 필요한 조치가 제때 내려지는데 어려움이 있었던 상황은 반면교사로 받아들여져야 할 것이다.

5) 의료보험 시스템의 도입(1963. 3. 3. – 1979.)

코로나19에 대한 한국 정부의 체계적인 대응이 전세계적으로 주목을 받게 되었고, 특히 미국에서 코로나19로 인해 치료받은 환자가 정부의 무료치료 약속에도 불구하고 예기치 않게 엄청난 치료비용 청구서를 받게 되는 사례가 속출되면서 한국의 의료보험체계도 재조명받기 시작했다.[51] 이에 따라 보수 정치인들을 중심으로 "한국의 우수한 의료보험 체계의 근간은 박정희 대통령이 만든 것"이라며 박정희 정부의 업적을 재평가하려는 주장이 제기되었고 거기에 반박하는 정치인들과 언론 등이 논쟁을 벌이기도 하였다. 정치적인 논쟁을

[그림 2.18] "사회보장제도 첫걸음 5월에는 실현될 듯–우선 노동재해·의료보험부터"

(第三種郵便物認可) 西紀1963年3月3日 (日曜日)

社會保障制度 첫걸음

五月에는 實現될듯

우선 勞動災害·醫療保險부터

保險料는 使用主가 부담

危險率많은鑛工業體엔 強制로적용

療養中엔賃金의 60%支給

두少女壓死

조카殺害·둘重傷

兄嫂에亂行未遂코 도끼질

無罪를宣告

출처: 『조선일보』, 1963. 3. 3.

---

51 미국의 월스트릿저널(The Wall Street Journal)에서는 2020년 9월 미국 정부의 예방책에도 불구하고 개개인의 보험가입 형태가 코로나19로 인한 치료비용을 좌우하게 된다고 보도했다. 『The Wall Street Journal』, 2020. 9. 14. "Who Pays for Covid-19 Medical Care? That Depends on How (or if) You Are Insured" 참고.

떠나, 현재의 전국민의료보험 시스템과는 큰 차이가 있지만 어찌 되었든 의료보험 시스템이 최초로 도입된 박정희 대통령 시기의 의료보험 관련 대통령 기록물들을 살펴보는 것은 큰 의미가 있을 것이다.

[그림 2.18]의 신문기사에서 알 수 있는 것처럼 우리나라 최초의 의료보험 법안은 1963년으로, 거의 박정희 정권의 출발과 함께 할 정도로 빨랐다. 박정희 정권의 사회복지정책에 대한 설계가 정권 초기부터 매우 대담하게 진행되었음을 엿볼 수 있다. 하지만 **[그림 2.19]**와 같이 1963년의 의료보험법안은 "근로자의" 보건을 위한 것으로 명시되어 있으며, 직장인을 대상으로 의료보험제도의 적용을 시작해 보려는 정부의 시범 사업의 성격이 강했다. 이러한 "시범"

[그림 2.19] 1963년의 의료보험법안 기록물

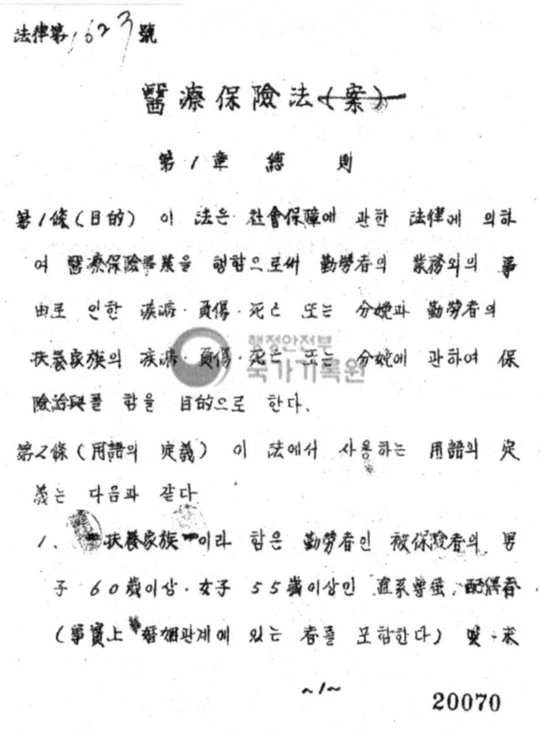

法律第1623號

醫療保險法~~(案)~~

第1章 總則

第1條(目的) 이 法은 社會保障에 관한 法律에 의하여 醫療保險事業을 행함으로써 勤勞者의 業務외의 事由로 인한 疾病·負傷·死亡 또는 分娩과 勤勞者의 扶養家族의 疾病·負傷·死亡 또는 分娩에 관하여 保險給與를 함을 目的으로 한다.

第2條(用語의 定義) 이 法에서 사용하는 用語의 定義는 다음과 같다

1. "扶養家族"이라 함은 勤勞者인 被保險者의 男子 60歲이상·女子 55歲이상인 直系尊屬, 配偶者(事實上 婚姻관계에 있는 者를 포함한다) 및 未

~1~ 20070

출처: 국가기록원, http://theme.archives.go.kr/viewer/common/archWebViewer.do?singleData=Y&archiveEventId=0050758105.

이후 재정 부담을 우려한 관료들의 반대에 의해 의료보험제도의 본격적인 도입은 무기한 연기되었다. 그 이후 "'유전무병 무전유병'이라는 말이 나올 정도"로 돈이 없어 치료받지 못하는 사람들이 많아지자 14년이나 지난 1977년에 와서야 500명 이상의 사업장에 국한되어 최초로 전국적인 직장의료보험제도가 실시되었다.[52]

한 가지 재미있는 점은, 산업화가 진행되면서 사람들의 소득 수준도 상승했을 텐데 왜 의료체계에서 소외받는 사람들이 늘어났으며, 급기야는 재정 부담에 대한 우려에도 불구하고 의료보험의 확대가 진행되었냐는 점이다. 경향 신문의 분석에 따르면, 경제규모의 팽창에 비해 공공의료에 대한 투자는 턱없이 부족했으며, 때마침 의료산업에 대한 투자가 급증하면서 종합병원의 성장으로 의료수가가 가파르게 인상되었다. 결국 과잉 투자 상황으로 의료수가가 폭등하여 "중산층조차도 버거운 정도"의 비용이 되자 의료 소비의

[그림 2.20] 『경향신문』, 2013. 11. 29. "무전무병의 미망, 의료보험과 의료자본주의."

52 국가기록원 홈페이지 참조, https://theme.archives.go.kr//next/koreaOfRecord/medicalInsurance.do.

수요를 유발하기 위한 장치로 의료보험이 확대되게 되었다는 것이다. 경향신문은 "1974년 기준으로 병상 이용율은 전국 평균 57.8%에 불과"했음을 언급하며 병원 산업이 지나치게 팽창하여 경영이 곤란한 정도였음을 함께 지적하고 있다. 결국 기업의 사회적 의무가 강조되던 당시의 국민정서와 맞물려 전경련이 개입하면서 정부의 재정은 "한 푼 안들이고" 사측과 노동자 측의 동일한 보험료 부담으로 직장인 의료보험이 시작되게 되었다. 의료계가 의료보험체계를 "70년대식 의료정책 패러다임을 지속"한다고 비판하는 이유는 바로 박정희 정부 시기 박리다매로라도 의료산업을 지탱하려 했던 급조된 의료보험체계의 흔적이 아직도 남아있기 때문이다.[53]

500인 이상의 대규모 사업장에 국한되었던 1977년도의 직장인의료보험 체계는 당연히도 수많은 소규모 자영업자와 중소기업 종사자들을 배제할 수밖에 없었다. 직장인 의료보험이 도입된 1977년도 초의 연두 순시보고로 박정희 대통령의 명령에 대해 직접 작성한 위 보고 기록물을 보면 대통령의 "의료보호 실시 방안 수립" 명령에 대해 보건사회부가 의료 취약계층을 위한 대응책을 수립한 내용을 간단히 살펴볼 수 있다. **[그림 2.21]**에 의하면 "생활무능력자" 및 "저소득층" 등 210만 명 정도의 인구의 1차 진료 비용을 전액 국가부담으로 하는 방안이 포함되어 있음을 볼 수 있는데, 나름 선별적 복지를 시도한 방안으로 평가할 수 있다. 하지만 의료정책에 드는 재정부담을 극도로 기피했던 당시 정부가 이러한 계획을 얼마나 적극적으로 이행했을 지는 의문이 남는다.

비스마르크 이래로 권위주의 정부가 의료보장 등 사회보장제도를 확립하는 사례는 상당히 많았으며, 박정희 정권의 노력도 같은 맥락에 있다고 보는 시각이 있다. 민주화에 대한 요구가 강할 때 다양한 계층을 포섭하여 체제의 안정을 기하기 위한 사회복지정책을 내세우는 것은 자연스러운 정치적 전

53 MedicalTimes』, 2008. 7. 9. "70년대식 규제일변도 정책 시장왜곡 불러" 참고.

[그림 2.21] 국무총리실, "보건사회부-국민의료의 계획적 확충, 전염병의 퇴치 등", 1977. 1. 1.(대통령기록관 소장)

4. 医療保護 実施方案 樹立

o 対象者 : 2,095 千名

生活無能力者 : 369 〃

低所得者 : 1,726 〃

o 医療費負担

- 生活無能力者 : 全額 国家負担
- 低所得者

1次診療 : 全額 国家負担

2次診療 : 30% 国家負担

70% 先代払 後償還

략으로 볼 수도 있다. 독일의 사회학자이자 철학자인 위르겐 하버마스(Jürgen Habermas)는 일찍이 후기자본주의국가의 근본 문제는 경제위기가 아닌 정당성의 위기에서 찾아온다고 주장하며 (하버마스, 1983) 정치적 평등과 경제적 불평등의 모순이 정당성 문제의 근원에 있음을 설파하였다. 이러한 논의를 참고해 보면 정치적 평등조차 보장이 되지 않는 권위주의 국가가 정당성 위기를 극복하는 방법 중 하나가 보편적 의료보험제도의 확립일 수 있다는 것이다.

하지만 다양한 연구에서 지적하듯이, 저수가-저급여로 요약되는 우리나라의 의료보험 체계의 시작을 독재정권의 급조된 정책의 결과로만 치부하는 것은 옳지 않다. 앞서 언급했듯이 실제 의료보험의 도입 과정을 살펴보면 서로 다른 관계 집단의 이해관계가 맞아떨어진 결과라고 보는 것이 더욱 타당하다. 심지어 권위주의 정권의 복지 확대의 예로 종종 언급되는 비스마르크 하의 독일의 경우에서도 단순히 권위주의 체제의 정당성 확보를 위한 목적에 국한되지 않고 당시 독일의 산업정책의 일환으로 노동시장의 안정을 위한 측면이 강했던 것이다(강명세, 2006).

여러 가지 한계에도 불구하고 박정희 정부에서 추진된 의료보험제도는 좋은 의미로든 나쁜 의미로든 대한민국 의료정책의 이정표를 수립했다고 볼 수 있다. 이후 전두환 정부에서 의료보험 적용대상을 전국민으로 확대하는 방안이 검토 되었고 민주화 이후 시민사회의 압력으로 본격적으로 전국민의료보험이 실시되었으며, 김대중 정부에서는 의료보험체계를 일원화하는 작업을 진행하여 현행 제도에 근접한 시스템을 완성하게 된다. 하지만 정부의 부담을 최소화하고 공공의료에 대한 비용을 의료계에 떠넘기려 했던 최초 박정희 정부 모델의 영향은 지금까지 그 골간에 남아있게 되었다.

6) 와우아파트 붕괴사고(1970. 4. 8.)

1970년 5월 서울 시민회관에서 열린 "김시스터즈 귀국 공연"에 참석한 가수 조영남이 "신고산 타령"의 가사를 즉흥적으로 개사하여 부르자, 서울시는 "허가되지 않는 즉흥노래"라는 이유로 조영남에게 출연정지 처분을 내렸다.[54] 단순히 가사를 바꿔 부른 것치고는 과한 처사라고 생각할 수 있으나, 그 배경에는 당시 사회를 떠들썩하게 했던 재난사고가 있었다. 조영남이 개사한 "와우아파트 무너지는 소리에 얼떨결에 깔린 사람들이 아우성을 치누나…"는 공연 한달 전 부실공사로 인해 발생한 '와우아파트 붕괴사고'를 빗댄 가사였고, 당시 공연을 관람 중이던 정부 고위층의 심기를 건드린 것이었다.[55]

와우아파트는 서울특별시 마포구 창천동 와우산에 위치하였던 시민아파트로서, 1969년 6월 26일에 착공하여 6개월 만에 완공되었다. 사실상 아파트가 완성되기에는 매우 짧은 기간이었는데, 짐작할 수 있다시피 제대로 된 공사가 이뤄지지 않았던 것이다. 결국 입주가 시작된지 겨우 3개월이 지난 4월 8일 6시 30분 아파트 한 동이 붕괴되는 사고가 발생하였다. 와우아파트 15동이 붕괴되어 32명이 사망하고 38명이 부상당했으며, 아파트가 붕괴하면서 그 아래 있던 판자집 한 채를 덮쳐 1명 사망, 2명이 부상당했다(손정목, 2003). 와우아파트 붕괴사고는 건물을 지탱해야 할 기둥이 무너져 건물이 앞으로 무너지는 형태를 띄었으므로 와우아파트 도괴(倒壞: 앞으로 또는 뒤로 넘어져 무너짐)사고라고도 불리운다(홍성태, 2010).

사고의 원인을 살펴보면, 먼저 기술적인 부분에서 부실공사가 지적되었다. 공사기간이 짧다보니 기초공사가 허술했고 시멘트 배합이 적은 날림공사가 이루어진 것이다. 공사에 투입된 예산을 고려하였을 때 공사가 매우 무리하게 진행되었고, 더욱이 15동이 붕괴되기 몇일 전 바로 옆 14동 건물의 벽과 축대에

---

54 『매일경제』, 1970. 4. 13. "부실공사 응징에도 구멍".

55 『부산일보』, 2011. 4. 13. "[김형찬의 통기타 음악창고] 조영남과 와우아파트 사건".

균열이 발견되었으나, 제대로 된 조치가 취해지지 않았다고 한다.[56] 시공업자의 자질에 문제가 있었을 뿐만 아니라 전반적으로 관리감독이 제대로 이루어지지 않았던 것이다(염복규, 2014).

한편으로는 당시 김현옥 서울시장의 무리한 도시재개발 정책이 근본적인 원인이라는 시각도 있다. 서울시에서는 서울시내의 판자촌을 정리한 후 해당 구역에 아파트를 짓는 형식의 도시재개발 정책을 실시하였는데, 이 과정에서 기존의 아파트 건설계획을 무리하게 변경하여 공사를 진행함으로써 크고 작은 사고들이 발생하였다는 주장이다(박태균, 2010). 또한, 서울시는 시민아파트 건설의 주체이면서, 관리 감독할 의무가 있었으나 성실히 수행하지 못한 것으

[그림 2.22] 와우아파트 붕괴현장

출처: 국가기록원, http://theme.archives.go.kr/viewer/common/archWebViewer.do?singleData=Y&archiveEventId=0050758105.

56 『조선일보』, 1970. 4. 9. "建築專門家(건축전문가)가 본「臥牛(와우)아파트」倒壞(도괴)".

로 확인된다. 서울시의 기술진들은 와우아파트의 붕괴위험에 대해 잘못된 판단을 내렸으며, 김현옥 시장은 금이 간 부분에 테이프를 붙이고 시멘트 조각의 강도 시험을 의뢰하라는 현실성 없는 조치를 내린 것이다. 더욱이 서울시장은 사고발생 후 사퇴 이외에 어떠한 책임을 지지도 않았으며, 단순한 부실공사와 비위문제로 몰아가게 되었다(이창현, 2019).

박정희 대통령은 와우아파트 붕괴사고가 발생하자 사고현장 수습에 만전을 기하라는 지시를 내렸으며, 서울시내 시민아파트 전체를 대상으로 안전도 검사를 실시하였다. 정일권 국무총리로부터 '와우아파트 붕괴사건'과 관련한 보고를 받은 뒤 인명구출과 희생자 구호 등 긴급대책 강구를 지시하고 위험한 아파트를 모두 헐 것을 지시하였다.[57] 건설부와 서울시는 학계 및 건설업계의 권위자들로 검사반을 구성하여, 서울시가 건설한 406개 동(미완공 건물 포함)의 아파트 전체에 대해 종합적인 기술 및 안전도 검사를 실시하였다.[58] 와우아파트 붕괴사고의 책임을 지고 김현식 서울시장이 물러난 뒤, 박정희 대통령은 신임 양택식 서울시장에게 예정되어 있는 시민아파트 건립계획을 백지화하고 새로운 계획을 마련할 것을 지시하기도 하였다.[59]

사고 관련자 처벌에는 어려움이 있었던 것으로 보인다. 당시 건설법에는 건축물 구조물에 중대한 손괴가 생겼을 때 건설업자를 처벌하는 규정은 있었으나, 이를 시행하는 시행령이 제정되어있지 않았다. 따라서 검찰은 부실건축업자들에게 건축물의 중대한 손괴가 발생하였을 때 최고 5년까지 징역에 처하도록 되어 있는 '건설업법 38조'를 적용하여 처벌하고자 하였으나 손괴의 정도를 규정하는 38조의 시행령이 제정되지 않아 그 죄질에 비해 형량이 매우 가벼운

57 대통령기록관, https://www.pa.go.kr/portal/contents/stroll/schedule/scheduleIndex.do?year=1970&month=04&searchDate=1970-04-08.

58 『조선일보』, 1970. 4. 10. "서울시에서 건설한 모든 아파트 월말까지 점검 검완토록".

59 대통령기록관, https://www.pa.go.kr/portal/contents/stroll/schedule/scheduleIndex.do?year=1970&month=04&searchDate=1970-04-17.

건축법만을 적용하게 된 것이다.[60]

이후 책임자 처리결과 및 판결을 살펴보면,[61] 서울시장과 서울시 아파트 건설사업소 공사과장은 업무상과실치사협의가 적용되었으나 무죄를 선고받았고 직위해제 상태였던 마포구청장과 구 건축과장, 서울시 아파트건설사업소장, 기타관련 공무원, 부도를 내고 잠적한 대룡건설 대표, 실제 시공업자 등은 구속되었다. 대룡건설 대표와 시공업자, 그리고 뇌물을 받은 공무원들은 징역 1년 6개월~5년, 집행유예 3년이 선고되었다.

와우아파트 붕괴는 우리나라의 주거정책 역사에서 중요한 의미를 가지는 사고 중의 하나이다. 작은 예산으로 최대한 많은 시민아파트를 건설하려는 당시의 정책방향과 시공업자에 대한 관리감독 보다는 속도와 가시적 성과만을 중시하는 과정에서 부정과 비리가 더해져(염복규, 2014), 무시무시한 결과를

[그림 2.23] 부상자를 위문하는 박정희 대통령 영부인 육영수 여사

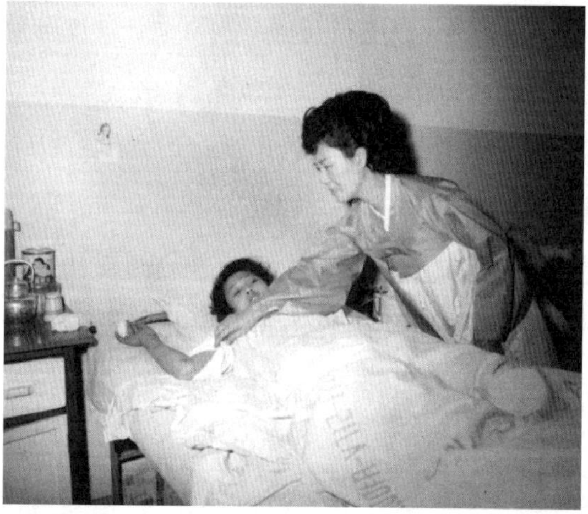

출처: 국가기록원, http://theme.archives.go.kr/viewer/common/archWebViewer.do?bsid=200200026367&dsid=000000000002&gubun=search.

60 『매일경제』, 1970. 4. 13. "부실공사 응징에도 구멍".

61 형사소송은 진행되었으나, 판례를 확인할 수 없으며, 민사소송 검색결과만을 확인할 수 있다(이천현 외, 2015).

만들 수 있음을 보여주었기 때문이다.

유사한 시기에 발생한 다른 재난 사고들은 적절한 후속조치가 시행되지 않은 경향이 있으나, 와우아파트 붕괴사고에 대한 정부의 적극적인 대응은 주목할 만 하다. 그러나 이러한 대응 뒤에는, 투표를 앞두고 여러모로 불리해진 민심을 더 악화시키지 않도록 하려는 정치적인 배경이 숨어있었다는 평가도 있었다.[62]

[그림 2.24] 와우아파트 붕괴사건 희생자 합동 위령제

출처: 국가기록원, http://theme.archives.go.kr/viewer/common/archWebViewer.do?bsid=200200068335&dsid=000000000005&gubun=search.

62 『조선일보』, 1970. 4. 12. "와우홍역".

7) 남영호 침몰사고(1970. 12. 15.)

2014년 발생한 세월호 침몰사고는 사회에 충격을 준 해난사고였다. 세월호 참사 이전에도 대규모 해난사고들이 발생한 바 있고, 매번 사후 대책 마련이 이루어졌음에도 불구하고 유사한 사고들이 되풀이 된다는 것은 참으로 안타까운 현실이다.

우리나라 역사상 최악의 해난사고는 1970년 12월 15일 제주 서귀포항에서 출발하여 부산항을 향하던 남영호가 침몰한 사고이다. 남영호 침몰사고는 사망자 수를 기준으로 해난 사고 중 가장 큰 규모의 사고이며, 동시에 역대 사회재난 중에서도 삼풍백화점 붕괴사고에 이어 두 번째로 큰 인명피해가 발생한 사고이다. 사고를 통해 최소 318명, 최대 337명이 사망하였는데, 피해규모가 명확하게 집계되지 않은 이유는 사고관련 기록물 간 인명피해 규모가 각기 다르게 보고되기 때문이다(유해정, 2017).

사고의 원인은 정원 초과 및 과적, 항해 부주의, 대응 미숙 등으로 밝혀졌다(김미주, 2014). 출항 전 폭풍주의보가 발효되어 4일간 제주지역에 묶여 있던 승객과 감귤 등 화물 400톤 이상을 무리하게 실어 하중을 감당하지 못한 것이 주요 원인이었으나, 항해 10일 전 선장이 해당항로 경험이 부족한 선장으로 변경되는 등의 내부적 문제도 있었다.[63] 특히, 사고 발생 당시 초동대응이 매우 허술하였던 것으로 밝혀졌는데(김미주, 2014), 국내에서는 침몰 당시 발신한 긴급구조 신호를 수신한 곳이 한 곳도 없었으며, 오히려 부근을 순시하고 있었던 일본 해상 보안순시선과 일본어선 등이 일부 생존승객들을 구조하였다. 해경은 단순한 어선사고로 오인하여 사고발생 12시간이 지난 후에야 구조선을 급파하는 등 구조작업이 지연되어 대부분의 승객들이 구조를 기다리다 영하의 바다에서 동사하였다(김미주, 2014). 종합하자면 낙후된 선박 시설 및 기관, 특히 무전시설 또한 사고의 주요 원인이며, 이를 관리 감독하여야할 경찰과 해

63 한국향토문화전자대전, http://www.grandculture.net/ko/Contents?dataType=01&contents_id=GC04600492.

[그림 2.25] 남영호 침몰사고 후 시신 운구 모습

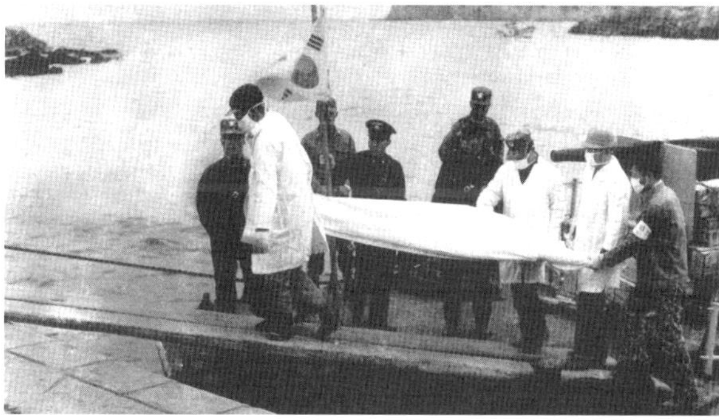

출처: 한국향토문화전자대전, http://www.grandculture.net/ko/Contents?dataType=01&contents_id=GC04600492.

운 당국의 감독소홀로 인해 발생한 참사이다.[64] 당시 언론[65]은 일본 해상보안청보다 사고를 늦게 인지한 점을 지적하며, "정시에 입항하여야 할 여객선이 도착하지 않음에도 불구하고 아무도 신경쓰지 않은 점"이 정부의 해난대책의 허술함을 보여주었다며 강도높게 비판하기도 하였다.

사고 발생 직후, 관련 부처들은 책임을 회피하는데 급급하였고, 그로 인해 부서 간 갈등이 심각히였던 것으로 확인된다. 이후 국회특별조사위원회가 구성되었으나 원인 규명에는 접근하지 못하였고, 국민여론 무마에 초점을 맞춰 운영된 것으로 보인다(김종길, 2000). 남영호 유족들은 철저한 진상규명과 책임자 처벌을 요구하였으나, 고위 공무원과 해운회사간의 유착 고리, 정부의 늑장 대응 사유 등을 제대로 밝혀내지 못한 채 말단 공무원만을 기소되어 마무리 되었다.[66]

검찰은 부작위에 의한 살인과 업무상 과실치사 중 하나를 적용해 달라며

64 한국향토문화전자대전, http://www.grandculture.net/ko/Contents?dataType=01&contents_id=GC04600492.

65 『경향신문』, 1970. 12. 16. "南榮號慘變(남영호참변)과 安全對策(안전대책)".

66 『시사인』, 2014. 5. 21. "선장은 '3년형', 해경은 '무죄'… 남영호 판결".

선장을 기소하였는데, 법원은 살인죄는 무죄로 판단하였고 업무상 과실치사만 인정하여 금고 2년 6개월에 처하였다(주종광, 2016). 그러나 하역업체 직원과 공무원들은 무죄가 확정되었으며, 선주에 대한 최종판결 내용은 확인되지 않는다(유해정, 2017). 또한, 과적을 제대로 단속하지 않고 무선을 받지 않은 것은 인정되지만, 고의로 직무를 유기했다고 볼 증거가 없다는 이유에서 해운국 공무원과 해경 등 4명은 무죄를 선고 받았다.[67]

당시 사건과 관련하여 박정희 대통령은 1971년 1월 8일 개최된 청와대 국무회의에서 남영호 사건에 대해 언급하였다. "남영호 사건은 관계 공무원의 기강이 해이된 데서 일어났다. 공무원의 부정부패도 나쁘지만 더 나쁜 것은 기강해이이므로 기강을 바로잡아 제3차 (경제개발) 5개년 계획을 준비하는데 차질이 없게 하라"는 내용이었다.[68] 또 다른 연설기록[69]에서는 남영호 사고 당시 무선국 무선사의 근무태만을 예를 들어 지적하며, 부정부패 해결과 자주국방·자립경재 목표달성을 위해 민관군의 기강확립을 강조하였다. 제주도 일주 도로 준공식과 관련한 박정희 대통령의 연설기록[70]에서도 남영호 사건에 대한 언급이 확인되는데, 남영호 사고를 언급하며 불행한 일들은 깨끗이 흘려 버리고, 행복한 한해가 되기를 바란다는 내용이었다.

사고 발생 이후, 여객선의 운항관리와 관련된 법적 측면의 개선이 이루어졌다. 1972년 12월 30일 해상운송사업법 제정·개정[71] 기록을 살펴보면, 선박의 안전한 항해를 위해 법적 미비점을 보완하고자 함을 밝히고 있다. 해상운송사업법 개정을 통해, 운항관리자 제도가 도입되었고, 이듬해 8월 여객선 안전

67 『시사인』, 2014. 5. 21. "선장은 '3년형', 해경은 '무죄'… 남영호 판결".

68 『시사인』, 2014. 5. 21. "선장은 '3년형', 해경은 '무죄'… 남영호 판결".

69 대통령기록관, https://www.pa.go.kr/research/contents/speech/index.jsp?spMode=view&artid=1306222&catid=c_pa02062.

70 대통령기록관, https://www.pa.go.kr/research/contents/speech/index.jsp?spMode=view&artid=1306226&catid=c_pa02062.

71 https://www.law.go.kr/법령/해상운송사업법/(02412, 19721230).

관리업무의 근간이 되는 여객선 운항관리규칙이 제정되었다. 해당 법령에 따라 주요 항만에 운항관리자가 배치되고 여객선 안전운항 관리업무를 개시하면서 본격적인 여객선 안전관리가 시행되었다(주종광, 2016).

남영호 침몰사고와 관련하여 정부의 구조 실패와 책임방기가 문제점으로 지적되지만, 남영호특위 구성, 정부 최초의 보상금 출연, 높은 인적쇄신의 요구와 장관들의 사의 표명 등이 이루어져 과거 재난과 비교하였을 때 질적인 진전이 있었다고 평가받기도 한다(유해정, 2017). 앞서 살펴본 바와 같이 법적인 측면에서 개선 노력도 살펴볼 수 있었다. 하지만 교통부 장관과 내무부 장관의 사의가 반려됨에 따라 결국 대참사의 책임을 진 사람이 없었다는 비판이 있었다.[72] 1972년 3월 서귀포항에 세워진 위령탑이 1982년 항만 확장공사로 이설된 이후, 오랜기간 사실상 방치되어 정부의 무관심을 드러내기도 하였다. 결국 유족회 등의 노력으로 새로운 곳으로 이전되어 추모공원이 조성되었다.[73]

[그림 2.26] 남영호 위령탑

출처: 한국향토문화전자대전, http://www.grandculture.net/ko/Contents?dataType=01&contents_id=GC04600492.

72 『서귀포신문』, 2020. 12. 16. "남영호 참사, 유족들은 50년간 법인 등록도 못했다".

73 『뉴스원』, 2020. 12. 15. "남영호 침몰 50주년[下] 세월호와 판박이… 참사 전후 국가는 없었다".

남영호 사고는 매우 큰 인명피해가 발생한 사회재난이었음에도, 상대적으로 다른 재난사고들에 비해 쉽게 잊혀졌다는 지적(유해정, 2017)이 있다. 그 원인으로 보상 위주의 사후수습과 당시 권위주의 정부의 존재, 그리고 시민사회와 사회운동의 부재 등이 복합적으로 얽혀 '정치적 애도'의 형성이 좌절되었기 때문으로 보았다(유해정, 2017). 실제 유족은 "군사정권 시절이어서 정부가 (유족들을) 꼼짝 못하게 만들어 할말도 제대로 못했다. 큰 소리치면 잡아다가 족치고 공무원, 교사 등도 각 기관에서 압력을 넣어 입을 닫게 만들었다"라고 증언하기도 하였다.[74]

74 『뉴스원』, 2020. 12. 15. "남영호 침몰 50주년[下] 세월호와 판박이… 참사 전후 국가는 없었다".

8) 두 차례 석유파동(1973.-1974., 1979.-1981.)

재난 및 안전관리 기본법[75]에서 정의한 사회재난에는 "국가핵심기반의 마비"가 명시되어있다. 여기서 "국가핵심기반"이란 에너지, 정보통신, 교통수송, 보건의료 등 국가경제, 국민의 안전·건강 및 정부의 핵심기능에 중대한 영향을 미칠 수 있는 시설, 정보기술시스템 및 자산 등이다.

흔히, 화재와 붕괴, 교통사고로 그려지는 사회재난의 이미지와 비교하였을 때, 국가핵심기반의 마비라는 용어는 재난과 쉽게 연결되지 않을 수도 있다. 아마 대규모 인명피해가 발생할 수 있는 다른 재난들에 비해, 즉각적인 인명피해가 발생하지 않을 수 있기 때문이다. 그러나 국가핵심기반은 국가의 존속과 국민의 편익에 심각한 영향을 미칠 수 있으므로, 그 잠재적 위험성을 고려하면 사회재난의 중요 영역으로 반드시 고려될 필요가 있다.

따라서 미국, 영국, 일본, 호주 등 선진국에서는 국가기반시설 보호를 단순한 사회 시설물 안전관리에 관한 것뿐만 아니라, 국가안보 차원으로 인식하고 있으며 이에 맞도록 관리체계 및 법제를 구축해 왔다(한국건설기술연구원, 2012). 우리나라의 경우 비록 1995년 제정된 재난관리법[76]에서는 국가핵심기반의 마비가 재난의 유형으로 포함되지 않았으나, 2004년 재난 및 안전관리 기본법[77]이 제정될 때는 그 중요성이 고려되어 재난의 주요 영역으로 포함[78]되었다.

국가핵심기반 마비의 개념이 정립되기 이전에도 한국사회에 큰 영향력을 미친 사건이 있었으니, 바로 1973~74년과 1979~81년 두 차례에 걸쳐 발생한 석유파동이다. 이는 국가핵심기반 마비 중 '에너지 분야 마비'의 측면에서 접근할 수 있을 것이다.

---

75 https://www.law.go.kr/법령/재난및안전관리기본법.

76 https://www.law.go.kr/법령/재난관리법/(04950,19950718).

77 https://www.law.go.kr/법령/재난및안전관리기본법/(07188,20040311).

78 당시에는 "국가기반체계 마비"라는 명칭으로 사용되었다.

제1차 석유파동은 1973년 제4차 중동전쟁 당시 OPEC(Organization of the Petroleum Exporting Countries: 석유수출기구)이 석유를 무기화하기 위해 생산을 줄이면서 시작되었으며, 휴전협정으로 전쟁이 끝난 이후에도 계속해서 생산량이 감축되어 석유가격이 기존에 비해 4배 이상이나 폭등하여 발생(여영섭, 2013)한 사건이다. 석유파동의 사회적 배경에 대해서는 주로 OPEC의 역할이나 산유국들 간의 경쟁, 미국과 중동국가들 간의 정치경제학적 관계들이 논의되었다(박재형, 2008).

제1차 석유파동 이후 다시 유가가 안정화되었으나, 1979년 제2차 석유파동이 발생하게 된다. 제2차 석유파동은 1978년 말부터 시작된 이란 국내의 정치적·경제적 혼란(이슬람 혁명)에 따른 석유 생산량 감소와 수출 중단뿐만 아니라 사우디라아비아의 갑작스러운 생산량 감산 결정, OPEC 회원국들의 유가 인상 관련 정책 등에 의해 발생하였다(송상현, 2015).

석유파동으로 인한 우리나라의 피해를 정리해보면 다음과 같다.[79] 당시 우리나라는 해외의존적 경제구조로 인해 불황속의 물가상승이라는 스태그플레이션(stagflation)이 나타나 1975년 소비자 물가는 전년대비 24.7% 상승하였으며, 국제수지는 18.9억 달러의 적자를 기록하였다. 또한 제3차 경제개발 5개년 계획의 수행에 있어서도 상당한 시련을 겪게 되었다. 제1차 석유파동 후에도 석유파동 등에 대비하기 위한 실질적인 경제의 체질개선은 소홀히 하고, 중화학공업정책을 강행하여 경제규모의 확대에만 몰두하던 중 제2차 석유파동을 맞게 되어 큰 피해를 입었다고 비판받게 된다. 석유가격이 337% 인상되어, 도매물가는 1980년 38.9%, 1981년 22.5%이 상승하였으며, 경제성장률은 1979년 6.5%에 그쳤고, 1980년에는 5.2%의 마이너스성장을 기록했다. 경상수지 적자폭은 1979년 42억 달러, 1980년 53억 2000만 달러나 되었다. 또한, 제1차 석유파동 이후 100억 달러를 상회한 외채는 제2차 석유파동으로 인한 국제수지 적

79 한국민족문화대백과사전, http://encykorea.aks.ac.kr/Contents/Item/E0068181.

자폭의 증대로 200억 달러를 넘게 되자 외채문제가 심각해졌다.[80]

제1차 석유파동과 관련된 박정희 대통령 시기의 기록물[81]을 살펴보면, 당시 산유국의 원유생산제한에 대비한 4단계의 정책을 준비하였음을 확인할 수 있으며, 각 단계 지시사항별로 감량비율과 효과 등을 보고 하고 있었다. 각 단계별로 주목할만한 사항들을 정리해 보면, 1단계에서는 발전용 유류를 석탄으로 전환하고, 아스팔트 등의 생산제한, 산업용 벙커C유 수급제한 등의 내용뿐만 아니라 범국민적인 절약운동을 전개한다는 내용이 보고되었다. 절약운동 내용을 자세히 살펴보면 소등철저, 실내온도 하향조정, 광고용 네온사인 규제, 사치성 목욕탕 규제, 출퇴근 통학시 걷기 운동, 출장시 기차이용, 관광여행 제한, 고속도로상의 속도제한, 열관리 철저 등의 즉시 실시사항을 확인할 수 있다. 2단계에서는 관용, 군용, 정부투자 기업체 감량수급, 자동차 윤번제 운행, 국민소비전략 전개, 3단계에서는 외항선 급유제한, 산업용 벙커C유 수급제한 강화, 수출중단 등의 내용이 제시되었다.

또한, 1974년 1월 14일 「국민생활 안정을 위한 대통령 긴급조치」를 단행하여 자금수요를 억제하는 동시에 자금운용의 효율성을 높이려는 통화금융정책도 함께 추진한 바 있다.[82] 해당 내용[83]을 살펴보면, "저소득자에 대한 조세부담의 경감 등 국민생활의 안정을 위하여 필요한 조치와 사치성 소비의 억제, 자원의 절약과 개발 및 노사 간의 협조강화 등 건전한 국민생활 기풍의 진작을 위하여 필요한 조치를 신속히 취함으로써 격동하는 세계경제의 충격에 따른 국민경제의 위기를 국민의 총화적 참여에 의하여 극복함을 목적"임을 밝히고 있다. 이와 관련된 박정희 대통령 연설기록[84]을 살펴보면, 석유파동에 대비한

80 한국민족문화대백과사전, http://encykorea.aks.ac.kr/Contents/Item/E0068181.

81 대통령비서실, "중동사태에 따른 석유유류 수급대책(상공부보고)", 1973. 2. 1.(대통령기록관 소장).

82 한국민족문화대백과사전, http://encykorea.aks.ac.kr/Contents/Item/E0068181.

83 https://www.law.go.kr/법령/국민생활의안정을위한대통령긴급조치/(00003,19740114).

84 대통령기록관, https://www.pa.go.kr/research/contents/speech/index.jsp?spMode=view&artid=1306425&catid=c_pa02062.

경제 정책의 중점사항으로 첫째, 국민 생활, 특히 서민 대중의 생활 안정, 둘째, 소비의 억제와 자원의 절약, 셋째, 국내 자원의 개발과 국제 수지의 애로 타개를 제시하였음을 확인할 수 있었다. 이외에도 석유파동의 피해를 최소화하기 위한 정부의 정책으로서 1974년 5월, 장기 에너지종합대책이 수립·발표되었다. 뿐만 아니라 1973년부터는 경제성장과 수출신장의 한계를 산업구조의 고도화를 통해 극복하고자 중화학공업의 육성을 본격적으로 추진하였다. 이를 위해 1974년에는 국민투자기금을, 1976년에는 한국수출입은행을 설립하여 금융측면에서 지원하였다.[85]

[그림 2.27] 국민생활의 안정을 위한 대통령 긴급조치(안)

1. 議決主文

國民生活의 安定을 위한 大統領緊急措置(案)를 別紙와 같이 議決한다.

2. 提案理由

油類波動을 契機로 하여 激動하는 世界經濟의 衝擊으로 國民經濟가 重大한 威脅을 받고 있어 이를 放置한다면 事態가 더욱 惡化될 뿐만 아니라 問題의 複合性과 相反性때문에 施策遂行過程에서 걷잡을 수 없는 混亂이 發生할 憂慮가 있어 迅速한 措置를 할 必要가 있다고 判斷하였으므로 憲法 第53條에 따라 緊急措置를 宣布하여 國民生活의 安定을 期하고 國民經濟의 成長基調를 早速히 正常狀態로 회복시키고자 하는 것임.

3. 主要骨子

가. 租稅減免등 低所得層의 負擔輕減과 生活安定을 위한 措置
나. 高所得層財産, 奢侈性 物品 및 過度한 消費行爲에 대한 重課
다. 勞使協調의 强化와 不當한 勤勞條件의 惡化防止
라. 流通過程에서의 價格操作에 依한 暴利防止
마. 緊急措置施行에 關聯된 豫算의 調整

4. 其他

가. 合議:
나. 豫算措置:
다. 關係法令: 省略
라. 其他:

– 1 – 343

출처: 국가기록원, http://theme.archives.go.kr/viewer/common/archWebViewer.do?singleData=Y&archiveEventId=0051923911.

85 한국민족문화대백과사전, http://encykorea.aks.ac.kr/Contents/Item/E0068181.

제2차 석유파동과 관련된 대책은 최규하 대통령 시기의 기록물[86]을 통해 확인할 수 있었다. 해당기록물은 석유정책의 기본방향과 원유시장 동향, 우리나라 경제와 석유상황, 원유확보상의 문제점 및 대책, 석유류 제품과 안전대책 등을 매우 체계적으로 검토하고 있다. 해당 내용을 자세히 살펴보면, 우리나라 경제구조와 석유의 관계를 검토하며 심화되는 석유 의존도와 원유 조달원의 제한성을 지적하고 있다. 또한 원유 확보상의 문제점으로 산유국과의 협력체계 및 원유외교가 미흡하고, 정보체제의 미비, 원유도입성의 편중, 원유

[그림 2.28] 동력자원부, “80년 석유종합대책”, 1980. 1. 1.(대통령기록관 소장)

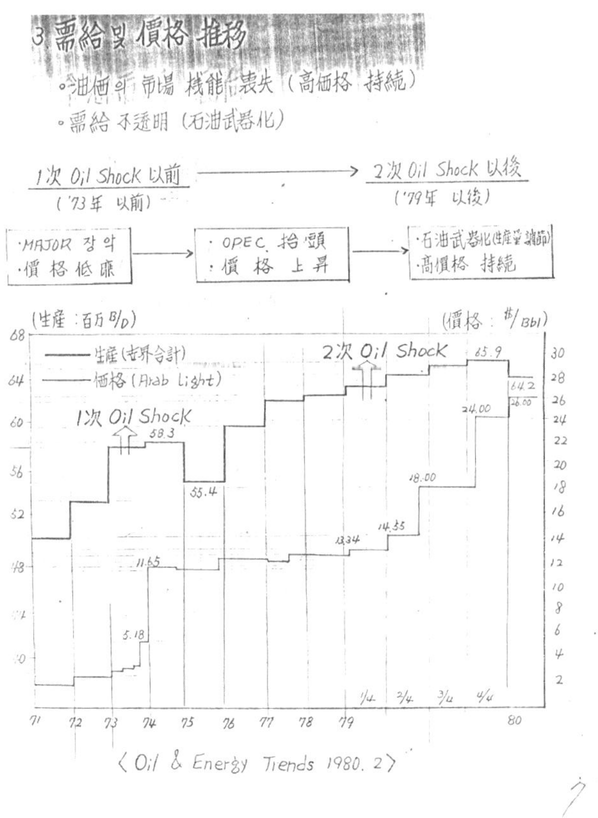

86 동력자원부, "80년 석유종합대책", 1980. 1. 1.(대통령기록관 소장).

비축과 지원체계가 미흡함을 지적하고 있다. 이에 석유안전 확보를 위해 행정체제를 보강, 민간주도형 원유공급체제를 구축, 적극적 원유외교 강화, 원유도입선의 다변화, 정보체계강화, 원유 비축 증강 등을 대책으로 제시하였다.

두 차례에 걸친 석유파동은 대규모의 사상자가 발생한 재난사고는 아니였으나 국가경제에 매우 큰 피해가 발생하였으며, 에너지 수급 및 관리정책의 변화를 이끌었다는 점에서 의의가 있다. 특히, 석유파동을 계기로 대체에너지 개발에 관심을 가지게 되었는데, 대통령의 관심하에 태양열(太陽熱)과 조력(潮力), 풍력(風力)을 새로운 대체에너지로 상정하고 기술개발을 시도하였다는 점에서 의미가 있다.[87] 또한, 석탄과 석유, 수력, 원자력, 대체에너지 개발과 해외에너지 자원의 개발을 아우를 수 있는 종합적이며 체계적인 에너지 정책을 전담하고 추진할 정부조직으로서 1978년 동력자원부가 출범하게 되었다.[88]

[그림 2.29] 에너지 10% 절약 열관리 궐기 대회(1977년)

출처: 국가기록원, http://theme.archives.go.kr/viewer/common/archWebViewer.do?singleData=Y&archiveEventId=0051923918.

87 대통령기록관, https://www.pa.go.kr/portal/online_contents/instant_record/instantRecordDetail.do?seq=22#this_id.

88 국가기록원, https://theme.archives.go.kr//next/koreaOfRecord/gasoline.do.

9) 1976년–1978년 가뭄

장기간에 걸친 물 부족으로 나타나는 기상재해가 가뭄이다. 한자어로 한발(旱魃), 염발(炎魃), 천한(天旱), 항한(亢旱), 한기(旱氣), 한건(旱乾 혹은 暵乾)이라고도 한다. 가뭄인 상태를 나타내는 말로 '가물다'라는 동사가 있으며, 특히 심한 가뭄을 불가물이라 한다. 오랫동안 계속하여 비가 내리지 않아 메마른 날씨에 가뭄이 발생한다. 정확하게는 가뭄이란 수 자원량이 평균보다 부족한 것을 말한다.

1976년 초부터 시작된 가뭄은 1978년도까지 간헐적으로 지속되었다. 1976년 가뭄은 특히 경상도 지역, 그 가운데 밀양, 창원, 김해 등 경상남도 지역에 큰 피해를 주었다. 1976년도 비가 내린 날은 약 30일이었고 5월–7월까지의 강수량 평균은 370mm에 불과하였다. 2만 8천ha가 넘는 농경지가 피해를 입었다. 1977년도에는 강우량은 300mm도 안되었고 6만ha가 넘는 농경지가 피해를 봤다.

가뭄 상황이 심각해지자 먼저 박정희 정부는 양수기를 보급하고 새마을 차관을 상수도 및 수시시설에 이용하도록 했다. 그리고 공무원 총동원령을 내려 하천굴착을 지원하도록 했다. 마을 단위로 새마을 지도자들이 가뭄극복을 위해 나설 것을 내무부는 지시했고 지역의 민방위대원들은 양수 및 하천굴착 작업에 나서도록 하였다. 당시 가뭄 피해가 가장 큰 지역은 농촌이었고 정부는 양수기 보급 및 지역주민들을 동원하는 해결방식에 집중하였다. 그럼에도 불구하고 가뭄피해가 늘어나자 정부는 7월에 긴급 관련 11개부처 회의를 소집하고 13만대 이상의 양수기를 동원, 간이용수원을 개발, 군 장비와 병력 동원 등을 지시했다.

1978년 가뭄은 영산강 유역의 목포지역을 중심으로 낙동강 유역과 밀양지방에 큰 피해를 주었다. 당시 가뭄은 농업 용수 뿐만 아니라 생활용수, 공업용수에도 큰 영향을 미쳤다. 특히 여수 등 전남의 많은 지역들이 생활용수 부족으로 큰 고통을 겪기도 했다. 부산, 창원 등 공업단지는 공업용수로 큰 어려움을

[그림 2.30] 가뭄대책 제도화하도록

가뭄對策 制度化하도록

朴大統領 揚水機등 定數制로 비치

새마을借款은 簡易상수도·水利시설에 사용

輸出·建設 계속 伸張勢

物價안정·黑字財政기록

經濟外交 조용히推進

이스라엘

출처: 『조선일보』, 1976. 6. 9.

[그림 2.31] 가뭄 비상령

가뭄 非常令

內務部, 公務員총동원령 揚水·河川굴착 支援토록

출처: 『조선일보』, 1976. 6. 7.

겪었는데 나중에 안동댐과 남강댐의 대량방류로 위기를 극복하기도 하였다.

1978년에는 가뭄 문제를 해결하기 위한 국회 농수산위원회가 열렸다. 위원회에서는 항구적 가뭄대책수립, 추경예산편성, 보리수매가격 인상, 조선종 보리의 과잉공급중지 등을 촉구하였다. 정부는 대단위 농업용수 개발과 지하수 개발을 추진할 것이며, 한강, 금강, 낙동강 유역에 대규모 양수장을 설치하겠다고 밝혔다.[89]

아래 신문에서도 보듯이 당시 사회는 과거 재해 때와 마찬가지로 국민들의 자발적인 성금을 강조하였다. 성금을 통해 농촌 지역에 시급히 양수기를 보내는 운동을 신문들은 홍보하였다. 1978년에 가뭄이 발생했을 때는 매년 발생하는 가뭄에 대비해 장기적인 대책을 세울 것을 정부는 강조하였다. 그러나 그 이후 과거와는 다른 차별적인 가뭄대책이 구체화되지는 않았다.

89 『조선일보』,1978. 6. 9. "가뭄대책 제도화하도록".

[그림 2.32] 가뭄 장기대책 세우다

"가뭄 長期종합대책 세우라"

崔總理, 忠南·北 旱害지역 시찰후 지시

비는 세차례 온다 今週

22일 서울-중부-충청-영동 23일 영남-

26일 湖南-嶺南-제주… 완전 解渴은

출처: 『조선일보』, 1978. 5. 30.

[그림 2.33] 가뭄의 농촌에 양수기를 보냅시다

가뭄의 農村에 揚水機를 보냅시다

韓國新聞協會

朝鮮日報社

출처: 『조선일보』, 1976. 7. 29.

그 이후 가뭄극복을 위한 대책들 가운데 먼저 법적인 측면에서는 하천법이 개정되었다. 하천법을 보면(법률 제17453호, 2020. 6. 9. 타법개정) 제53조(하천수 사용의 조정) ① 환경부장관은 하천수의 상태가 다음 각 호의 어느 하나에 해당하여 하천수의 적정관리에 지장을 줄 경우에는 하천수 사용자의 사용을 제한하거나 제50조에 따른 허가수량을 조정하는 등 필요한 조치를 할 수 있다.〈개정 2009. 4. 1., 2013. 3. 23., 2018. 6. 8.〉

1. 기준지점에서의 하천유지유량 확보가 곤란한 경우
2. 가뭄의 장기화 등으로 하천수 사용 허가 수량을 조정하지 아니하면 공공의 이익에 해를 끼칠 우려가 있는 경우

그런데 1970년대보다 더욱 진전된 가뭄대책이 이후 등장했지만 가뭄 대응의

문제는 여러 가지 면에서 지적되었다. 첫째, 가뭄은 그동안 의례 농업가뭄이라는 정부와 국민 인식의 고착화, 둘째, 가뭄에 대해서는 현장 대응하는 것이 최선의 방법이라는 정부의 가뭄 정책, 셋째, 가뭄은 발생한 지역만의 문제라는 편협한 생각, 앞으로 큰 비 몇 번 오면 해갈될 것이라는 안이한 생각, 넷째, 가뭄과 관련된 학계의 다학제적 연구 노력의 미흡, 다섯째, 가뭄과 관련된 다부처 공동 완화, 대비, 대응, 복구, 평가와 관련된 체계적인 법제도의 부실, 여섯째, 가뭄관련 정보화 나아가 지식화 노력의 미흡 등이다(김성준, 2015).

이와 같이 가뭄은 특정 정부 부처가 주도해서 해결할 수 있는 재해가 아니고, 반드시 상호협력해야만 극복이 가능한 문제다. 정부, 국민 모두 가뭄이 닥쳤을 때 시행하는 물관리 정책, 물 절약 캠페인에서 벗어나야 한다. 농업 분야는 예측정보에 근거하여 저수지 저수율의 사전 확보 및 대응능력을 키워나가야 한다. 수자원 분야는 댐 저수율 관리뿐만 아니라, 댐-보-저수지 연계 운영의 효율을 최적화하여야 한다. 또한 가뭄 진행 그리고 사후에는 생활, 공업용수 제한급수 피해, 농작물 재배 피해 및 농산물 가격 영향, 수질과 녹조 등 환경적 파급 피해가 산정 및 평가되어야 할 것이다(심기오, 2009).

우리나라의 가뭄대응시스템은 관련 부처인 기상청, 국토교통부, 농림축산식품부 등이 고유업무에 따라 가뭄 분석 및 전망을 수행하였다. 기상학적 가뭄, 농업적 가뭄, 수문학적 가뭄지수를 분야별로 관리해왔지만 가뭄 지수 간 연계성 부족 및 중복성 문제가 발생하였다. 그 결과 각 부처 간의 협력이 이루어지지 않았고 예방보다는 대응에 초점이 맞추어졌다. 이 문제들을 극복하기 위해 2016년부터 관계부처 합동 가뭄 예보 및 경보를 실시하고 있다. 기상청은 기상 분야 가뭄 정보를 제공하고 국토교통부는 생활 및 공업용수 정보를 제공하며 농림축산식품부는 농업용수를 제공한다. 국립재난안전연구원에서는 각 부처에서 제공한 가뭄 정보를 자체 개발한 실시간 가뭄지수를 통해 검토하고 이 결과를 지자체에 통보하여 실제 가뭄 상황과 비교분석을 통해 최종적으로 행정안전부에 제공한다. 국립재난안전연구원에서는 부처의 가뭄 예보 경보 정보를 비교하고 검토하기 위해 2013년 개발된 국가가뭄재해 상황관리 정보시스템 내 실시간 가뭄지수(RDI)를 활용하고 있다(국립재난안전연구원, 2017).

10) 이리역 폭발사고(1977. 11. 11.)

1995년 정부의 도농 통합제도의 실시로 전라북도 이리시와 익산군이 통합되어 익산시가 되었다. 더 큰 행정단위인 이리시의 명칭을 사용하지 않고 익산군의 명칭으로 통합된 데에는 여러 이유가 있겠으나, 1977년 발생한 '이리역 폭발사고'로 인해 만들어진 부정적인 이미지가 영향을 미쳤다고 알려져 있다. 이리역 폭발사고는 1977년 11월 11일 전라북도 이리시에서 발생하였으며, 다량의 폭발물을 실은 기차가 이리역 내에서 폭발한 사건이다. 이 사건으로 인하여 이리역 시설 및 주변가옥들이 엄청난 피해를 당하고, 다수의 사상자가 발생하였다. 한 도시가 사회재난의 맥락에서 광범위하게 파괴된 전례가 없었으므로, 크고 작은 재난들 중에서도 당시 사회에 미친 충격면에서는 최고 수준으로 평가할 수 있다(양야기·정호기, 2017).

사고발생의 원인에 대해 정리한 자료(손정목, 2004)에서는 폭발물 취급자격이 없었던 화물열차 호송원의 실수와 화약류 직송원칙을 무시한 수송관계자 전원의 무사안일한 태도가 참사의 원인임을 지적하고 있으며, 이를 정리하면 다음과 같다. 당시 철도운송 규정상 화약약품 적재 열차는 가능한 한 도착역까지 직통으로 운송되어야 함에도 불구하고, 이리역 내 연계운송 과정이 늦춰져 장기간 정차하게 되었다. 당시 화물열차에 탑승 중이던 호송원이 직송원칙을 무시하며 수송을 늦추고 있는 이리역 측에 항의하였으나 묵살되자, 저녁식사와 음주 후 객차에 들어와 양초를 켜고 잠에 들게 되었던 것이다. 촛불은 이내 화약상자에 옮겨 붙게 되었고, 잠에서 깬 호송원은 진화를 시도하다 사태가 심각해지자 도주하였다. 이로 인해 엄청난 폭발과 화재가 발생하여 사고가 발생한 것이다(손정목, 2004). 사고 발생 이후 철도 업무에 관한 책임, 화약류의 관리와 운송에 관한 책임으로 철도공무원 4명, 한국화약 7명(호송원 포함), 대한통운 2명이 구속되었다(양야기·정호기, 2017).

사고로 인해 59명이 사망하였고, 중상 185명, 경상 1,158명 총 1,402명의 인명 피해를 입은 것으로 확인되었다.[90] 사고 피해를 조사한 자료(김덕재·이리

[그림 2.34] 이리역 폭발사고 현장 및 주변

출처: 국가기록원, http://theme.archives.go.kr/viewer/common/archWebViewer.do?bsid=200200068578&dsid=000000000001&gubun=search.

형·박복만, 1977)에 따르면 당시 기차에는 어마어마한 양의 폭발물이 적재되었는데, 다이너마이트 18톤, 초안폭약 4.5톤, 암포폭약 2.25톤, 흑색폭약 0.06톤, 전기뇌관 18톤, 총 (약) 40톤으로 확인되었다. 폭발로 깊이 10m, 직경 30m의 웅덩이가 파이면서 이리역 구내를 두동강 내었고, 기관차 2량, 화물열차 70량, 객차 20량이 파손된 것으로 확인되었다. 반경 1km 이내의 건물 대부분이 파괴 되었는데, 그 피해는 반경 4km 이내까지 미친 것으로 확인되었다(김덕재·이리형·박복만, 1977).

사고가 발생한 후, 박정희 대통령은 최규하 국무총리를 비롯한 내무부, 건설부, 교통부장관을 청와대로 불러 이리역 폭발사고에 대한 긴급대책회의를 연 뒤 헬리콥터 편으로 사고현장을 시찰하고 피해복구, 이재민 구호에 모든

90 내무부, "이리역 사고 현황 및 대책", 1977. 11. 19.(대통령기록관 소장).

지원을 다 할 것을 지시하기도 하였다.[91] 구체적인 지시내용을 살펴보면, 신속하고 정확한 피해상황을 파악하여 치료와 복구를 지원하고, 타 지역 및 군 의료진의 의료지원을 지시하였으며, 추후 이재민을 위한 아파트 및 연립주택을 특별분양 등을 지시하였다.[92] 한편, 당시 대통령 영애 신분이었던 박근혜 대통령이 이재민들을 위해 겨울옷을 대한적십자사를 통해 현지에 보냈다는 기록도 확인할 수 있다.[93] 이후에도 박정희 대통령은 예고 없이 이리 이재민 천막촌에 들러, 생활실태를 살펴보고 위로하고 생활시설 확충을 지시하는 등의 모습을 보여주었다.[94] 특히, 이리역 폭발사고로 인한 피해보상과 관련하여 타당한

[그림 2.35] 이재민 텐트촌을 방문시찰하는 박정희 대통령

출처: 국가기록원, http://theme.archives.go.kr/viewer/common/archWebViewer.do?bsid=200200025801&dsid=000000000002&gubun=search.

91 대통령기록관, https://www.pa.go.kr/portal/contents/stroll/schedule/scheduleIndex.do?year=1977&month=11&searchDate=1977-11-13.

92 『매일경제』, "朴大統領(박대통령), 裡里現場(이리현장) 시찰 "災民(재민)구호·復舊(복구) 萬全(만전)토록", 1977. 11. 14.

93 『조선일보』, "朴槿惠(박근혜)양 衣類(의류)보내", 1977. 11. 13.

94 『경향신문』, "朴大統領(박대통령), 裡里(이리) 災民(재민)천막촌 시찰", 1977. 12. 10.

근거와 기준에 의해 심의한 결과에 따라 적정한 보상금을 지급하고 억울한 사람이 없도록 하라고 특별히 지시하기도 하였다.[95]

이리역 사고 현황 및 대책에 관련된 대통령기록물[96]을 살펴보면, 이리역 사고 피해자들을 대상으로 응급구호가 실시되었으며, 피해자들의 생계를 돕기위한 사업(취로사업)이 실시되어 세금 감면 및 금융지원, 보험금 지급 등과 같은 다양한 항목에서 경제적 지원과 피해자 입주용 아파트 건설이 진행된 것으로 확인된다. 한편, 사고 대책으로 주로 구호물품(식량과 연료, 천막제공), 시설복구,

[그림 2.36] 내무부, "이리역 사고현황 및 대책", 1977. 11. 19.(대통령기록관 소장)

3. 對　策

가. 基本方針

(1) 支援基準 (水害復旧時보다 上向調整)

區　分	裡里駅 事故				'77 서울·安養 水害			
	區分	單位	財源	金額	區分	單位	財源	金額
① 罹災民救護								
·應急救護 (7日間)								
白　米		人/日	義捐金	432g (3合)		人/日	國庫	432g (3合)
副食費		"	"	124원		"	"	124원
·長期救護 (必要時까지)								
白　米		人/日	義捐金	288g (2合)	[illegible]	人/日	國庫	300g
精　麦		"	"	138" (1合)				
副食費		"	"	124원				
燃　料	煉炭	世帯/日	"	6장				
煖　爐	19孔炭 3個同時用	世帯	"	1台				

17

95 『경향신문』, "朴(박)대통령 "全州(전주)·裡里(이리)개발 支援(지원) 災民(재민) 피해보상 適正(적정)하게"", 1977. 12. 10.

96 내무부, "이리역 사고 현황 및 대책", 1977. 11. 19.(대통령기록관 소장).

사망자 및 실종자 처리, 아파트 건설, 역주변 정비, 환자치료와 관련된 내용이 기록되어있다. 흥미로운 점은 77년에 발생하였던 서울/안양 수해 당시와 비교하여 구호내역이 상향 지원됨을 밝히고 있었으며, 4~5개월간의 생계지원금 지급하여 경제적 자립을 돕고자 하였다는 점, 의료보험제도에 의거한 전원 무료 진찰이 실시되었다는 점이다. 또한 사고 복구지원사업도 활발히 진행된 것으로 보인다. 이와 관련된 대통령기록물[97]을 살펴보면 당시 피해 가옥 복구 겸 생

[그림 2.37] 대통령비서실, "이리시 이재민 상가건립 계획에 대한 자금지원방안", 1978. 4. 13.(대통령기록관 소장)

다. 소요사업비 : 2,200백만원

° 재원

주민부담 : 845백만원

장기저리자금융자(이리시 지원요청) : 1,355백만원

2. 자금지원방안

(결론)

융자대상 건축물이 그 자체로서 수익을 발생시키는 상가건물이며, 주택자금 등 장기저리자금의 지원은 아래의 사유로 보아 곤란하므로, 이리시 요청금액 전액을 지원하되 일반은행의 중장기 분할상환대출금(텀론)으로 융자하고자 함.

° 융자조건 : 3년거치 7년 분할상환

년리 : 최초 3년까지는 15%

3년에서 8년까지는 16%

그 이후는 17%

° 융자금 취급은행 : 전북은행, 상업은행, 한일은행, 서울신탁은행

(각각 3억원 이상 대출토록 78. 4. 13. 재무부에서 기조치)

(장기저리자금의 지원이 곤란한 사유)

(1) 주택자금(국민주택자금 및 주택은행 민영주택자금)은 년리 14%, 1년거치 19년 분할상환으로서 융자조건은 유리하나, 법상 상가건물에 대해서는 주택자금의 융자가 불가하도록 되어있음.

(주택건설촉진법 제19조, 주택은행법 제1조, 제24조)

특히 국민주택자금은 주택공사와 전국 각 시도에 배정을 완료하여 여유자금이 없음.

2

대 통 령 비 서 실

97 대통령비서실, "이리시 이재민 상가건립계획에 대한 자금지원방안", 1978. 4. 13.(대통령기록관 소장).

업지원사업으로서 주거겸용(주상복합) 연립상가 건설이 진행되었으며, 이리시의 사업비 지원요청을 검토하여 정부에서 주민부담금을 제외한 사업비 전액을 지원한 것 사례도 확인할 수 있다.

계속해서 대형사고가 빈번하게 발생하자, 안전사고 대책 관계장관회의가 개최되기도 하였다. 회의에서는 안전관련 법규와 수칙을 재검토하여 부족한 점은 보완하고, 필요한 경우 새로운 법규와 수칙을 제정하는 한편, 안전사고 방지를 장기적으로 다루기 위한 전문연구기구 설치를 검토하자는 논의가 이루어졌다.[98] 화약류, 유류, 가스, 전기 등 생활 주변의 위험물에 대한 안전점검도 이루어졌는데, 서울시의 경우 위험물 제조·취급업소에 대한 실태 파악에 나섰다. 세부적인 조사를 통해 위반사항이 드러나는 위험물 제조·취급업소를 고발했고, 업소가 주택가에 위치한 경우 다른 곳으로 이전시켰다. 각종 화공약품의 제조, 운반, 취급 업무에 대한 현행법을 검토하여 규제를 강화하는 방향으로 법을 제정하도록 정부에 건의하기도 하였다.[99] 또한, 이리역 폭발사고를 계기로 하여 교통안전추진체계를 강화하기 위해 1979년 "교통안전법"(서울시정개발연구원, 2008), 1981년에는 "산업안전보건법"이 제정되기도 하였다.

이리역 폭발사고는 당시 재난관리에 관한 사회적 관심이 증대되는 계기가 되었다. 살펴본 바와 같이 정부가 이재민 구호활동과 지원 사업을 적극적으로 진행하였고, 박정희 대통령도 많은 관심을 보였다. 그러나 언론 및 시민사회와의 소통이 원활하게 이루어지지 않은 점도 있었다. 이러한 측면에서 전쟁의 상흔과 압축적 근대화의 관행, 군사주의 문화가 재난관리 과정에서 드러나기도 하였다는 평가(양야기·정호기, 2017)도 존재한다.

98 『동아일보』, "13部長官(부장관)회의 安全法規(안전법규) 전면재검토", 1977. 12. 6.

99 국가기록원, https://www.archives.go.kr/next/search/listSubjectDescription.do?id=001040&pageFlag=&sitePage=1-2-1.

11) 1978년 홍성지진(1978. 10. 7.)

1978년 10월 7일 18시 충남 홍성지역에서 규모 5.0의 지진이 발생했다. 진원의 깊이는 10km였고 홍성 군청 반경 500m 내에서 피해가 집중적으로 발생하였다. 이로 인해 118동의 건물이 파손되고 1,100여 동 이상의 건물에 균열이 발생하였으며, 홍성군청 등 12개 공공기관의 유리창 500여 장이 파손되었다. 그리고 문화재로 지정된 사적 231호 홍주 성곽 90m가 무너지고, 가재도구와 담장 등 부속 구조물 파손 등 670여 건의 신고가 접수되었다. 총 피해액은 약 2억 원, 복구 소요 비용은 약 4억 원 정도로 추산되었다. 이 지진은 부상자는 2명에 불과한 자연재해였지만 이 사건 이후 홍성군에서 내진설계를 도입하는 계기가 되었다. 충청남도는 당시 3억9천4백만 원의 복구비를 중앙정부에 요청했고 5백 명의 민방위대원이 중심이 된 민간안전대책위원회가 복구를 지원하였다. 충청남도는 교실이 위험상태에 있는 경우 학교를 옮겨 수업을 진행하도록 하였고 가옥의 안전 진단을 조속히 실시할 것을 관련 공무원들에게 지시하였다.

사건 이후 박정희 대통령은 파괴된 가옥의 이주비로 1억5천만 원의 특별지원비를 지원할 것을 지시하였다.[100] 그런데 기록물이나 당시 언론자료를 조사해보면 이 지진 사건에 대해 대통령이 직접 언급한 내용은 찾기 힘들다. 물론 사망자가 없고 다른 재해에 비해 피해가 경미한 측면도 있고 당시 지진이 자주 발생하는 재해가 아니었기 때문일 수 있다.

홍성지진은 지진에 대한 과학적 분석과 함께 선진적인 지진관측계를 도입하게 된 중요한 계기를 마련한 사건이었다. 당시 과학기술처는 지진대책을 강구하고 홍성에 지진조사단을 파견하였다. 그리고 중앙관상대에 요청하여 서울, 광주 외 지진계가 없는 대전, 대구 등 3곳에 지진계를 설치하기로 하였다. 이것은 재해 예방을 위해 매우 중요한 조치였다. 박정희 정부는 이 지진 이후 지진대책경비를 마련하였다. 당시 소요예산은 5,462만 원이었다. 여기에는 홍

---

100 『조선일보』, 1978. 10. 11. "지진 재민 이주 비용 1억5천만 원, 대통령 특별 지원비로 충당".

[그림 2.38] 당시 피해상황

출처: 기상청, 2001.

성지역 정밀조사 용역비 1,000만 원이 포함된 것이었다.[101] 당시 과학기술처는 고정지진계 2대, 이동지진계 2대, 지진기록 송진 장치 2대를 요청하였지만 1980년 최규하 과도정부 때 총 5대가 도입되었다.

1963년 3월 서울에 있는 국립중앙관상대에 세계표준지진계 1대가 설치됨으로써 계기지진관측을 시작했다. 그러나 이 지진계는 서울에서만 관측이 가능했기 때문에 진앙의 결정 등 분석에 한계가 있었다. 그 후 1977년 4월 기상청은 일본 가즈시마(Katsushima)사 제품인 간이형 지진계 2대를 서울과 광주에 각각 설치하였다. 1978년의 홍성지진 시 펜이 심하게 튀어 온전한 기록을 얻지 못하였기 때문에 이 지진계의 성능 부족을 강조하면서 그 이름이 사용된 것으로 알려져 있다. 1978년 10월 7일의 홍성지진으로 지진에 대한 국민과 정부의 관심이 고조되어 본격적인 지진관측망 구성에 필요한 예산을 확보할 수 있었던 것은 그나마 다행한 일이었다.

101 대통령비서실, "지진대책경비", 1979. 7. 6.(대통령기록관소장).

1980년 9월 기상청은 홍성지진을 계기로 관측소용 지진계 3대와 이동식(portable type) 지진계 2대를 도입·설치함으로써 기존 장비를 포함하여 전국 6곳의 지진관측망을 구성하게 되었다. 새로 도입된 지진계는 모두 미국 텔레다인 지오텍(Teledyne-Geotech)사 제품으로 세계적으로 성능을 인정받고 있는 지진계였다.

그 이후 노무현 정부 때 지진 관련 대책에서 진일보한 대책이 나타났다. 노무현 정부는 기상기술발전 5개년계획을 수립하여 2003-2008년간 1,200억 원을 들여 해상기상 관측기술을 개발계획을 세웠다. 그리고 2004년 7월 소방방재청을 신설하여 기상청, 지자체와 연계하여 지진대책을 세웠다. 2009년까지 867억 원을 투자해 국가재난관리시스템을 체계화하는 계획을 수립하였다. 그리고 동남해 연안 지역의 지진 및 해일 관측설비를 보강하고 일본 등 주변국과 공동연구 사업을 적극 추진해야 한다고 분석하였다.[102]

당시 기상청은 지진과 관련하여 오보를 발령하여 정부 정책의 불신을 초래하였는데, 이에 대해 노무현 정부는 지진 발생 시 대응 매뉴얼 및 업무지침을 개정하고 일본기상청의 지진관측 원시 자료를 실시간대로 수신하며 지진관측소 증설, 지진가속도 관측소 증설을 계획하였다.[103] 그리고 인공지진에 대한 분석 및 발표를 기상청으로 일원화해야 하며, 한국지질자원연구원에서 수행중인 인공지진의 발표 권한을 국가지진업무 수행기관인 기상청으로 일원화할 필요가 있다고 밝혔다.[104] 이처럼 1970년대와 1980년대는 지진에 대한 기본적인 과학적 진단기기를 도입함으로써 예측가능성을 높이고자 한 시기였다. 그리고 지진과 관련하여 주변국과 공조시스템을 추진하고 국가시스템 속에서 지진대책을 마련한 것은 노무현 정부였다.

102 대통령비서실, "자연재해 대비 실태 및 고려사항", 날짜미상(대통령기록관소장).

103 대통령비서실, "지진관련 표준매뉴얼" 2004. 3. 30.(대통령기록관소장).

104 대통령비서실, "2006년도 위기관리업무 기관평가 실적보고서", 2006. 12. 10.(대통령기록관소장).

12) 중일 수교와 해양오염 대비(1979. 2.)

앞의 사례에서 이미 고찰해본 바와 같이, 박정희 정부의 환경오염 문제 접근은 안보와 정치적인 문제와 맞물려 진행된 경우가 많았다. 해양오염 관리도 그러한 예 중 하나였다.

해양오염 문제에 대하여 대통령에게 직접 보고된 흔적을 보여주는 대통령 기록물 중 가장 오래된 것 중 하나로, 1967년 정무수석실에서 보고한 UN주관 "해수오탁방지에 관한 국제조약"에 관련된 연구보고가 있다. 아래에 나타나는 바와 같이, 우리나라 초기 해양오염관리는 주로 해외 선진국과 국제기구의 선구적 노력에 자극받은 관료들이 그 필요성을 제기하면서 논의가 시작되었다. 대형 유조선이나 수출입관련 화물선의 출입이 빈번하지 않았던 1950년대까지는 큰 문제가 없었겠지만, 산업화가 진행되면서 유조선의 출입량이 늘자

[그림 2.39] 대통령비서실, "수질오탁방지에 관한 연구보고", 1967. 2. 1.(대통령기록관 소장)

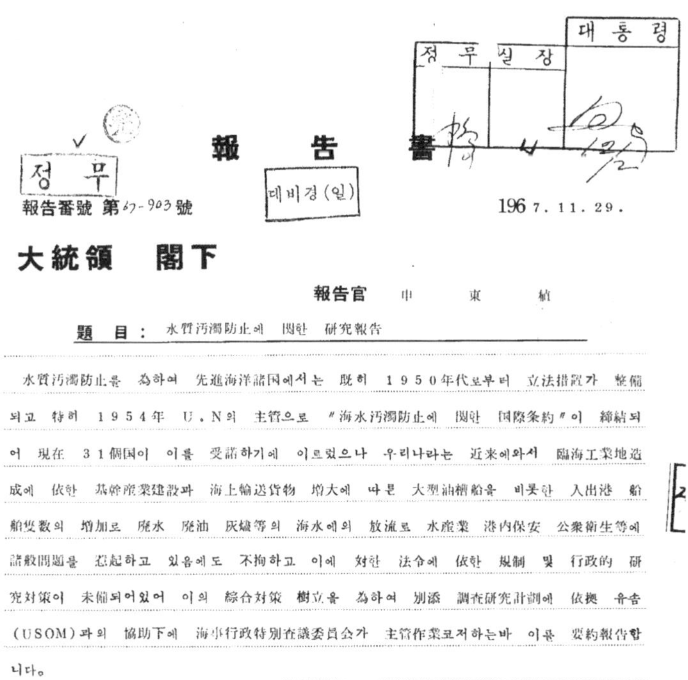

대 통 령
정 무 실 장

정 무

報 告 書

대비경(일)

報告番號 第67-903號

1967. 11. 29.

大統領 閣下

報告官 申 東 植

題 目 : 水質汚濁防止에 関한 研究報告

水質汚濁防止를 為하여 先進海洋諸国에서는 既히 1950年代로부터 立法措置가 整備되고 特히 1954年 U.N의 主管으로 "海水汚濁防止에 関한 国際条約"이 締結되어 現在 31個国이 이를 受諾하기에 이르렀으나 우리나라는 近来에와서 臨海工業地造成에 依한 基幹産業建設과 海上輸送貨物 増大에 따른 大型油槽船을 비롯한 入出港 船舶隻数의 増加로 廃水 廃油 灰燼等의 海水에의 放流로 水産業 港内保安 公衆衛生等에 諸般問題를 惹起하고 있음에도 不拘하고 이에 対한 法令에 依한 規制 및 行政的 研究対策이 未備되어있어 이의 綜合対策 樹立을 為하여 別添 調査研究計劃에 依拠 유솜(USOM)과의 協助下에 海事行政特別審議委員会가 主管作業코저하는바 이를 要約報告합니다。

만일의 사태를 대비하여 선진국의 사례를 참조하기 시작했던 것이다. 우리나라의 에너지 공급원에서 석유에 대한 의존이 압도적이고 수출주도 경제로 인해 해상수송량이 계속해서 증가해온 점을 생각하면(정혜승, 2015), 국제기구와의 협력 속에서 유류오염 방지에 관한 대책을 세워나갔던 것은 당연한 수순이었다고 볼 수 있다. 현재는 "국내 해역을 통항하는 선박량도 24만여 척"에 이르며 우리나라 주변에서 매년 "200~300건 정도의 크고 작은 유류오염사고가 발생하고" 있어 여전히 한국은 "해양유류오염사고 다발국가 중의 하나로 알려져 있다"(정혜승, 2015).

재미있는 점은 1970년대 말 미국과 중국의 정상의 만남, 그리고 그로 인한 냉전 갈등 구조의 완화로 일명 "데탕트"(Détente) 분위기가 확산되면서 우리나라의 해양오염 관리도 강화되었다는 것이다. 미중관계 개선에 따른 영향으로 미국의 동맹인 일본도 중국과 수교를 맺게 되는데, 여기에는 물론 중국이 일본에 줄 수 있는 경제적 이익이 크게 작용하였다. 그중 가장 중요한 것 중 하나는 이란 혁명을 시작으로 79년부터 전세계를 강타했던 제2차 오일쇼크로 인해 일본이 기존 원유수급처 이외의 공급처를 찾아야 했던 점에 있었다. 이에 정무1수석실에서는 **[그림 2.40]**과 같이 일본이 중국으로부터 원유수입을 늘려 중일 간 유조선 통행의 증가로 최단 루트인 제주해협을 이용하려고 할 것이 예측된다고 보고하며, 더욱 강한 해양오염 관리가 필요함을 역설하였다.

해양오염 관리는 서로 다른 국적의 선박이 오고 가는 해상에서의 사고와 밀접한 관련이 있는 만큼 일찍부터 국제기구에서 의논된 중대 사항이었으며, 국내적으로도 사고 발생시 인근 어업 및 주민 생활에 심각한 타격을 줄 수 있는 문제였으므로 하천 오염 등의 문제보다 조금 더 일찍 정부의 주목을 받게 되었던 것으로 볼 수 있다. 또한 당시 국제 정세에 맞물려 문제를 관리하고자 한 박정희 정권의 시도도 흥미롭게 생각된다. 하지만 언제나 핵심은 산업화와 경제 발전에 방점이 찍혀 있었다. 해양오염은 수출을 중심으로 한 경제발전에 지장을 줄 수 있는 문제이기 때문에 관리한다는 것이다. 따라서 이 시기의

[그림 2.40] 대통령비서실, "제주해협 오염대책에 관한 중간보고" 1979, 2. 1.(대통령기록관 소장)

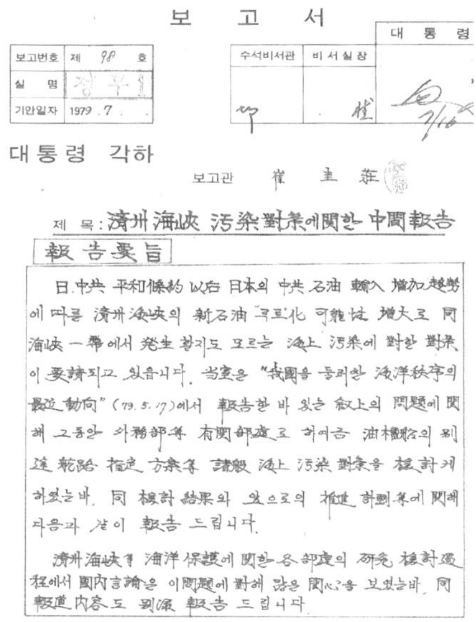

보 고 서

보고번호	제 98 호
실 명	정 무 1
기안일자	1979 . 7 . .

수석비서관	비 서 실 장	대 통 령
		7/16

대 통 령 각하

보고관 崔 圭 莊

제 목 : 濟州海峽 汚染對策에関한 中間報告

報告要旨

日.中共 平和條約 以後 日本의 中共 石油 輸入 增加趨勢에 따른 濟州海峽의 新石油 루트化 可能性 增大로 同海峽 一帶에서 發生할지도 모르는 海上 汚染에 對한 對策이 要請되고 있습니다. 当室은 "我國을 둘러싼 海洋秩序의 最近 動向"(79. 5. 17)에서 報告한 바 있는 叙上의 問題에 関해 그동안 外務部等 有関部處로 하여금 油槽船의 別途 航路 指定 方案等 諸般 海上 汚染 對策을 檢討케 하였는바, 同 檢討 結果와 앞으로의 推進 計劃案에 関해 다음과 같이 報告 드립니다.

濟州海峽等 海洋保護에 関한 各 部處의 硏究 檢討過程에서 國內言論은 이 問題에 對해 많은 関心을 보였는바, 同 報道內容도 別添 報告 드립니다

[그림 2.41] 1972년 중일 수교 당시의 저우언라이 중국 총리(左)와 다나카 가쿠에이 일본 수상(右).

출처: 『월간조선』, 2015. 5. "물밑에서 급진전되는 中日관계 개선"

관료들과 정치 리더십의 인식은 환경재난을 방지하는 것이 그 자체로서 국민의 생명과 안전을 보호하기 위한 국가의 당연한 역할이라기보다는 다른 대의(大義), 예를 들면 경제발전을 위한 방편으로 생각했다는 것을 알 수 있다. 동시에 이 사례는 재난관리가 단순히 국가의 다양한 역할 중 하나가 아니라 경제와 사회의 여러 문제들을 관통하는 부분이라는 점을 명확하게 보여준다.

3 전두환 대통령

1) 1982년 울진지진(1982. 3. 1.)

1982년 3월 1일 경북 울진군 북동쪽 약 45km 해역에서 규모 4.7의 지진이 발생했다. 1982년도에는 진도 3 이상의 지진이 11차례 발생했다. 1981년 4월 15일에 경북 포항 동쪽 68km 지점에서 규모 4.8의 지진이 발생하였고, 1982년 3월 1일 경북 울진 동북쪽 약 45km 해역에서 규모 4.7의 지진이 발생했다. 그 후 2004년 5월 29일에는 경북 울진군 동쪽 80km 해역에서 규모 5.2의 지진이 일어나기도 했다.

조선왕조실록을 보면 당시 이 일대에서 지진이 발생했다는 것을 알 수 있다.

> "동해의 물이 넘쳤다. 영일로부터 길주에 이르기까지 바닷물의 높이가 5척 또는 13척이나 되어 육지로서 어떤 곳은 5, 6척 어떤 곳은 백여 척이나 덮었는데 진퇴가 조수와 같았다. 또 삼척과 연곡 등지에서는 바닷물이 줄고 넘치기를 5, 6차례나 하였는데 넘칠 때는 50~60척이나 되고, 줄 때는 40여 척이나 되었다".
>
> –1415년(태종 15년) 5월 13일–

> "울산부에서는 땅이 갈라지고 물이 솟구쳐 나왔다.…안동에서 동해 영덕 이하를 경유해 김천 각 읍에 이르기까지 이번 달 초 9일 신시, 초 10일 진시에 두 번 지진이 있었다.…울산부의 동쪽 13리 조석의 물이 출입하는 곳에서 물이 끓어올랐는데 마치 바다 가운데 큰 파도가 육지로 1.2보 나왔다가 되돌아 들어가는 것 같았다".
>
> –1643년(인조 21년) 7월 24일–

당시 신문기사를 보면 울진지진은 삼척 일대에서도 발생했고 서울 일대에서도 약한 강도의 지진을 감지할 수 있었다. 신문에서는 진도 4로 발표했으나 추후 기록을 보면 4.7도로 기록되었다.

지금도 동해안 일대의 지진은 한반도에서 매우 위험한 지역으로 주목받고 있다. 동해가 불안한 이유는 일본 열도를 뒤흔들었던 동일본 대지진 때문이다. 2011년 3월 11일 발생한 규모 9.0의 지진으로 인해 한반도가 2.3cm 일본으로 이동했다. 이는 순간적으로 엄청난 힘이 땅에 쌓였음을 의미했다. 이러한 응력의 추가로 인해 지진 빈도수가 증가할 수 밖에 없었다.

이 사건 이후 정부는 민방위 훈련에 처음으로 지진대비 훈련을 포함시켰다. 라디오를 통해 대피 및 피해 복구 등과 관련된 행동요령을 교육하였다. 그러나 이 지진에 대한 정부의 특별한 성명이나 피해에 대한 예방책 등은 없었

[그림 2.42] 지진 대피훈련

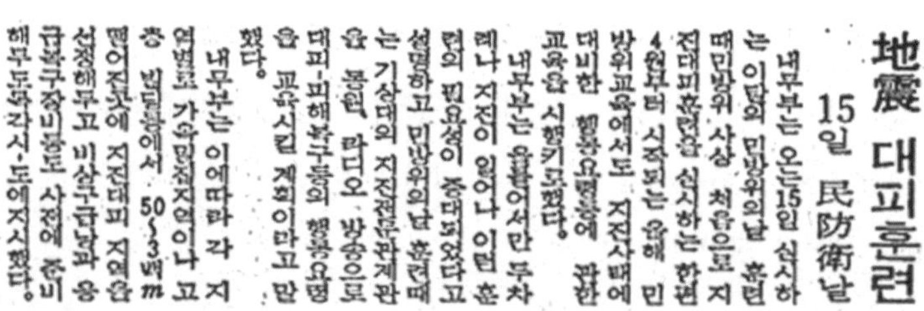

地震 대피훈련
15일 民防衛날

내무부는 오는15일 실시하는 이달의 민방위의날 훈련때 민방위 사상 처음으로 지진대피훈련을 실시하는 한편 4월부터 시작되는 올해 민방위교육에서도 지진사태에 대비한 행동요령등에 관한 교육을 시행키로했다.

내무부는 올들어서만 두차례나 지진이 일어나 이런 훈련의 필요성이 증대되었다고 설명하고 민방위의날 훈련때는 기상대의 지진전문관계관을 통한 라디오 방송으로 대피·피해복구등의 행동요령을 교육시킬 계획이라고 말했다.

내무부는 이에따라 각 지역별로 가옥밀집지역이나 고층 빌딩등에서 50~3백m 떨어진곳에 지진대피 지역을 선정해두고 비상구급낭과 응급복구장비등을 사전에 준비해두도록각시·도에지시했다.

출처: 『동아일보』, 1982. 3. 1.

[그림 2.43] 범정부 지진대응역량 대폭 강화한다

- 시도에는 재난안전실·국과 연계하여 지진 재난 대응·복구 기능을 보강하는 한편, 소관 공공시설물 안전관리·점검 기능 강화를 위해 각 1명씩 증원(+16명)하고,
- 24개 시·군·구에도 지난 9.12 지진 피해지역의 수습·복구, 원전 인근 지역의 안전관리 강화를 위해 각 1명씩(+24명) 전담인력을 보강한다.
- 특히, 원전 소재 4개 시·군(경주·기장·울주·울진)의 경우에는 원전 방재 및 안전관리 전담부서(課)를 설치·운영하도록 각 4~5명씩(+17명) 전문인력을 추가 지원하기로 하였다.

다. 2016년도 경주지진 이후 정부는 울진 등 지역에 대해 특별한 지진대비계획을 발표하였다. [그림 2.43]의 내용을 보면 상세 내용을 확인할 수 있다.

한편 현재 울진 지역에서는 [그림 2.45]와 같은 지진 대비 계획을 수립하였다. 과거에 비해 매우 체계적임을 알 수 있다. 그리고 방사선누출의 위험에 대비하고 발전소의 운영계획을 세우는 등 그 내용도 매우 세부적으로 대비하고 있음을 알 수 있다. 지진 규모에 따라 발전소 운영지침이 다르게 운영

[그림 2.44] 휴일밤에 또 지진

休日밤에 또 地震

2週만에 震度4…震央地는 蔚珍부근

전국이 영향권…심한곳은 기왓장 떨어져

출처: 『조선일보』, 1982. 3. 13.

되고 있다. 그리고 울진 내 주요 조직에 지진계를 설치하여 세밀하게 지진을 측정하고 있다.

[그림 2.45] 지진 대응절차

3. 국내원전 지진발생시 대응 절차

구 분	규모(지반가속도)	조치내용
원전 경보기준 (안전정지기준의 1/20)	4.0(0.01g) 주파수 범위(1~10Hz)	▪ 발전소 운전상태 점검 ▪ 주요계통 점검 ▪ 필요시 발전소 정지
원전 정지기준 (운전기준지진)	6.0(0.1g)	▪ 발전소 운전상태 점검 ▪ 주요계통 점검 ▪ 필요시 발전소 정지
원전 설계기준 (안전정지지진)	6.5(0.2g)	▪ 원자로 즉시정지 ▪ 청색비상 발령 ▪ 주요계통점검 및 발전소 건전성 평가

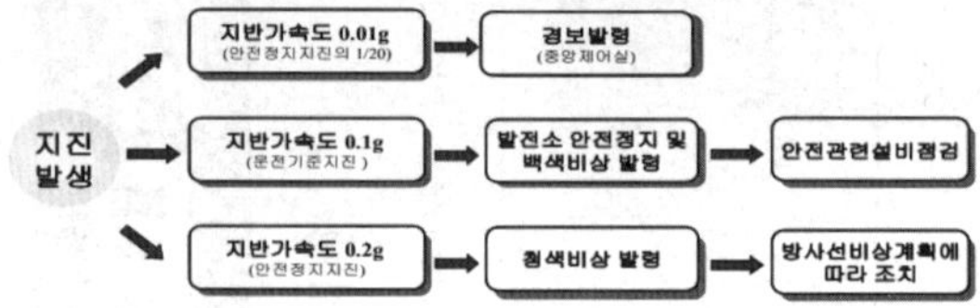

4. 울진군 관내 지진계 설치 현황

- 기상청 : 온정면 덕인리 광대역 지진계 1대, 가속도계 1대
- 중앙연구원 : 한울원전 부지 내 1대, 울진 서면 하원리 1대
- 한울원자력본부 : 각 발전소별로 지진계설치(삼축가속도계_발전소별 6대)
- 한국원자력안전기술원 : 한울원전 부지내 1대

출처: 울산광역시, 『울진지진관련 보고서』, 2019. 11.

2) 원자력방재대책 최초 수립(1983. 11. 10.)

소설가 김진명의 픽션 『무궁화꽃이 피었습니다』로 대중에 알려진 것처럼 한국 정부가 원자력과 핵물질에 관련된 기술을 본격적으로 획득하고 활용하려는 노력은 박정희 정권하에서 이루어졌다. 이에 앞서 방사능 물질의 유출이나 핵공격에 대한 대비 차원에서의 방사능 대책은 박정희 정권의 집권 직후 1962년에 세워졌는데, 1959년 이승만 정부에서 설립한 문교부 산하 원자력원이 주축이 되어 원자핵폭발 시 방사능 측정 및 분석을 위한 방사능대책위원회의 설립이 우리나라 방사능 재해 대책의 시초라고 할 수 있다. [그림 2.46]에서 그 개요를 확인할 수 있다.

[그림 2.46] "법제처, "방사능대책위원회규정", 1962. 2. 1.(대통령기록관 소장)

閣令第七百二十號　　　千九百六十二年　月　日公布

放射能對策委員會規程

第一條(設置)　原子力院長과關係部長官의諮問에應하여原子核爆發로因한放射能塵의放射能(以下放射能이라한다)의測定、分析및啓蒙等에關한事項을調査審議하게하기爲하여原子力院에放射能對策委員會(以下委員會라한다)를둔다

第二條(構成)　委員會는委員長一人과委員十九人以內로써構成하되.委員은다음의區分에依하여原子力院長이任命또는委囑한다　但第二號乃至第六號에該當하는委

[그림 2.47] 사고 후 지미카터 당시 미국 대통령이 스리마일섬 핵시설의 컨트롤룸을 방문하고 있다

출처: wikipedia(https://en.wikipedia.org/wiki/Three_Mile_Island_accident).

물론 핵전쟁보다 더욱 현실적인 위협은 핵물질을 원료로 전력을 생산하는 원자력발전소에서 발생할 수 있는 예기치 못한 사고일 것이다. 하지만 고리원전1호기가 1978년 상업전력을 생산하기 시작한 이후에도 박정희 정권은 만일의 사태에 대비한 원자력 사고 방재대책 수립에는 관심이 없었던 것으로 보인다. 기존 연구에 따르면, 미국의 스리마일섬 원자력발전사고 (1979년 3월) 이전에는 "원자력발전 사업자로 하여금 방사선비상계획을 준수토록하는 원자력시설 안전규제로서 충분하기 때문에 정부의 방사능방재대책이 따로 필요 없는 것으로 인식"되어 왔다고 한다(전창효, 2006). 다른 재난관리 대책들의 정착과정과 다를 바 없이, 원자력 방재 대책도 큰 경각심을 주는 사고가 발생해야만 본격적인 대비가 시작되는 모습은 상당히 일관적인 듯 하다.

하지만 박정희 정권이 10.26 사태로 종말을 맞이하고 1979년부터 정치적 혼란이 이어지면서 몇 년 간 원자력방재계획에 대한 특별한 변화는 찾아보기 힘들었다. 1983년에 이르러서야 민방위기본법의 개정으로 원자력방재에 대한 본

격적인 대응의 틀이 잡히게 된다. 1983년 민방위기본법의 추가계획으로 원자력발전소 방사능재해대책계획안이 수립되는데, 아래와 같이 위기 상황시 즉각 "중앙 및 현장 방사능방재대책기구와 기술지원단을 설치"할 것을 명시함으로써 국가적 재난으로서의 방사능 재난을 대비하기 위한 기본 틀을 만들었음을 확인할 수 있다. 물론 민방위기본계획의 일환으로 만든 대책계획에 불과하며, 방사능방재가 "독립된 하나의 재난대책으로 자리 잡게"된 것은 김영삼 정부 당시 재난관리법이 마련되고 체계적인 중앙의 재난관리 시스템을 정착시키려고 시도한 이후부터에나 시작된다(전창효, 2006). 그리고 80년대 잘 알려진 구 소련 체르노빌의 대형 사고에 이어 크고 작은 원전사고에 대한 정보가 확산되어 국민들 사이에 원자력발전에 대한 불안감이 고조되면서 2003년 "원자력

[그림 2.48] 과학기술처, "원자력 발전소 방사능 재해대책 계획안(제49회 국무회의, 의안 제717호)", 1983. 11. 10.(대통령기록관 소장)

1. 議決主文

原子力發電所放射能災害對策計劃(案)을 別添과 같이 議決한다.

2. 提案理由

民防衛基本法 第10條의 規定에 의한 民防衛基本計劃의 追加計劃으로서 原子力發電所 放射能災害對策計劃(案)을 樹立하여 事故擴散을 最小化하고 災害로 부터 國民의 生命과 財產을 保護하려는 것임.

3. 主要骨子

가. 災害發生時 신속한 對處를 爲한 放射能防災組織으로서 中央 및 現場 放射能防災對策機構와 技術支援團을 設置하고 이의 構成 및 運營등에 關한 事項을 規定함.

나. 非常事態는 白色非常, 青色非常, 赤色非常으로 區分하고 事態別 對應措置와 部處別 所管任

시설 등의 방호 및 방사능방재대책법”이 제정되기에 이르렀다. 이 법은 지금까지 통칭 “방사능방재법”으로 불리며 그 골격을 유지하고 있다.

방사능 방재 시스템을 마련하는 것은 국내의 원자력 발전 시설의 예기치 못한 사고에 대비하는 것을 넘어서서, 만에 하나 터질지 모르는 핵전쟁 발생 시를 대비하는 것을 포함한다. 흔히 핵무기는 사용할 것을 전제로 하지 않고 적국의 핵공격에 대한 억지력을 위해 갖는 것이 일반적이므로 핵공격을 받았을 경우에 대한 대비보다 “우리도 핵무기를 가져야 된다”는 논리나 그에 대한 반박이 논쟁의 대부분을 차지하지만, 혹시 있을지 모르는 핵공격 경보시 어떻게 대피를 진행시키고 국민의 안전을 도모하는 문제도 그에 못지 않게 논의되어야 할 사항이라고 할 수 있다. 이런 점으로 미루어볼 때 민방위 병력을 이용한 방재시스템을 시도한 1983년의 방사능방재계획은 나름 중요한 의미를 가진다.

최근 방사능 재난에 대한 논의는 새로운 국면을 맞이하고 있다. 무엇보다도, 동일본대지진에 이은 후쿠시마 원자력발전소의 사고에 충격을 받아 원자력에너지의 이용 자체를 반대하는 여론이 강해지고 그에 따른 이른바 “탈원전” 정책이 추진되는 한편, 경제성 논리에 기반하여 이러한 움직임에 반대하는 “원전 유지” 진영의 공격이 격화됨에 따라 방사능 방재에 대한 근원적인 고민보다는 정치적인 문제가 불거지고 있다. 동시에 전문가들 사이에서는 새로운 대체에너지원에 대한 논의가 활발해지고 있으며 원전에의 의존이 강한 한국 에너지 시스템은 새로운 도전을 겪고 있다. 이러한 분위기에 발맞춰 방사능 재난에 대한 대한민국의 재난관리 체계도 다시 한번 점검해보아야 할 필요가 있다.

3) 대아호텔 화재(1984. 1. 14.)

2001년 미국에서 발생한 9.11 테러 당시 화염을 피해 세계무역센터 빌딩 밖으로 사람들이 몸을 던지는 장면이 포착되었다. 비극적인 장면은 전세계 사람들에게 많은 충격을 안겨주었는데, 슬프게도 우리나라에서도 유사한 장면이 몇 차례 벌어진 바 있었다. 1984년 부산에서 발생한 대아호텔 화재사고 또한 그 중의 하나이다.

대아호텔은 당시 부산의 대표적 호텔로서 부산직할시 부산진구 부전동에 위치하였다. 1984년 1월 14일 오전 8시 무렵 호텔 별관 4층에 위치한 헬스클럽의 종업원이 석유난로에 기름을 주입하는 과정에서 실수로 불이 붙게 되었고, 불이 호텔건물 내부로 번지게 되어 화재가 발생하였다. 화재로 인해 총 106명의 사상자(사망 38명, 부상 68명)가 발생하였고, 약 2억 8,980만 원(부동산 1억 3,980만 원, 동산 1억 5,000만 원) 가량의 재산피해가 발생하였다(중앙119구조대, 1998). 이는 당시 기준으로 1971년 대연각호텔 화재(사망 166명, 부상 63명), 1974년 대왕코너 화재사건(사망 88명, 부상 35명)에 이어 세 번째로 많은 인명피해를 낸 사고였다.[105]

사고를 기록한 기사[106]는 당시의 참혹한 화재현장을 설명하고 있다. 새벽잠에서 깨어나지 못한 투숙객들과 사우나를 즐기던 목욕객들은 휘몰아 닥친 화염과 연기에 의해 아비규환을 빚었는데, 그들 중 대부분이 카페트와 내장재들이 타면서 뿜어내는 유독성가스에 의해 질식사하였다. 투숙객들은 비상구를 찾아 통로를 헤맸으나 통로가 좁고 연기로 시야가 가려 찾을 수 없게 되자, 일부는 방안으로 되돌아와 침대 커버와 담요를 이용하여 창문 밖으로 탈출을 시도하기도 하였다. 이 과정에서도 많은 사상자가 발생하였는데, 심지어 구조과정에서 구조로프를 놓쳐 땅바닥으로 추락해 숨지는 일도 있었다.

---

105 『동아일보』, 1984. 1. 14. "부산 대아관광호텔 불 36명 사망".

106 『경향신문』, 1984. 1. 14. "살려줘요" 창문마다 비명 "부산 대아호텔 화재 참혹한 주말의 아비규환"

[그림 2.49] 화재가 발생한 대아호텔(左), 화재현장에서 대피하는 투숙객들(右)

출처: 삼성방재연구소(2006), http://rm.samsungfire.com/summer_100/summer_2006_03.pdf.

이렇게 인명피해가 커진 이유를 정리한 자료를 살펴보면(중앙119구조대, 1998), 첫째, 사고 전날 인기 연예인의 공연이 있었고 이를 보기 위해 젊은층이 많이 투숙하였는데, 상당수가 과음으로 인해 늦게까지 취침하고 있어 화재 발생 경보를 듣지 못하였다고 한다. 둘째, 사우나 휴게실 내의 화학섬유가 타며 매연이 양측 계단을 통하여 복도로 유입되었으며, 셋째, 종업원들의 대피유도와 실내방송이 없어 화재를 인지하지 못하였으며, 층간 방화문 폐쇄로 소방관 진입이 지연되었을 뿐만 아니라 옥외계단이 잠겨있어 소방관의 진입이 어려웠기 때문으로 파악되었다(중앙119구조대, 1998). 더욱이 호텔 측이 자체적으로 소화를 시도하다 실패하자, 화재가 발생한지 35분이 지난 후에야 화재신고를 하였다. 그러다 보니 가까운 거리에 위치한 소방서의 구조인력이 신고접수 2분 만에 사고현장에 도착하였음에도 불구하고, 이미 불이 4, 5층을 전소시켜 심각한 상황이 된 것이었다(유재환, 1984).

주목할 점은 건물의 구조나 내장재 등의 문제뿐만 아니라, 호텔 측의 의문투성이 영업과 부실한 화재관리가 사고의 배경으로 밝혀졌다는 것이다. 대아호텔은 준공검사도 받지 않은 채 당국으로부터 아홉 차례나 임시 사용허가를 받아 영업해왔으며, 헬스클럽도 허가 없이 영업해온 것으로 밝혀졌다. 이와 관련하여 감사기관의 조사로 비위사실이 드러난 부산 진구청 건축관계자는 파면조치 되었으나, 이후 바로 대아호텔 간부로 취직된 것이 밝혀지기도 하였다.[107] 사고 이후에는 대아호텔 회장과 호텔관련자 8명, 부산진구청 건축과장을 포함한 공무원 3명, 총 11명이 구속되기도 하였다.[108]

호텔 측의 화재예방 관리와 관련된 문제점을 살펴보면, 사고 발생 전 실시한 화재보험협회 합동점검에서 옥내계단의 층간 방화구획 미비에 대해 지적받았으나 조치를 취하지 않았다고 한다(중앙119구조대, 1998). 또한, 각층의 복도마다 옥외비상계단 출입구를 가리키는 유도등이 설치돼 있지 않았고, 일부 층의 스프링클러와 자동화재탐지기가 제대로 작동되지 않으며, 호텔안 내장재가 방염처리 되지 않은 등 모두 14가지의 잘못된 사항들이 지적된 바 있었다.[109] 마찬가지로 사고발생 전 실시한 관광호텔 합동 점검시 헬스클럽 내 이동식 석유난로 사용이 적발되어, 즉시 철거조치를 지시받았으나 지켜지지 않았다(중앙119구조대, 1998).

사고 이후 정부는 대형건물 화재예방에 관한 다양한 조치를 취하였다. 당시 내무부는 다른 호텔들 또한 대형화재의 위험성이 높을 것으로 예상하여, 전국 관광호텔 153개에 대한 긴급소방점검을 실시하고, 유관기관 합동으로 호텔들에 대한 정밀진단을 실시하였다.[110] 이를 통해 보완명령을 받은 업소가

---

107 『동아일보』, 1984. 1. 16. "75년 建築(건축)허가 후 大亞(대아)호텔「疑問(의문)」 투성이 營業(영업)".

108 『조선일보』, 1984. 1. 20. "會長(회장) 등 11명 구속".

109 『중앙일보』, 1984. 1. 16. "몰상식이 자초한 대아호텔화재 취재기자 방담|준공 검사 못 받자 9차례 가허가 받아 영업".

110 『동아일보』, 1984. 1. 16. "75년 建築(건축)허가 후 大亞(대아)호텔「疑問(의문)」 투성이 營業(영업)".

일정기간 이후에도 명령을 이행하지 않은 경우, 과거와 같이 유예기간을 두지 않고 업소사용 금지 등의 강력한 행정조치를 취하고자 하였고, 소방장비 외에 인명구조용 기자재를 의무적으로 갖추고, 종업원을 대상으로 하는 비상시 안내 교육 등을 실시하기로 하였다.

소방법이 개정되기도 하였다. 개정전 소방법[111]에서는 호텔과 같은 특수장소의 커튼, 실내장식 등은 방염성능이 있는 것을 사용하여야 함을 명시하고 있지만, 스프링클러 등 자동 소화설비가 설치된 경우 예외로 취급되고 있었다. 그러나 개정된 소방법[112]에서는 이러한 예외 규정을 삭제하였고, 특수장소 관계자는 정기적으로 소방시설 점검을 받아야 하는 조항을 신설하였다.

살펴본 바와 같이, 대아호텔 화재사고의 직접적인 원인은 실수로 인한 발화, 그리고 건물구조와 내장재 등의 문제로 볼 수 있다. 그러나 더욱더 중요한 점은 호텔측과 관련 공무원들 간의 비리로 자행된 여러 가지 불법행위가 사고의 피해를 더 키웠다는 점이다. 이러한 비리문제는 많은 사회재난 사고에서 계속해서 되풀이 되고 있으며, 결국 무고한 시민들만이 피해를 입게 되었다.

또한, 대아호텔 화재사고는 행정지휘, 현장상황파악, 보고체제 등 종합적인 소방행정 대책이 엉망이었음을 보여주는 사고로 지적된다.[113] 당시 내무부 소방국장은 발화장소인 4층에만 피해가 있으며, 그 이상은 내장재 불연시설과 스프링클러로 더 이상 피해가 없다고 판단하였다. 특히, 소방특공대가 옥내에 진입한 9시 쯤에는 불이 완전히 잡혔으며, 더 이상의 인명피해가 없다고 민방위본부장실에 보고되었다. 그러나 방송에서 보도되는 사상자 숫자가 점점 늘어나기 시작하자 이를 의아하게 여긴 민방위본부가 현지에 확인을 독촉하였고, 그제서야 사망자 숫자를 정정하는 듯 갈팡질팡하는 모습을 보였다고 한

111 https://www.law.go.kr/법령/소방법/(03229, 19800104).

112 https://www.law.go.kr/법령/소방법/(03675, 19831230).

113 『중앙일보』, 1984. 1. 16. "몰상식이 자초한 대아호텔화재 취재기자 방담|준공 검사 못 받자 9차례 가허가 받아 영업".

다. 결국 현장에 있던 지휘관들이 무조건 피해숫자를 줄여 보고하겠다는 생각에 허위보고를 한 것으로 밝혀졌는데, 당시의 잘못된 대처방식이 잘 드러나는 대목이다.[114]

114 『중앙일보』, 1984. 1. 16. "몰상식이 자초한 대아호텔 화재 취재기자 방담|준공 검사 못 받자 9차례 가허가 받아 영업".

4) 온산병 사태(1985. 9. 20.)

우리나라 최초의 환경병 사례라고 볼 수 있는 울산·온산 지역의 주민 집단 발병사건, 일명 "온산병" 사태는 권위주의 정부의 무관심과 통제 속에서 지금까지 그 책임소재와 원인의 규명이 확실하게 되어 있지 않은 대표적인 환경오염 관리 실패 사례이다.

[그림 2.50] 일본의 공해병 전문가 하라다 박사가 온산 주민들을 진단하는 모습

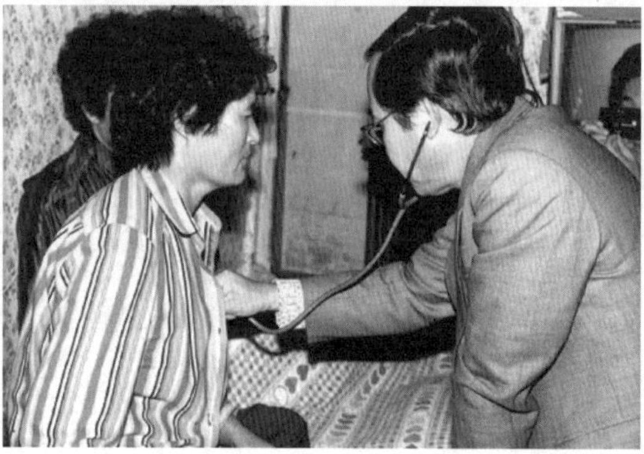

출처: 『경향신문』, 2006. 4. 18. "[秘錄환경운동 25년] 온산병 사태(5) 영구미제로 봉인된 미스터리극" https://weekly.khan.co.kr/khnm.html?mode=view&artid=11818&code=115.

문제의 원인은 1974년 4월, 기존의 특별공업지구였던 울산에서 "산업기지개발구역"으로 울주군 온산면 지역(현 온산읍)이 추가되는 시점으로 거슬러 올라간다. 언론에 따르면 1982년 최초로 공해로 인한 것으로 보이는 건강피해가 발생했지만 정부는 본격적으로 문제가 불거진 1985년까지 거의 관심을 보이지 않았다. 심지어 1985년 1월 주민 500여 명이 일본의 유명한 공해병 사례인 "이타이이타이 병" 증세를 호소하는 상황까지 왔음에도 불구하고 "공해병은 아닌 게 분명하다"고 단언하기도 했다.[115]

그러나 [그림 2.51]과 같이 전두환 대통령이 실제로 보고받은 문서를 살펴

115 신동호, "[秘錄환경운동 25년] 온산병 사태(5) 영구미제로 봉인된 미스터리극" 주간경향, 2006. 4. 18.

보면 정부는 문제의 심각성을 오래전부터 인지하고 있었다. 기록에 따르면 박정희 대통령 시기인 77년 8월에 이미 울산공단 지역의 공해문제 대책위원회를 보건사회부에서 주최하였으며, 이후 경제장관협의회를 통해 피해주민 이주대책비 100억 원을 지원하기로 결정했으나 자금을 확보하는데 실패하게 된다. 이후 정부 예산을 지원할 수 없으니 경제기획원은 "국민투자기금"의 형식으로 41억 원을 지원하기로 수정하지만 이 역시 알 수 없는 이유로 미실시되었다고 기록되어 있다.[116] 다시 말해 여론을 의식하며 문제를 인지하고 있었음에도 불구하고 중앙정부의 무관심과 관료들의 안일함 속에서 마치 폭탄과 같이 문제 해결을 차일피일 미루었다고 볼 수 있다.

[그림 2.51] 경제기획원, "울산·온산공단 피해주민 이주대책(안)", 1985. 9. 20.(대통령기록관 소장) 중 추진 경위 내용 부분. 이미 1977년에 공해대책위원회가 설치되었고 81년에는 전두환 대통령의 지시 내용이 있었음이 기록되어 있다.

Ⅱ. 推 進 經 緯

推 進 內 容	推 進 結 果
'77.8 蔚山工團公害對策會議 (保 社 部)	
'77.9 蔚山工團住民移住對策 '78.4 經濟長官協議會 報告 (商 工 部)	○ 團地造成費 383 億원, 移住對策費 100 億원 財政資金 支援 決定 ○ 資金 未確保
'79.3 溫山工團住民移住對策 經濟長官協議會 報告 (經濟企劃院)	○ 國民投資基金 41 億원 支援 決定 ○ 融資 未實施
'81.2 大統領閣下指示	○ 慶南道에서 計劃 樹立 施行하고 中央部處에서 積極 協調 指示
'82.6 國務總理指示	○ 經濟企劃院 主管下에 關係部處 作業班 構成 指示
'83.8 建設部에서 對策案을 作成, 經濟企劃院에 提出	○ 一段階 移住費 550 億원 推定 ○ '84, '85 豫算에 162 億원 反映 ○ 環境汚染現況 調査研究實施 ('83.8 ~ '84.11)

116 경제기획원, "울산·온산공단피해주민이주대책(안)", 1985. 9. 20.(대통령기록관 소장).

박정희 정부의 환경병에 대한 무사안일주의는 전두환 정부 때도 이어진다. "대통령각하 지시"로 "경남도에서 계획 수립 시행하고 중앙부처에서 적극 협조 지시" 되었다고 기록되어 있지만, 이후 2년간 딱히 주목할만한 대책이 없다가 주민들의 건강피해가 점점 명확해져 가며 여론이 악화된 '83년에 와서야 환경청의 용역으로 "환경오염현황 조사연구실시"를 실시하지만 당시 조사에 참여한 김정욱 교수의 전언에 따르면 조사에 대한 완강한 방해만 느껴졌다는 것이다.[117] 아마도 "대통령 각하"가 지시하신 "경남도에서 계획 수립"하라는 내용은 지방정부 차원에서 적당히 묻어두고 큰 이슈를 만들지 말라는 지시가 아니었을까.

대규모 환경병의 발생이 명확해 보였던 1985년 4월까지도 환경청은 자체 역학조사 결과 "공해병 가능성은 전혀 발견할 수 없었다"고 발표한다. 하지만 이는 당시 경상남도에서 전두환 대통령에게 보고한 내용을 보면 믿기 힘들다. 보고서 시작부터 아황산가스로 인한 대기오염이 "주민생활 및 농작물 피해"로 직결되고 공장폐수로 인한 해양오염이 어장에 피해를 준다는 점을 명확히 밝히고 있으며, 이미 피해주민 이주대책도 세우고 있었던 것이다. 다시 말해 당시 정부는 환경오염으로 인한 주민 피해는 심각하지만 공해병의 발생은 절대 아니라는 모순적인 태도였다는 것이다. 전두환 정권의 입장에서는 환경오염으로 인해 무엇인가 문제가 있었다는 사실 자체를 부정하기에는 늦었지만 정권의 정당성에 더욱 큰 타격을 가할 수 있는 대규모 환경병 사태만은 인정하고 싶지

[그림 2.52] 경제기획원, "울산·온산공단피해주민이주대책(안)" 1985. 9. 20. (대통령기록관 소장)의 이주비 소요 및 비용부담 항목

負擔主體別 (百萬원)				
○ 國 庫	91,742	22,309	26,656	42,777
○ 旣存入住業體	13,194	5,223	3,900	4,071
○ 地方自治團體	14,856	4,464	5,298	5,094

117 신동호, 같은 글.

않았을 것이다.

결국 [그림 2.52]와 같이 온산병 사태는 국고 900여억 원, 입주업체 보상금 130억 원, 지자체 150억 원, 도합 1,200억 원에 달하는 당시로서는 어마어마한 규모의 지원금을 통해 피해지역 주민들을 3차에 걸쳐 다른 지역으로 이주시키는 것으로 마무리되었으며, 동시에 구체적인 원인과 책임소재 규명 등 온산병의 실체에 대한 부분은 영원히 수수께끼로 남게 되었다. 울산·온산 지역의 공해문제는 2000년대까지 완전히 해소되지 않고 주기적으로 이슈가 되었으며, 2001년 김대중 정부 시기의 보고에 따르면 1986년의 대책 이후 아황산가스 등의 오염문제는 개선되었지만 각종 질환의 원인으로 강력하게 의심 받던 카드뮴 등 중금속 오염물질이 여전히 타지역보다 높게 검출되었다는 것을 알 수 있다. [그림 2.53]은 이와 같은 상황을 요약하고 있다.

[그림 2.53] 지역균형발전기획단, "울산·온산 산단지역 오염저감 대책", 2001. 11. 19.(대통령기록관 소장)

울산 · 온산 산단지역 오염저감 대책

현 황

○ '86년 특별대책지역 지정이후 대기오염저감종합대책 추진으로 아황산가스 등의 오염문제는 개선
- 아황산가스 오염도('00년 0.013ppm)는 세계보건기구(WHO)의 권고기준 (0.015~0.023ppm)을 달성

○ 카드뮴등 일부 중금속 오염물질이 타 지역보다 높게 검출되고 있으며 VOC 및 복합적 요인에 의한 악취민원 등 주민들의 체감 환경개선 미흡

(단위 : ㎍/㎥)

구분	'96	'97	'98	'99	'00	'01.1~6월
울산	0.017	0.024	0.015	0.019	0.014	0.021
서울	0.013	0.011	0.008	0.007	0.006	0.006
부산	0.022	0.018	0.015	0.014	0.010	0.009
여천	0.019	0.017	0.016	0.013	0.013	0.011

○ 울산지역이 타지역에 비해 카드뮴 오염도가 높은 것은 사실이나, WHO 및 우리나라 근로자 작업환경기준과 미국의 실내환경기준 권고치에 크게 미달

WHO 및 우리나라 작업환경기준	미국의 실내환경기준 권고치
50/8시간	2/일

문제점

○ 좁은 지역에 대규모 석유화학 및 비철금속 산단이 밀집
- 폐기물 소각업체, 비철금속업체의 소각, 원료수송, 제조, 출하 등의 과정에서 중금속 및 VOCs오염 증가우려

온산병 사태는 1980년대 정치권력과 관료 집단의 무책임함을 적나라하게 드러낼 뿐 아니라 대규모 환경재난에 대한 대응 시스템의 부재로 인해 발생할 수 있는 치명적인 문제를 보여준다. 당시 정부의 미봉책 위주의 대응과 축소·은폐 시도는 단순히 문제를 악화시키는 것을 넘어서서 재발 방지를 위한 어떠한 건설적인 논의를 불가능하게 만들었던 것이다. 결국 문제는 "재난관리" 시스템의 부재에 있으며, 이러한 시스템이 존재하지 않을 경우에는 대규모 재난을 겪은 이후에도 그것을 바탕으로 향후 유사한 재난이 닥칠 때 더 나은 대응을 모색할 수 있는 가능성까지 기대할 수 없게 된다. 이러한 비극은 후에 기술할 장항제련소 사태에서 그대로 반복되고 만다.

5) 1987년 태풍 셀마(1987. 7.)

태풍 셀마는 대한민국 기상청에 큰 오점을 안겨준 대표적인 태풍이다. 한반도에 상륙하기 하루 전인 7월 14일, 기상청은 태풍이 일본의 큐슈 지방으로 향할 것으로 판단하여 한반도에는 간접적인 영향만을 끼칠 것이라 예상했다. 그러나 태풍은 기상청의 예상과 달리 한반도로 계속 북상했고 같은 날 다른 국가에서는 태풍의 한반도 상륙을 예상하였다. 반면에 기상청은 태풍의 대한해협 통과를 예상하고 한반도에는 큰 영향이 없을 것이라는 기존 입장을 고수했다. 결국 345명에 달하는 사망 실종자와 10만여 명의 이재민이 발생했다. 특히 사망 실종자 345명 중에서 절반 가까이가 태풍의 한반도 상륙 사실을 모른 채 피항을 하지 않았던 선박들의 침몰 좌초로 인해 사망한 사람들이었다. 기상청은 실수를 덮기 위해 태풍이 이미 한반도를 관통하여 동해로 진출했음에도 "태풍 셀마는 대한해협을 지나 동해로 빠져나갔다"고 태풍의 이동 경로를 조작하여 발표했다. 이 사실이 공식적으로 인정된 것은 후일 기상청이 잘못을 시인하면서였다. 태풍 셀마는 기상청의 오점으로 남게 된 사건으로 남아있다.

[그림 2.54]의 기사를 보면 일본 기상청과 한국 기상청이 태풍진로를 예측한 내용이 상이함을 알 수 있다. 태풍이 부산과 경남 지역에 상륙할 것이라고 예상할 수 있었음에도 불구하고 기상청은 최초의 판단대로 대한해협을 통과

[그림 2.54] 태풍 진로 예보 너무 애매했다

"설마…" 했다 당한 「셀마」 被害

태풍進路 예보 너무 애매했다

발표와 달리 南部 …

기상대선 "장마전선 곁…

행정당국 対備도

출처: 『조선일보』, 1987. 7. 18.

하는 것으로 기상도를 작성했다. 이에 따라 태풍주의보도 셀마가 한국에 상륙하기 20시간 전인 15일 오전 5시에야 겨우 발령해, 대비책을 제대로 세우지 못한 어민 등이 큰 피해를 봤다. 이런 상황에도 불구하고 기상청은 예측이 잘못된 것이 아니라 장마전선이 태풍의 영향을 받아 집중호우를 내리게 했고 강풍까지 동반해 피해가 컸다고 발표했다. 그 후 8월 국회에서 과학기술처 장관은 기상청은 여전히 태풍이 부산을 중심으로 반경 40km 이내의 지역을 통과했다고 보고 있다고 답변하였다. 그리고 기상조작은 있을 수 없는 일이라고 항변하였다.[118]

태풍 셀마의 일차적인 특징은 매우 넓었던 영향 범위에 있다. 발생 초기부터 "대형"의 크기를 유지하면서, 최성기를 맞았던 7월 11일 중에는 영향 범위의 기준이 되는 강풍 역의 직경이 한때 1,850km에 달하였다. 태풍의 크기 분류 중에서 가장 높은 단계인 "초대형"의 조건을 충족한 것이다. 이로 인해 당시 태풍의 서쪽에 위치했던 필리핀의 루손 섬에서는 태풍 중심과의 거리가

[그림 2.55] 셀마 진로 조작 전혀 근거없다

"「셀마進路조작」 전혀 근거없다"

朴과기처, 国会 답변

朴肯植과학기술처장관은 8일 지난번 태풍 셀마의 진로오보·조작시비와 관련, 『지난 7월15일 밤11시쯤 태풍의중심이 麗水앞바다에 이른후 智異山남단의 내륙지방에 중심기압9백72밀리바의 부(副) 저기압이 발생했고 忠武앞바다에도 역시 같은 기압의 심한 소용돌이가 발생해 진로 예보에 혼선을 초래했으나 중앙기상대는 지금도 태풍셀마의 중심이 釜山을 중심으로 한 반경 40km이내의 지역을 통과한 것으로 판단하고 있다』고 밝혔다.

朴장관은 이날 오후 국회본회의답변에서 이같이 말하고 『당시 시시각각으로 국내는 물론 세계각국에 우리의 기상자료를 송신했기때문에 진로조작은 도저히 있을 수 없는일』이라고 덧붙였다.

朴장관은 『현재 미국과 일본의 기상당국에 당시의 정확한 구름사진을 요청해두었으며 자료가 도착하면 면밀히 분석하여 정확히 해명하겠다』고 말했다.

출처: 『조선일보』, 1987. 8. 9.

118 『조선일보』, 1987. 8. 9. "셀마 진로 조작 전혀 근거 없다".

500km를 넘고 있었음에도 직접적인 영향에 의한 높은 파도와 폭우에 의해 20여 명이 넘는 사상자가 발생했다.

[그림 2.56]의의 자료에서 보듯이 피해 규모는 매우 컸다. 피해규모는 2천억원이 넘었고 복구비는 2,500억 원으로 추산되었다. 그 가운데 120억 정도는 융자금으로, 그리고 자비부담이 250억 원 정도로 예상되었다.[119]

셀마의 피해를 극복하기 위해 정부는 10여개 부처 관계 공무원 240명으로 구성된 중앙합동조사단을 구성하여 피해지역에 파견하였다.[120] 전국적인

[그림 2.56] 태풍 피해 지원 예산

負擔主體別 被害復舊費 所要判斷

○ 復舊費 所要推定의 前提

— 過去 3年間 實績을 勘案하여 被害額에 10%를 加算하여 推定

— '87.7.21.06:00 現在 被害額을 基準

(百萬원)

區分	被害額	復舊費	中央支援			地方費	融資	自負擔
			小計	國庫	義捐金			
罹災民	-	8,509	8,509	5,537	2,972	-	-	-
人命被害	-	616	616	17	599	-	-	-
住宅	5,942	6,536	915	392	523	392	3,922	1,307
船舶	9,382	10,320	2,064	2,064	-	-	6,192	2,064
農耕地流失	13,590	14,940	10,464	10,464	-	-	-	4,485
農作物	-	4,675	3,740	3,740	-	-	-	935
公共施設	137,921	151,713	80,408	80,408	-	57,651	1,517	12,137
其他	52,683	57,951	30,713	30,713	-	22,020	580	4,638
計	219,518	255,269	137,429	133,335	4,094	80,063	12,211	25,566

출처: 국무회의, "국무회의 자료", 1987. 8. 7.(국가기록원 소장).

119 "국무회의 자료", 1987. 8. 7.(국가기록원 소장).

120 『조선일보』, 1987. 7. 22. "중앙합동 조사반 편성, 셀마피해 현지 파견".

피해가 커지자 국민들의 자발적인 성금이 답지하기도 했다. 피해를 크게 입은 지역은 전남, 경남, 부산지역이었다. 태풍 발생 10여 일이 지났으나 이들 지역의 복구율은 32%에 불과하였고 그것도 주택, 도로 등 긴급시설의 보수에만 그치고 있었다.[121]

국무회의에서 보건사회부는 전국민적인 성금모금계획을 밝히기도 했다. 특히 공무원들의 자발적인 성금을 당부하기도 했다. 과거와 유사한 국가에 의한 해결방식이었다.

이와 함께 건설부는 피해대책 진행 상황을 보고하였다. 파괴된 시설의 복구, 주민들의 생활안정, 영세상인 지원 등의 대책이 논의되었다. 그러나 기상청의 예보시스템의 개선이나 잘못 전달된 기상예보에 대한 처리 문제 등은 논의

[그림 2.57] 힘겨운 복구 열흘째

출처: 『조선일보』, 1987. 7. 26. "셀마 피해 힘겨운 복구 열흘째".

121 『조선일보』, 1987. 7. 26. "셀마 피해 힘겨운 복구 열흘째".

되지 않았다. 그것은 한편으로 보면 1987년 6월 항쟁 이후 혼란스런 정국과 국민들의 정치적 관심이 높아지면서 나타난 결과라고도 볼 수 있다.

[그림 2.58] 복구 및 구호 기본 방향

가. 復舊 및 救護基本方向

1) 이번 災害는 南部地方의 一部地域에 集中되어 當該 地方自團體로서는 復舊費 負擔이 過重하다고 判斷되므로 現行 復舊費 支援基準에 關係없이 今回에 한하여 地方費負擔 輕減措置를 積極的으로 講究

2) 道路, 港灣, 河川, 水利施設등 公共施設은 財源負擔이 追加되더라도 恒久的이고 根本的인 復舊對策을 樹立하여 災害가 再발되지 않도록 措置

3) 住宅破損으로 生活根據를 잃은 罹災民은 最短時日內에 住宅復舊가 可能하도록 復舊費 補助 및 融資金을 支援하며, 海岸등 常習水害地區에 位置한 마을은 生計手段을 考慮하여 隣接 住居適地에 定着토록 根本對策을 마련

4) 住民生活과 直接 關聯되는 道路, 橋梁등의 被害는 完全復舊에 상당한 時日이 所要되므로 우선 應急復舊로 住民生活의 不便을 解消한 後 恒久復舊 推進

5) 住宅·船舶등 私有財產 被害에 대한 自負擔比率은 原則的으로 現行 復舊費 分擔基準을 適用하되 零細農漁民의 負擔을 輕減시킬 수 있는 方案을 檢討

6) 零細商人의 施設復舊資金所要는 國民銀行을 통하여 迅速한 資金支援措置

7) 水害豫防을 위한 治水事業은 投資優先順位를 높여 重點 支援하되 完工爲主로 事業施行

출처: 국무회의, "국무회의 자료", 1987. 8. 7.(국가기록원 소장).

4 노태우 대통령

1) 환경운동의 성장과 환경입법(1990. 1. 3.)

대통령 직선제가 쟁취되고 제도적 민주화가 본격적으로 진행되기 시작하면서, 비록 신군부 세력의 집권이 연장되기는 했지만, 정치에 미치는 시민사회의 영향력은 이전과 비교도 되지 않게 강해졌다. 이는 특히 야당의 분열로 적은 지지로 당선된 노태우 행정부가 절대적인 여소야대 상황이었던 국회를 지속적으로 설득해 나가야 했던 당시 정국과 무관하지 않았다.

환경운동가이자 환경문제 전문가인 구도완 환경사회연구소 소장에 의하면 "우리나라의 환경운동은 뒤늦게 출발했음에도 불구하고 급속하게 발전해 왔다.… 뚜렷한 목표와 조직을 가진 환경운동조직은 1980년대 들어서 생기기 시작했다. 1980년대의 환경운동 조직들은 민족민주운동의 한 부분으로 스스로를 인식하고 '민중'의 생존권 보호를 위해 '반공해운동'을 벌였다." 전두환 정부하에서 반독재 투쟁의 맥락에서 진행된 반공해운동은 반자본주의적이고 체제 자체에 저항하는 급진성과 함께 기업의 환경오염의 피해자들과 적극적으로

[그림 2.59] 진폐증 관련 1988년 집회 현장

출처: 『주간경향』, 2017. 5. 8. "[최예용의 환경보건 이야기 '환경이 아프면 몸도 아프다'](23) 법원 인정 첫 공해병 피해자 '검은 민들레'".
http://m.weekly.khan.co.kr/view.html?med_id=weekly&artid =201705081713591&code=.

연대하며 이슈를 선명하게 드러내는 운동이었다(구도완, 1995). 하지만 80년대 환경운동의 양상은 제도적 민주화를 거치면서 그 급진성이 약해지는 대신에 제도적인 통로를 통해 환경관련 입법에 영향을 주는 현실적인 시민사회운동의 형식으로 전환된다.

이런 정황으로 미루어 볼 때, 노태우 정부 시기 환경문제에 관련하여 진일보한 법률들이 다수 만들어진 것은 결코 우연이 아니라고 할 수 있다. 무엇보다도 먼저, 환경문제를 담당하던 부서였던 환경청이 보건사회부 산하에서 독립되어 장관급 장을 두는 환경처로 독립하게 되었다. 장관급 부처가 가진 권한과 예산 규모 등을 감안한다면, 이는 매우 중요한 변화라고 할 수 있다. 환경문제를 외교·경제 등과 대등한 최일선 국가적 과제로 인정한 것이나 다름없었던 것이다.

노태우 정부의 환경관련 입법의 특징 중 가장 중요한 것 중 하나는 지금까지 막연히 공해방지법을 개정한 "환경보전법"의 테두리에서 관리된 환경문제가 대기환경·수질환경보전법으로 세분화되면서 더욱 체계적으로 관리되기 시작했다는 것이다. 이러한 환경문제 관련 법안의 세부화는 현장에 맞는 규준

[그림 2.60] 법제처, "환경처직제(제12899호)", 1990. 1. 3.(대통령기록관 소장)

대통령령 제 호

환 경 처 직 제 (안)

제1조(직무) 환경처는 자연환경 및 생활환경의 보전과 환경오염방지에 관한 사무를 관장한다.

제2조(하부조직) ①환경처의 정책 및 기획을 조정하고 이를 심사·분석하며, 기획·예산·행정관리·법제·국제협력 및 환경통계에 관한 업무를 관장하기 위하여 기획관리실을 둔다.

②환경처에 총무과·조정평가실·대기보전국·수질보전국·폐기물관리국 및 시설기술국을 둔다.

③장관 밑에 공보관, 차관밑에 감사관 및 비상계획관 각 1인을 둔다.

설정을 가능하게 하고 담당부서를 더욱 전문화했다. 노태우 정부 시기 만들어진 세부적 환경보전법들은 김영삼 정부 하에서 만들어진 토양환경보전법과 함께 향후에도 지속적으로 우리나라 환경보전 관련 법률체계의 토대로 자리매김한다.

또 과거에 좀처럼 수면 위로 드러나지 않던 환경문제에 대한 책임이 민주화 이후에 명백히 드러나는 경우가 많아짐으로 인해, 환경오염으로 인한 피해 발생 시 가해자와 피해자 간의 보상 문제 등 피해분쟁이 일어나고 그 해결이 지연되면서 관련 법률 정비가 시급해졌다. 이에 "환경오염피해분쟁조정법"이 아래와 같이 국회를 통해 제정된다.

요약하면, 노태우 정부 하에서의 환경문제 관리는 민주화의 영향으로 인해 시민사회 환경운동의 제도권 정치에의 영향력이 강해지면서 법률·제도적으로

[그림 2.61] 법제처, "환경오염피해분쟁조정법(제4258호)", 1990. 8. 1.(대통령기록관 소장)

法律 第 號

環境汚染被害紛爭調整法案

第1章 總 則

第1條(目的) 이 法은 環境汚染으로 인한 被害의 調査와 紛爭調整을 위한 알선·調停 및 裁定의 節次 등을 規定함으로써 國民의 건강 및 財産上의 被害를 신속하고 공정하게 救濟함을 目的으로 한다.

第2章 環境紛爭調整委員會

第2條(環境紛爭調整委員會의 設置) ①環境汚染의 被害로 인한 紛爭의 調整을 위하여 中央環境紛爭調整委員會(이하 "中央環境委員會"라 한다)와 地方環

진일보한 시기였다고 볼 수 있다. 여기에는 3당 합당 이전 노태우 정권이 여소야대 정국을 헤쳐나가기 위해 주로 3개 야당 당수들과의 대화와 타협을 지향했던 것에도 원인이 있었다고 볼 수 있다.

한편, 앞서 설명한 것처럼 민주화 이후의 환경운동의 성장 과정에서 급진적 체제 비판의 성격을 가졌던 기존의 저항적 운동의 모습이 약해지고 생활친화적 이슈에 점점 집중하는, 말하자면 소시민적인 운동으로 변화된 부분에도 주목할 필요가 있다. 이는 보는 관점에 따라서 바람직하게 여겨질 수 있으며, 실제로 이러한 운동이 지역 주민들의 피부에 와닿는 직접적인 도움을 가져오는 경우도 더욱 많아졌다. 국제적으로도 20세기 말의 환경운동과 제도권 환경정치는 각종 세계적인 환경단체나 유럽 각국의 이른바 "녹색당"의 성장에서도 볼 수 있듯이 적지 않은 성과를 거두게 된다. 하지만 기후변화의 위협이 날이 갈수록 심각해지고 있는 21세기의 상황에서 볼 때 환경운동의 급진성 상실은 아쉬운 부분도 있다. 공산권의 몰락과 더불어 자본주의 체제 자체의 환경파괴에 대한 책임을 근본적으로 묻는 급진적인 대안을 제시하는 환경정치 세력은 매우 약화되고 만다. 1990년대의 한국 환경운동의 변화도 이렇게 다양한 차원에서 고찰해 볼 필요가 있으며, 여기서 얻을 수 있는 교훈을 발판으로 새로운 세대를 위한 환경운동의 급진적 대안은 무엇인가 묻지 않을 수 없다.

2) 1990년 한강대홍수(1990. 9.)

자연재해 중 기상재해로 분류되는 홍수는 전 세계적으로 가장 많이 발생하는 재해이다. 우리나라도 최근 10년간 발생한 자연재해의 대부분이 홍수피해이다. 홍수란 '큰 물 또는 강물이 넘쳐흐르는 자연현상'으로, 하천이 범람하는 '外水' 범람과 '內水' 배제의 불량에 기인하는 내수범람으로 구분된다. 우리나라 홍수의 특징은 기상학적, 지형학적, 사회경제적인 요인으로 구분할 수 있다.

기상학적 요인을 보면, 우리나라의 홍수는 여름철 북태평양 고기압의 영향에 따른 장마와 폭우를 동반하는 2-3개 정도의 태풍으로 인한 집중호우에 의해 발생한다. 집중호우란 시공간적 집중성이 매우 큰 비로, 매우 짧은 시간에 비교적 좁은 지역(보통 10-20km^2)에서 집중하거나, 태풍과 장마전선 및 대규모 저기압과 동반하여 2-3일간 계속되는 경우도 있다. 우리나라의 전국 연 강수량은 1,307.7mm로 기후 평년값에 비해 43.3mm 증가했다. 계절별 강수량은 여름철이 723.2mm로 연 강수량의 55%를 차지하고 있으며, 가을철이 259.7mm, 봄철이 236.6mm, 겨울철이 88.2mm이다. 강수량이 가장 많은 달은 7월(289.7mm)이며, 가장 적은 달은 12월(24.5mm)이다. 시간 이내 강수량의 최대 값은 보통 저기압과 전선에 의해 발생하지만 1일 이상의 강수량 최대 값은 주로 태풍과 장마전선에 의해 발생하고 있는 것이 특징이다.

지형학적 요인을 보면, 우리나라는 전 국토의 2/3 이상이 산지로 구성되어 있다. 또한 동고서저의 지형에 따라 대부분의 중소 하천이 급류가 많고 호우가 하천유역에 집중되는 경향이 있다. 또한 산지의 대부분은 풍화된 화강암과 편마암으로 구성되어 있어, 피복토가 얇고 수분함유 능력이 적어 대량의 토사나 암석이 밀려와 산사태와 토사 유출로 인해 홍수피해를 가중시키는 경향이 있다. 사회경제적인 요인으로는 지속적인 산업화와 도시화의 결과로 토지이용이 고도화됨에 따라 재해요인이 해마다 증가하는 추세에 있으며, 증가된 재해요인은 재해발생시 서로 연관되어 그 파급효과가 미치는 영

향이 광범위하다.[122]

1990년 9월 9일부터 12일까지 한강 전역(중부지방)에 많은 비가 집중적으로 내렸다. 11일에는 한강 전 유역에서 강우량이 200mm를 돌파하였으며 소양강댐 인근 신풍 지역에서는 최대 620mm의 강우량을 기록하였다. 전체적으로 9일부터 12일까지 사흘간 중부지방의 집중호우는 평균 452mm의 강우량을 기록하면서 200년 만의 최다 호우를 기록하였다.

1990년 9월 9일부터 12일까지 사흘간 중부지방의 집중호우는 평균 452mm의 강우량을 기록하면서 곳곳에 크고 작은 많은 수해를 발생시켰고, 한강 수위는 집중호우와 한강수계 댐들의 방류량 증가로 인도교 수위는 11.27m을 기록했다. 이는 역대 2번째의 수위다. 마포대교에서는 11일 오후 4시 40분경 여의도 선착장에 있던 주식회사 원광소속 유람선 한 척이 빠른 물살에 닻이 풀리면서 주식회사 세모소속 바지선과 유람선을 들이받고 충돌하는 사고가 일어난 직후 세척 모두 빠른 물살을 타고 떠내려가다가 바지선과 유람선 2척이 마포대교와 부딪혀 파손되는 사고가 일어났다. 한강 제방도 곳곳에서 붕괴되어 강동구 지역의 풍납동과 천호동, 성내동 일대가 1-1.5m 높이로 완전히 물에 잠기고 강동구청 건물도 물에 잠기는 등 가장 큰 피해를 입었다. 침수 지역에 고립된 사람들은 헬기로만 150여 명, 그리고 보트를 이용해서 600여 명이 구조되었다. 성내동과 풍납동의 경우에는 1984년 한강 홍수 이후로 6년 만에 최대 침수 피해를 입었다.

이 홍수로 인하여 한강 하류의 수위는 급상승하였고 일산 제방의 하단이 무너져 고양군 일대가 물바다가 되었다. 이는 한강의 제방 붕괴를 발생시킨 대표적인 홍수로 기록되고 있다. 한강 대홍수로 인하여 126명이 사망하고 37명이 실종되었으며, 187,265명의 이재민이 발생했고, 5,203억 원의 재산피해를 가져왔다.

---

122 한강홍수통제소, http://www.hrfco.go.kr/web/floodPage/floodClass.do.

[그림 2.62] 당시 한강 모습

출처: https://news.v.daum.net/v/20160912055351719.

당시 신문 보도에 의하면 도로가 유실되고 침수되면서 전화선로도 침수되어 서울시내에서도 전화가 불통되기도 했다. 용인~백암간 508회선, 경기 이천 시내 512회선 등 중부지방의 6,400여 전화회선이 침수되거나 절단되었다. 그리고 단전-단수를 우려한 시민들이 백화점과 슈퍼마켓 등에 몰려가 양초와 손전등, 라면, 빵 등 인스턴트 식품을 사려고 큰 소동을 빚기도 했다. 강남구 대치동 그랜드백화점 1층 식품매장의 경우 이날 하루 동안 평소의 하루평균 고객 7천여 명의 배가 넘는 사람들이 몰려 라면 등 창고에 쌓아뒀던 것까지 모두 팔리기도 했다.[123]

당시 노태우 대통령은 시찰을 하고 난후 제방이 붕괴되어 물에 잠겼는데도 인명피해가 없는데 대해 관계자들을 격려한 후에 방송사들이 철야로 특별 재해 방송을 해 인명과 재산 피해를 줄이는데 크게 기여 했다고 치하했다. 시찰을 마치고 청와대로 돌아온 노 대통령은 대책회의를 주최하고 2차 추경예산에 재해대책비를 추가로 계상토록 하라고 지시하였다. 노 대통령은 매년 재해복구 때마다 피해조사나 지원절차가 복잡해서 복구가 지연됐던 점을 감안해

123 『조선일보』, "시내곳곳 전화불통", 1990. 9. 12.

이번에는 신속한 복구가 이뤄지도록 지원 절차를 대폭 간소화하라고 당부하고 주택복구를 위해서 재정금융지원을 신속히 하고 시멘트 등 부족한 건축자재를 최우선적으로 공급해서 추위가 닥치기 전에 주택복구를 끝내라고 지시했다.[124] 그리고 교통·통신 등 파괴된 생활 편익 시설의 조속한 정상화, 이재민의 임시거처 마련 및 식량 의복 취사도구 등 생필품 지원 주택복구를 위한 재정지원, 쓰러진 농작물의 피해 최소화 및 방제작업 항구적인 복구계획수립 등도 지시하였다.[125]

[그림 2.63]은 한강을 중심으로 한 주요 댐과 거리를 보여주고 있다. 한강 호우와 관련된 관리방침은 박정희 대통령 시기에 등장하였다. 1967년 오늘날 자연재해대책법의 전신인 풍수해대책법이 제정되었다. 같은 해 홍수통제소 직제를 공포하였다. 여기에서는 하천의 조사, 호수통제조치, 수문관측, 수방통신 관리 등을 홍수통제소가 맡도록 하였다.[126] 1969년도에는 홍수통제소직제 개정령을 통해 주요 하천으로 한강, 금강, 영산강, 섬진강, 낙동강을 지정하였다.[127] 그 이후 재해예방대책사업은 5개소의 다목적댐 건설, 4대강 유역 하천개수사업과 농업기반개발, 사방사업 등 1970년대에 추진해오던 사업과 제2차 국투종합개발 계획의 수립 및 추진과 더불어 낙동강 연안개발 Ⅰ, Ⅱ단계사업, 수계치수 사업, 수해상습지 개선사업 등이 추진되었다. 그 결과 재해예방대책 사업은 괄목할만한 성과를 거둘 수 있었다.

1980년대에 들어와서는 중부지방의 집중호우 및 태풍 셀마로 인한 피해 규모가 1조원을 넘게 되자 종래의 지원기준으로는 복구사업이 불가능하였다. 이때부터 중앙에서 특별지원을 시작하였고, 국가재정 평균 부담률도 43%에서 73%로 증가하게 되었다.

---

124 MBC "뉴스테스크", 1990. 9. 12. (https://blog.naver.com/firerisk/220901281635).

125 『조선일보』, 1990. 9. 13. "한강 하류 수방태세 재점검", 노대통령 지시, 추경 등 복구사업 최대 지원".

126 대통령비서실, "홍수통제소 직제", 1967. 11. 14. (대통령기록관소장).

127 법제처, "홍수통제소직제개정령", 1969. 2. 1. (대통령기록관소장).

[그림 2.63] 주요 댐 및 지점간 거리

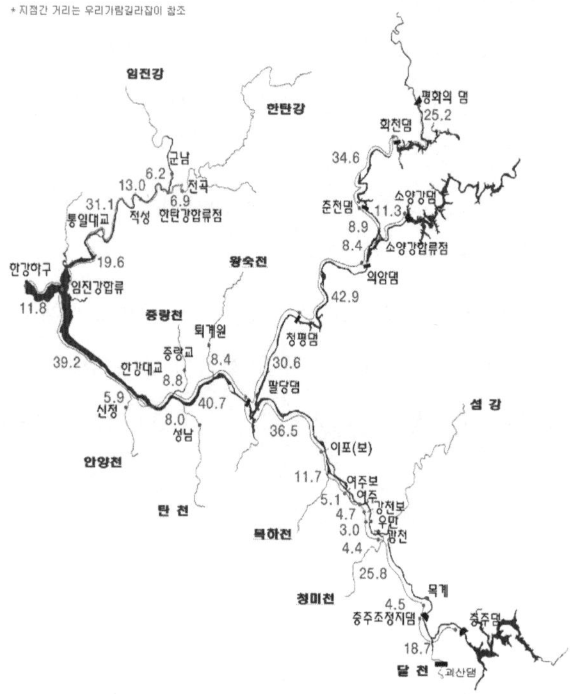

출처: 한강홍수통제소, http://www.hrfco.go.kr/web/floodPage/floodClass_4.

1990년대는 1990년 한강 대홍수와 1991년 태풍 글래디스 등으로 대형 재해가 많았고 방재조직의 큰 변화가 나타났다. 전 국토가 산업화, 도시화에 따라 재해의 양상이 다양화, 대형화하는 추세에 있었기 때문에 이를 효과적으로 대처하기 위하여 방재조직을 정비하였다. 또한 재해영향평가제를 도입하여 일정규모 이상의 개발계획 수립 시 개발에 따른 재해영향평가를 실시하도록 했다.

3) 낙동강 오염 사태와 물관리 일원화(1991. 3. 14.)

산업화가 진행되면서 우리나라 전국 하천의 수질은 명백히 악화되어 갔지만 권위주의 정권하에서 이런 문제가 크게 이슈화되기는 힘들었다. 전두환 정권하였던 1981년 서울 올림픽이 유치되면서 해외에 공개하기 너무나 부끄러운 오염된 한강의 모습을 살리고자 대규모 "한강종합개발사업"이 전개되었다. 사업의 결과로 오염이 심각했던 한강의 수질이 크게 개선되었는데, 이때 하수처리시설에만 5,427억 원을 투입하였다는 것은 그동안 누적되었던 한강의 오염 정도가 얼마나 심했을지 예상할 수 있게 해준다.[128] 동시에, 올림픽과 같은 대규모 국제행사가 없었다면 과연 이렇게까지 과감한 투자가 가능했을지 의문이 들기도 한다. 결국 수질환경이 재난의 수준으로 악화될 때까지 방치하지 않고 꾸준히 관리해야 할 필요성을 보여줬던 사업이라고 볼 수 있지만, 이후에도 수년동안 정부차원에서의 특별한 관리계획은 없었다.

[그림 2.64] 서울특별시, "한강오염 방지대책", 1988. 7. 11.(대통령기록관 소장)

漢江汚染 防止対策

- '86.9 漢江綜合開發事業 竣工으로 水質이 크게 改善되었으나
- 88.1月~6月의 가뭄等으로 水質이 惡化되고 있어 防止對策의 講究가 要請됨

<現 況>

- 流路 延長 : 482km(서울 42, 上流 440)
- 流域 人口 : 1,375萬名(서울 73%, 上流 27%)
- 汚染負荷量 : 567BODt/日(서울62%, 上流38%)
  - . 生活下水 : 520(91.7%)
  - . 産業廢水 : 24(4.2%)
  - . 畜産廢水 : 23(4.1%)

---

128 국가기록원 홈페이지, "한국 현대사와 함께 흐르다, 한강: 한강 개발", https://theme.archives.go.kr//next/koreaOfRecord/hangang.do.

[그림 2.64]에서도 드러나듯이, 1980년대의 한강 정비는 기존의 오염도를 크게 개선하였음에도 불구하고 가뭄 등의 원인으로 인한 유속 저하에 대비할 만큼 체계적인 관리 시스템을 정착시키는 작업은 아니었다. 또한 서울을 관통하는 한강에만 초점을 맞춘 만큼 어떤 국가적인 환경관리 작업으로 보기는 힘들다.

수질환경의 국가적 관리가 본격적으로 이슈로 부상한 것은 1991년의 낙동강 대규모 페놀 유출 사건 이후이다. 잠시 잊혀졌다가 2020년 개봉한 코믹 영화를 통해 다시 알려지게 된 이 사건은 명실상부 대한민국 수질환경 관리에 경종을 울린 대규모 환경재난으로 볼 수 있다. 물론 대한민국에서 일어난 최초의 환경재난으로 볼 수 있는 사건이라면 일명 온산병으로 불리는 울산·온산 지역 환경오염 사태를 꼽을 수 있을 것이다. 하지만 온산병이 피해 규모에 걸맞는 주목을 제대로 받지 못한 것과 달리 낙동강 페놀 유출 사태는 언론이 좀 더 자유로웠던 노태우 정부 시기의 사건이었기 때문에 본격적으로 정부뿐 아니라 전국민에게 환경문제에 경각심을 불러일으키는 계기가 되었다.

사건의 경과는 대략 이렇다. 두산전자의 구미공장 페놀원액 저장탱크의 배관이 파열되어 페놀원액 30톤이 낙동강으로 유출되었고 이 물이 대구 상수원으로 유입되어 수돗물을 오염시키게 되었다(노진철 외, 2004). 사건의 진상이 드러난 뒤 최초에는 대구지방환경청 공무원 및 두산전자 간부가 구속되고 두산전자에 조업정지 명령 등의 조취가 취해지며 들끓는 여론을 어느 정도 잠재울 수 있었다. 하지만 잠잠해진 여론을 틈타 수출기업에 대한 배려의 명목으로 조업정지가 취소되고 관련 공무원 징계도 취소되었으며, 그러자 불과 한 달 만에 거짓말같이 두산전자는 유사한 페놀 유출 사고를 반복해내고 말았다. 너무나 어이 없는 사태 관리에 대한 책임을 면하고 싶어서였을지 정부와 언론은 이 사태를 사고가 아닌 고의적인 "방류"로 몰고가기도 했다.[129] 결국 시민사회

129 『한겨레 신문』, 2014. 5. 23. "낙동강의 페놀은 이제 대학가로 흐르는가".

는 폭발했고 환경처 장·차관이 경질되었으며 두산그룹 회장이 사임하는 사태에 이르게 된다. 표-3은 기존 연구에서 정리한 대략적인 사건 전개과정이다.

표-3 낙동강 페놀 오염 사건 전개과정

초기단계: 생태학적 위기 담론의 형성 단계(1991년 3월 14일~4월 2일)		
91년	3월 14일	페놀원액탱크 연결배관 파열로 페놀원액 30톤 옥계천 유입
	16일	대구시 수돗물 악취 주민신고 접수, 다사수원지 염소에서 이산화염소로 대체
	17일	페놀 희석 위해 안동댐 방류량 초당 30톤에서 50톤으로 증량
	18일	경남 함안 칠서정수장에서 페놀 검출, 부산·마산·창원지역 수돗물 악취소동
	19일	다사수원지 사무소장 직위해제
	21일	두산전자 공장장 등 6명 구속, 상수도본부 직원 9명 징계, 민간공동조사단 구성
		대구시민단체, 금붕어 페놀 독성실험 및 두산 제품 불매운동, 수도료 납부 거부 결의
	22일	대구시 관련 공무원 소환조사, 평민당 총재, 민자당 대표 엄중 문책·처벌 요구
		환경부 민간합동조사단 구성
	23일	박용곤 두산그룹회장 '200억 기부' 의사 발표
	24일	노태우 대통령, 환경처 장관과 대구시장 문책 않기로.
		대구시민수돗물사태 시민규탄대회, 두산 제품 불매운동 시작
	25일	평민당 4대강 수질오염조사단 구성
		수돗물오염 규탄 및 국민건강권 쟁취 대구시민결의대회
	30일	페놀불법방류 규탄 및 수돗물살리기 시민대회
중기단계: 생태학적 위기 담론과 경제성장 담론의 충돌 단계(1991년 4월 3일~30일)		
91년	4월 3일	최각규 부총리 두산전자 조업재개 허용계획 발표
	6일	두산 행정심판 청구
	9일	환경처 행정심판위원회, 두산전자 조업재개 결성
	16일	광역 수질정보교환협의회 구성
	22일	두산전자 2차 페놀 방류
	23일	대구시 수돗물 송수 중단
	24일	두산그룹 회장 사임
	25일	대구시민단체 페놀폐수 2차 방류 규탄 시한부 농성
		환경처 장·차관 경질, 대구시 상수도사업본부 '상수도수질감시위원회' 구성
후기단계: 사회적 학습의 단계(1991년 5월~1992년 10월)		
91년	5월 2일	대구시 수돗물사태 진상보고대회 열림
	31일	두산전자 피해배상계획 발표
	7월 4일	페놀 피해 임산부 첫 모임
	11월 16일	대구지방환경분쟁조정위원회 조정안 발표
92년	4월 16일	중앙환경분쟁조정위원회 조정안 발표
	10월 1일	중앙환경분쟁조정위원회 재정 결과 발표
	28일	페놀피해임산부모임 대구지방법원에 민사소송 제기

출처: 대구시, 1991, 『대구시 수돗물오염사태 백서』; 구도완, 1996, 『환경운동의 사회학』, 문학과 지성사. 노진철 외, 2004에서 재인용.

[그림 2.65] 두산전자 구미공장의 페놀 폐수 방류 하수구 현장

출처: 『한겨레 신문』, 2014. 5. 23. "낙동강의 페놀은 이제 대학가로 흐르는가".

일련의 사건은 한국 시민사회 환경운동의 조직력을 강화시키는 계기가 되었고, 아마도 그 점이 이 환경재난에서 건질 수 있었던 가장 긍정적인 결과라고 할 수 있을 것이다. 아마도 이 사건은 국가적 환경재난 관리의 계기가 될 수 있었을 지도 모른다. 그러나 아쉽게도 체계적인 수질환경 재난관리에 대한 논의는 상당한 시간이 걸렸으며, 그마저도 흐지부지 되었다가 2010년대 말이 되어서야 서서히 결실을 맺기 시작한다. 여기에는 "물관리 일원화"라는 뿌리깊은 논쟁이 자리하고 있다.

정부주도로 국토개발이 지속적으로 추진된 역사가 있는 우리나라는 오랫동안 국토개발을 관장하는 부서(과거의 건설부, 지금의 국토교통부)가 상하수도를 관리하면서 수질관리까지 담당하였다. 이런 가운데 1990년대 환경처가 장관급으로 발족되었고, 물관리에 대해서는 "홍수 재해대책은 내무부로, 하수

[그림 2.66] 두산 그룹에 항의하는 OB맥주 버리기 퍼포먼스

출처: 『경향신문』, 2006. 9. 5. "[秘錄 환경운동 25년] 거리에 쏟아진 분노의 맥주 거품".
http://www.weekly.khan.co.kr/khnm.html?mode=view&artid=12711&code=115.

치리는 환경처로 이양"하게 되어 서로 다른 부서가 개입하게 되는 모양새가 된다. 이후 1990년 9월 태풍 토트에 의한 한강 대홍수와 1991년의 재난적 페놀 유출 사태가 연속되면서 물관리에 대한 체계화의 이슈가 불거지게 되었던 것이다. 특히 "낙동강 페놀 유출사건과 상수원·수질 오염은 물관리와 환경보호에 대한 국민적 인식을 완전히 바꾸게 된 전환점이었고, 동시에 물관리 일원화 추진을 가속화하는 지렛대가 되었다"(김익재 외, 2017).

하지만 위에 인용한 연구가 지적하는 바는, 부처간 갈등때문에 이후 20여 년동안 물관리 일원화는 요원해지고 말았다는 것이다. 앞의 연구에 따르면 당시의 물관리 일원화에 대한 찬반의견 대립상황을 **표-4**와 같이 요약할 수 있으며, 현재까지 이 구도에 큰 변화는 없는 듯 하다. 2017년부터 본격적으로 OECD 권장 사항대로의 환경부 중심 물관리 일원화 작업이 시작되었으나

2020년의 수해로 드러난 것처럼 환경부는 수질 관리만 하고 수량관리 책임은 국토부에 일부 남아있는 문제가 생겼고, 결국 물관리 일원화 정책이 관련부서의 책임만 모호하게 만들었다는 정치권의 지적이 이어졌다.[130]

표-4 물관리 일원화에 대한 찬반 의견 요약(1994-1996). 김익재 외, 2017.

환경부 및 관계 전문가	건설교통부 및 관계 전문가
• OECD(경제협력개발기구)의 권고안을 수용해야 (물관리를 환경당국 중심으로 일원화) • 영국, 독일, 프랑스 등 유럽 주요 선진국이 수질과 수량체계를 일원화해 관리하고 있음. • 효율적 수질관리, 가뭄과 식수오염 사고 관리를 위해서는 수량관리까지 맡아야 • 물관리 일원화를 위해서 정부의 강력한 의지가 필요	• 국토계획 차원에서 수량관리가 이뤄져야 함. • 다목적댐과 광역상수도를 중심으로 한 수량관리는 사회간접자본 차원에서 이뤄져야 함. • 특히 우리나라는 유럽과는 비교 대상이 될 수 없음. • 오히려 일본처럼 수량관리권을 건교부가 계속 맡아야 함. • 수질오염과 물관리 일원화는 별개 문제 • 일원화보다는 수량·수질 조정기능이 더 중요 • 농업용수 등을 포함한 별도의 기구·부서가 필요 • 수질 위주의 물관리는 물부족을 야기함.

국토교통부 관계 전문가들의 주장대로 국토계획차원에서 수자원 관리가 이루어지는 것이 옳은지, 환경부와 OECD 권고대로 환경 당국이 주관하는 것이 옳은지의 문제는 환경당국 중심으로 물관리 일원화를 추진하는 방향으로 어느 정도 결론이 난 모양새다. 하지만 이 문제를 넘어서서 지속적이고 예방적인 환경재난 방지 차원에서의 수자원 관리가 요청되는 시점에서 부처간 이기주의로 물관리 일원화가 유명무실해진 최근의 상황은 매우 아쉽다고 할 수 있다.

130 『서울경제』, 2020. 8. 13. "물관리 일원화 '구멍'...물난리, 결국 官災였다".

4) 우암 상가아파트 붕괴사고(1993. 1. 7.)

대한민국 역사에서 김영삼 대통령 시기만큼 굵직굵직한 재난사고가 많이 발생했던 시기는 없을 것이다. 아시아나 항공기 추락사고, 서훼훼리호 침몰사고, 아현동 도시가스 폭발사고, 대구지하철 가스폭발사고, 삼풍백화점 붕괴사고 등의 사고가 계속되자 대중들은 김영삼 대통령 정권을 '사고 공화국'으로 부르기 시작하였다. 1993년 1월 7일 발생한 청주시 우암 상가아파트 붕괴사고는 노태우 대통령 시기에 발생한 사고이지만, 김영삼 대통령이 당선인 신분으로서 사고 보고를 받고 조치를 지시한 바 있다. 따라서 우암 상가아파트 붕괴사고가 김영삼 정권에서 벌어질 재난사고들의 예고편으로 불리기도 하였다.

우암 상가아파트 붕괴사고의 경위는 다음과 같다(중앙119구조대, 1998). 1993년 1월 7일 00시 25분경 상가 1층에서 화재가 발생하여 주민들이 대피하였고, 소방대원들이 현장에 도착하여 화재를 진압하는 도중 오전 2시 10분경 건물이 붕괴 되었다. 사고로 인한 피해 정도를 살펴보면 총 76명의 인명피해(사망 28명, 부상 48명)가 발생하였으며, 재산피해액은 약 9억 원으로 추산되었다(중앙119구조대, 1998). 안타까운 점은 화재로 발생한 화염이나 연기·

[그림 2.67] 청주시 우암 상가아파트 붕괴 사고 현장

출처: 채수주(1993a).

유독가스로 사망한 사람이 없었던 것에 반해, 사망자 전원이 건물 붕괴시 콘크리트 더미에 깔려 압사하거나 옥상에서 떨어져 추락사한 것으로 나타났다(채수주, 1993a).

사고의 주 원인으로 상가 1층에서 발생한 화재가 LPG폭발로 이어져 건물이 붕괴하였다는 주장이 제기되었으나, 가스용기가 파손되지 않은 점 등으로 보아 가스폭발은 일어나지 않은 것으로 알려졌다. 또한, 철근콘크리트 내화구조의 건축물이므로, 화재로 인한 열기로 구조물이 약해질 수는 있으나 기존의 유사사례들을 고려할 때 화재가 직접적인 붕괴 원인은 아닌 것으로 판단되었다(이철주, 2015). 조사결과 사고 원인은 무리한 설계와 부실시공에 의한 것으로 확인되었다. 알려진 바에 따르면 자금난으로 인해 건축업자가 3회 이상 경질되었고, 그때마다 무리한 설계변경과 증축이 있었을 뿐만 아니라 불량골재와 콘크리트가 사용된 것이다. 또한 설계기준을 지키지 않았으며, 보의 철근과 내화피복 등이 기준에 미달 된 것으로 나타났다(중앙119구조대, 1998). 실제로

[그림 2.68] 청주시 우암 상가아파트 붕괴 사고 현장

출처: 채수주(1993b).

건축 당시 벽돌을 잘못 쌓아 무너지는 사고가 발생하기도 하였고, 입주 후에도 벽과 바닥에 금이 가는 등 하자가 많았다고 한다.[131]

따라서 우암 상가아파트 사고는 근본적으로 주요 건설재료들의 안전성이 충분하지 못한 상태에서 1층 상가만 피해를 입고 진화될 수 있었던 일반적인 화재가 주요 구조부의 내화 성능 미달로 붕괴하여 사고를 대형화시킨 것으로 분석 되었다(채수주, 1993b). 무자격 건축업자들이 시공하여, 처음부터 붕괴의 위험성을 안고 있었던 데다가 시청소방서 등 관계기관들이 부실사실을 알고서도 아무런 조치를 취하지 않아 대형참사로 이어진 것이다.[132]

뿐만 아니라 화재예방, 화재진압, 구조활동 등의 측면에서도 문제가 있었다. 이를 정리한 자료(중앙119구조대, 1998)에 따르면, 화재예방의 측면에서 우암상가의 공동방화관리 규정이 제정되지 않았고, 공동방화관리 협의회가 구성되지 않아 협의회 대표와 통합방화관리자가 선임되지 않았다고 한다. 따라서 방화관리자의 실무교육과 자체 소방시설 점검 및 결과보고도 이루어지지 않은 것이다. 소방서장은 이러한 위법사항에 대해 조치를 취하여야 하지만, 우암 상가아파트가 영세하고 관리책임자가 없다는 이유로 조치하지 않았다고 한다. 화재 진압 측면에서는 형식적인 조사와 비합리적인 현장 지휘체계로 인해 체계적인 진압이 이루어지지 못하였고, 대형화재 진압에 필요한 전문교육과 훈련이 부족한 지휘관이 현장을 지휘하는 문제가 있었다고 한다. 구조활동 측면에서는 취약건물의 현장 출동훈련이 부족하여 구조가 필요한 주민들에 대한 대피유도가 미흡하게 진행되었다(중앙119 구조대).

우암 상가아파트 붕괴사고 이후, 피해주민들은 충청북도 소방공무원의 허위 소방점검 및 예방조치가 피해발생 원인 중 하나임을 주장하며, 충청북도를 상대로 손해배상청구소송을 제기하기도 하였다. 소방점검 의무의 소홀 여부, 소방공무원의 화재 예방조치 및 개수명령 등의 의무위반 여부, 화재예방 및

131 『연합뉴스』, 1993. 1. 7. "〈초점〉화재예방 소홀, 부실시공이 빚은 참사".

132 『경향신문』, 1993. 1. 9. ""시공·감리·행정" 모두 不實(부실)".

소방설비의 유지·관리의무의 귀속문제, 소방검사공무원의 부족문제 등이 쟁점이 되었으며, 재판부는 소방공무원들의 직무상 의무위반행위와 사고 사이에 인과관계가 있다고 단정할 수 없다며 청구를 기각하였다(백규형, 2014). 건물 붕괴 원인이 부실시공이라는 전문기관의 감식결과에 따라, 건물 공동건축주, 설계감리자, 아파트 경비원, 상가번영회장 등 6명이 업무상과실치상 혐의로 구속되고, 건설관련자 들이 불구속 입건되거나 수배되기도 하였다.[133]

한편, 충북지사와 청주시장이 경고 조치를 받고 보사환경국장은 직위해제된 것에 비해, 충청북도 소방본부장과 청주소방서장, 청주소방서 방호과장은 중징계 및 지방직 전직, 직위해제 등의 징계를 받게 되었다.[134] 부실시공 관리감독 부실을 초래한 시 당국보다 일선의 소방관계자들이 큰 징계를 받게 되자, 다수의 소방관들이 항의하기도 하였다고 전해진다.

노태우 대통령은 붕괴사고에 대한 보고를 받고, "사고 원인과 피해 상황을 신속히 조사하여, 이재민 구호 등 수습 대책에 만전을 기하라"고 지시하였다. 또한, "이번 사고를 계기로 전국의 상가를 비롯한 공동 주택의 가스관리 실태를 정밀 진단해서 사고 재발을 막기 위한 특별 대책을 강구하라"고 이야기하였다.[135] 당시 당선인 신분이었던 김영삼 대통령은 충격과 우려를 표하고, 희생자에 대한 조의와 유가족에 대한 위로의 뜻을 전하였으며, 특히 신속한 피해복구와 철저한 진상규명을 지시하고 현장구조작업이 최대한 안전하고 빠르게 이루어 질 수 있도록 당부하였다.[136] 또한, 대통령 당선 축하연을 취소하여 절감하였던 경비 2억 원을 이재민에게 지원하기도 하였다.[137]

---

133 『동아일보』, 1993. 2. 15. "「牛岩(우암)」 붕괴 6명 구속".

134 『동아일보』, 1993. 1. 19. "牛岩(우암) 아파트사고 관련 忠北(충북)지사 등 경고".

135 『MBC』, 1993. 1. 7. "[청주아파트 붕괴사고] 노태우 대통령, 사고수습에 안전지시[엄기영]".

136 『MBC』, 1993. 1. 7. "[청주아파트 붕괴사고] 김영삼 당선자, 붕괴사고 조의와 위로[엄기영]".

137 『경향신문』, 1993. 1. 9. "붕괴 이재민에 2億(억)원 지원".

우암 상가 붕괴사고 현황 및 향후추진계획에 관한 건설교통부의 기록물[138]을 살펴보면, 건설공사와 관련된 부실방지대책을 수립하고 추진한 것이 확인된다. 사고 이후 건설업법 시행령 및 건설업법시행규칙이 개정되어 도급 한도액과 관련된 규정이 개선되었고, 건설업법과 관련하여 위반행위의 동기, 횟수 등에 따라 유형별 제재처분 기준을 수립하였다. 또한, 예산회계법 시행령 개정을 통해 입찰자격 사전심사제 및 최저가 낙찰제 등을 도입하였으며, 건설기술관리법 시행령을 개정하여 설계심의와 관련된 기준을 강화하고, 민간책임 감리체제를 도입하였다.

한편, 우암 상가아파트 붕괴사고 이후 전국적으로 아파트 및 상가건물의 안전문제가 제기되었다. 과거 와우아파트 붕괴사고를 경험하였던 서울시는 우암 상가아파트 사고소식이 전해지자, 시민아파트 208동 9,012가구에 대한 긴급안전점검과 상가 아파트와 야간이용 인구가 많은 건물에 대한 안전점검을 지시하였다.[139] 인천시의 경우, 시내 217개 대단위 아파트 및 연립주택을 대상으로 안전점검을 실시한 결과, 18개 단지 67채 1,347가구의 아파트가 외벽균열 지반침하 등으로 재건축이나 보수공사를 서두르지 않으면 붕괴위험이 큰 것으로 확인되기도 하였다.[140]

앞서 살펴보았듯 우암 상가아파트 붕괴사고는 화재예방과 진압의 측면에서도 문제가 있었으나, 부실공사가 근본적인 사고의 원인이었다. 이러한 맥락에서 뒤이어 발생하는 대규모 붕괴사고들을 예견하는 신호탄으로 볼 수 있다. 사고 이후 부실공사로 인한 사고를 막기 위해 여러 법률들이 개정되기도 하였으며, 우암 상가아파트가 무너진 자리에 "평화상가 아파트"를 새로이 지을 때는 한층을 올리고 검사를 받고 또 한층을 올리고 검사 받을 정도로 꼼꼼하게

---

138 국가기록원, http://theme.archives.go.kr/viewer/common/archWebViewer.do?singleData=Y&archiveEventId=0050752077.

139 『동아일보』, 1993. 1. 10. "서울市(시), 「臥牛(와우)악몽」우려 아파트 긴급점검".

140 『동아일보』, 1993. 2. 13. "仁川(인천) 붕괴위험 아파트 67채 千(천)3백여 가구".

공사를 하였다고 한다.[141] 이런 과정을 거쳐 1995년 5월 "평화 상가아파트"가 마침내 준공되었으나, 한 달이 채 지나지 않아 삼풍백화점 붕괴사고가 발생하여 안타깝고 슬픈 역사가 되풀이 되었다.

[그림 2.69] 우암 상가아파트 사고현황 및 향후 추진계획 통보

건설공사 부실방지 대책 추진

Ⅰ. 기본방향

○ 건실시공을 위한 설계・시공감리의 강화
○ 건설업체 체질개선을 통한 건실한 시공 유도
○ 입찰자격사전심사제 도입등 입찰・계약 제도개선

Ⅱ. 주요대책

1. 설계심의 내실화

- 설계심의 대상공사 범위 확대로, 심도있는 설계심의 강화
  . 국가시행공사 30억이상 ⇒ 100억이상
  . 지자체.투자기관 공사 100억이상 ⇒ 200억이상
  . 설계심의기간 연장(3~4 ⇒ 6~8일) 및 심의위원 구성인원 확대

- 핵심 건설기술 개발을 통한 민간건설업체 보급 확대
  . 한국건설기술연구원의 기능 보강

2. 책임 감리,감독체계의 정착

- 민간책임 감리체제로 전환
  . 시공감리를 폐지하고 책임감리제도로 일원화
  . 전면 책임감리 대상공사 확대
    총공사비 100억이상 및 대안・설계시공 일괄입찰공사
  . 부분책임 감리제도 도입
    신공법적용 공종과 교량,터널등 주요 구조물 공종이 포함된 공사

0153 -

출처: 국가기록원, http://theme.archives.go.kr/viewer/common/archWebViewer.do?singleData=Y&archiveEventId=0050752077.

141 『충청일보』, 2015. 1. 6. "[청주 우암상가 붕괴 22주기-사고 지켜본 양춘자씨] "아비규환 현장 지금도 생생…끔찍한 人災 다신 없어야"".

5 김영삼 대통령

1) 구포역 열차 전복사고(1993. 3. 28.)

매우 빠른 속도로 질주하는 기차 그리고 출구 없는 좁은 객차 안에서 벌어지는 좀비와의 사투. 영화 《부산행》은 좀비들로 아비규환이 된 부산행 KTX를 배경으로 하고 있다. 영화에서는 좀비들이 나타나는 허구의 사건을 그리고 있으나, 실제 서울발 부산행 열차에서 큰 인명피해를 안긴 열차사고가 발생한 바 있다. 바로 부산광역시 북구에 위치한 구포역 인근에서 발생한 '구포역 열차 전복사고'이다.

구포역 열차 전복사고는 1993년 3월 29일 오후 5시 30분경 발생하였다. 당시 굴착공사 중 발파작업으로 인해 철길 하부의 노반이 함몰되어 있었고, 선로가 무너져 있는 것을 기관사가 발견하여 비상 급제동하였으나 함몰지점을 피하지 못해 곤두박질치며 열차가 탈선 및 전복된 것이다(김훈, 2019). 사고 당시 시속 85km로 600여 명의 승객을 싣고 달리던 무궁화호 열차는 4~5m 땅속으로 처박히면서 열차 4량이 엿가락처럼 휘며 철로를 벗어났고 승객들은 차장 밖으로 튕겨져 나가거나, 추돌로 우그러진 객차 안에서 서로 뒤엉켰다(이윤석, 2016). 기관차에 가장 가까웠던 맨 앞 객차는 무거운 중량의 발전차와 직결된 상태에서 충돌하여, 끔찍하게 파손되어 가장 큰 인명피해가 발생하게 되었다. 특히, 구포역에서 하차하기 위해 준비 중이던 승객들의 피해가 많았으며, 문쪽으로 나와있거나 입석승객들은 대부분 숨지거나 크게 다쳤다.[142]

이 사고로 인해, 총 276명(사망 78명, 중상 54명, 경상 144명)의 인명피해와 기관차, 객차 7량, 발전차가 대파하고 레일 240m 굴곡, PC침목 192개 파손, 노반 35m 유실, 케이블 30m, 제어케이블 900m, 트라우 150m가 파손되는 재산피해가 발생하였다(중앙119구조대, 1998). 이는 단순 사망자 수를 기준으로

142 『동아일보』, 1993. 3.29. "列車(열차)전복 73명 死亡(사망) 대참사".

하면, 이리역 폭발사고(사망 59명)에 비해 더 큰 규모의 인명피해이다.

사고 현장을 목격한 인근 주민들은 사고 발생 순간, 천둥같은 소리와 굉음이 들리더니 살려달라는 비명소리로 가득했다고 하며, 주위를 지나던 화물차와 주민들이 아수라장이 된 현장에 뛰어들어 구조작업을 실시하였음에도 불구하고 객차가 크게 파손되 사망자와 부상자를 구조하기 쉽지 않았다고 한다(이윤석, 2016). 이후 부산 시청직원, 경찰과 철도청 직원, 민방위대원 등이 동

[그림 2.70] 탈선된 열차와 사고현장

출처: 부산역사문화대전, http://busan.grandculture.net/Contents?local=busan&dataType=01&contents_id=GC04201060.

[그림 2.71] 사고현장 복구작업 모습

출처: 부산역사문화대전, http://busan.grandculture.net/Contents?local=busan&dataType=01&contents_id=GC04201060.

원되어 구조작업을 펼쳤으나, 날이 곧 어두워진데다 현장에 비까지 내려 신속한 구조가 이루어지지 않았다.[143] 더욱이 구조구난 활동을 지휘하는 책임기관이 존재하지 않아 사고현장에 출동한 유관기관과 협조단체들이 제각기 행동하는 등 구조구난체재의 혼선이 발생하는 문제점이 있었다. 또한, 대형사고 발생 시 투입가능한 인원과 장비가 부족하였으며, 부상자에 대한 응급조치 없이 단순히 환자를 이송하는 등 대처능력이 미흡한 상황이었다(중앙119구조대, 1998).

사건발생 이후 김영삼 대통령은 구포역 열차사고에 큰 충격을 받았다고 밝히고, 황인성 국무총리를 현지로 보내 사후수습에 만전을 기하도록 긴급지시하였다. 또한, 유가족에 대한 심심한 위로의 뜻을 전하고 부상자 치료에 만전을 기하여 희생을 최소화하고 빠른 시일내 철도를 복구할 것을 지시하였다.[144] 이후, 사고현장을 찾은 김영삼 대통령은 사고예방을 위해서는 사고책임을 철저히 물어야 한다고 지적하며, 사고원인을 규명한 뒤 관련자는 지위고하를 막론

[그림 2.72] 사망자 유해가 안치된 합동 빈소를 방문한 김영삼 대통령

출처: e영상역사관, http://ehistory.go.kr/page/view/photo.jsp?photo_PhotoSrcGBN=PT&photo_PhotoID=17813&detl_photodtl=139410.

143 『동아일보』, 1993. 3.29. "列車(열차)전복 73명 死亡(사망) 대참사".

144 『MBC』, 1993. 3. 28. "김영삼 대통령, 열차 사고수습 만전지시[정길용]".

하고 단호히 조치하라고 강조하였다. 더불어 사망자와 부상자에 대한 보상과 지원을 당부하였으며, 환자들이 이송된 병원과 사망자의 유해가 안치된 합동 빈소를 방문해 사고피해자들과 유가족을 위로하였다.[145]

사고 조사결과를 살펴보면, 철길 밑으로 지하전력구 공사를 진행하는 과정에서 철도청과 아무런 협의나 통보도 없이 공사를 강행해 사고가 이러난 것으로 밝혀졌다.[146] 사고 전날과 사고 당일 다이너마이트 발파작업으로 지층의 균열이 확대되어 지하수가 흘러나오며 선로 지반이 붕괴된 것이었다.[147] 당시 철도청 규칙에는 선로를 가로지르는 시설이나 열차 안전운행에 영향을 미칠 수 있는 시설 등을 건설할 경우 철도청과 사전협의를 거쳐야 하며,[148] 공사와 설치는 철도청이 담당하도록 규정되어있다.[149] 그러나 해당 공사는 한국전력이 삼성종합건설에 공사를 맡기기만 하고 공사가 시작될 때까지 철도청에 협조요청을 하지 않았던 것으로 알려졌다. 더욱이 삼성종합건설은 발파작업을 한진건설에

[그림 2.73] 사고현장을 방문한 김영삼 대통령

출처: e영상역사관, http://ehistory.go.kr/page/view/photo.jsp?photo_PhotoSrcGBN=PT&photo_PhotoID=17813&detl_photodtl=139410.

145 『MBC』, 1993. 3. 30. “김영삼 대통령, 열차사고 관련자 단호조치[이인용]”.

146 『동아일보』, 1993. 3. 29. “列車(열차)전복 사망 모두 75명”.

147 『한겨레』, 1993. 3. 30. “발파충격 지반침하 탓”

148 『한겨레』, 1993. 3. 30. “철도청-한전 사전협의 안해”.

149 『동아일보』, 1993. 3. 29. “또 大型(대형) 鐵道慘事(철도참사)라니”.

다시 한번 하청을 주기도 하였다.[150] 이전 공사까지만 해도 한국전력은 철도청과 사전협의를 해왔으나 구포역 선로 주변 공사과정에서는 협의 절차를 무시한 채 진행하였고, 부산지방철도청 또한 부산시로부터 한전 공사계획을 통보받고도 구체적인 협의 등을 게을리 한 것으로 드러났다.[151]

사고의 주범으로 지목된 삼성종합건설(사장, 전무)과 한국전력(차장 및 현장소장) 등 공사 관계자 15명이 구속되었으나, 회사 대표진 6명은 과실치사상죄에 대해 무죄가 선고되고 2심 뇌물공여에 대해서만 집행유예로 유죄가 인정되었다(이윤석, 2016). 책임을 물어야 할 경영진들에게 면죄부가 주어졌다는 비판이 쏟아졌고, 삼성종합건설은 6개월 영업정지와 2,550만 원의 과징금, 수주손실액 1조가 발생하였으며, 이후 부산지역에서 민심을 잃어 각종 건설사업에서 일감을 따낼 수 없었다고 한다(김훈, 2019).

사고 발생 후 철도법이 개정[152]되어 선로 30m 이내의 공사는 교통부에 신고를 해야 하는 규정이 생기고, 벌칙조항도 강화되었다. 그러나 철도 안전관리체계를 구축하기 위한 철도안전법[153]은 사고가 발생하고 약 10년이 지난 후에서야 제정되었고 그 이후에도 위험천만한 유사 사고들이 재발하였다. 2007년 가좌역에서 지하공사 과정에서 선로 지반이 침하되는 사고가, 2012년 천안역에서는 지하공사 도중 지반 침하가 일어나 회차 중이던 전동차가 탈선하는 사고가 일어났다(이윤석, 2016). 가좌역 사고는 이상징후가 발생한 뒤에도 승객을 태운 열차 2대, 승객이 없는 열차 1대, 총 3대나 통과하였는데, 사고 발생 1분 전에 겨우 열차통제가 이루어져 승객을 태운 열차가 급정거할 수 있었다.[154] 만일 열차 운행 통제가 조금만 늦었어도 제2의 구포역 사태가 발생할

150 『동아일보』, 1993. 3. 29. "또 大型(대형) 鐵道慘事(철도참사)라니".

151 『한겨레』, 1993. 3. 30. "철도청-한전 사전협의 안해".

152 https://www.law.go.kr/법령/철도법/(04648,19931227)

153 https://www.law.go.kr/법령/철도안전법/(07245,20041022)

154 『경향신문』, 2007. 6. 4. "가좌역 사고직전 300명 탄 열차 통과 '아찔'".

뻔한 것이다. 2014년에는 삼성물산 건설부문[155]이 맡은 잠실 석촌 지하철 공사 구간에서도 공사과정에서 지반이 침하하는 유사한 사고가 발생하였다(김훈, 2019).

구포역 사고의 직접적 원인은 승인 없이 발파작업을 한 시공회사의 책임이지만, 그 당시 철도시설 주변 공사에 대한 명확한 관계법이 존재하지 않았다는 문제점도 있었다(이윤석, 2016). 결국 잠실석촌 지하철 공사 사고 이후에서야 전국 지반지층에 대한 조사의 필요성이 제기되었고, 2015년 12월 지하안전관리에 관한 특별법[156]이 통과되어 지하 10m 이상의 굴착공사 시에는 지하안전평가를 받게 되었다(김훈, 2019). 이러한 맥락에서 오랜시간이 지난 후에야 관련 법안이 제정된 것은 매우 아쉬운 점이다.

구포역 사고는 우암상가 붕괴사고와 더불어 김영삼 정권에서 벌어질 재난사고들의 시발점으로 일컬어진다. 30여년 동안 군사독재에 넌덜머리가 난 국민들은 김영삼 문민정부에 절대적인 지지를 보냈으나, 재임기간 중 잇따라 이어진 대형참사는 김영삼 대통령의 지지도를 점차 식게 만든 요인으로 지적되었다.[157]

155 구포역 사고 이후 삼성종합건설은 삼성건설로 사명을 바꾸었다가 1996년 삼성건설에 인수되었다(김훈, 2019)

156 https://www.law.go.kr/법령/지하안전관리에관한특별법/(13749,20160107)

157 『오마이뉴스』, 2020. 7. 8. "김영삼 정부를 뒤흔든 대형사고들".

2) 아시아나 항공 733편 추락사고(1993. 7. 26.)

'교통사고'라는 단어를 들으면 일상생활에서 비교적 빈번하게 발생하는 자동차 사고를 생각하기 쉽다. 그러나 재난 수준의 대형 교통사고를 상상한다면? 자동차 사고보다는 해양사고나 항공사고가 떠오르게 될 것이다. 더욱이 항공사고는 하늘을 나는 거대한 물체가 추락한다는 상징적인 이미지가 더해져, 대중매체에서 재난사고의 소재로 종종 등장한다.

"항공사고"란 항공기 사고와 경량항공기사고, 초경량비행장치 사고를 의미한다.[158] 그 중에서도 가장 큰 피해가 발생할 수 있는 항공기 사고란 사람이 비행을 목적으로 항공기에 탑승하였을 때부터, 탑승한 모든 사람이 항공기에서 내릴 때까지 항공기의 운항과 관련하여 "사람이 사망, 중상 또는 행방불명되거나", "항공기의 파손 또는 구조적 손상, 항공기의 위치를 확인할 수 없거나" "항공기에 접근이 불가능한 경우"가 발생하는 것을 의미한다.[159] 항공사고는 지상에서 발생하는 교통사고에 비해 발생 횟수는 많지 않으나, 발생 시 대형인명사고로 이어지며 그 손실비용도 매우 높다(김연명, 2000).

우리나라에서 발생한 국내항공사의 항공사고 중 가장 심각한 사례는 1993년 7월 26일 전라남도 해남군에서 발생한 아시아나 항공 733편 추락사고이다.[160] 아시아나 733편 추락사고는 아시아나 항공 보잉 737-500기가 목포공항 착륙을 위해 고도조정 중 기상이 악화된 상태에서 고도규정 보다 낮게 운항하여 운거산에 추돌한 사고로서, 탑승객 110명 중 66명이 사망, 44명이 부상을 입었다(중앙119구조대, 1998). 사고의 손실비용만 하더라도 파손된 항공기가 240억 원, 보험 및 보상비 약 260억 원으로 총 약 500억 원 이상의

---

158 https://www.law.go.kr/법령/항공·철도사고조사에 관한 법률

159 https://www.law.go.kr/법령/항공안전법/(17463,20200609)

160 국내에서 발생한 항공사고 중 해외항공사의 사고까지 포함하면, 2002년 4월 15일 경상남도 김해시에서 발생한 중국국제항공 129편 추락사고가 가장 큰 규모이다(사망자 129명). 국내항공사 사고 중 해외에서 발생한 사고를 포함하면 1983년 9월 1일 소련(소비에트 연방)영공에서 소련 공군 전투기에 의해 격추된 대한항공 007편 격추사건이 가장 큰 규모의 사고이다(탑승자 269명 전원 사망).

직접손실비가 발생한 것으로 추정된다(김연명, 2000). 사고 원인은 기상이 매우 악화된 상태에서 기장이 무리하게 착륙을 시도하였으며, 목포공항의 관제사가 착륙을 위해 접근을 할 수 없는 기상상태임을 적극적으로 조언하지 않았던 점, 착륙시도 과정에서 부기장의 미숙한 대처로 도움을 받지 못하였던 것으로 확인되었다.[161]

아시아나 항공 733편 추락사고는 당시 부실한 항공사고 관리를 절실히 드러내는 사고였다. 당시 사고 수습대책 보고에 관한 대통령 기록물[162]을 살펴보면, 사고수습을 위한 조치사항으로 신속한 상황전파와 관계자 현지출동지위, 시·군 비상근무 지시를 통한 신속한 초동대응, 사고대책본부를 즉각 가동하였음이 기록되어있다. 209명의 의료진과 1,163명의 인력(공무원, 민방위대원, 군인)이 동원되고, 145대 장비가 동원(헬기, 구급차, 소방차, 수송차량 등)된 것으로 나타났으며, 부상자 치료 관련 정보, 장례의 조속한 바 향후조치계획으로 부상자 치료에 만전을 기하고, 장례의 조속한 마무리와 보상대책을 마련하였음을 확인할 수 있다.

여기서 주목할 점은 사고 생존자가 사고현장에서 1km 떨어진 마을까지 걸어와 마을이장에게 신고를 하여 상황이 전파된 것을 '신속한 상황전파'라고 표현하고 있다는 것이다. 이는 역설적으로 항공기가 항로를 이탈하여 레이더 망에서 두시간이 지나도록 아무런 관제탑에서 아무런 조치를 취하지 않았음을 의미하는 것으로서, 만일 해당 승객이 사고사실을 알릴 수 없는 상황이었다면 사고피해는 더 심각하였을 것으로 가정할 수 있다(임삼진, 1993).

뿐만 아니라 사고현장에 출동한 지원부서들은 자신들이 소속된 상급기관으로부터 별도 지시를 받아 각각 행동함으로써 현장대책 본부 기능이 유명무실하였으며, 통제가능한 종합 통신시설이 없어 의사 전달이 어려웠고, 진입로 후방 4km까지 주차된 차량들로 인하여 차량운행이 불가하여 방화선을

161 『매일경제』, 1993. 7. 30. "아시아나 항공기 추락사고 관제사 조언잘못도 원인".

162 전라남도. "아시아나 여객기 추락사고 수습대책보고", 1993. 7. 28.(대통령기록관 소장).

설치할 수 없었으며, 전반적으로 의료장비와 전문인력 등이 부족한 문제가 있었다(중앙119구조대, 1998). 특히, 당시 대중매체에서는 원피스를 입은 여성이 헬기를 통해 구조되는 과정에서 속옷이 노출되는 장면이 대대적으로 보도되었는데, 외설 시비를 차치하더라도 들것 없이 와이어를 허리에 연결하여 들어 올리는 전근대적인 구호장비·기법을 고스란히 보여주는 장면이었으며, 실제로 이로 인해 부상자의 상태가 악화(하반신 마비)되기도 하였다(임삼진, 1993).

사고발생 후 김영삼 대통령은 희생자들의 유해가 안치된 목포 한국병원과 사고수습대책본부가 있는 목포시청을 각각 방문하여, 희생자 유가족들을 위로하고 "완전무결한 사후수습"을 지시하였으며, "교통당국과 항공사는 사고원인을 철저히 규명해, 다시는 이런 참사가 없도록 근본적인 대책을 강구"하라고 지시하였다.[163] 대통령 연설기록[164]을 살펴보면, "정부는 최선을 다해서 국민의 생명과 재산을 보호하는 협력을 해야 된다고 생각합니다. 인재라고 하는, 지난번 아시아나 항공기의 불행 같은 사태가 다시는 발생하지 않도록 정부가 감독

[그림 2.74] 아시아나 항공기 추락사고 빈소를 조문하는 김영삼 대통령

출처: 국가기록원, http://theme.archives.go.kr/viewer/common/archWebViewer.do?bsid=200200085404&dsid=000000000001&gubun=search.

163 『경향신문』, 1993. 7. 29. "사고원인 철저규명".

164 대통령기록관, https://www.pa.go.kr/research/contents/speech/index.jsp?spMode=view&artid=1307868&catid=c_pa02062.

하여야 합니다. 절대 소홀감이 없도록 최선을 다하기를 바랍니다"라고 언급하며, 정부의 감독소홀과 대책수립 미흡으로 사고에 일정부분 책임이 있음을 드러내었다.

부실한 정부의 대응에 반해, 사고현장 근처 주민들의 헌신적인 구조활동이 화제가 되기도 하였다. 사고 수습대책 보고에 관한 대통령 기록물[165]을 살펴보면, 해남군 화원면 마산리 마천마을 주민들이 폭발위험 속에서도 부상자들을 신속 구출하였으며, 현장 구조요원 식사제공 및 야간구조작업을 위한 횃불과 침구류 준비 등 희생적인 구조활동을 전개하였다고 기록되어 있다. 또한, 목포시 의사회와 해병 전우회 등의 민간단체가 환자를 후송하고 의료구급활동을 지원하기도 하였다. 이에 김영삼 대통령은 마천마을 주민들과 민관군 유공자들을 청와대로 초청해 대통령 표창을 수여하며 노고를 치하하기도 하였다.[166]

아시아나 항공 733편 추락사고는 우리나라 응급의료체계의 취약성을 잘 보여준 사례로 볼 수 있다. 악천후와 가파른 사고현장 등으로 구조활동에 제약

[그림 2.75] 사고 유공자들을 포상하는 김영삼 대통령

출처: 국가기록원, http://theme.archives.go.kr/viewer/common/archWebViewer.do?bsid=200200084023&dsid=000000000001&gubun=search.

165 전라남도. "아시아나 여객기 추락사고 수습대책보고", 1993. 7. 28.(대통령기록관 소장).

166 『동아일보』, 1993. 8. 11. "해남마을 주민 초청".

이 있었음을 고려하더라도, 앞서 언급한 바와 같이 공항 관제탑의 무대응으로 결국 생존자와 인근주민에 의해 사고가 신고되었다는 점, 부실한 구조체계와 기법, 인력과 장비부족 문제는 당시 응급의료체계가 허술하였음을 보여준다. 언론이 지역주민들과 군인들, 민간단체들의 헌신적인 구조노력들을 앞다투어 보도하였으나, 반대로 대형사고에 무방비 상태로 놓여있었던 응급의료체계를 지적하지 않은 것도 문제로 볼 수 있다(임삼진, 1993).

또한 정부 항공교통 및 공항관리의 문제점도 드러났다. 당시 목포공항은 계기착륙장치가 없어 조종사가 육안으로 착륙을 실시하였어야 하였고 활주로가 가장 짧아 아슬아슬한 상황이 많이 발생하였다고 한다. 이에 공항당국과 지자체에서도 여러차례 교통부에 확장공사를 요구하였음에도 조치가 취해

[그림 2.76] 전라남도, "아시아나 여객기 추락사고 수습대책보고", 1993. 7. 28.(대통령기록관 소장)

Ⅱ. 事故收拾을 위해 措置한 事項

1. 사고수습대응체제 구축

[1] 신속한 초동대응

o 신속한 상황전파(7. 26 17:30 ~17:50)
· 생존자 김현시 신고(17:30) → 마천부락 이장 →
화원면 → 해남군 → 도 → 유관기관(17:50)
※ 마을주민, 면직원 등 100여명 현지응급구조 활동 전개

o 도지사, 보사환경국장등 도 관계자 현지출동지휘(20:00)
o 해남군수 현지출동지휘(18:30)
o 도 및 해남, 목포, 영암등 관계 시·군 비상근무지시(18:00)

[2] 사고대책본부 즉각 구성가동

o 도 : 도청 상황실, 6개반 23명 (7.26 18:00)
o 시·군 : 목포 (6개반 42명), 해남 (6개반 50명)
o 현장지휘소설치 : 화원동국교(도지사 현지지휘)

[3] 인력·장비의 긴급동원

o 의료진 출동 — 209명(의사 59, 간호사 150)
o 인력동원 — 1,163명 (공무원 575, 민방위대원 200, 군인 388)
o 장비동원 : 145대

· 헬기 13대(경찰 2, 군부대 11) · 구급차 30대
· 소방차 2대 · 수송차량등 100대

- 3 - 4

지지 않았던 것이다.[167]

사고 후속조치로서 목포공항의 활주로 확장[168]이나 계기착륙장치(ILS) 설치를 검토하였으나,[169] 막대한 예산지출로 인해 전북 무안에 새로운 공항을 건설하는 방향으로 계획을 수립하게 된다. 그러나 대부분 후속조치가 보상대책이나 과실규명에만 치중되어있고, 항공교통 관리체계나 의료구급체계의 개편과 검토 등에 관한 논의가 부족하였다는 점에서 아쉬움이 있다.

[그림 2.77] 아시아나 여객기 추락사고 후속조치계획

항공기 추락에 따른 후속조치

1. 사망자에 대한 조치
   - ○ 사망자 안치
   - ○ 장례절차 협의
   - ○ 유족안내
   - ○ 보상방침발표
2. 부상자 치료
   - ○ 가족안내, 편의제공
   - ○ 한가족은 동일병원 수용
3. 부상자 가족 및 유족대책
   - ○ 보상방침 발표
   - ○ 생계대책 강구
4. 사고원인규명
5. 정부차원의 성의 표시
   - ○ 부상자 및 사망자돕기운동 전개
   - ○ 부상자 위문 및 사망자 조의
   - ○ 사상자 지역기관장 위문
6. 아시아나 항공에 대한 조치
   - ○ 항공사측 과실 규명
   - ○ 부상자 및 사망자에 대한 보상 실시 촉구
   - ○ 보험등 필요조치 조속 강구
7. 목포비행장 확장

출처: 국가기록원, http://theme.archives.go.kr/viewer/common/archWebViewer.do?bsid=201003173984&dsid=000000000001&gubun=search.

167 『매일경제』, 1993. 7. 28. "끔찍한 인재의 교훈".

168 『MBC』, 1993. 7. 28. "교통부, 전남 무안군 새공항 건설".

169 『한국경제』, 1993. 7. 29. "전북 무안에 새공항 건설...교통부, 목포보완 보다 유리".

3) 서해훼리호 침몰사고(1993. 10. 10.)

서해훼리호 침몰사고는 1993년 10월 10일 오전 10시 10분경 전라북도 부안군 위도 앞 해상에서 운항 중이던 여객선 '서해훼리호'가 침몰한 사고로, 김영삼 대통령 시기의 대표적인 해상재난이다. 이 사고로 인해 승선 인원 362명 중 292명(70명 구조)이 사망하였는데, 사고당시 기준으로 국내에서 세 번째로 큰 규모의 해난사고로 기록되었다. 특히, 부산 구포역 열차 전복사고(1993년 3월 28일)와 아시아나 733편 추락사고(1993년 7월 26일)의 아픔이 채 가시기도 전에 발생하였기에, 잇따른 재난사고로 국민들은 더욱 더 놀랄 수 밖에 없었다(전라북도, 1994).

사고의 원인은 악천후를 무시한 무리한 출항, 운항미숙 및 무리한 기기 조작, 정원을 초과한 승객탑승과 수화물 과적으로 밝혀졌다(중앙119구조대, 1998). 갑작스러운 돌풍이 예상된다는 예보가 있었으나, 출발 당시에는 태풍 주의보 이상의 경보도 발효되지 않은 상황이었고, 바람이나 파도가 아주 심하지 않았다고 한다(전라북도, 1994). 선장은 운항여부를 두고 고민하였으나, 많은 승객들이 출항을 요구했던 것으로 알려져 있다.[170]

여객선은 이러한 상황에서 출항 여부를 두고 한동안 머뭇거리다 출발 예정 시간인 9시를 넘기고 9시 40분이 되어서야 출항했다(전라북도, 1994). 한국해운노조 운항관리규정 상 200톤 이하 선백의 경우 높이 2.5m 이상 파도가 치거나 초속 12m 이상의 폭풍이 불면 운항을 금지하고 있으나 이를 어긴 것이었다.[171] 선장은 출항하지 않고, 그 이유를 해운조합에 보고하여야 하지만 지켜지지 않은 것이다(Cho et al., 2016).

사고 당시 상황을 정리한 자료에 따르면(중앙119구조대, 1998), 여객선이 사고해역 부근에 접근하였을 때, 초속 10~14m의 강풍과 2~3m의 높은 파도가 일고 있었고, 파도가 예상보다 높아지자 선장이 뱃머리를 돌리는 과정

170 『경향신문』, 1993. 10. 11. "높은 波高(파고)속 무모한 급선회".

171 『조선일보』, 1993. 10. 11. "연안航路(항로) 방치가 부른 慘事(참사)".

에서 기기를 무리하게 조작한 것으로 드러났다. 문제는 승선정원(221명)을 141명이나 초과한 362명의 승객이 탑승한 상황이었으며, 많은 양의 수화물을 갑판부분에 적재하여 배의 상부가 무거운 상태였다. 따라서 키를 갑자기 돌렸을 때 과중한 무게로 복원력을 상실한 것이 결정적 원인으로 작용하여 침몰하게 된 것이다(중앙119구조대, 1998). 그러나 사고해역에 있던 서해훼리호 보다 적은 톤수의 어선들이 모두 안전하게 귀항한 점, 여객선의 만들어진지 3년에 불과하여 배 자체의 결함은 없었던 것으로 알려져 선장의 미숙한 운행에 문제가 있었음이 지적되기도 하였다.[172]

사고발생 이전, 서해훼리호의 초과 승선 운행은 일상적이었다고 한다. 1980년대 후반에 들어 위도가 낚시명소로 떠올라 이용객이 기하급수적으로 증가하였으나, 정부에서는 해당 업체가 영세업체라는 이유로 증편 허가를 거부하였다고 한다. 업체 측에서도 증편을 하면 운항비가 늘기도 하고, 그동안 정원초과로 운항하여도 문제가 발생하지 않았기에 증편의 필요성을 느끼지 못하였다고 한다(김훈, 2019).

더불어 군산지방해운항만청도 여객선 운항 관리에 소홀하였던 것으로 나타났다. 당시 담당 공무원들은 피서철이나 명절에 서해훼리호가 승객을 초과승선하는 현실을 잘 알고 있었고, 사고 이전 4차례나 정원초과 운항 확인서를 발부하였으나 그 이외에는 아무런 조치를 취하지 않았던 것으로 드러났다.[173] 심지어 사고 수사가 진행되자, 군산지방해운항만청 공무원들은 정원초과 단속서류를 불태워 증거를 인멸하기도 하였으며, 여객선 안전점검 등을 실시하지 않고도 한 것처럼 서류를 허위로 작성하기도 하였다.[174] 또한, 여객선운항관련 법규에 의하면 선박은 출항전 여객의 이름, 주민등록번호, 주소 등을 적은 승객명부를 작성해야 함에도 불구하고, 서해훼리호는 군산지방해운항만청에 승

172 『조선일보』, 1993. 10. 11. "연안航路(항로) 방치가 부른 慘事(참사)".

173 『한겨레』, 2014. 4. 18. "그때도 구명정 안 터졌는데… 21년간 나아진 게 없다".

174 『경향신문』, 1993. 11. 11. "서류소각·문서위조 항만청직원 둘 구속".

객 수만 무전으로 보고하고 승선자 명단은 보고하지 않았던 것으로 알려졌다. 결국 군산지방해운항만청은 사고선박으로부터 탑승인원통보를 받지 못하였는데도 아무런 조치도 취하지 않았던 것이다.[175]

안전관리에도 큰 문제가 있었던 것으로 밝혀졌다. 침몰직전까지 선박에 비치된 구명조끼함이 열려있지 않았고, 여객선이 침몰하면 자동으로 펼쳐지게 되어있는 구명보트도 4개 중 1개만 펴지는 등 안전수칙이 제대로 지켜지지 않았다(전라북도, 1994). 따라서 구명조끼를 입은 사람은 거의 없었고, 생존자들 대부분이 나무판자나 아이스 박스 등을 겨우 붙잡아 목숨을 구한 것이다(박용섭, 1995). 또한, 사고 당시 항해사가 휴가 중으로 갑판장이 항해사의 업무를 대신하였고, 안전요원도 2명에 불과하였다. 더욱이 사고 직후 위급상황임을 알린 사람도 없었으며, 구조요청도 이루어지지 않아 인명피해를 더욱 키운 원인이 되었다(김훈, 2019).

구조요청이 이루어지지 않았기에 사고현장은 주변을 지나가던 위도 어민에 의해 최초로 발견되었다. 이후 위도주민들은 어선을 통해 인명을 구출하고, 사체를 인양하였으며, 생존자들을 치료하고 간호하였다(전라북도, 1994). 반면, 해양경찰은 사건발생 5분만에 신고를 받고도 30분 뒤에야 헬기를 출동시켰으며, 경비함은 현장도착까지 1시간이나 걸려 해상구조체계의 허술함을 보였다.[176] 이후 관공선, 해경정, 군함 등 615여 척 이상과 97,277명의 인력이 구조작업과 사체수색작업에 동원되었고, 그 결과 유실된 사체 없이 모든 사체를 찾아낼 수 있었다(중앙119구조대, 1998).

당시 기사[177]에 따르면, 김영삼 대통령은 사고발생 즉시 청와대 김양배 행정수석을 급파하여 초동조치 상황을 독려케 한 뒤 국무총리와 관계 장관을 위도 현지에 파견하는 등 사고수습을 범정부 차원에서 지원토록 지시했다. 또한,

---

175 『경향신문』, 1993. 10. 11. "높은 波高(파고)속 무모한 급선회".

176 『한겨레』, 1993. 10. 12. "기상정보-해상구조-안전 허술 여객선 대형참사 불렀다".

177 『한겨레』, 1993. 10. 13. "유족들 주검인양 지연 격렬 항의".

10월 12일 오전 여객선 참사사건이 일어난 전북 부안군 위도와 희생자 일부가 안치된 전주 전북대 병원을 방문해 유가족들을 위로했다. 김영삼 대통령은 사고수습대책 현황 등을 보고 받은 뒤 "기회가 있을 때마다 안전사고 예방을 강조했는데, 또다시 대형참사가 나 참으로 안타깝고 비통하다"고 말하였다. 위도 주민들의 구조활동에 대해 "불행한 사고 속에서도 한사람이라도 더 살리기 위해 많은 노력을 한 것에 대해 감사드린다"며 "여러분의 헌신적인 노력은 우리역사의 미담으로 길이 길이 남을 것"이라고 치하하기도 하였다. 이와 더불어 교통부 장관과 해운항만청장을 해임하고 새로운 장관과 청장을 임명하였으며, 사고 책임선상에 있는 모든 사람을 엄벌하라는 지시를 하였다고 한다(김종길, 2004). 대통령 연설기록[178]을 살펴보면, 시정연설을 통해 서해훼리호 침몰사고에 대해 사과하고 사고 원인과 재발방지를 약속하기도 하였다. 또한 정부는 서해훼리호 사고에 대한 안전운항 관리강화대책으로 당시 내항해운 특성에 적합한 상시 지도·감독체제인 현행 운항관리제도를 확대 시행하여 도서지역 22개소 25명 및 통신사 4명을 증원하였다(주종광, 2016).

사고 이후 김영삼 정부의 사회재난 사고들의 후속조치 점검결과에 관한 대통령 기록물[179]을 살펴보면, 사고예방을 위해 분야별 대책을 수립·시행함으로서, 시설·장비·제도 등 많은 부분에서 안전운항에 필요한 조치들이 이루어졌으나, 개선이 되지 않은 부분들에 대해 지적하며 보완이 필요함을 언급하고 있었다. 조치사항들을 살펴보면 여객터미널, 선착장 건설과 방파제 보강 등으로 여객의 승하선 관리 및 안전을 도모하였으며, 노후 여객선을 대체하고 신규 건조 여객선의 고속화·대형화 등을 추진하였다. 운항관리사 배치기준을 강화하고 여객이 폭주하는 항로에 상시 배치하며, 정원 통제를 엄격히 실시하였다. 해양부 발족을 계기로 그간 분산·중복되었던 상황실·구난체계를 통합하여

178 대통령기록관, https://www.pa.go.kr/research/contents/speech/index.jsp?spMode=view&artid=1307898&catid=c_pa02062.

179 대통령비서실, "각종대형사고 후속조치 점검결과 보고", 1996. 7. 4.(대통령기록관 소장).

해경이 전담하거나 별도의 전담부서를 설치하였음을 언급하고 있다.

사고 당시 승선자 인원 및 신원 파악에 어려움을 겪었기에, 그동안 형식적으로 이루어지던 승선자 인원 통보 및 신원 증명 규정이 강화되었다. 당시만 해도 먼저 승선한 후 배안에서 승선권을 구입하는 경우가 많았으나, 선내 승선권 판매가 금지되었고 모든 여객선은 운항 거리를 불문하고 출항 직전에 승선인원을 통보하게 되었다(김훈, 2019).

이 사고는 안전사고 예방 대책의 부실함 뿐만 아니라, 한국 언론의 민낯이 드러난 사건이기도 하였다. 서해훼리호의 선장이 "탈출하여 집으로 돌아갔다"거나 "일본으로 밀항했다"는 등의 오보가 쏟아졌는데, 이를 믿은 경찰은 수사대를 급파하여 수색과 지명수배를 내린 것이다. 그러나 기자들이 도주하였다고 보도한 선장과 함께 도피의혹을 받고 있던 갑판장, 기관장 역시 시신이 인양되어 사망이 확인되었다(김훈, 2019). 이러한 유언비어로 인해 유가족들은 선장가족에게 선장을 찾아내라고 몰아세우기도 하였고, 가족들까지 죄인 취급을 받았었다. 시신이 인양되고 나서야 가족들은 선장을 두 번 죽게 했다고 억울함을 토해낼 수 있었다(김종길, 2004). 바른 언론을 위한 시민연합은

[그림 2.78] 위로를 건내는 김영삼 대통령

출처: 국가기록원, http://theme.archives.go.kr/viewer/common/archWebViewer.do?bsid=200200077645&dsid=000000000001&gubun=search.

오보가 나온 10월 10일을 언치일(언론치욕의 날)로 선포하기도 하였다. 언론의 일방적이고 무책임한 보도가 개인의 인권을 침해할 수 있으며, 언론의 속보주의와 특종 컴플렉스, 윤리의식 부재가 기본적인 사실확인도 하지 않고 유언비어를 기사화하여 치명적인 오보를 생산하였다고 주장하였다.[180] 그러나 이러한 노력이 무색하게도 2014년 세월호 침몰사고가 발생하였을 때 "승객 선원 전원 구조" 오보사건이 발생하여, 유가족들에게 상처를 입히고 국민들에게 충격을 입히기도 하였다.

[그림 2.79] 대통령비서실, "각종 대형사고 후속조치 점검결과 보고", 1996. 7. 4.(대통령기록관 소장)

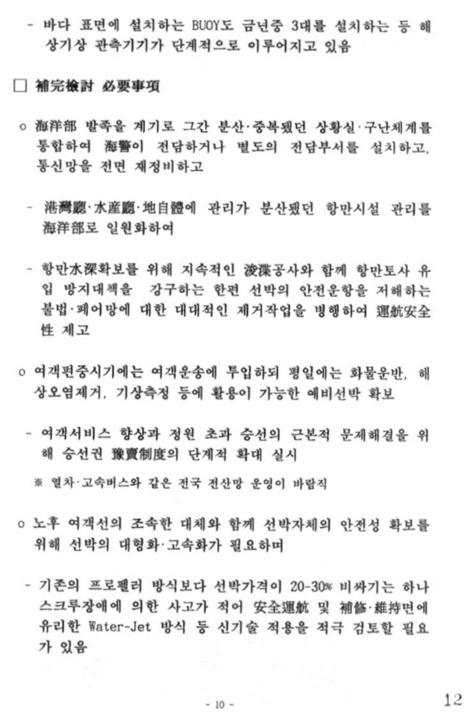

- 바다 표면에 설치하는 BUOY도 금년중 3대를 설치하는 등 해상기상 관측기기가 단계적으로 이루어지고 있음

□ **補完檢討 必要事項**

o 海洋部 발족을 계기로 그간 분산·중복됐던 상황실·구난체계를 통합하여 海警이 전담하거나 별도의 전담부서를 설치하고, 통신망을 전면 재정비하고

- 港灣廳·水産廳·地自體에 관리가 분산됐던 항만시설 관리를 海洋部로 일원화하여

- 항만水深확보를 위해 지속적인 浚渫공사와 함께 항만토사 유입 방지대책을 강구하는 한편 선박의 안전운항을 저해하는 불법·폐어망에 대한 대대적인 제거작업을 병행하여 運航安全性 제고

o 여객편중시기에는 여객운송에 투입하되 평일에는 화물운반, 해상오염제거, 기상측정 등에 활용이 가능한 예비선박 확보

- 여객서비스 향상과 정원 초과 승선의 근본적 문제해결을 위해 승선권 豫賣制度의 단계적 확대 실시

※ 열차·고속버스와 같은 전국 전산망 운영이 바람직

o 노후 여객선의 조속한 대체와 함께 선박자체의 안전성 확보를 위해 선박의 대형화·고속화가 필요하며

- 기존의 프로펠러 방식보다 선박가격이 20-30% 비싸기는 하나 스크루장애에 의한 사고가 적어 安全運航 및 補修·維持면에 유리한 Water-Jet 방식 등 신기술 적용을 적극 검토할 필요가 있음

- 10 -

12

180 『매일경제』, 1994. 10. 10. "10월 10일은 언치일".

4) 1994-1995년 가뭄

1994년 여름은 기록될만한 폭염이었다. 그런데 이미 그 전부터 전국적으로 가뭄이 시작되고 있었다. 이 가뭄은 1995년 여름에도 다시 시작되었다. 1994년 UN은 유엔사막화방지협약(UNCCD)을 통해 매년 6월 17일을 '세계 사막화 및 가뭄 방지의 날'로 정하였다. 이를 위해 일회용품 사용 줄이기, 친환경 먹거리 이용하기, 물 아껴쓰기 등 일상생활 차원의 실천을 강조하였다. 이 협약 가입국은 193개국이었고 우리나라는 1999년 8월 17일 159번째로 가입하였다. 사막화란 자연적인 가뭄, 건조 현상 등 기후변화와 무리한 관개, 산림벌채, 환경오염 등으로 인하여 건조한 저습 지역의 토양이 침식되거나, 산림이 황폐화되는 등, 토지의 생물 잠재 생산력의 저하 또는 파괴의 결과로 사막 환경이 확대되어 가는 현상을 말한다. 해마다 전 세계적으로 600만ha의 면적이 사막화되고 있다.

가뭄은 시기와 유효성(강우 강도, 강우 발생 횟수)과도 관련이 있다. 고온, 강한 바람, 낮은 상대습도 등과 같은 기후 인자들도 가뭄과 관련이 있는 경우가 많으며 상황을 더 악화시킬 수도 있다(김병식 외, 2011).

가뭄은 기후학적 가뭄, 기상하저 가뭄, 농업적 가뭄, 수문학적 가뭄으로 나누기도 한다. 먼저 기후학적 가뭄은 사용 가능한 물로 전환된 강수량이 기후학적 평균에 미달하는 것을 말한다. 둘째, 기상학적 가뭄은 강수량을 중시한다는 점에서 기후학적 가뭄과 같으나 강수량 외에 증발량, 증산량 등을 고려한다는 점에서 차이가 있다. 셋째, 농업적 가뭄은 토양수분에만 의존하여 결정된다. 농작물의 종류와 성장 정도에 따라 필요한 수분이 다르기 때문이다. 넷째, 수문학적 가뭄이 있다. 사회경제적 가뭄이라고도 부른다. 댐이나 저수지 그리고 하천에 물이 고갈되어 물 부족의 피해가 예상되는 것을 말한다(국립재난안전연구원 방재연구실, 1998).

1994년 7~8월 중순까지를 1차 가뭄, 8월 중순~9월 중순까지를 2차 가뭄으로 분류한다. 1차 가뭄 때에 영·호남지역이 극심했는데 논 재배면적

총 1,115ha 중 13.3%인 148천ha의 농경지에서 피해가 발생했다. 밭 63,847ha를 포함해 총 200,686ha의 피해가 전국적으로 발생하였다. 2차 가뭄 때에는 1차 가뭄 발생지역 중 경·남북지역이 계속 이어졌다. 경북지역에서 피해 면적이 논 16,231ha, 밭 5,967ha로 총 22,198ha의 피해를 입었다. 3차 가뭄의 전국 피해는 약 30,883ha였다.

서울의 경우 1994년 7월 24일 38.4°, 23일 38.2°였다. 영천·밀양 39.4°, 창원 39.0°, 진주 38.9°, 광주 38.5°, 원주 38.0°, 청주 37.8° 등의 지역별 역대 최고기온 기록이 모두 당시에 세워졌다. 당시 폭염의 기세가 극에 달했던 7월 말에는 서울의 최고기온이 평년보다 최고 8.6° 높았다. 기상청은 서울의 경우 32°부터 기온이 1° 오를 때마다 65세 이상 고령층에서 9명의 초과사망자가 발생하는 것으로 분석하였다. 당시 기록적인 폭염으로 전국에서 3,384명이 숨졌다. 이는 태풍·홍수 등 모든 종류의 자연재해를 통틀어 역대 가장 많은 사망자를 낸 사례로 기록되어 있다.

당시 김영삼 대통령은 가뭄 상황과 관련하여 관계자들을 격려하였다. 여기에서 온 국민들의 성원과 공무원과 군의 총동원으로 가뭄극복을 위해 노력하고 있다는 점을 강조하였다. 그리고 현재 수리조합하고 관계있는 논이 75% 정도 되며, WTO 체제 하에서 살아남기 위해서는 농촌도 경쟁 시대에 총력전을 기울일 것을 요구하였다. 우루과이라운드와 관련하여 1년에 1조 5천억 원을 지원하기로 했으며 42조 원을 구조개선을 위해 투입할 것이라고 밝혔다. 가뭄을 극복하는데 보여준 국민들의 열의, 애국심, 정성이 한국을 살리는 계기가 될 것임을 강조하였다.[181]

가뭄이라는 재해와 관련하여 발표된 매우 독특한 대통령의 격려사였다. 그리고 당시는 세계화와 글로벌 시대를 강조하는 사회적 분위기 속에서 애국, 열의 등 매우 근대적인 언어를 사용하여 국난극복을 강조하였다.

---

181 김영삼 대통령통치사료기록서 47권. 1994. 8. 18.(대통령기록관 소장).

[그림 2.80] 대통령 방문 치사

다. 오늘 그 수고한 그 많은 인원을 따진다면 수백만이 될 것입니다. 그런데 그 모든 분들을 초청하지 못하고 대표가 되는 여러분들만 초청하게 되었습니다. 이 점에 대해서 땀흘려 일한 분들에게 대단히 미안하게 생각합니다. 그러나 여러분들이 그러한 나의 뜻을 전할 수 있게 되기를 바라 마지않습니다.

우리가 이 시대의 용기와 자신과 희망을 가지고 전진한다면, 반드시 밝은 미래가 우리들을 기다리고 있다고 이렇게 생각해도 좋다고 생각합니다. 우리가 머지 않아서 선진국으로 반드시 진입할 수 있다는 자신감을 가지시고, 우리 승리의 생활을 할 수 있게 되기를 바랍니다.

오늘 각계 지도자들, 우리 범국민 가뭄 극복 대책위원 여러분들과 또한 가뭄을 극복하기 위해서 애써준 군 관계 여러분들, 또 이제 공무원 여러분들, 농민 이렇게 함께 모여서 짧은 시간이지마는 우리가 농촌을 생각하면서, 또 우리가 추어탕을 먹으면서 이런 시간을 보내게 된 것을 아주 영광스럽게 생각합니다.

출처: 김영삼 대통령 통치사료기록서 47권, 1994. 8. 18.(대통령기록관 소장).

5) 성수대교 붕괴사고(1994. 10. 21.)

서울을 가로지르는 한강 위, 성동구 성수동과 강남구 압구정동을 잇는 성수대교가 1994년 10월 21일 오전 7시 40분 붕괴되었다. 추락직전에 가까스로 멈출 수 있었던 목격자는 자신의 승용차 핸드폰으로 112와 119, 청와대민원실과 내무부 상황실에까지 신고하였지만 시큰둥한 반응이 돌아왔다. 당시 장난전화 문화가 심각하던 시절이다 보니, 한강다리가 무너졌다는 신고를 사실로 받아들이기 힘들었을 수 있다. 하지만, 신고를 접수한 당국이 좀 더 진지했더라면 어땠을까.[182]

성수대교 붕괴사고는 성수대교의 10번째와 11번째 교각사이의 현수 트러스(Truss, 철재를 삼각형으로 엮어 만든 구조물)가 붕괴되어 한강으로 내려앉으며, 다리 위에 주행 중이던 차량 6대가 함께 추락하여 많은 사상자가 발생한 사건이다. 사고개요를 정리한 자료에 따르면(중앙119구조대, 1998), 교량 붕괴부분에서 달리던 승합차 1대와 승용차 2대가 현수 트러스트와 함께 한강 위로

[그림 2.81] 성수대교 붕괴 현장

출처: 국가기록원, http://theme.archives.go.kr/viewer/common/archWebViewer.do?bsid=201104986521&dsid=000000000001&gubun=search.

182 『서울신문』, 1994. 10. 22. "버스안 피 얼룩… 책가방·신발 널려/성수대교 붕괴 현장".

떨어졌고 붕괴 경계지점에 있던 승용차 2대는 함께 떨어지다 수중으로 빠졌다. 더욱 안타까운 것은 급브레이크를 밟았으나 경계지점에 걸치게 된 버스가 뒤집힌 채 떨어지면서, 먼저 떨어져 있던 상판과 강하게 충돌하며 수많은 탑승객이 생명을 잃은 것이다. 버스로 등교하던 학생과 직장인 등 수많은 사망자와 부상자로 현장은 처참한 상태였으며, 이 사고로 32명의 사망자와 17명의 부상자 총 49명이 인명피해를 입었다.

성수대교는 1977년 4월 9일 착공하여, 당초 계획한 건설 기간 보다 6개월 이상 빠른 1979년 10월 5일에 완공되었다. 성수대교 붕괴사고에 관한 연구에 따르면(서휘석·전민호, 2002) 건설 당시 실시설계가 매우 급하게 진행되었으며, 트러스 구조물의 제작 및 용접과정에서 부실시공이 진행되었다고 한다. 또한, 준공 이후 설계하중을 초과하는 과부하가 지속되었음에도 불구하고, 취약한 접합부위가 조치 없이 방치되었다고 한다. 실제로 사고발생 8개월 전 실시된 안전점검에서 문제점이 발견되었으나, 지적내용이 수정액으로 지워진 채 은폐되어 보고되기도 하였다. 이외에도 서울시 산하 동부건설사업소에서 성수대교의 위험상황을 서울시에 여러차례 보고하였으나 묵과당해 전반적으로 서울시의 부실한 관리가 사고발생의 주요 원인으로 지적되었다. 심지어 사고발생 전 국회 국정감사에서 한강교량들에 대한 붕괴 위험성이 제기되었으나, 서울시는 철저하게 보수공사를 하고 있으므로 전혀 걱정할 단계가 아니라고 답변하기도 하였다.[183] 사고 전날에도 교각 이음새 부분이 벌어지는 등 이상징후가 있었고, 보수공사를 지시하였으나 쏟아진 비로 인해 작업이 제대로 진행되지 않았다.[184]

성수대교 붕괴 사고가 발생하고 사흘 후, 김영삼 대통령은 대통령 특별 담화문을 발표한다.[185] 담화문 내용을 살펴보면, 김영삼 대통령은 정부의 책임을

183 『한겨레』, 1994. 10. 22. "국감서 이미 붕괴 위험 지적 서울시" "안전 문제없다" 뭉개.

184 『동아일보』, 1994. 10. 22. "전날밤부터 이상징후".

185 대통령기록관, https://www.pa.go.kr/research/contents/speech/index.jsp?spMode=view&artid=130802

통감하고 국민들에게 심려를 끼친 것을 사과하였다. 특히, 이 사고가 급격한 경제성장 과정에서 내실을 다지지 못하여 발생한 대표적 사건으로 보았으며, 유사한 사건과 사고의 위험성이 도사리고 있음을 지적하였다. 따라서 그 위험성에 대비하여야 하는 시대적 책임을 강조하였으며, 재발방지를 위해 충분한 안전 점검을 하는 것이 정부의 책임임을 명시하였다. 이러한 맥락에서 김영삼 대통령은 성수대교 붕괴 사건이 "일어난 것이 아니라 만들어진 것", "사회의 총체적인 병리현상"이라는 표현을 사용하기도 하였다.

김영삼 대통령은 성수대교 붕괴사고의 책임을 물어 당시 이원종 서울시장을 경질하고 후임에 우명규 전 경북지사를 임명하였다. 이 과정에서 김영삼 대통령은 신임 서울시장에게 조속한 사고수습과 아울러 특별안전점검반을 구성, 서울시내 모든 교량에 대해 긴급안전점검을 실시할 것을 지시하였다.[186] 또한, 대통령은 사고로 인해 8명의 학생이 변을 당한 무학여고에 직접 위로전화를 하기도 하였다.[187]

성수대교 붕괴사고 이후 김영삼 정부의 사회재난 사고 후속조치 점검결과에 관한 대통령 기록물[188]을 통해 정부차원에서 법적, 정책적 조치 결과를 확인할 수 있다. 해당 사고의 경중이 심각하였던 만큼 관련된 다양한 후속조치가 실시되었다. 먼저, 시설물의 안전관리에 관한 특별법을 제정하여 교량, 터널, 항만, 댐, 철도, 연면적 3m^2 이상이거나 16층 이상 건축물 등 1·2종 시설물에 대해 시설물 관리주체의 안전점검과 유지관리의무를 법제화하였다. 또한, 시설안전기술공단(현 국토안전관리원)을 설립하였으며, 61개의 안전진단 전문기관을 지정하여 시설안전진단과 관련 전문 기관을 육성하였다. 교량관리 체계개선 계획에 따라 교량관리 전담 조직 및 인력 보강, 점검장비 확보, 교량

0&catid=c_pa02062.

186 『매일경제』, 1994. 10. 22. "서울시장경질".

187 『경향신문』, 1994. 10. 23. "무학여고에 위로전화".

188 대통령비서실, "각종대형사고 후속조치 점검결과 보고", 1996. 7. 4. (대통령기록관 소장).

전산관리체계 구축, 점검자의 자격 규정 등을 강화하였으며, 과적차량에 대한 제제를 강화토록 도로법을 개정하였다. 부실공사 방지대책으로는 설계단계에서부터 대형공사에 설계감리제 도입, 기본계획 심의시 설계 시공일괄 입찰 유도, 구조 안전위반 설계자에 대한 처벌법을 강화하기도 하였다. 더불어, 철강구조물의 품질관리를 위해 철강구조물제작공장 인증제도가 건설기술관리법(현 건설기술 진흥법)[189]에 도입되어 법정 임의 인증제도로 인증되었다(김형도 외, 2014).

또한, 안전관리 측면에서 도시시설 안전관리본부가 발족되어 모든 시설물에 대한 안전관리가 실시되었고, 시설물 안전 및 유지관리 업무 지침서가 발간되었다. 소방측면에서는 재난관리법에 의하여 내수면(바다를 제외한 수면)에서의 수난구조 업무가 소방으로 이관되었고, 내수면 근접 소방서에 수난구조용 장비가 보강되었으며, 한강수상구조대 및 충주댐 수상 구조대를 발대하여 내수면 수난구조 능력을 강화하였다(중앙119구조대, 1998).

이후, 성수대교는 복구공사를 통해 상부구조를 전면 교체 시공하였는데, 기존 트러스를 해체하고 새로운 트러스를 설치하였으며, 이중 안전장치인 낙교방지턱을 설치하는 등 교량인진과 품질관리에 만전을 기하여 복구되었다(박광일·정광섭, 1999). 또한, 당시 건설을 담당한 동아건설 현장소장, 전 서울시 동부건설 사업소장 등이 업무상 과실치사상죄 등으로 기소되어 금고 2년, 금고 1년 6개월을 선고 받았으며, 당시 서울시 공사감독관 공무원과 동아건설 간부 등 14명은 금고 1~3년 또는 징역 10월~1년 6월에 집행유예 1~5년 및 벌금 500만 원으로 확정되었다.[190] 사고가 사회에 미친 충격에 비해 처벌수준이 낮아 국민정서를 반영하지 못하였다고 지적되기도 하였다.

32명의 무고한 생명을 앗아간 성수대교 붕괴사고는 '빨리빨리'로 상징되는 성장일변도 대한민국의 이면을 비추는 거울이었으며, 그 결과가 어떻게 재난

189 https://www.law.go.kr/법령/건설기술관리법/(04921,19950105).

190 『연합뉴스』, 2003. 2. 21. "참사 관련자처벌 '솜방망이'".

으로 연결될 수 있는지 보여주는 경고였다.[191] 성수대교가 건설되던 1970년대 사회 분위기는 압축 경제성장시기로서 사회기반시설을 정밀하게 시공하는 것 보다 빠르게 공급하는 것이 중요시 되었던 시기로, 기술적 타당성 보다는 정치적 이용가치가 우선시 되었다(김영걸, 1997). 그러다 보니 부실공사가 발생할 수 밖에 없는 상황이었던 것이다.

성수대교 붕괴사건은 한국 사회에 만연되어 있던 부정부패를 전 세계에 알린 불명예의 사건인 동시에 한국 사회의 부패에 대한 전반적인 문제 제기가 이루어지기 시작한 계기가 되어, 부정부패의 관행을 줄이기 위한 노력이 정부, 학계, 시민사회단체의 차원에서 활발하게 이루어지기 시작했다는 것에[192] 의의가 있을 것이다.

[그림 2.82] 대통령비서실, "각종대형사고 후속조치 점검결과 보고", 1996. 7. 4.(대통령기록관 소장).

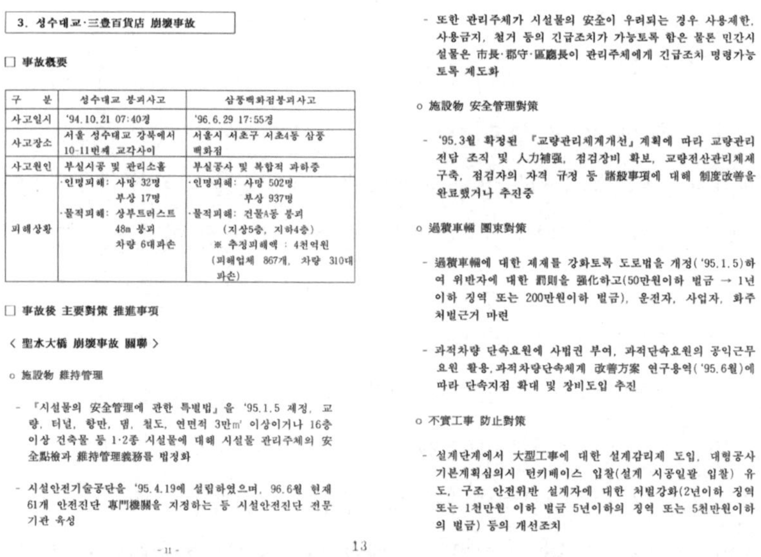

3. 성수대교·三豊百貨店 崩壞事故

□ 事故槪要

구 분	성수대교 붕괴사고	삼풍백화점붕괴사고
사고일시	'94.10.21 07:40경	'96.6.29 17:55경
사고장소	서울 성수대교 강북에서 10-11번째 교각사이	서울시 서초구 서초4동 삼풍백화점
사고원인	부실시공 및 관리소홀	부실공사 및 복합적 과하중
피해상황	·인명피해: 사망 32명 부상 17명 ·물적피해: 상부트러스트 48m 붕괴 차량 6대파손	·인명피해: 사망 502명 부상 937명 ·물적피해: 건물A동 붕괴 (지상5층, 지하4층) ※ 추정피해액 : 4천억원 (피해업체 867개, 차량 310대 파손)

□ 事故後 主要對策 推進事項

< 聖水大橋 崩壞事故 關聯 >

o 施設物 維持管理

- 『시설물의 安全管理에 관한 특별법』을 '95.1.5 제정, 교량, 터널, 항만, 댐, 철도, 연면적 3만㎡ 이상이거나 16층 이상 건축물 등 1·2종 시설물에 대해 시설물 관리주체의 安全點檢과 維持管理義務를 법정화

- 시설안전기술공단을 '95.4.19에 설립하였으며, 96.6월 현재 61개 안전진단 專門機關을 지정하는 등 시설안전진단 전문기관 육성

- 11 -

13

- 또한 관리주체가 시설물의 安全이 우려되는 경우 사용제한, 사용금지, 철거 등의 긴급조치가 가능토록 함은 물론 민간시설물은 市長·郡守·區廳長이 관리주체에게 긴급조치 명령가능토록 제도화

o 施設物 安全管理對策

- '95.3월 확정된 『교량관리체계개선』계획에 따라 교량관리 전담 조직 및 人力補强, 점검장비 확보, 교량전산관리체제 구축, 점검자의 자격 규정 등 諸般事項에 대해 制度改善을 완료했거나 추진중

o 過積車輛 團束對策

- 過積車輛에 대한 제재를 강화토록 도로법을 개정('95.1.5)하여 위반자에 대한 罰則을 强化하고(50만원이하 벌금 → 1년이하 징역 또는 200만원이하 벌금), 운전자, 사업자, 화주 처벌근거 마련

- 과적차량 단속요원에 사법권 부여, 과적단속요원의 공익근무요원 활용,과적차량단속체계 改善方案 연구용역('95.6월)에 따라 단속지점 확대 및 장비도입 추진

o 不實工事 防止對策

- 설계단계에서 大型工事에 대한 설계감리제 도입, 대형공사 기본계획심의시 턴키베이스 입찰(설계 시공일괄 입찰) 유도, 구조 안전위반 설계자에 대한 처벌강화(2년이하 징역 또는 1천만원 이하 벌금 5년이하의 징역 또는 5천만원이하의 벌금) 등의 개선조치

191 『오마이뉴스』, 2014. 10. 20. "'성수대교 붕괴' 20년... 그때는 이럴 줄 몰랐다".

192 한민족문화대백과사전, http://encykorea.aks.ac.kr/Contents/Item/E0068190.

6) 광명 가학광산 중금속 유출 사건(1995. 3. 19.)

경기도 광명시에는 최근 나름 유명해진 관광명소가 있다. 일제강점기 때부터 산업화가 한창이던 70년대까지 사용되었던 시흥광산, 혹은 가학광산으로 불리던 폐광을 광명시가 지역 경제 활성화를 위해 매입 후 관광지로 탈바꿈시킨 "광명동굴"이 그곳이다. 광명시는 "1972년 폐광된 후… 잠들어 있던 광명동굴을 2011년……역사·문화 관광명소로 탈바꿈시켰다"고 자랑하고 있다. 물론 상당한 역사적 가치를 지니고 있던 폐광산을 관광지로 활용하는 아이디어는 시민 교육의 목적으로나 경제적 가치 창출의 측면으로 보나 매우 훌륭하다고 할 수 있다. 문제는 이 광산이 방치되어온 동안 배출된 중금속이 꾸준히 농경지로 유입되어 오며 중금속 중독의 우려가 확산되었던 사실을 많은 사람들이 잊고 있다는 것이다.

[그림 2.83]의 사진과 같이 현재 광명시는 광명동굴이 일제 강점기의 노동착취의 역사뿐 아니라 "황금광산"으로 존재했던, 말하자면 나름 영광스러웠던 역사로 재조명하고 있다. 하지만 당연히도 관광객들이 꺼림칙하게 여길만한 금속광산의 중금속 오염 문제에 대한 자세한 설명은 전혀 없으며, "1972년 폐광된 것은 홍수에 의해 환경오염과 보상문제 때문…… 지금도 동굴에는 많은 양의

[그림 2.83] 광명시는 홈페이지에 "황금광산"으로 소개되어 관광지가 된 가학광산의 내부

출처: 광명시 홈페이지, http://www.gm.go.kr/cv/gc/11/CVGC_11100.jsp.

황금이 묻혀있다"며 오히려 환경오염 문제가 불거진 것 자체가 문제였다고 오해를 할 수 있을 만한 서술까지 존재한다.[193] 역사 속으로 사라져 간 폐광을 현재의 지자체가 잘 활용하고 있는지와는 별개로, 가학광산에서 시작된 중금속 오염 문제가 적어도 당시 얼마나 큰 문제였는지 정확히 환기할 필요가 있다.

일본에서 많은 인명피해가 발생한 사례로 기억되고 있는 "이타이 이타이" 병의 사례가 가학광산과 같은 "금속 광산에서 배출된 카드뮴에 의해 발생"되었다는 사실을 아는 일반인들은 드물다.[194] 광산에서 배출된 카드뮴과 같은 중금속이 "농경지 토양에 집적"됨으로써 "식용농작물에 흡수되거나 지하수로" 유입되어 인체에 이르게 되고 결국 중금속 중독을 발생시킬 수 있는 것이다.[195] 이는 여름철 집중 호우로 인한 침수 피해가 자주 발생하는 우리나라의 기후를 생각해 볼 때 더욱 우려될 수 있는 상황이라고 볼 수 있다. 1980년의 연구에 따르면 이 지역에서 생산된 현미의 카드뮴 최고함량이 재배제한 기준치를 초과한 바 있으며,[196] 당시 우리나라의 토양오염 관리 실태가 상당히 열악했음을 미루어 볼 때 적어도 1995년 토양환경보전법의 입법까지 10여 년간 일대의 중금속 오염이 상당한 수준으로 진행되었을 가능성을 부인할 수 없다.

1995년의 언론 보도에 따르면 현지 주민들은 위험을 이미 오래전부터 인지하고 있었다. MBC는 이미 70년대에 정부가 중금속 오염의 위험을 경고하였지만 별다른 조치는 취하지 않았다고 보도했다. 현지 주민 이동수 씨의 당시 인터뷰에 따르면 이씨는 "72년도하고 75년도하고 이 광산이 무너져 내렸거든요. 그때 와서 농촌 진흥공사에서 와가지고… 3대를 계속 여기서 농사 지으면 나중에 병신이 나온다고…"라고 당시 정부관리들의 말을 적나라하게

193 http://www.gm.go.kr/cv/gc/11/CVGC_11100.jsp.

194 류순호 외, 1996. "가학광산 주변 논토양의 카드뮴, 구리, 납 및 아연 함량 분포," 한국토양비료학회지 29(4), p.424.

195 같은 글.

196 같은 글, p.425.

전하고 있다.[197]

위에 밝힌 것과 같이, 본격적인 우리나라 토양오염 관리의 시작은 대기오염이나 수질오염 등 다른 환경관련 법령 정비 시기보다 훨씬 늦은 1995년의 토양환경보전법의 입법을 기점으로 볼 수 있다.

[그림 2.84]과 같이, 토양환경보전법은 환경처장관이 "전국적인 토양오염실태를 파악하기 위하여 측정망을 설치하고, 토양오염도를 상시측정"할 수 있는 법적 근거와 관련 제도를 규율하고 있다. 즉, 토양환경보전법의 입법은 문제가 생겼을 때의 사후관리를 넘어서서 전국의 토양 오염 수준을 상시 모니터링하고 이상 징후가 관찰되었을 시 즉시 정부의 적극적 행동을 요구할 수 있는 법적 근거의 마련으로 볼 수 있는 것이다. 이러한 맥락으로 볼 때, 1970년대 이후 꾸준히 문제가 되어왔던 광명 일대 중금속 오염 문제가 1995년에 본격적으로 주목받게 된 것도 우연이 아님을 알 수 있다. 또한 관련 연구가 1990년대 중반부터 봇물처럼 터져 나온 것도 토양환경보전법을 통한 정부의 연구용역 사업의 영향임을 예측해 볼 수 있는 부분인 것이다.[198]

[그림 2.84] 1995년의 토양환경보전법 원본의 일부

第5條(土壤汚染度 測定등) ①環境處長官은 전국적인 土壤汚染實態를 파악하기 위하여 測定網을 設置하고, 土壤汚染度를 常時測定하여야 한다.

②市·道知事는 당해 管轄區域안의 土壤汚染實態를 파악하기 위하여 測定網을 設置하고, 土壤汚染度를 常時測定하여야 한다. 이 경우 市·道知事는 그 測定結果를 總理令이 정하는 바에 따라 環境處長官에게 보고하여야 한다.

출처: 법제처, "토양환경보전법(제4906호)," 1995. 1. 5.(대통령기록관 소장).

197 『MBC 뉴스데스크』, 1995. 3. 19. "광명시 논 18,000평 폐광된 금속광산 때문에 중금속에 오염."

198 예를 들어 정예진과 이상훈의 2001년의 연구에서 정리한 관련 기존 연구 사례를 보면 1990년대 중반에 집중되어 있음을 보여주고 있다. 정예진 외, "폐광산 복구지역 잔류광미로 인한 주변 지하수h토양 오염가능성-시흥광산 사례," 자원환경지질, 34 (5), 2001, p.462.

한국일보에 따르면 가학광산은 "폐광오염방지사업의 첫 사례"가 되었고, 정부는 중금속의 중화 및 유실 방지 작업부터 주민들에게 칼슘섭취제를 공급하며 매년 정기검사를 받게 하는 등 다방면에서 지역 일대를 살리기 위해 노력했다.[199] 하지만 비교적 최근인 2018년의 연구에 의하면 지자체 차원에서 "오염원 유실 방지 시설 설치, 하천토 준설, 농경지 객토 등을 수행하였으나 근본적인 오염 원인물질 처리가 여전히 필요한 실정"임을 밝히고 있다(김대엽 외, 2018). 상당한 진전이 있었음에도 불구하고 오염원인물질의 근본적인 제거가 되기까지는 안심할 수 없다는 것이다.

지방선거에서의 쟁점이 되기도 한 광명동굴의 환경 및 안전 문제는 지금도 장기적인 재난 관리의 체계 하에서 예방적 관리를 계속할 필요가 있다. 이러한 꾸준한 문제제기와 관리는 지역 발전을 위해 폐광을 관광지로 개발한 지자체의 노력을 폄하하는 것이 아니라 오히려 더욱 빛나게 하기 위해서도 필요한 일이라고 할 것이다.

199 『한국일보』, 2004. 6. 17. "'최악 폐광오염' 10년뒤… 광명 가학동 르포".

7) 삼풍백화점 붕괴사고(1995. 6. 29.)

삼풍백화점 붕괴 사고는 1990년대 발생한 크고 작은 사회재난 중에서도 가장 큰 충격을 준 사건이자, 재난관리 역사에도 중요한 전환점이 된 사건이다. 당시 삼풍백화점은 강남 개발 열풍으로 신흥부촌이 된 서울특별시 서초구 서초동에 위치하였으며, 다양한 해외명품브랜드 매장이 입점하여 부유층을 타겟으로 한 마케팅으로 유명세를 떨쳤다. 그러나 1995년 6월 29일 서울 한복판에 위치한 백화점이 흔적도 없이 붕괴되어 사라지면서, 상당한 규모의 인적·물적 피해가 발생하였을 뿐만 아니라 생존자와 피해유가족들에게 심각한 정신적·신체적 피해를 입힌 대표적인 사회재난 사례이다.

삼풍백화점 붕괴의 원인은 부실설계와 감리, 엉성한 준공공사, 무리한 허가, 안전진단 미비 등으로 꼽을 수 있다(서울특별시, 1996). 국무회의에서 보고된 삼풍백화점 붕괴사건 국정조사 결과를 살펴보면[200] 붕괴사고와 관련된 다양한 문제점이 정리되어 있다. 먼저, 삼풍건설이 백화점 공사를 독자적으로 추진할 수 없어 타 건설사에 골조공사를 하도급하는 등 일관성 있는 공사추진에 어려움이 있었고, 잦은 설계 및 용도변경으로 건물의 구조 안전상의 문제가 발생되었으며, 부실시공이 이루어졌음에도 형식적인 감리로 인해 관리감독 기능을 수행하지 못하였다는 문제점이 있었다. 여기에 행정관청의 관리와 감독 소홀이 더해졌는데, 행정관청의 전문성 부족하여 철저한 감독이나 안전점검이 이루어지지 않았고, 건축과정에서의 주요 행정절차가 무시되었는데, 이는 일부 공무원과 업계와의 유착관계에 의한 것으로 지적되었다. 따라서 삼풍백화점 붕괴사고는 경영진이 공무원과 정치인에게 뇌물을 주고 잘못된 공사를 강행한 "부패와 부실의 먹이사슬"로 인해 벌어진 최악의 결과로 일컬어진다(홍성태 외, 2006).

사고 이후 주요 사고 관련자들에 대한 처벌이 이루어졌다. 삼풍그룹 이준

---

200 국가기록원, http://theme.archives.go.kr/viewer/common/archWebViewer.do?bsid=200300953754&dsid=000000000013&gubun=search=.

회장(징역 7년 6개월), 이한상 사장(징역 7년)을 비롯한 삼풍백화점 관계자들과, 설계변경을 승인해주고 뇌물을 받은 혐의로 구속된 전 서초구청장 이충우(징역 10개월, 추징금 3백만 원), 황철민(징역 10개월, 추징금 2백만 원)이 처벌을 받았다.[201] 그러나 솜방망이 처벌이라는 비난과 함께 정관계의 고위 인사들, 서초구 소속 다수의 공무원들에 대한 수사와 처벌이 제대로 이루어지지 않아 비판받았다(홍성태 외, 2006).

사고로 인한 피해는 엄청났다. 사망자는 502명, 부상자는 937명으로 나타나 총 1,439명의 인명피해가 발생하였으며, 사고 당시 건물 붕괴로 인한 엄청난 충격으로 시신이 크게 훼손되어 시신이 발굴되지 않았던 '시신 없는 실종자'들도 매우 많았다(서울특별시, 1996). 이렇게 큰 인명피해가 발생한 삼풍백화점 붕괴사고는 당시 대한민국 사회에서 가장 많은 희생자를 낸 사고로 기록되었다. 물품 피해 규모도 상당하였는데, 백화점 및 입점 업체의 상품·보증금, 이용고객의 회원권·이용권 등에서 금전적 피해를 입었다. 백화점 안팎에 주차된 차량 또한 소실되었으며, 붕괴로 발생한 콘크리트 잔해와 분진, 석면가루 등이 인근 아파트에 피해를 주는 등의 추가 피해도 발생하였다(서울특별시, 1996).

표-5 삼풍백화점 피해상황

피해 구분		피해 내역
인명피해	사망자	502명
	부상자	937명
물품피해	백화점 피해	869업체, 약 718억 원
	스포츠맥스 회원권	1,685명, 약 72억 8천 5백만 원
	차량피해	310대
	주변 아파트 피해: 주변 아파트 환경 훼손, 축대 붕괴 등	삼호가든 아파트 피해액 약 8,425만 원, 삼풍아파트 피해액 약 6,056만 원, 총 144,811,860원

자료: 서울특별시(1996)

201 『동아일보』, "李(이)준 前(전)삼풍회장 7년6월刑(형) 확정 대법원", 1996. 8. 24.

김영삼 대통령은 사고발생 이후 7월 2일 조순 서울시장 등과 함께 사고현장을 방문하여 인명구조 관계자들과 자원봉사자들을 격려하였다. 기사[202]에 따르면 김영삼 대통령은 사고현장을 둘러본 뒤, "모든 인력과 장비를 총 동원하여 생존자 구조에 최선을 다하라"고 지시하였으며, "희생자에 대한 구조뿐만 아니라 부상자 치료, 사망자 장례, 보상문제 등에 소홀함이 없도록 하기 바란다"면서 "피해자와 실종자 가족들에게 구조현황과 피해자 명단을 신속하고 친절하게 알려주라"고 당부하였다. 뿐만 아니라, 지원차 나온 이인제 당시 경기도지사에게 "이번 사고를 계기로 신도시 아파트들에 대한 안전점검을 실시해 예방대책에 최선을 다하라"고 주문하기도 하였다.

특별재해지역선포와 관하여 발표된 김영삼 대통령의 담화문[203]에서는 삼풍백화점 붕괴사고와 관련된 대통령과 정부의 대응방향이 제시되어있다. 김영삼 대통령은 사고와 관련하여 사과와 위로의 메시지를 건넸으며, 구조 및 구호활동과, 재해복구에 필요한 지원을 약속하였다. 주목할만한 점은 "부실공사를 추방하고 안전문화를 정착시킬 수 있도록 건설관계법을 고쳐나갈 것", "인명을 경시하고 국민의 안전을 담보로 이익을 추구하는 기업들은 우리 사회에서 발붙일 수 없게 만들 것", "국민의 안전을 책임지는 파수꾼이어야 할 공직자들이 오히려 부정과 비리를 저질러 부실을 조장하는 일이 없도록 부정부패를 단호히 척결하겠음"과 같이 삼풍백화점 붕괴사고와 관련된 주요 원인을 지적하고 해결방안 모색을 강조하였다는 점이다.

또한, 관련 대책으로서 재난관리법을 제정하고, 해당법률에 근거하여 사고현장 일대를 특별재해지역으로 선포하였다. 특별재해지역 선포 건의와 관련된 대통령기록물[204]에 따르면, "삼풍백화점 붕괴사고는 인명과 재산의 피해정도가 크고, 그 영향이 광범위 하여 서울특별시의 행·재정 능력만으로 재난의

202 『경향신문』, "마지막 1명까지 구조 치료·장례·보상 최선" 金(김)대통령 현장방문, 1995. 7. 2.

203 통치사료기록서 "특별재해지역 선포담화문 녹화", 1995. 7. 19.(대통령기록관 소장).

204 건설교통부, "특별재해지역 선포건의", 1995. 7. 21.(대통령기록관 소장).

수습이 곤란하여 정부차원의 지원 등의 특별조치가 필요하다"는 이유가 제시되어있다. 특별지원대상은 특별재해지역내 또는 동 지역의 재난으로 인하여 피해를 본 피해자 및 업체이며, 금융지원(피해자에 대한 생활자금 융자, 사업자 및 관련업체 자금지원), 재정지원(서울시 및 구조활동 경비 등에 대한 재정지원), 세재지원(여러 세금에 대한 징수유예와 보상·위로금에 대한 비과세 적용) 등이 이루어졌다.

김영삼 정부에서는 삼풍백화점 사고 이후, 정부차원에서 큰 책임감을 느끼고 사회재난 관리 시스템을 개선하고자 노력하였다. 사회재난 사고들의 후속조치에 관한 대통령 기록물[205]을 살펴보면, 특히 재난 및 안전과 관련된 법과 조직의 변화를 시도하였음을 확인할 수 있다. 기록물에 따르면 재난관리 체계

[그림 2.85] 삼풍백화점 특별재해지역선포 담화문을 발표 중인 김영삼 대통령

출처: 국가기록원, http://theme.archives.go.kr/viewer/common/archWebViewer.do?bsid=200200080274&dsid=000000000001&gubun=search.

205 대통령비서실, "각종대형사고 후속조치 점검결과 보고", 1996. 7. 4.(대통령기록관 소장).

정비의 측면에서 국무총리 안전관리심의관, 내무부 민방위재난통제본부, 건설교통부 건설안전심의관, 각 시도 재난관리국 등 관련 조직을 신설 또는 개편하였다. 법적인 측면에서는 건축법 시행령 개정, 시설물의 안전관리에 관한 특별법 시행령을 제정하여 안전관리 강화대책을 강화하였다. 그러나 실제 담당공무원, 사업주, 관리자들의 안전관리 방식이 크게 개선 되지 않았으며, 일선 공사현장 등에서 부실관행이 상당 부분 그대로 이어지고 있음을 지적하기도 하였다.

삼풍백화점 붕괴사고는 대형재난을 막기 위한 법과 제도의 개혁을 불러일으켰다는 점에서 매우 중요한 의미가 있으며, 이를 크게 재난행정과 건설행정의 측면에서 살펴볼 수 있다(홍성태 외, 2006). 먼저, 재난 행정의 개혁을 위해 재난관리법이 제정되어 재난관리체제를 확립하고 재난의 예방·수습 및 긴급구조구난과 재난관리에 관한 사항을 규정하게 된다. 또한, 2004년 소방방재청 개청과 국가안전관리 5개년 계획에 영향을 주었으나, 방재행정과 구난행정으로 나뉜 이원적 체계의 통합을 둘러싸고 관련 부처들 간의 다툼이 벌어지기도

[그림 2.86] 조순 서울시장과 함께 삼풍백화점 붕괴현장을 시찰 중인 김영삼 대통령

출처: 국가기록원, http://theme.archives.go.kr/viewer/common/archWebViewer.do?bsid=200200086175&dsid=000000000001&gubun=search.

하였다. 한편, 건설행정 개혁은 건설교통부 주도하 이루어졌다. 사고 발생 직후 '건설제도개혁기획단'이 발족되었으며, 8개월 후 '부실방지 및 건설산업 경쟁력 강화대책'를 필두로 한 여러 가지 대책들을 발표하였다. 그러나 이러한 시도 직후에도 연이어 발생한 사고로 인해 이러한 개혁은 신뢰를 받지 못하였다(홍성태 외, 2006)는 평가를 받기도 하였다.

삼풍백화점 붕괴사고는 응급의료 분야에도 큰 영향을 미쳤다(서울문화재단, 2016) 사고 당시만 해도 우리나라에는 응급의학 전문의가 없었고 극히 일부 병원에 응급의료 센터가 갖춰져 있는 정도였다. 대한응급의학회를 중심으로 응급의학 전문의 제도 시행시기를 논의하던 와중에, 삼풍백화점 붕괴사고가 발생하게 되었고 응급의학에 관한 중요성을 인식하는 계기가 되었다. 사고 다음 해부터 응급의학 전문의 제도가 시행되었으며, 구급차 시스템도 119로 일원화되었고, 응급구조사 국가자격증도 신설되어 응급의료 분야 체계화가 시작된 것으로 볼 수 있다(서울문화재단, 2016).

[그림 2.87] 건설교통부, "특별재해지역 선포 건의", 1995. 7. 21.(대통령기록관 소장).

특별재해지역 선포 (안)

재난관리법 제31조 및 동법시행령 제31조의 규정에 의하여 삼풍백화점 붕괴에 따른 특별재해지역을 아래와 같이 선포한다.

1995. 7.

대 통 령

아 래

1. **재난의 사실** : 서울특별시 서초구 서초동 1685-3 삼풍백화점 (지하4층, 지상5층)이붕괴되어 막대한 인적 · 물적피해 발생

2. **특별재해지역의 범위**

서울특별시 서초구 서초동 1685-3 삼풍백화점 부지와 그 주변지역을 포함한 67,100㎡

3. **특별지원에 관한 사항**

- 지원대상

· 특별재해지역내 또는 동 지역의 재난으로 인하여 피해를 본 피해자 및 업체등

3-1

- 금융지원

· 피해자에 대한 서민 생활자금의 융자
· 재난으로 피해를 입은 사업자 및 관련업체에 대한 자금 지원

- 재정지원

· 서울시의 기채가 필요한 경우 정부의 공공자금관리기금등에서 인수
· 긴급 구조구난 활동에 소요되는 경비등 재난관리법시행령 제4조에 규정된 경비의 일부보조

- 세제지원등

· 개인 및 법인의 소득세. 부가세등 납부기한 연장 및 징수유예
· 보상금.위로금등에 대한 상속.증여세 비과세
· 취득세 · 등록세 · 재산세등 지방세 감면, 납부기한 연기, 징수유예
· 성금. 구호물품의 지정기부금 인정 및 손비처리

4. **구체적인 지원내용과 포괄적인 대책은 사고수습단계별로 중앙안전대책 위원회의 심의를 거처 결정한다.**

[그림 2.88] 통치사료기록서, "특별재해지역 선포 담화문 녹화", 1995. 7. 19.(대통령기록관 소장).

前面에서 繼續 (文書番號 950917 題目 특별재해지역 선포 담화문 녹화)

에서 치료를 받고 있습니다. 아직까지도 많은 실종자들의 생사 여부가 확인되지 않아 가족과 전 국민이 가슴을 태우고 있습니다. 이번 사고로 이처럼 엄청난 인명피해가 발생한 데 대하여 저는 비통하고 참담한 심정을 금할 길 없습니다. 불의의 사고를 당하신 분들의 명복을 빌며, 부상자들의 조속한 쾌유를 기원합니다. 아울러 가족 여러분들에게 심심한 위로의 말씀을 드리는 바입니다.

사고 발생 직후부터 정부에서는 소방경찰과 군·경을 포함한 모든 인력과 장비를 총동원하여 인명구조 활동에 전력을 기울여 왔습니다. 아직도 구조의 손길을 애타게 기다리고 있을지도 모르는 생존자를 한 사람이라도 더 구출해내기 위하여 최선을 다하고 있습니다.

국민 여러분, 정부는 이번 참사를 계기로 대형사고에 대한 예방과 수습활동이 체계적이고 원활하게 이루어질 수 있도록 재난관리법을 마련했습니다. 저는 이 법률에 근거하여 삼풍백화점 붕괴사고 현장 일대를 '특별재해지역'으로 선포합니다.

(8 ~ 3)　140

前面에서 繼續 (文書番號 950917 題目 특별재해지역 선포 담화문 녹화)

이 조치에 따라 정부는 구조·구호활동과 재해복구에 필요한 행정·재정·금융·세제상의 특별지원을 강구할 것입니다. 사망자에 대한 보상도 신속하게 이루어질 수 있도록 정부 차원에서 적극 뒷받침하겠습니다. 부상당한 분들의 치료에도 만전을 기하겠습니다. 또한 피해업체에 대하여 금융·세정상의 지원을 아끼지 않을 것입니다.

정부는 이에 그치지 않고 부실공사를 추방하고 안전문화를 정착시킬 수 있도록 건설관계법을 고쳐나갈 것입니다. 앞으로 인명을 경시하고 국민의 안전을 담보로 이익을 추구하는 기업들은 우리 사회에서 발붙일 수 없게 만들 것입니다. 국민의 안전을 책임지는 파수꾼이야말로… 국민의 안전을 책임지는 파수꾼이야… 다시, 다시 그것만… 국민의 안전을 책임지는 파수꾼이어야 할 공직자들이 오히려 부정과 비리를 저질러 부실을 조장하는 일이 없도록 부정부패를 단호히 척결해 나가겠습니다.

다시 한번 귀중한 생명을 잃으신 분들의 명복을 빌고, 다치신 분들의 조속한 쾌유를 기원하며, 불의

(8 ~ 4)　141

8) 적조사태와 해양오염방지 5개년 계획의 수립(1996. 3. 19.)

우리나라 적조정보시스템 홈페이지에 게시된 정보에 따르면, 최초의 적조에 대한 언급은 기독교 경전인 성서 출애굽기에 "강물이 모두 피로 변하여 고기가 죽고 물은 냄새가 나서 마실 수 없었다"고 서술된 것을 비롯하여 우리나라의 경우는 삼국사기에 기록된 시라 아달왕 8년까지 거슬러 올라간다고 되어 있다.[206] 이렇듯 적조 그 자체는 산업화와 환경오염과 관련 없이도 발생할 수 있는 것으로, 적절한 수온과 갑작스런 영양염류의 유입으로 인해 유해 플랑크톤이 대량으로 발생하면서 수면이 붉게 변하고 물고기 등 다른 수상 생물의 번식을 방해하는 현상을 말하는 것이다. 하지만 문제는 "갑작스럽게" 유입된다는 저 "영양염류" 부분에 있다. 강이 오염되면서 강 하구에 오염물질이 축적되고 이것이 유해 플랑크톤의 증식을 돕는 영양성분이 되면서 적조가 더욱 심해지고 빈번해지는 것이다.

우리나라에서는 "어장환경조사의 일환으로 1972년부터 적조 모니터링을 실시하였으며, 1978년과 1981년 최초로 진해만에서 적조로 인한 어업피해가 발

[그림 2.89] 2013년 통영시 인근 해상, 적조 방제용 황토를 살포하는 모습

출처: 『경남일보』, 2013. 8. 5. "남해안 적조피해 사상 최대 규모".
http://www.gnnews.co.kr/news/articleView.html?idxno=179159.

206 http://www.nifs.go.kr/red/info_1.red.

생하면서 국가 주도의 적조 모니터링이 시작되었다"고 기존연구는 밝히고 있다(임월애 외, 2020). 같은 연구에서 우리나라 적조 관측 이후 가장 피해 규모가 컸던 사례를 1981년 진해만 패류 폐사 사례, 1992년 통영해역 양식어류 폐사 사례, 그리고 최대 피해 사례로 1995년 765억 원 규모의 대규모 수산 피해 사례를 들고 있다.[207] 그 중 1995년 사례는 단연 중요한데, 이를 중심으로 관련 연구와 당시 정부의 대응 및 적조관리 체계 마련 과정을 보여주는 기록물을 살펴보면 다음과 같다.

1987년에 발간된 연구에 의하면, 마산 앞바다 "진동만에서 발생한 적조보고가 과학적 조사기록으로서는 처음"이라고 서술하고 있으며, 70년대까지는 국부적이고 소규모로 "1주일 정도 지속하다가 그칠뿐"이었다고 한다. 그러나 1981년 부산에서 진해, 충무에 이르기까지 대규모 적조가 처음 발생하여 17억

[그림 2.90] 적조 관측이 시작된 이래 연도별 우리나라 적조 발생 횟수 (히스토그램) 및 어업 피해액 규모 변화(꺾은 선 그래프)를 나타낸 도표

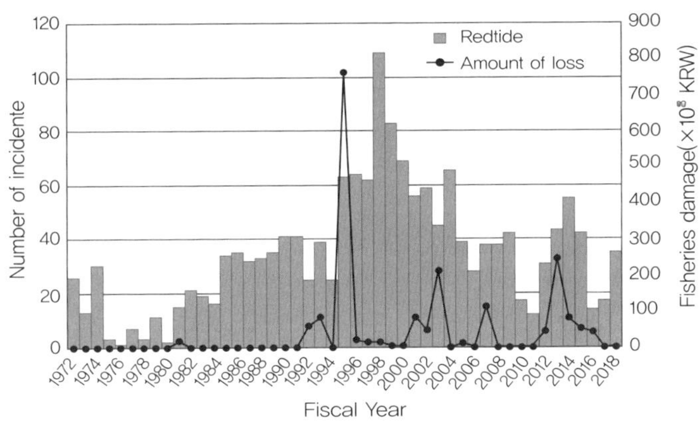

출처: 임월애 외, 2020.

207 한겨레신문의 주장에 따르면 2009년 농식품부 예규 변경으로 현재는 '복구 기준가'로 적조 피해를 계산하기 때문에 여전히 1995년의 피해액이 역대 최대로 남아 있지만 죽은 물고기 수로 따지면 2013년의 경남 앞바다의 피해가 더 크다. 『한겨레신문』, 2013. 8. 2. "경남 적조 피해액 100억 원 넘어".

3천만 원의 피해를 끼친 것이 최초의 본격적 적조 피해라고 기록하고 있다(박주석, 1987). **[그림 2.90]**과 같이 이후에도 적조는 꾸준히 관측되었지만 90년대에 이르기까지 실질적인 피해는 없었거나 제대로 보고되지 않을 정도로 미미했을 것으로 추정되며, 1993년 이후 서서히 그 피해가 본격화되기 시작한다.

[그림 2.90]에서 확연히 드러나듯이 1995년은 잔혹할 정도로 막대한 적조 피해를 기록한 해이며, 이 해를 기준으로 기록된 적조 횟수는 크게 줄지 않았고 오히려 당분간 늘어나기까지 했다. 그러나 금전적 피해는 확연히 감소했음을 알 수 있다. 먼저 인용한 연구에 따르면 1995년의 사태는 우리나라에 처음으로 발생한 "대규모, 고밀도 적조"였으며 이후에야 황토 살포 등 각종 방제책이 도입되어 피해가 감소하게 되었다고 서술하고 있다(임월애 외, 2020). 이 과정에서 김영삼 대통령의 지시에 의한 "해양오염방지 5개년 계획"의 역할이 적지 않다고 할 수 있다.

1995년의 대규모 적조는 복합적인 요인의 결합으로 일어나 한 가지 원인을 특정하기 힘든데, 그 요인들로는 당시 대량의 기름유출로 충격을 주었던 "씨프린스호 기름유출사고에 따른 과다한 유처리제 사용, 폭우로 식물플랑크톤의 대규모 증식을 일으키는 다량의 영양염류가 육지로부터 유입된 것, 태풍의 영향으로 바다 밑바닥에 가라앉아 있던 유기물이 떠오른 것, 축산폐수가 바다로 흘러든 것, 수온이 적조생물이 증식하기에 알맞았던 점 등이 거론"된다고 한다.[208]

[그림 2.91]는 1995년의 대규모 적조피해에 따른 김영삼 대통령의 대책마련 지시에 대한 관련부처의 종합보고이다. 대통령의 의지를 반영하여 상당한 예산을 투여하여 장기적 계획을 갖추고 있으며, 그 주요 내용으로는 "해양경찰청에 「방제대책본부」를 설치"하고 "유조선 전용항로 설정 및 안전운항 관제시스

---

208 김웅서, "적조로 홍역을 앓은 우리바다 (1)", 사이언스타임즈, 2013. 9. 10. https://www.sciencetimes.co.kr/news/%EC%A0%81%EC%A1%B0%EB%A1%9C-%ED%99%8D%EC%97%AD%EC%9D%84-%EC%95%93%EC%9D%80-%EC%9A%B0%EB%A6%AC-%EB%B0%94%EB%8B%A4-1/.

[그림 2.91] 최양부 기증, "해양오염방지 종합대책 보고", 1996.(대통령기록관 소장).

「해양오염방지 종합대책」 추진상황 보고

추 진 경 위

□ '95. 9. 25 남해안 적조 피해지역 현장 방문시 대통령 각하지시에 따라 「해양오염방지 종합대책」을 마련, 10. 6 당·정협의에서 확정 발표

□ '95. 11. 3 총리훈령으로 행조실장을 위원장으로 하고 8개의 관계부처 차관급으로 구성된 「해양오염방지대책 협의회」를 운영, 7차례에 걸친 회의를 통해 과제별 추진 상황을 점검

□ '96. 3. 19 지난 6개월간 각 부처가 합동으로 마련한 「해양오염방지 5개년계획」을 「해양오염방지대책협의회」에서 심의 완료

* 총 25개 과제에 4조 3,390억원 투자계획 수립

* 해양오염방지법 등 근거법령 제·개정하여 법적근거 마련

템 확충", "특별관리해역"의 지정, 그리고 "적조 연구소 설치" 등을 담고 있다. 이와 같이 적조에만 초점을 맞추는 것이 아닌 해양환경보전 전반에도 상당히 고심을 기울인 계획으로, 그 세부 추진계획은 이러한 종합적인 면모를 더욱 잘 담고 있다.

[그림 2.92]은 1996년 시작된 해양오염방지 5개년 계획의 주 목표를 서술하여 대통령에게 보고한 기록물의 일부이다. 이 문서는 해양오염방지 5개년 계획의 첫째 목표를 "적조 방지"로 명확히 하고 있지만, "해양오염사고 방지" 및 "해양 생태계 보전", 그리고 "환경친화적 친수공간 조성"을 나란히 주요 달성 목표로 기술하고 있던 것이다. 세부적으로는 이를 더욱 구체화하여 환경부나 수산청 이외 다양한 부처가 전문적인 부분을 나누어 필요한 일을 담당하고 있다. 예를 들면, 환경부와 건설교통부는 "연안역의 통합관리체제 구축"을 하기 위해 연안 해역 실태조사를 하여 "환경적 경제적 특성에 따라 기본 방향을

설정"하도록 하고, 해운항만청과 수산청과의 협력을 통해 하수처리장과 분뇨처리장 등 연안지역 환경기초시설을 확충하며, 방제기능 강화를 위해서는 주로 해운항만청이 유조선의 항로 및 선박 안전 전반에 대한 관리 계획을 내놓고 있다. 또한 해양기상 관측망 구축을 위한 연구 개발 등 기상청의 임무도 기술하고 있다. 또한 전반적인 해양환경과 생태계관리를 위해 환경부, (당시) 과학기술처, 수산청, 해양경찰청 합동으로 해양환경 통합모니터링 시스템을 구축할 것을 계획하고 있다. 그 외 민간기업과의 협력으로 방제전문 인력 및 기업을 양성하는 계획도 포함되어 있다.[209] 적조에 대한 방제는 주로 황토를 살

[그림 2.92] 환경부, "1996~2000 해양오염방지 5개년계획(안) 요약", 1996. 3.(대통령기록관 소장)

계획의 기저(基底)

□ **적조방지를 위하여**

- 연안역 통합관리체제를 구축하고, 오염우심해역을 특별관리해역으로 지정, 관리를 강화하며
- 4조 2,437억원을 투자, 연안 환경기초시설 확충 및 어장정화

⇨ 육상기인 오염물질을 근원적으로 차단, 무적조 청정해역 달성

□ **해양오염사고방지를 위하여**

- 해상교통관제 시스템 확충 및 전용항로 개설 등 선박 안전운항체제를 확립하고
- 국가방제체제의 구축, 방제기술의 선진화, 민간방제 전문회사의 설립 등을 통해 국가 해양오염 방제역량을 제고함으로써

⇨ 오염사고 피해없는 안전하고 풍요로운 어장환경 조성

□ **해양생태계 보전을 위하여**

- 생태계 보호지역 지정·확대 등 생태계 보전대책을 수립하고,
- 해양생물 다양성 보전 노력을 강화함으로써

⇨ 인간과 해양생태계가 공존하는 쾌적한 해양환경 조성

□ **환경친화적 친수공간 조성을 위하여**

- 개발과 보전이 조화된 연안지역 개발 및 이용을 도모
- 해양환경보전을 위한 국제협력을 강화함으로써

⇨ 21세기 신해양질서를 주도하는 해양환경 선진국가 건설

209 환경부, "(1996-2000) 해양오염방지 5개년 계획(안) 요약", 1996. 3.(대통령기록관 소장).

포하여 유해 플랑크톤을 수면에서 가라앉게 하는 것인데, 이렇게 적조 방제의 주 원료가 되는 황토를 대량 생산하기 위해서 민간기업과 협력하는 것이 그 골자이다.

김영삼 정부 하에서의 대규모 해양환경계획을 통해 크게 개선되었던 적조관리는 2013년 큰 위기를 맞게 되는데, 갑작스런 적조의 증가로 피해액이 무려 200억원 이상에 달하게 된다. 적조가 다시 기승을 부리는 원인으로는 해수면 온도의 상승을 빼놓을 수 없으며, 더 나아가 황토 살포 방제법 그 자체가 끼치는 환경에 대한 영향도 거론되는 등 새로운 방향의 적조 대책이 요구되는 상황이라고 할 수 있다. 무엇보다도 지속적인 갯벌의 훼손과 하천오염, 그리고 양식업의 과밀화를 통한 부영양화도 2010년대 이후 적조 기승의 주원인이라고 할 수 있다. 현재 재난관리 시스템에서 정부의 역할은 주로 조기에 적조를 예측하고 경보를 띄워 신속하게 방제작업에 나서는 형태이므로, 어디까지나 사후관리의 측면이지 사전예방의 차원에서는 부족하다고 할 수 있다. 따라서 최근의 적조 문제는 근본적인 해양환경 오염의 원인 제거 및 관리 계획을 포함하여 더 나아가 지구 온난화에 따른 해수면 온도 상승 위협에 대한 더욱 깊은 토론 및 대응을 요구하고 있다.

6 김대중 대통령

1) 1996년 강원도 고성산불(1996. 4.), 2000년 동해안 산불(2000. 4.)

2019년 강원도 고성과 속초에서 발생한 산불이 거세게 확대되자, 소방청은 전국에 있는 소방차들의 출동을 지시하였다. 소방차들이 일사불란하게 화재 현장으로 출동하는 모습을 담은 고속도로 CCTV영상이 소셜미디어에서 화제가 되었고, 소방관들의 안전을 기원하고 격려하는 많은 댓글이 달렸다.

우리나라에서는 해마다 크고 작은 산불이 발생한다. 산불로 인해 발생하는 인명피해와 재산피해도 막심하지만, 동식물과 산림, 토양 등의 생태계 파괴 또한 매우 심각한 문제이다. 우리나라의 산불 기록 중 가장 큰 피해가 발생하였던 사례는 1996년 강원도 고성 산불과 2000년 동해안 산불이다. 두 피해지역 모두 영동지방에 위치하고 있는데, 영동지방은 산불에 취약한 소나무 숲이 발달되어 있을 뿐만 아니라 양간지풍(양양~간성 사이에 부는 바람) 혹은 양강지풍(양양~강릉 사이에 부는 바람)이라는 강한 계절풍이 자주 발생하는 지형적 특성을 가지고 있다.[210, 211] 따라서 산불이 발생하게 되면 쉽게 대형산불로 커지게 되는 것이다.

1996년 고성산불 이후 발간된 백서(고성군, 1997)를 통해 산불 발생원인과 피해규모를 살펴보면 다음과 같다. 고성산불은 1996년 4월 23일 강원도 고성군 죽왕면에 위치한 죽변산 근처 군부대에서 불량판정된 TNT폭발물을 처리하는 과정에서 발생하였다. 강풍을 타고 인접 산림과 가옥에 엄청난 피해를 입힌 후 발생 사흘만에 진화되었다. 산불 진화에 참여한 인력은 공무원, 주민, 군인, 경찰과 민방위대원을 포함하여 총 17,502명이 투입되었고, 산림청 헬기 19대, 군용헬기 26대, 경찰헬기 1대 등 총 46대가 산불진화에 참여하였다. 또한 속초소방서를 비롯한 도내 소방서 89대의 소방차량이 동원되기도 하였다.

210 『머니투데이』, 2012. 2. 24. "강원도에 대형 산불이 나는 이유는? '양간지풍' 때문".

211 『중앙일보』, 2012. 2. 25. "봄에 영동서 대형산불 잦은 이유… 양간지풍".

피해규모는 총 227억 1천7백만 원으로 집계되었는데, 건축물 총 227동 45억 2천8백만 원, 동산 총 53,423점 29억 2천1백만 원, 또한 입목, 송이버섯, 묘지 등의 기타 피해액은 총 152억 6천8백만 원으로 집계되었다. 이와 더불어 산불 기간 중에 49세대의 140명의 이재민이 발생하였으며, 피해면적은 약 3,800ha로 나타났다.

[그림 2.93] 산불로 폐허가 된 산림(위), 화상을 입은 소를 진단 중인 수의사(아래)

출처: 고성군(1997).

이렇게 대규모의 피해가 발생한 고성산불 이후, 정부의 강력한 산불방지대책에 의하여 산불발생 건수가 잠시 감소경향을 보이다가 1998년 이후 점차 증가하더니 결국 2000년 4월 7일 최대규모(23,794ha)의 동해안 산불이 발생하였다(산림청, 2001a). 동해안 산불에 대한 백서(산림청, 2001a)를 통해 산불의 발생과 확산과정 피해규모를 살펴보면 다음과 같다. 동해안 산불은 2000년 4월 7일 강원도 고성군 토성면 학야리에서 시작하여 강릉시, 삼척시 등 5개 지역에 걸쳐 10여건의 산불이 동시다발적으로 발생한 것이 특징이다. 봄철 건조현상과 강풍으로 인해 산불이 급속히 확산되어 총 23,794ha에 달하는 산림이 순식간에 소멸되었다. 1996년 고성산불의 약 6배가 넘는 피해를 입은 것이다. 앞서 살펴보았듯 동해안 산불은 동시다발적으로 발생하였기에 그 발생원인도 여러가지인데 총 발생 건수 13건 중 쓰레기 소각 4건, 입산자 실화 5건, 담뱃불 실화 2건, 북한에서의 불씨가 남하 1건으로 확인된다. 4월 7일 고성군 토성면 학야리에서 시작한 동해안 산불은 총 9일간 진행되었으며, 총 피해면적은 23,794ha(고성군 2,696ha, 강릉시 1,447ha, 삼척시 17,097ha, 동해시 2,244ha, 울진군 310ha)으로 나타났다. 인명피해와 재산피해를 살펴보면, 총 17명(사망 2명, 부상 15명)의 인명피해와 299세대 850명의 이재민이 발생하였으며, 재산피해는 총 278억 원(주택피해 약 230억 원, 농업피해 약 31억 원, 축산피해 약 10억 원, 양식피해 약 6억 원)에 달하였다.

고성산불 발생 직후 김영삼 대통령은 25일 오전 이수성 국무총리에게 전화를 걸어 "김우석 내무부 장관, 이양호 국방장관과 함께 산불현장을 직접 방문해 주민들을 위로하고 산불진화와 복지지원, 피해 조사 등에 만전을 기하라"고 지시하였다.[212] 또한, 고성산불 발생을 계기로 산불방지 종합대책들이 마련되기도 하였다. 김영삼 대통령은 4월 26일 수석비서관 회의에서 "산불이 자주 발생하고 대형화되고 있는데, 대처하여 산림청이 산불방지종합대책 시안을 조

212 『중앙일보』, 1996. 4. 26. "김영삼 대통령, 고성 산불현장 지원만전 지시".

속히 마련하고, 이를 토대로 국무총리실에서 관계부처간 조정·심의를 거쳐 금년 6월말까지 종합대책을 확정하도록 하라"는 지시를 내렸다.[213] 이를 통해 마련된 산불방지 종합대책을 살펴보면,[214] 산불 발생의 원인과 문제점, 예방과 진화, 복구 및 사후관리에 대해 체계적으로 검토되기 시작하였음을 확인할 수 있다. 특히 첨단 산불탐지 시스템 등의 운영과 진화지휘체계를 확립하고 진화장비 및 통신장비 보강이 필요하다고 강조하는 등 과학적이고 체계적인 관리체계를 마련하기 위해 고민하였으며, 복구 및 사후관리와 관련하여 피해유형별·임상별·지역별 특성에 맞는 생태적 복구시행을 추구하였다는 점이 특징이다.

김대중 대통령은 동해안 산불이 확산되자 "진화작업을 점검하고 이재민들의 구호대책에 만전을 기하라"고 박태준 총리에게 긴급 지시하였으며,[215] 산불재해지역을 돕기 위해 재해대책협의회에 금일봉을 전달하기도 하였다.[216] 이후 수립된 산불관련 대책은 김영삼 대통령 시기의 정책과 유사한 부분이 있었다. 2000년 동해안 산불의 복구지원대책에 관한 기록물을[217, 218] 살펴보면, 산불피해지역을 특별재난 지역으로 선포하고 생활안정을 위해 컨테이너 하우스, 응급생계비 지원 등 긴급구호와 긴급영농 지원을 하였다. 피해주민들의 재산피해와 관련하여 주택, 가재도구뿐만 아니라 송이 등 임산물에 대한 지원도 검토되었다. 특히, 장마철이 시작되면 삼림피해 상황이 악화될 수 있으므로 산림피해 응급복구를 6월까지 완료하겠다고 계획하였는데, 이는 사후대책 수립과정에서 추가로 발생가능한 피해를 미리 파악하고 대비하고자 함을 보여준 것이다. 삼림피해 지역의 장기적인 복구대책은 전문가 및 지방자치단체 등의

213 산림청, "산불방지 종합대책-고성 산불중앙사고대책본부회의", 1996. 6. 11.(대통령기록관 소장).

214 산림청, "산불방지 종합대책", 1996. 6. 24.(대통령기록관 소장).

215 『한국경제』, 2000. 4. 12. ""산불 이재민 구호대책 만전 기하라"... 김대통령 지시".

216 『한국경제』, 2000. 4. 19. "김대통령, 산불재해지역에 금일봉 전달".

217 농림부, "동해안 특별재난지역 복구지원대책 수립방향(국무회의 보고자료)", 2000. 5. 2.(대통령기록관 소장).

218 농림부, "동해안 특별재난지역 피해복구 지원대책(국무회의 참고자료)", 2000. 5. 9.(대통령기록관소장).

의견을 광범위하게 수렴한 뒤 장기적 계획을 수립하여 5년간 추진하였다. 주목할만한 점은 이 과정에서 지형, 토양, 기후, 식생을 고려 한 인공조림, 자연회복, 사방복구를 과학적 판단에 근거하여 선택적으로 추진할 것임을 명시하고 있다.

따라서 2000년 동해안 산불은 산불피해지 복구방식에 큰 변화를 만든 것으로 평가된다. 1996년 고성산불의 경우 임업적 관점에서 인공복구와 자연복원의 효과를 비교하는 수준이었다면, 2000년 동해안 산불의 경우 산림생태계 전반에 걸친 산불의 효과를 비교하는 연구가 실시된 것이다(국립산림과학원,

[그림 2.94] 산림청, "산불방지종합대책", 1996. 6. 24.(대통령기록관 소장).

산불방지 종합대책

대책수립의 목적 · 배경 및 추진경위

목 적

지난 4월 『고성 대형산불(4.23~25)』과 『동두천 인명피해산불(4.23~24)』을 교훈삼아, 매년 증가하고 있는 산불의 다발화 · 대형화 추세에 대처하여

지금까지의 예방 · 진화 · 사후복구체제를 종합적으로 재점검, 소중한 산림자원 및 자연생태계의 보호·육성과, 산불로 인한 인명 · 재산의 피해와 손실을 막을 수 있는 효율적인 『산불방지종합대책』을 마련 추진코자함.

배경 및 추진경위

대통령각하의 지난 4. 26 지시에 따라, 산림청에서 산불방지종합대책 시안을 마련하고,

고성산불 사고대책본부(본부장:농림수산부장관)의 심의를 거쳐,

국무총리실에서 관계부처간협의 · 조정한 최종안을 보고드리는 것임.

이 최종안은 7. 2 중앙안전대책 위원회에 보고 확정되겠음

- 1 -

89

2010). 예를 들어 인공위성을 이용한 거시적 관점의 연구나 현미경을 이용한 생물상 조사, 수계생태계 변화 등 폭넓은 분야가 학문적 융합과정에서 추진되었다(국립산림과학원, 2010). 학제간 공동조사를 통한 체계적인 피해조사가 이루어졌으며, 사회·경제·생태적 요인들에 대한 고려를 통해 복구방법을 결정하고 숲의 종류를 다양하게 배치할 수 있었던 것이다(국립삼림과학원, 2021).

1996년 고성 산불과 2000년 동해안 산불은 대한민국 역사에 손꼽히는 대규모 산불로서, 특히 동해안 산불의 경우 산불사고 최초로 특별재난지역이 선포될 정도로 심각한 피해가 발생하였다. 한순간의 실수로 많은 인명과 재산, 자연환경이 피해를 입고 많은 복구비용이 소모되었다. 너무나 가슴아픈

[그림 2.95] 농림부, "동해안 특별재난지역 복구지원대책 수립방향(국무회의 보고자료)", 2000. 5. 2.(대통령기록관 소장).

---

2. 복구지원대책 수립방향

☐ **장마철에 악화될 것으로 예상되는 산림피해의 영향을 최소화** 하기 위하여 산림청과 강원도가 주도적으로 **응급복구대책을 6월말까지 완료**토록 하고

○ **항구적인 복구대책**으로서는 지형, 토양, 기후, 식생(植生)을 감안한 인공조림, 자연회복, 사방복구를 과학적 판단에 근거하여 선택적으로 추진하겠음.

※ 이와 관련 강원도는 응급복구 소요액 60억원을 전액 국고에서 지원해 줄 것을 건의하였음.

☐ 주민들의 **재산피해**에 대해서는 **복구비용이 주택 신축 등을 포함 총 302억원이 소요**될 것으로 추정되고, 강원도는 이중 **국고에서 195억원(보조 116억원, 융자79억원)을 지원해 줄 것을 건의**하였고

○ **송이 등 임산물**에 대해 강원도는 '96년도 고성산불 배상액의 50%정도를 지원 건의(국고 41억원)하였음

○ 정부로서는 산불피해복구를 **자연재해대책기준에 따라 지원한다는 방침**으로 관계부처간에 협의를 진행중에 있으며,

○ 다만, 재해대책기준으로 지원할 경우 피해주민과 지방자치단체의 부담이 많은 것을 고려해서 **재해대책기준에 의한 지원이외에 추가로 지원하는 방안을 협의중**에 있음

☐ 최종적인 지원규모(支援規模)와 복구방안(復舊方案)에 대해서는 **4.24 여야 영수회담의 합의정신과 4.27 당정협의 결과**에 따라서 5.3~4간 개최예정인 **국회 농림해양수산위원회의 의견을 추가적으로 수렴하여 5.6 중앙안전대책위의 심의를 거쳐 최종 확정**코자 함.

사고이나 재난정책적 측면에서 고성산불 이후에는 진화체계에서, 동해안 산불 이후에는 복구과정에서 과학적 접근이 이루어졌다는 점에 의의가 있을 것이다.

[그림 2.96] 동해안 산불 발생 현황 및 피해 면적(산림청, 2001a)

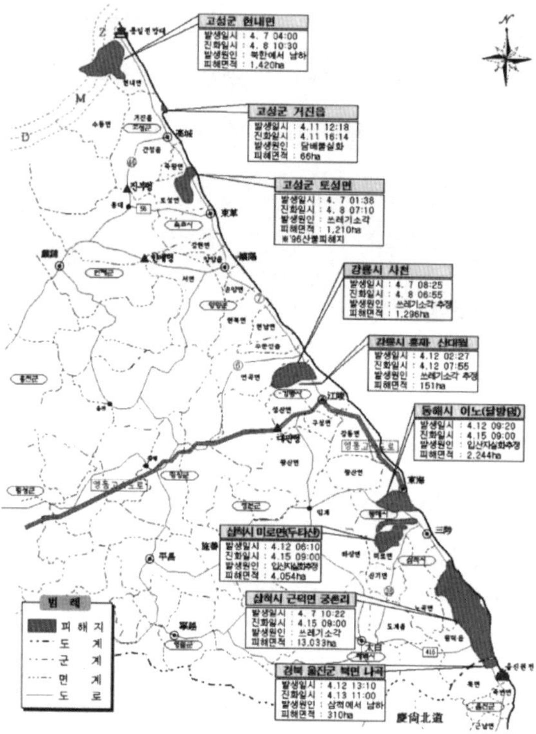

2) 씨랜드 청소년 수련원 화재(1999. 6. 30.)

피우지도 못한 아이들의 불꽃을 꺼버리게 누가 허락했는가

언제까지 돌이킬 수 없는 잘못을 반복하고 살텐가

–H.O.T.의 아이야!(I yah!) 중에서

1999년 6월 30일 경기도 화성시에 위치한 "씨랜드 청소년 수련의 집"에서 큰 화재가 발생하였으며, 이로 인해 수련원에 투숙하고 있던 어린이들이 목숨을 잃게 되었다. 화재가 발생한 수련원 건물은 인화성이 강한 건축자재를 사용하였고 구조상에도 결함이 있어 화재에 취약하였는데, 함께 투숙한 인솔교사 등의 관리소홀이 더해져 대형참사로 이어지게 된 것이다(경기도, 1999). 사고의 절대적인 피해 규모와 별개로, 사고가 사회에 전해준 충격은 어마어마하였다. 여름캠프를 떠난 어린이들이 영문도 모른체 한밤 중에 소중한 생명을 잃었다는 사실은 유가족과 국민들에게 큰 슬픔을 주었으며, 당시 유명 아이돌그룹 H.O.T.는 아이야!(I yah!)라는 곡을 통해 당시 피해 어린이들을 추모하기도 하였다.

총 수용규모가 630명인 씨랜드 청소년 수련의 집은 사고발생 당시 537명(수련원생 497명, 인솔교사 40명)이 투숙한 상황이었다. 화재발생으로 23명이 사망하고 6명이 부상을 입었는데, 사망자 중 유치원생이 19명(소망유치원 18명, 이월드 유치원 1명), 성인이 4명(마도초등학교 인솔교사 1명, 레크레이션 강사 3명)인 것으로 나타났다. 또한, 씨랜드 청소년수련의 집 C동 1,762m^{2}이 전소되고, 에어컨 57대 등 물품이 소실되어 약 7,200만 원의 재산피해가 발생하였다(경기도, 1999).

국립과학수사연구소와 수원지방검찰청은 여러 증거를 종합적으로 판단한 결과 모기향불이 옆에 있던 가연성 물질(1회용 가스라이터, 종이, 의류)과 접촉하여 발화된 것을 화재의 원인으로 발표하였다. 그러나 유가족들은 국과수의

발표에 반발하였으며, 화재의 원인규명을 둘러싸고 갈등이 불거졌다. 유가족들은 수사기록과 전문가 분석 등을 담아 자체적으로 백서를 발간하며 배선불량 등으로 인한 누전가능성을 제기하였다.[219] 이는 화재의 원인이 모기향으로 좁혀지면서 소망유치원 원장 개인의 과실이 부각되는 반면, 인명피해를 키운 부실건축물 운영업자와 이를 허가해준 공무원들의 책임이 가려지게 되었기 때문이다. 유족들의 주장은 MBC에서 진행한 모기향 모의실험 결과 유사한 조건에서도 모기향으로 인해 발화되지 않았으며, 모기향으로 인한 화재 사례가 극히 드물다는 점에서 모기향을 화인으로 단정짓는 것은 바람직하지 못하다는 주장이었다(경기도, 1999).

한편, 수련원을 건축하는 과정에서 비용절감을 위해 컨테이너와 많은 인화성 자재(스티로폼, 합판, 샌드위치 패널)를 사용하였고, 화재경보 스위치를 꺼놓고 소화기를 수거하여 별도 보관하거나 소화액이 없는 소화기를 비치하는 등 화재설비 관리가 소홀하였던 것으로 드러났다. 이외에도 안전조치 및 초동조치 미흡, 인솔교사 등 보호의무자들의 무책임, 관리자의 소방의식 결여, 열악한 소방환경요건, 설계과실 및 불성실한 감리업무 등이 대형참사를 불러일으킨 것으로 밝혀졌다(경기도, 1999). 특히, 수련원 설립 인허가 과정에서 수련원 측과 공무원들과의 유착관계 및 그에 따른 부당한 압력이 있었던 것으로 밝혀졌다.[220]

사고가 발생한 다음날인 7월 1일 김대중 대통령 내외는 합동분향소를 찾아 "미안하다"며 유족들에게 사과하였다.[221] 김대중 대통령은 유족들과 만난 자리에서 "어린이들의 고귀한 생명을 앗아간 이번 사고는 안전을 소홀히 한 어른들의 부주의와 무관심 때문"이라며 "사고원인에 대한 엄정한 조사을 벌여 관련자를 문책하겠다"고 말하고, 사고의 재발방지는 물론 각종 재난과 재해 예방

219 『한국일보』, 2014. 6. 9. "씨랜드 백서는 왜 2개인가… 정부 불신한 유족의 '진실규명'".
220 『조선일보』, 1999. 7. 8. "이장덕 계장 공직 떠날 것".
221 『연합뉴스』, 1999. 7. 1. "<오열하는 유족에 위로의 발길 이어져>-합동분향소 표정".

을 위한 대책마련에 만전을 기하라고 관계관에게 지시했다.[222]

소방방재청에서 작성한 기록물[223]을 통해, 사건 이후 정부의 재난관리 개선 방안에 대해 확인할 수 있다. 먼저, 청소년 수용시설과 화재취약 시설에 대한 대대적인 안전점검이 실시되었다. 당시 시대적인 규제완화 흐름 속에 건축물 관련 법령이 느슨해진 측면이 존재하였는데, 안전 관련 규제완화는 신중하게 처리할 것을 강조하였다. 또한 화재관련 자체 소방안전시설 설치기준을 강화하고 건축허가 동의요건에 소방차 진입로, 피난 및 방화시설을 포함하는 등 소방법을 개정하는 방안을 검토하였으며, 안전관련 인허가시현장 확인 감사 강화 및 감사실명제를 도입하는 등의 제도적 보완이 필요하다고 주장하였다.

국가청소년위원회에서는 어린이 이용시설에 대한 정부합동점검 결과를 반영하여 청소년 수련시설 안전대책을 마련하기도 하였다. 해당 기록물[224]을

[그림 2.97] 희생자 합동 분양소를 찾아 조문하는 김대중 대통령, 이희호 여사

출처: e영상역사관, http://ehistory.go.kr/page/view/photo.jsp?photo_PhotoID=29274&photo_PhotoSrcGBN=PT.

222 『한국경제』, 1999. 7. 1. "[씨랜드 참사 이틀째] 김대중 대통령 분향소 찾아… 이모저모".

223 국가기록원, http://theme.archives.go.kr/viewer/common/archWebViewer.do?singleData=Y&archiveEventId=0050752188.

224 국가기록원, http://theme.archives.go.kr/viewer/common/archWebViewer.do?singleData=Y&archiveEventId=0050751998.

살펴보면 먼저 청소년 기본법령에서 안전 관련 규정을 강화하고, 청소년수련시설에서 관련 법령을 준수할 수 있도록 지도를 강화하는 대책안을 제시하였다. 또한, 민간 청소년수련시설의 안전확보를 위해 물적 인적 지원을 제공하고, 청소년 수련시설을 건전하게 이용할 수 있는 방안을 강구하고자 하였다.

이후 김대중 대통령은 여러차례의 대통령 연설[225, 226, 227]에서 한국사회의 구조적 문제점을 잘 드러내는 예시로서 씨랜드 화재사건을 종종 언급하였다. 1999년 제37주년 소방의 날 기념식 연설[228]에서는 씨랜드 화재사고가 발생한 지 얼마되지 않아 인천호프집 화재사건이 발생한 것을 언급하며, 사회구성원의 안전불감증과 편법, 부조리가 용납되어온 사회적 분위기를 보여주는 사건임을 지적하였다. 안전은 도외시한 채 금전적 이익을 위해 벌어지는 부실공사와 불법영업, 행정기간의 관리감독 소홀과 일부 공무원의 부정부패가 팽배한 불건전한 사회구조로 인해 인명의 희생과 재산의 손실이 벌어졌다는 것이다. 따라서 안전의식과 철저한 점검, 빈틈없는 방재체계를 갖추어야 함을 강조하였다.

한편, 노무현 대통령 시기에는 씨랜드 유가족들을 행사에 초청하는 등의 기록도 확인되었다. 2003년 5월 5일 어린이날을 맞아 실시된 '어린이 안전사고 대책 세미나'에서는 씨랜드 유가족이 어린이 안전사고 사례를 발표하기도 하였다. 행사에 참석한 노무현 대통령은 "어린이 안전 원년"임을 선포하며, "임기내 어린이 안전을 위한 모든 제도와 환경을 정비하겠다"고 말했다.[229] 대통령 부인

225 대통령기록관, https://www.pa.go.kr/research/contents/speech/index.jsp?spMode=view&artid=1308827&catid=c_pa02062.

226 대통령기록관, https://www.pa.go.kr/research/contents/speech/index.jsp?spMode=view&artid=1308989&catid=c_pa02062.

227 대통령기록관, https://www.pa.go.kr/research/contents/speech/index.jsp?spMode=view&artid=1308834&catid=c_pa02062.

228 대통령기록관, https://www.pa.go.kr/research/contents/speech/index.jsp?spMode=view&artid=1308827&catid=c_pa02062.

229 『연합뉴스』, 2003. 5. 5. "〈노대통령 어린이날 축하행사〉(종합)".

권양숙 여사는 씨랜드 화재 발생 4주기를 맞아 유가족을 청와대로 초청하여 다과회를 함께하며, 유가족을 위로하기도 하였다.[230]

씨랜드 화재사건은 삼풍백화점 붕괴사고, 대구가스폭발 등 대형 재난 경험에도 불구하고, 정부 안전대책의 실효성과 신뢰성이 개선되지 못하였음을 보여주는 사례로 간주되기도 한다(윤명오, 1999). 특히, 안전불감증이라는 이름

[그림 2.98] 화성 씨랜드 화재사고 관련 재난관리행정 개선대책보고

4. 問題點에 대한 對策

□ 靑少年 및 自救能力 없는 어린이 利用施設 安全措置 强化

○ 전 수용시설 안전점검 실시
- 중앙합동점검(7. 6~7.17) : 국무조정실 주관, 행정자치부 등 5개부처 합동으로 청소년 수련시설, 복지시설 등 48개소 표본점검
- 자치단체 일제점검(7. 1~7. 30) : 시도, 시군구에서 전국 28,229개소 일제조사토록 지시

○ 화재취약시설 등 집중점검 실시(7. 3)
- 전국소방서 전시설 소방점검('99. 7. 7~7.16) : 청소년수련시설・복지시설 등 8,474개소
- 시・군・구단위로 건축・전기・가스 등 관련기관 합동점검

□ 國民生活 安全關聯 規制緩和 愼重

○ 기업의 경쟁력 강화, 국민불편 해소를 위하여 각종 규제 대폭 완화 예) 규제완화 사례
- 소방관련 건축 인・허가 동의시 설계도면 첨부 면제 ('95.12.29, 소방법시행규칙 제2조제2항)
- 이로 인하여 건축허가시 내화구조 등 확인지난

○ 금후 각부처 규제완화사항중 안전관련 규제완화는 신중 처리

□ 火災豫防 關聯

○ 바닷가・산간 등 외딴지역은 자동화재속보설비 및 자동소화설비 등 자체 소방안전시설 설치기준 강화

○ 건축허가 동의요건에 소방차 진입로, 피난 및 방화시설을 포함하고, 면적 중심의 소방시설 설치기준을 위험도별로 적용토록 소방법 개정 검토

출처: 국가기록원, http://theme.archives.go.kr/viewer/common/archWebViewer.do?singleData=Y&archiveEventId=0050752188.

230 『이데일리』, 2003. 7. 3. “권양숙 여사, 씨랜드화재 유가족 위로 다과회”.

으로 안전관리의 책임을 전가하고 국민에게 책임이 있다는 식의 처방을 제시하거나, 강력한 처벌과 같은 계몽적이고 감정적 구호만으로는 재난관리에 한계가 존재함을 보여준 사건으로 평가받았다(윤영오, 1999). 따라서 김대중 대통령의 연설문이나 정부대책에서 씨랜드 화재사건을 사회구조적 측면에서 접근하고자 노력하는 모습이 드러났다는 점에 주목할 필요가 있다. 실제로 행정당국은 단순한 화재문제로 접근하지 않고 업자들의 탐욕 및 공무원 비리, 안전불감증 등이 복합적으로 일으킨 사회구조적 문제라고 진단하여 청소년 보호정책강화, 수련원 시설의 소방법 및 건축법 개정 등의 대책을 마련하였다.[231]

그러나 사건의 충격이 가시기도 전에 인천호프집 화재 사건이라는 대규모의 화재사건이 발생하였고, 이 또한 행정당국의 관리감독과 사회적 부조리가 얽혀있었던 것으로 밝혀져 정부는 더욱더 거센 비난을 받기도 하였다. 또한, 씨랜드 사건 이후 소방법과 건축법이 개정되었음에도 불구하고, 관리감독이 제대로 이루어지지 않거나 관리법망을 교모히 피해나가는 등의 사례가 확인되는 등,[232] 정부의 지속적인 정책적 관심이 필요함이 드러났다.

한편, 사건 이후에도 가연성 내·외장재 사용에 관한 강력한 법적 강화는 이루어지지 않았고, 대구 지하철 화재사고나 이천냉동창고 화재 등의 사건이 발생하고서야 부분적으로 개정되어 왔다. 그마저도 현장에서 잘 지켜지지 않거나 개정 이전의 건축물들은 소급 적용되지 않았으며, 부실한 관리감독으로 유사사고가 끊임없이 발생하였다.

앞서 언급한 H.O.T.의 노래 아이야!는 "우리들이 추구하는 모든 것들 언제나 그 안에 욕심은 없는지 지켜내야해-다음 세기가 올때까지"로 끝난다. 그러나 재난사고를 둘러싼 한국사회의 씁쓸한 단면은 다음 세기가 되어서도 지독하고 슬프게 반복되었다.

231 『경기일보』, 2008. 6. 11. "〈심층취재〉 아물지 않은 상처 '화성 씨랜드 화재'".

232 『경기일보』, 2008. 6. 11. "〈심층취재〉 아물지 않은 상처 '화성 씨랜드 화재'".

3) 1999년 태풍 올가(1999. 8.)

1999년 64명의 인명이 사망한 태풍 올가는 여러 가지 기록을 남겼다. 가장 많은 피해를 입은 곳은 경기지방이었다. 사망, 실종자가 19명으로 전체 인명 피해의 3분의 1 가량을 차지했다. 1만 8,877명의 이재민이 발생하여 전체 이재민 2만 3,000여 명의 3분의 2 가량을 차지하였다. 이밖에 주택 및 농경지 침수도 각각 전체의 70%, 50% 이상이었다. 인명 피해 수는 경기 이외에 강원이 17명으로 두 번째로 많았고, 경북 11명, 광주–전남 8명, 인천 4명 순이었다. 538mm의 기록적인 비가 내린 서울은 인명피해가 한 명도 없었다. 또한 큰 피해는 호남지역에 집중되었다. 사망, 실종이 총 10명이었는데, 광주 1명, 전북 2명, 전남 7명이었다. 단전, 단수 피해도 커 180만여 가구에 전기가 끊겼고,

[그림 2.99] 태풍 피해 상황

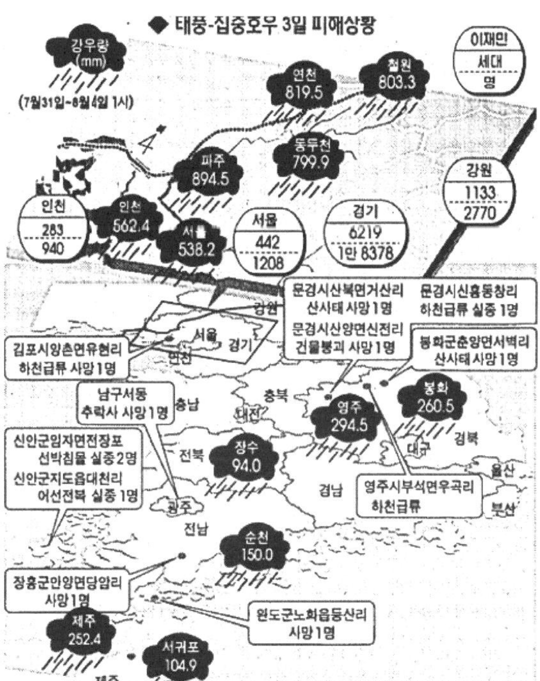

출처: 『조선일보』, 1999. 8. 4.

[그림 2.100] 태풍 올가가 제주도 서쪽해안 내습시 위성

출처: https://blog.naver.com/rbtnddl123/60190470837.

8만여 가구에 수돗물 공급이 한때 중단됐다. 재해로 인해 발생한 쓰레기양만도 4만여t이나 발생, 1t 청소차량 4만여대가 동원돼야 할 정도의 기록적인 배출량이었다.

전체 피해액은 그 이전 해 총피해액인 1조 2,000여억 원보다 많을 것으로 추정되었다.[233] **[그림 2.101]**의 신문기사에서 보듯이 당시 정부는 수해 피해 국민들에게 보상을 준비하였다. 그러나 사망자위로금과 생계구호비가 너무 낮게 책정되어 불만을 사기도 하였다. 경기도는 도민들의 의견을 수용하여 중앙정부에 더 높은 보상액을 줄 것을 건의하기도 하였다. 이와 같이 수

233 『조선일보』, 1999. 8. 5. "기록으로 본 이번 수해".

해 등 자연재해에 대한 체계적인 예방이나 사후수습책이 과거와 마찬가지로 사후보상 등 금전적 지원에 그치는 것으로 나타났다.

[그림 2.101] 복구비 불만

이틀째

되은 '한산'

시민단체들은 시험운영이 결국 버스전용차로 해제를 위한 요식용 절차가 아니냐며 의심스런 표정이다. 녹색교통 민만기(閔萬基) 사무처장은 "택시와 화물차의 진입을 허용하면 버스전용차로의 취지 자체가 무의미해진다"며 "미흡이 홍보부족상태에서 시험운영을 해놓고 결과를 발표하면 신빙성이 떨어질 것"이라고 말했다.

서울시 교통운영개선기획단 김세교(金世敎)씨는 "지난달부터 택시와 화물차량 조합을 통해 안내문을 발송했다"며 "운전자들을 상대로 홍보를 강화하겠다"고 했다.

/朴英哲기자 ycpark@chosun.com
/金成炫기자 segun24@chosun.com

비현실적 복구비 水災주민들 불만

1인당 하루구호비 2226원

경기道 보상현실화 건의

경기도는 10일 "수해지역 주민들이 비현실적이고 형평에 맞지 않는 복구비 지원에 큰 불만을 갖고 있다"며 정부에 수해 보상 현실화를 건의했다.

이춘욱(李春旭) 도 공보관은 "가구당 500만~1000만원을 지급하는 사망 실종자 위로금과 하루 1인당 2226원의 이재민 생계구호비는 물가 상승 등을 고려하지 않아 96년 수해와 비슷한 수준으로 이재민들에게 실질적인 도움을 주지 못한다"고 주장했다. 특히 주택의 경우, 작년에는 완전 침수 가구에 75만원, 일부 침수 가구에 45만원으로 차등 지급하다 올해는 60만원으로 단일화해, 완전 침수 가구는 지원금액이 오히려 줄었고, 지원도 건물주에게만 해줘 세입자들이 반발하고 있다는 것. 농민들도 농경지 복구비가 경작 규모별로 차등 지급되는 규정 때문에 3ha 이상 피해농가들이 3ha 미만 피해농가보다 오히려 지원금액을 적게 받고, 채유(採乳)가 불가능해지고 유산한 가축 등에 대한 보상책도 없다고 도는 밝혔다. 한편 경기도는 이번 수해 피해액이 2000억원이 넘을 것으로 잠정 집계했다.

/李孝宰기자 hyojae@chosun.com

인사

◆경기도 <사무관·담당> ▷감사기획 白大鉉 ▷총무 [illegible] ▷체육지원 [illegible] ▷도시계획 [illegible] ▷도시개발 [illegible] ▷청사관리 [illegible] ▷파부읍장소 [illegible] ▷동두천시전출 [illegible] ▷시흥시 〃 [illegible] ▷미국유타주립대교육훈련파견 [illegible]

안내

■열린사회 동대문·중랑시민회='강화도 갯벌 기행' 22일오전8시 선착순 40명. 회비 1만원. ☎2244-2314
■은평천사원='가족과 함께하는 도자문화 체험' 13일 오전9시~오후5시. 장소-경기도 광주 및 이천 도요지. 1인당 2만원. ☎355-3324
■구로복지관=무료영화 '참효자는 웁니다' 25일 오후1시. ☎852-0525
■민간외교클럽='외국 초.중학생과의 영어학습 캠핑' 16일~20일. 비회원 33만원. 회원 30만원(전화예약.온라인 입금 선착순). ☎757-2496
■서울 성북구 일부지역 도시가스 공급 중단=13일 오후10시~14일 오전7시. 정릉1~4동 일부 주택 및 상가 등 5040가구. ☎3390-3000. 0019

당직변호사

◇서울
오대현 오명균 오병선 오상걸 오상현

출처: 『조선일보』, 1999. 8. 11.

4) 1999년 수해대책(1999. 8.)

1999년 7월 말부터 8월 초에 걸쳐 쏟아진 집중 폭우와 태풍의 영향으로 남북한에는 막대한 재산손실과 인명 피해가 발생하였다. 특히 임진강 유역은 수년간에 걸쳐 홍수 피해를 크게 입고 있었다. 경기도 파주시, 연천군, 포천군 등에서 각 800mm 이상의 폭우와 강풍으로 인하여 이재민 25,000여 명과 사망자 10여 명이 발생하였고 농경지도 23,000ha가 침수되는 피해를 입었다. 북측지역도 8월 2일과 5일 '중앙방송'의 보도에 따르면 개성시, 황해도 등지에 200~700mm의 비가 내려 수십만 정보의 농경지가 침수, 매몰되었고, 수백 km의 도로와 철도가 유실되고 수많은 주택이 무너지는 등 많은 피해가 발생한 것으로 알려졌다.

이처럼 임진강 유역에서 매년 수해가 되풀이되고 있는 것은 무엇보다 임진강 수계를 제대로 치수하지 못한데 그 원인이 있지만, 임진강이 남북을 관류하고 있는 지리적 특수성으로 인해 어느 일방의 치수사업만으로는 한계가 있었다. 따라서 남과 북이 서로 협력하여 근본적인 대책을 마련할 필요성이 제기되

[그림 2.102] 한탄강댐 모습

출처: https://blog.daum.net/choeyoyo32/1528.

었다. 이에 따라 8월 11일 정부는 판문점 남북연락사무소를 통해 대한적십자사 정원식 총재 명의의 서한을 북한 측에 보내 임진강 유역의 홍수방지를 협의하기 위한 남북 당국 간 실무접촉을 제의하였다.

우리 측 제의에 대해 북측은 8월 13일 '민족민주전선' 방송을 통해 부정적인 반응을 보였다. 북측은 남북 간의 군사적 대치 상태를 고려해 볼 때 비현실적인 것이고 최근 홍수 피해를 입은 임진강 유역의 주민들의 반정부 투쟁을 잠재워 보려는 교활한 술책의 일환이며, 군사적 대치 상태가 계속되고 있는 상황에서 임진강 유역에 공동 수해 대책을 세우자고 한 대북제의는 말 그대로 어불성설이며 일고의 가치도 없다고 주장하였다.

한탄강댐 건설은 1999년 임진강 하류 지역 수해 방지 종합 대책으로 추진된 사업이다. 1996년부터 1999년까지 임진강과 한탄강 일대에 산사태와 하천 범람으로 인명과 재산 피해가 반복되자 댐 건립을 추진하였다. 2001년 연천군 연천읍 고문리와 포천시 창수면 신흥리에 길이 705m, 높이 85m, 저수 용량

[그림 2.103] 수해방지 종합대책

3. '98水害時 提起된 問題點

가. 사전예방단계

- ○ 기상관측장비 및 기상전문인력 부족으로 장기예보 및 국지적 예보 부정확
- ○ 재해위험지구(416개소) 정비와 준용 및 소하천 개선사업에 대한 지원부족으로 매년 반복적인 수해 초래
- ○ 풍수해 예방 및 수습을 위한 관련법령 및 제도 미흡
- ○ 체계적인 방재교육·홍보프로그램 부재로 대국민 계도활동 형식화

나. 상황대처단계

- ○ 상황판단에 필요한 자료 및 장비가 미흡하고 상황근무요원의 업무미숙으로 신속한 상황대처 불가
- ○ 재해현장에서 유관기관(소방, 군, 경찰등)간의 유기적인 협조지원 체제가 미흡하여 구조구난체계상 혼선 초래
- ○ 국립공원지역내 관리·통제기능 미흡 및 자동우량경보시설 부족으로 피해 가중
- ○ 재해·재난발생시 위급상황을 해당지역 주민들에게 신속히 전파해 주는 기능 미비

다. 복구수습단계

- ○ 재해복구시 사업비 지원절차가 복잡하고 지원에 장기간이 소요되어 복구사업 추진 지연
- ○ 비현실적인 피해주택복구비 지원기준 및 불합리한 농경지 복구방법 등으로 잦은 민원 야기

□ 기상관측장비 및 전문인력 확충

- ○ 금년에 75억원을 투입, 기상전용 Super Computer 설치, 기상레이더 증설, 고층기상관측망 보강, 무인관측시설 증설 등을 추진하고
- ○ 기상전문인력도 연차적으로 보강('98년: 55% ⇒ 2004년 75%)

□ 상습침수지역 등 재해위험지구에 대한 관리 강화

- ○ 재해위험지구에 대한 국고지원정비사업비 연차적 확대 ('98년: 85억원 → '99년: 150억원 → 2000년: 200억원 수준)
- ○ 건축법상 재해위험지구(구역)내의 지하건축물 설치제한조치 대신에 건폐율 등 일부제한사항 완화('99. 2)
- ○ 재해위험지구내 불량주택개량시 건축비의 일부(60%정도)를 장기저리로 융자지원하는 등 인센티브제도 도입

□ 수해상습 준용하천 및 소하천정비 지원 확대

- ○ 수해상습 준용하천(228개소, 1,080㎞)에 대하여 금년부터 6개년 계획으로 국고보조 정비사업 추진(총사업비 5,775억원중 금년분 800억원 확보)
- ○ 금년부터 임진강, 삽교천, 안성천 등 수해빈도가 높은 수계부터 준용하천을 포괄하는 수계치수사업 추진('99년 사업비 420억원 확보)
- ○ '97년부터 시행하여 오고 있는 수해상습지 소하천 지원사업 (연간 230억원 정도)에 대한 양여금 확대 지원방안을 관계부처간 별도 검토

출처: 국무조정실, "수해방지 종합개선대책", 1999. 3. 16.(대통령기록관 소장).

3억 1,100만 톤, 홍수 조절 용량 3억 500만 톤 규모의 한탄강댐 기본 계획이 한국수자원공사에 의해 세워졌다. 그러나 환경 훼손과 예산 낭비 등의 이유를 내세운 지역 주민들과 환경 단체의 반발로 인해 환경 영향 평가 협의가 2년에 걸쳐 진행되어 2003년 7월 말에야 끝났다.

국민의 신뢰를 받을 수 있는 항구적인 대책을 수립하라는 대통령의 지시에 따라 수해방지대책기획단을 설치하였다. 기획단은 10개 관계부처, 9개 유관기관이 참여하여 수해대책을 분석, 평가하고 향후 10년에 걸쳐 추진할 종합대책안을 마련하였다. 기본방향은 예방 노력에 역점을 두고 홍수예측능력을 제고하는 등 수해 발생 시 피해를 최소화하며 신속하고 완벽한 복구로 동일지역 수해재발을 억제하며 정부 지자체 국민이 역할을 분담하는 등 수해대응체제 구축해야 한다는 점을 강조하였다. 수해예방대책으로는 하천유역별 종합치수 및 관리, 재해위험실태 전면 재조사 및 조기 정비, 수해를 근원적으로 방지하는 제도개선 등이 있었다. 중소 및 도시 하천까지 홍수예경보 시설을 확충하였다.

[그림 2.104]의 자료는 1999년 12월에 마련된 수해방지대책안이다. 김대중 대통령의 지시에 의해 구체적인 안이 마련되었다. 홍수예측능력을 키우고 범국민적 차원의 수해대응체계를 확립하고자 하였다. 세부적으로는 하천유역별 종합치수 및 관리를 강화하고 재해위험실태 전면 재조사를 실시하였다. 그리고 소규모 개발사업에도 방재사전 심의제도를 도입하여 개발사업으로 인한 피해를 최소화하고자 하였다. 또한 도시하천까지 홍수예경보시설을 확충하고 전파매체를 통해 방재정보가 신속히 전달되도록 계획하였다.

[그림 2.104] 수해방지 종합대책

2. 보고이유

가. 최근의 잇단 수해(水害)에 대해 국민의 신뢰를 받을 수 있는 항구적(恒久的)인 대책을 수립하라는 대통령님 지시에 따라 지난 9월초 대통령비서실 직속으로 〔수해방지대책기획단(水害防止對策企劃團)〕 설치

나. 기획단은 관계부처(10개) 및 유관기관(9개)이 참여, 그간의 수해대책을 분석·평가하고, 각계의 의견을 수렴(收斂)하여 향후 10년(2000~2009)에 걸쳐 추진할 종합대책(안)을 마련

다. 정부 각부처와 지자체가 수해방지 종합대책을 차질없이 추진함으로써 수해에 강한 국토를 구축하고 안전한 국민생활을 보장하도록 하기 위한 것임

3. 주요골자

■ 수해를 근원적으로 방지하기 위해 제도개선과 사전투자를 확대하는 등 예방노력에 역점(力點)
■ 홍수예측능력을 제고하는 등 수해 발생시 피해를 최소화
■ 신속하고 완벽한 복구로 동일지역 수해재발을 억제(抑制)
■ 정부·지자체·국민이역할을분담하고동참하는범국민적 수해대응체제(水害對應體制)의 구축(構築)

■ 수해예방 대책
- 하천유역별 종합치수(綜合治水) 및 관리(管理)
  - 수해위험이 높은 지방하천은 국가하천의 배수위(背水位) 영향범위까지 국가가 정비(整備)
  - 각종 홍수방어시설의 보강 및 시설간 최적 연계운영(最適連繫運營)
- 재해위험실태 전면(全面) 재조사 및 조기 정비
  - 재해위험이 높은 지구를 선별(選別)하여 2004년까지 우선 정비
- 연안(沿岸) 및 농경지 침수 방지대책 강구
  - 연안시설물 설계기준 보강 및 상습 해수침수지역 정비계획 수립
  - 24시간 이상 상습침수 농경지의 배수개선사업은 2009년까지 정비 완료
- 수해를 근원적(根源的)으로 방지하는 제도 개선
  - 국토·도시개발계획 등 수립시 수해방지계획 반영 의무화
  - 재해영향평가대상을 확대하고 소규모 개발사업에는 방재사전 심의제도(防災事前審議制度) 운영

■ 수해발생시 피해 최소화(最小化) 대책
- 중소 및 도시하천까지 홍수예경보(豫警報)시설 확충
  - 한강 등 8개 하천에서 중랑천·탐진강 등 총 20개 하천까지 시설 확충(施設 擴充)
- 전파매체를 통한 방재정보의 신속한 전달체계 구축
  - 재해위험 기상특보 발령시 재해방송체제 도입
  - 재해위험지역 주민을 대상으로 전화와 민방위 경보싸이렌 등을 통한 자동음성안내(自動音聲案內) 실시
- 호우예측장비(豪雨豫測裝備) 보강 및 전문인력 조기 확보
  - 첨단 기상레이더를 확충하고 슈퍼컴퓨터 운영을 위한 기술인력 조기 확보(早期 確保)

출처: 행정자치부, "수해방지 종합대책안", 1999. 12.(대통령기록관 소장).

5) 전염병 예방법의 전면 개정(2000. 1. 12.)

해골의 병사들이 인간을 무참히 살해한다. 왕으로 보이는 이도 이 막대한 재앙의 군대를 피할 도리가 없다. 아래의 그림은 왕과 귀족조차도 피할 수 없었던 중세 유럽 흑사병의 비극을 그리고 있다. 이렇게 전근대사회에서 전염병은 인간이 통제할 수 없는 영역으로 간주되어 왔다. 신의 징벌로 여겨졌던 천연두와 페스트 등 오랜 역사를 가진 전염병 뿐만 아니라, 1차 세계대전 시기에 전세계를 강타한 스페인독감은 전례 없이 젊은 층에서 높은 사망률을 보이며 병사들의 사기에 타격을 주었지만 참전국들은 언론을 통제하며 전염병 창궐 사실을 감추는 것 이외에는 할 수 있는 일이 없을 정도로 속수무책이었다.[234] 심지어 1980년대에 본격적으로 유행한 HIV는 지금까지도 일부 사람들의 성적 지향에 대한 신의 심판이라고 믿는 사람들이 파다할 정도로 전염병에 대한 인류의 인식은 열악한 상황이다.

[그림 2.105] 피터르 브뤼헐(대) (Pieter Brueghel de Oude, 1527~1569, 네덜란드의 화가)작, "죽음의 승리"

출처: https://en.wikipedia.org/wiki/The_Triumph_of_Death.

234 스페인 독감이 "스페인" 독감이라고 불린 결정적 이유가 바로 스페인이 중립국이었기 때문에 따로 언론을 통제할 필요성을 느끼지 않아 스페인에서 최초 발병한 것처럼 보였기 때문이라는 것이 정설이라고 한다. 참고: https://www.history.com/news/why-was-it-called-the-spanish-flu.

하지만 백신 기술이 개발되고 천연두 등 인류를 긴 시간 동안 괴롭힌 전염병이 퇴치되기 시작하면서 20세기 후반 이후 인간의 전염병에 대한 통제력은 점점 강해져 왔다. 문제는 전염병을 통제하려면 전염병의 매개체를 통제해야 하고, 인간 간의 접촉에 의해서 확산되는 전염병의 경우에는 불가피하게 인간 자체를 통제해야 하는 경우가 생긴다는 것이다. 이런 문제점은 성관계에 의해 전파되는 HIV의 경우처럼 정부의 전염병에 대한 개입이 심각한 개인 권리 침해의 소지를 일으키면서 점점 불거지게 되었고, 급기야 더욱 강한 통제가 필요한 코로나19의 전세계적 유행으로 민주주의 국가들은 전염병에 대한 방역과 개인의 자유라는 두 마리 토끼를 놓고 선택을 강요받는 상황에 몰리게 되었다.

한국에서 전염병 관리를 위한 국가의 개입과 개인의 자유 간의 충돌 문제는 코로나19 유행보다 훨씬 이전에 제기되는데, 이는 민주화가 진행되고 문민정부가 출범한 김영삼 대통령 시기였다. 국민들의 개인의 자유에 대한 인식이 점점 강화되면서 기존의 전염병 관리법의 개인 자유 침해 문제가 지적되기 시작되었던 것이다. 이후 이 문제가 공식적으로 정부차원에서 논의되기 시작하며 김영삼 정부 시기 일부 법 개정이 이루어지게 되었으며, 김대중 정부에서는

[그림 2.106] 런던 트라팔가 광장의 코로나19 봉쇄 반대 시위

출처: 『The Irish Times』, 2020. 9. 19. "32 arrested at anti-lockdown protest in London", https://www.irishtimes.com/news/world/uk/32-arrested-at-anti-lockdown-protest-in-london-1.4359635.

전염병 예방법이 전면 개정되면서 우리나라의 전염병 관리 시스템은 국가적 재난으로서의 전염병 관리 및 사전예방의 틀을 갖추어 나가기 시작됐다.

우리나라에서 전염병에 대한 국가의 통제의 역사는 구한말과 일제강점기로 거슬러 올라간다. 기본적으로 근대국가의 체계를 일본에서 이식해온 우리나라로서는 국가 관료제가 작동하는 방식의 상당 부분이 식민지 시대의 시스템의 영향을 받지 않을 수 없었는데, 국가의 전염병 관리 시스템도 마찬가지였다. 가장 특징적인 부분은 "경찰과 군대가 중심이 되는 위생경찰제도"가 자리잡힌 것인데, 천병철의 연구는 1907년 이토 히로부미가 통감으로서 황태자 방한을 대비하여 군대를 동원해 강압적인 방역활동을 펼친 것을 그 본격적인 시작으로 보고 있다. 특히 "1911년 내무부의 위생과는 폐지되고... 모든 위생 업무는 경찰로 이관"된 것이 핵심이라고 볼 수 있다. 위생경찰제도의 역사는 전염병 "환자를 '색출'한다거나 '신고'하도록 하는" 인식이 오랫 동안 우리나라 전염병 관리 제도의 밑바탕이 되고 있음을 말해주고 있으며, 심지어 해방 이후에도 위생경찰제도는 1950년대까지 그대로 보존되었고 기본적으로 경찰이 개입하는 위생관리 정책의 틀은 2000년까지 유지된다(천병철, 2011).

[그림 2.107] 위생경찰의 콜레라 방역

출처: 『한겨레 신문』, 2006. 3. 23. "[의학속사상] 위생경찰, 식민조선 만병골치약/신동원".
https://www.hani.co.kr/arti/culture/book/110728.html#cb.

문민정부의 출범 이후 전염병예방법이 개정되면서 이전의 반인권적인 조항이 상당히 개선되었다. 특히 전염병환자의 공중시설 출입을 원천적으로 차단하고 심지어 취학까지 금지시킨 조항을 아예 삭제시킨 것은 큰 진전이라고 할 수 있다. 이외에 전염병 환자의 이동 제한 및 격리에 관한 조항이 수정되었다.[235] 하지만 그 외에 법정 전염병의 현실 반영 및 체계화, 전면적인 상시 감시 시스템 개편 등 의료계에서 요구하던 수준보다는 크게 미흡한 부분적 개정이었다. 이 무렵 미국의 CDC(the Center for Disease Control and Prevention, 질병관리예방본부)에서도 "신종전염병과 원인 및 관련 요인에 대한 감시와 분석을 통한 즉각적인 대처" 및 "재출현전염병의 정보 유통과 예방전략의 즉각적 수행" 등의 목표로 체례적인 전략을 수립하기 시작했으며, 몇 해 후 일본도 1998년의 인플루엔자 유행을 계기로 국립보건원을 국립감염증연구소로 개칭하고 상시 감시 체계 및 역학조사를 강화하기 시작했다고 이종구의 연구는 밝히고 있다(이종구, 2000).

[그림 2.108] 법제처, "전염병 예방법 시행령 중개정령(제14320호)", 1994. 7. 7.(대통령기록관 소장)

---

1. 議決主文

傳染病豫防法施行令中改正令案을 別紙와 같이 議決한다.

2. 提案理由

傳染病豫防法이 改正(1993. 12. 27, 法律 第4634號)되어 傳染病患者의 就業禁止·移動禁止등 각종 불필요한 行政規制가 廢止됨에 따라 第1種 傳染病患者의 移動許可와 通知條項을 削除하고, 隔離收容期間을 합리적으로 調整하는 등 法에서 위임된 사항과 그 施行에 관하여 필요한 사항을 規定하여 傳染病豫防의 효율성을 높이려는 것임.

---

235 [그림 2.108] 참조. 또한 아래 링크 참조.
https://www.law.go.kr/LSW//lsInfoP.do?lsiSeq=59453&ancYd=19931227&ancNo=04634&efYd=19940628&nwJoYnInfo=N&efGubun=Y&chrClsCd=010202&ancYnChk=0#0000.

세계적인 추세에 맞춰, 우리나라에서도 김대중 정부 출범 이후 1998년 9월부터 일명 『전염병관련법 개정위원회』를 구성하여 민관이 협력하여 새로운 전염병 분류기준 도입 및 "관리 방법 개선, 조사·연구, 교육·훈련 방안" 등을 연구하여 새로운 전염병관리법의 제정을 추진하기 시작한다(이종구, 2000). 천병철에 따르면 대한민국의 전염병관리정책은 2000년을 기준으로 분명한 차이가 있는데, 특히 법 개정방향에 "환자의 인권과 권리를 보장하는 전염병 관리"를 기본원칙으로 포함한 것을 주목하고 있다. 또 효율적 전염병 관리 체계를 마련하기 위해 전염병의 특성을 고려하여 법정전염병 분류를 개편하였는데, 예를 들면 "즉시 격리 조치"가 필요한 전염병과 "예방접종으로 관리"하는 전염병, 그리고 "간헐적 유행의 위험이 있어서 지속적인 모니터"가 필요한 전염병 등으로 나누어 관리하도록 하였다. 하지만 역시 무엇보다도 "강압과 단속에서 보호받지 못했던 환자와 의료인의 권리와 의무를 분명히"한 것이 큰 진보라고 할 수 있다. 심지어 이전까지 법적 근거가 없이 수행되었던 역학조사에 제대로 그 주체와 범위 등을 명확히 함으로써 국가의 책임성을 강화했다고 볼 수 있다(천병철, 2011).

위와 같은 전염병예방법의 변천 과정은 일제강점기부터 권위주의 시기를 거쳐 이어지던 경찰행정으로서의 전염병 방역이 민주화 이후 본격적으로 과학적이고 효율적인 방역과 인권의 존중이라는 두 가지 목표를 동시에 달성하기 위해 체계화되는 과정으로 볼 수 있으며, 정치적 리더십과 시민사회의 역량이 결합하여 더 나은 정책을 만들어 나가는 과정이었다는 의미를 부여해 볼 수 있다. 단, 김대중 정부의 전염병예방법도 해외에서 갑자기 발견되고 확산해오는 전염병의 유행에 대한 대비는 허술했는데, 이 부분은 뒤에서 SARS와 조류인플루엔자 사태에 대해 알아보며 재조명해 본다.

6) 미군기지발 기름유출 및 환경오염(2000. 2. 9.)

"먼지가 제일 싫어요."

"청소 다시 하겠습니다."

"지금 청소할 필요는 없고요.. 이거나 갖다 버리세요."

"그거 포르말린인데요?"

"포름알데히드죠 정확히는. 더 정확히 말하자면 더러워진 포름알데히드. ... 싱크대에 부어버리세요"

"그러면 한강에 흘러 들어가는데요... 이건 단순한 독극물도 아니고..."

"한강이 얼마나 '넓은'데요. 좀 마음을 '넓게' 가집시다."

위의 대화는 세계적인 거장 영화감독 봉준호의 2006년 작품 "괴물"에서 주한미군 관계자들이 독극물 포름알데히드를 한강에 방류하며 괴생물체의 출현의 원인이 되는 장면을 간략히 정리한 것이다. 그리고 많은 사람들이 알다시피 이 영화는 (물론 괴물이 한강 변 시민들을 습격하는 부분은 제외하고) 실제로 일어난 일에 기반하고 있다. 2000년 2월 9일 미군기지 영안소 부책임자 앨버트 맥팔랜드(Albert McFarland)가 포름알데히드 475㎖짜리 480병을

[그림 2.109] 영화 〈괴물〉의 한 장면

출처: https://m.blog.naver.com/PostView.nhn?blogId=edenbiowp&logNo=220555132081&proxyReferer=https:%2F%2Fwww.google.com%2F.

하수구에 버리라고 명령했고, 지시를 수행한 미군은 "일이 끝난 뒤 두통과 메스꺼움 증세로 3주간 병가를" 낼 정도로 이는 상당히 위험한 작업이었다.[236] 환경부와 서울시는 포름알데히드의 치명적인 독성은 인정하면서도 결국 난지하수처리장에서 최종 처리되어 한강 수질을 오염시키지 않았을 것이라고 공식 성명을 냈으나, 일부 학자들은 "희석된다 하더라도 독성이 완전히 없어졌다고 볼 수 있다는 근거가 없다"고 주장하며 동시에 "하수처리를 위해 사용하는 미생물에도 치명적인 영향"을 미쳐 결국 하수처리 시스템 자체에도 위험을 가할 수 있다고 주장하는 등 논란이 잇따랐다.[237]

문제는 미군기지발 토양 및 수질환경 오염문제가 이후에도 멈추지 않았다는 것이다. 먼저 포름알데히드 무단 방류 사건이 이슈가 된 지 약 1년 뒤 불거진 원주 미군기지 캠프 롱(Camp Long) 사건을 들 수 있다. 당시 외교안보수석의 대통령 보고에 따르면 2001년 5월 19일 이후 몇 일에 걸쳐 MBC를 비롯한 언론은 캠프 롱 기지 "인근 농경지 및 농수로가 미군부대에서 유출된 것으로 보이는 기름에 의하여 오염된 것으로 추정"된다는 보도를 하며 이 사건은 대

[그림 2.110] 미군기지 독극물 방류의 책임자를 규탄하는 시위

출처: 『연합뉴스』, 2004. 1. 14.(https://www.yna.co.kr/view/PYH20040114008300999).

236 『한겨레신문』, 2000. 7. 14. "미군, 한강에 독극물 방류/용산기지서 포름알데히드 용액 475㎖짜리 480병 버려".

237 『동아일보』, 2000. 7. 16. "미군 독극물 유출 유해성 논란…" 미생물에 치명적.

중에게 알려지게 된다.[238]

보고에 따르면 환경부의 조사 결과 농수로에 유출된 기름과 미군부대의 기름분석결과 성분이 동일하다고 주장하며, 미8군은 그것만으로 자신들이 유출의 근원이라고 단정할 수 없다는 입장을 보이고 있다. 재미있는 것은, 외교안보수석실은 "최근 일부언론에서 군의 환경오염 및 환경파괴 실태에 관해 구체적 사례"를 보도하며 "미군의 환경오염보다 훨씬 광범위하고 심각하다고 지적"하고 있음을 함께 보고하며, 이러한 보도들을 이용해 미군이 "한국군도 지키지 않는 환경법령을 미국에게만 적용하는데 대한 불만을 제기"할 수 있음을 지적하고 있는 점이다. 이는 그 자체로 타당한 면이 있지만, 특히 보수 언론에서 반미감정의 확산을 무마하기 위해 이용하는 논리에 영향을 받은 점이 없지

[그림 2.111] 대통령비서실, "〈미군기지 기름유출〉 언론보도관련 보고", 2001. 5. 24.(대통령기록관 소장).

「美軍基地 기름 流出」言論報道 관련 보고

외교안보(국방)
2001. 5.24.(목)

> **「원주 美軍基地(Camp Long) 기름 流出」言論報道**(5.23, KBS, MBC 뉴스) 관련 確認 內容임.

□ **報道 要旨**

o 미군 부대에서 흘러나온 기름으로 **農水路가 汚染**
o 미군부대측은 **事實糾明 努力**조차 하지 않고 있음.

□ **確認 結果**

o 環境部 입장
- **農耕地가 기름에 의하여 汚染**되어 검은색을 띠고 農水路에 200m 정도의 기름띠(小量) 형성
- 기름 流出 인근지역에 汚染源이 없는 것으로 보아 미군기지 옥외 유류 저장시설(2,500 gallon)의 지하배관 시설등에 의해 **地下로 流出되어 漏出된 것으로 추정**
- 農水路와 미군부대의 **기름분석 결과 成分 同一**

o **美8軍** 입장
- 기름 流出 사실이 확실치 않으며, **自體 調査中**

□ **向後 計劃**

o 미군부대 책임자에게 **汚染除去 措置 촉구** 및 **報道資料** 배포(5.23)
- 환경부 원주청에서는 토양 및 水質試料 채취 분석중

o SOFA 환경분과위원회 **美側위원장에게 汚染除去 촉구** 예정
o 駐韓미군사에 **環境汚染 關心 촉구 예정**(국방부, 5월중)

---

238 대통령비서실, "미 군기지(캠프 롱) 기름유출 언론보도관련 보고", 2001. 5. 23.(대통령기록관 소장).

않다고 할 것이다. 결국 미군기지의 기름유출 사고가 계속되는 사황에서도 정부는 미국의 눈치를 본다는 인상을 지우지 못했고, 보수언론 등은 오히려 이러한 문제를 제기하는 것을 반미감정 선동과 동일시하며 환경부 및 국방부를 난감한 상황으로 몰고 갔다. 이에 더하여 주한미군지위협정(SOFA)의 불리한 점을 수정하고 합리적으로 개정하려는 운동도 이념적인 전선으로 비화하고 만다.

원주 캠프 롱 기지 사태와 함께 용산미군기지 근처 녹사평역 인근에서 기름유출 의혹이 제기되며 여론은 더욱 들끓고 있었다. 앞의 캠프 롱 사태에 대해 비교적 객관적이고 합리적으로 접근했던 대통령 보고와는 달리, 녹사평역 기름오염 사건에 대한 보고는 미군 측 불만을 거의 그대로 전하는 수준의 한심한 보고가 이루어지기도 했다. 보고는 일단 사태의 개요를 "언론의 추측 보

[그림 2.112] 대통령비서실, "녹사평역 기름오염 사건", 2001. 8.(대통령기록관 소장).

安 保

□ '美軍기름오염' 조사 시추작업 - 韓美간 友好노력의 사례로 전환시킬 필요

○ 韓美간 오염원에 대한 공동조사와 오염토양의 복원을 위한 공동노력을 통해 국민에게 韓美友好의 事例로 전환시키는 방안을 적극 검토해야 함

- 서울시는 녹사평역 주변의 기름유출에 대한 오염원을 조사하기 위해 녹사평역~美軍기지 구간에 대한 자체 시추작업 실시 예정

- 美軍측은 기름출처에 대한 의혹이 제기됨에 따라 지난 5월부터 주유소가 위치한 기지안에서 단독 시추작업을 실시(13곳의 관정작업 결과 모두 9곳의 지하에서 기름성분 발견)

- 서울시는 美軍측의 오염사실이 확인될 경우 복원을 요구할 계획이나 이로 인한 反美감정의 확산과 駐韓美軍측의 압박감은 향후 韓美간에 부담으로 작용될 전망

※ 국내에서는 오염된 토양이나 지하수를 복원시킬 기술이 없으며 선진국의 경우 오염 차단벽을 설치 후 미생물을 투입하여 오염의 자연 감소를 통해 복원

- 따라서 서울시 단독의 원인규명 차원의 시추작업보다는 조사와 복원작업을 상호협력차원의 공동추진을 통해 한미우호의 事例로 전환시켜 활용하는 방안을 추진할 필요가 있음

도로 반미감정 악화가 우려"된다고 요약하는 것을 시작으로, 오히려 이를 계기로 사태 해결을 위한 한미 공동 조사 및 협력을 "한미간 우호노력의 사례로 전환시킬 필요"가 있다며 환경문제에 대한 논의는 없어지고 한미관계의 문제만 남는 이상한 결론을 이끌어 내고 있다.

최초에 책임을 인정하지 않던 미군이 2002년 녹사평역 기름유출의 책임을 직접 시인하면서 특히 젊은 층의 미국에 대한 증오는 커졌으며, 반미감정 확산을 막는 것에만 급급하던 정부는 오히려 결과적으로 더욱 반미감정 확산을 불러일으켰다. 이러한 분위기는 미군 장갑차에 의한 여고생 사고사 이후 더욱 커다란 반미시위 사태로 귀결되고 만다. 결국 사태를 지나치게 정치적으로만 인식한 정부의 대응이 환경사고 예방 및 재난관리 시스템 개선은 둘째치고 정치적으로도 위기를 불러일으키게 된 모양새가 되었다.

환경재난이 국제적 문제와 연관될 때 환경의 오염 정도와 국민 건강에의 영향 등의 과학적인 사실 및 인과관계 파악이 우선되지 못하고 정치적인 논쟁이 앞서는 경우가 종종 발생한다. 책임 소재가 미국·중국·일본 등 주변 강대국에 있을 때 이런 위험은 더욱 크다고 할 수 있으며, 국가적 재난관리의 책임사들은 항상 이 점을 주의하고 사안의 전문가의 목소리에 더욱 귀를 기울여야 할 것이다.

7) 지속가능발전위원회의 출범(2000. 6. 5.)

환경문제에 대한 관심은 2차 세계대전 이후 전 지구적으로 증가하기 시작했다. 1952년 수많은 사상자를 발생시킨 런던 스모그를 비롯한 대기오염에 대한 공포를 비롯하여 일본의 미나마타병과 이타이이타이병으로 시작된 토양오염에 대한 관심 등 다양한 사건들을 통해 환경에 대한 경각심이 증가하기 시작했던 것이다. 하지만 냉전의 영향인지 환경문제에 관한 전 지구적 협력은 크게 눈에 띄지 않다가 1980년대에 오존층 파괴에 대한 지구적 대책이 강구되면서 최초로 제대로 된 지구적 환경협력이 시도된다. 결국 오존층을 파괴하는 물질인 CFC(염화플루오르화탄소)를 분사물질이나 냉매에 사용하지 못하도록 하는 몬트리올 의정서가 통과되면서 이러한 지구적 협력은 결실을 맺게 되며, 이는 코피 아난 전 UN사무총장이 "가장 성공적인 국제조약"이라고 평가할 정도로 오존층 보호에 결정적인 기여를 하게 된다.[239] 이후 "발전"과 "환경"의 양립가능성에 대한 논의가 더욱 활발하게 전개되었으며, 이른바 "지속가능한 발

[그림 2.113] 2020의 북극 오존구멍

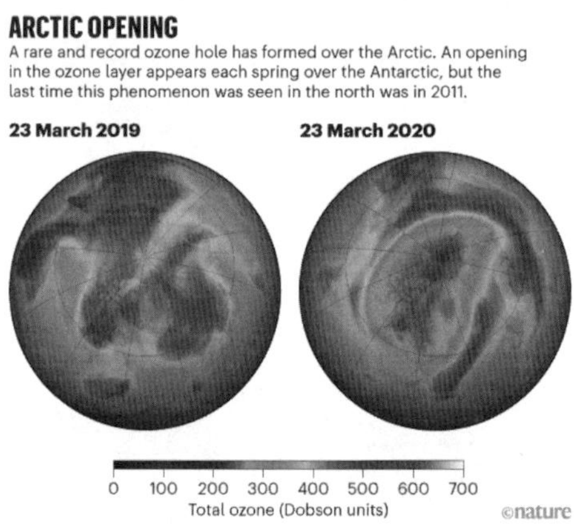

출처: https://www.nature.com/articles/d41586-020-00904-w.

239 『The Economist』, 2016. 4. "Mostafa Tolba: Green Giant", https://www.economist.com/science-and-technology/2016/03/31/green-giant.

전"(sustainable development)의 개념이 국제사회의 권고사항으로 자리 잡게 된다. 이러한 분위기에 발맞추어 김대중 정부 이후 한국에서도 지속가능한 발전에 대한 토론이 활발해지게 되었으며, 2000년 대통령 직속 자문위원회인 국가지속가능발전위원회가 출범하게 된다.

지속가능한 발전은 주로 환경문제와 연관되어 있지만 더 광범위한 사회경제적 문제를 포괄한다. 유엔은 총 17가지의 "지속가능한 발전 목표"와 그 주요 방법을 제시하고 있는데, 그 내용은 다음과 같다. "첫째, 빈곤퇴치를 위해 사용하지 않는 물품의 기부, 둘째, 기아 퇴치를 위해 음식낭비를 줄이고 지역 농업인 후원, 셋째, 건강을 위해 백신 접종에 협력할 것, 넷째, 교육의 질 향상을 위해 지역 공동체의 어린이들 교육에 협력할 것, 다섯째, 성평등을 위해 여성과 소녀들의 평등권을 확립할 것, 여섯째, 깨끗한 물 공급을 위해 물 낭비를 줄일 것, 일곱째, 경제적이고 깨끗한 에너지 공급을 확립하기 위해 에너지 효율성이 좋은 기기와 전구를 사용할 것, 여덟째, 양질의 일자리와 경제성장을 위해 젊은이들을 위한 일자리를 창출할 것, 아홉째, 산업, 혁신, 및 인프라 확충을 위해 기본적인 사회기반시설을 확충하는 프로젝트를 지원할 것,

[그림 2.114] 유엔의 지속가능발전 목표 달성 홍보 이미지

출처: https://www.un.org/sustainabledevelopment/sustainable-development-goals/.

열 번째, 불평등을 줄이기 위해 소외되고 빈곤한 계층을 지원할 것, 열한 번째, 지속가능한 도시와 공동체를 위해 자전거, 도보, 대중교통을 이용할 것, 열두 번째, 책임있는 소비와 생산을 위해 종이, 플라스틱, 유리, 알루미늄을 재활용할 것, 열세 번째, 기후변화를 막기위한 행동에 나설 것, 열네 번째, 바다 생물을 보호하기 위해 비닐봉지 사용을 줄여 해양을 깨끗하게 유지할 것, 열다섯 번째, 육지 생물을 보호하기 위해 나무를 심고 환경을 보호할 것, 열여섯 번째, 평화와 정의, 안정된 제도 정착을 위해 인권을 위한 행동에 나설 것, 열일곱 번째, 위와 같은 목표 달성을 위해 후원하도록 각자의 정부를 설득할 것," 이렇게 유엔은 총 17가지 구체적인 행동 지침을 홍보하고 있다.[240]

우리나라에서 최초로 지속가능발전위원회의 설치를 공식화한 것은 2000년 6월 5일 환경의 날 행사에서 김대중 대통령이 대통령 자문기구로서의 위원회 설치를 공식 선언함에 따른 것이다. 앞에서 살펴본 바와 같이, 전세계적으로 지속가능한 발전에 대한 담론이 확산되고 있던 상황이었으며, 유엔에서는 이

[그림 2.115] 국가지속가능발전위원회,
"지속가능발전위원회 설치 추진방안", 2000. 6. 3.(대통령기록관 소장)

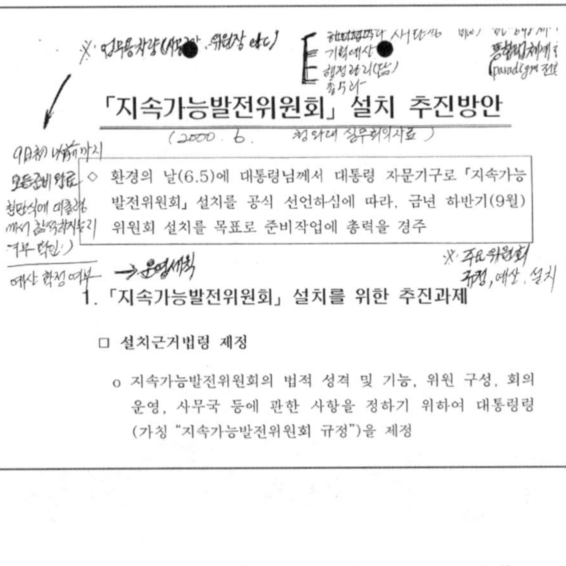

「지속가능발전위원회」 설치 추진방안

◇ 환경의 날(6.5)에 대통령님께서 대통령 자문기구로 「지속가능발전위원회」 설치를 공식 선언하심에 따라, 금년 하반기(9월) 위원회 설치를 목표로 준비작업에 총력을 경주

1. 「지속가능발전위원회」 설치를 위한 추진과제

□ 설치근거법령 제정

o 지속가능발전위원회의 법적 성격 및 기능, 위원 구성, 회의 운영, 사무국 등에 관한 사항을 정하기 위하여 대통령령(가칭 "지속가능발전위원회 규정")을 제정

240 https://www.un.org/sustainabledevelopment/sustainable-development-goals/(2021. 2. 8.).

미 지속가능한 발전에 관한 민관 합동 자문기구의 설치를 권고함에 따라 시민 단체들의 압박도 상당했던 상황이었다. 이후 김대중 대통령이 이를 공식화함에 따라 관계 주무부처 모두 2000년 하반기를 목표로 새로운 대통령자문기구 설치에 관한 실무 업무 및 관계 법령 확보에 나서기 시작한다.

하지만 당시 관계부처 간 회의 내용을 보면 이 과정은 순탄하지만은 않았다. 환경부와 기획예산처, 행정자치부 간 협의 결과 대통령 보고서를 보면, 무엇보다도 소요예산의 확보에서부터 부처간 갈등의 소지가 엿보이기도 한다. 분명히 해당 문제가 환경부만의 문제를 아득히 뛰어넘는 한 국가의 존재론적 문제였음에도 불구하고 기획예산처의 현실적인 예산확보 문제 제기는 피할 수 없는 것이었으며, 결국 환경부 예산을 전용하는 방안도 포함되어 있었던 것이다. 또 행정자치부에 파견공무원의 별도 정원 인정 문제에 관해서도 환경부는 "다수 부처의 반대에도 불구하고... 대통령님께서 수용하여 설치할 것을 천명하신 사항"임을 강조하며 협조를 간청해야할 정도로, 현실적인 부분에서 직접적으로 관련된 환경부를 제외한 기타 부처의 협조가 그리 원활하지 않은 상황이었음을 예측해볼 수 있다. 이에 대해 행정자치부는 "가급적 환경부 기존 조직을 활용"하도록 권고하는 등, 결국 기획예산처와 행정자치부 모두 지속가능위의 문제가 환경부 소관이라는 편견에서 벗어나지 못하고 있었던 것으로 보인다.[241]

우여곡절 끝에 출범한 지속가능발전위원회는 2001년 3월 20일 드디어 최초로 그동안 검토해온 과제들에 관해 대통령 자문보고서를 제출하게 되는데, 그 목록만 봐도 단순히 환경부의 소관으로는 볼 수 없는 범국가적인 문제를 다루고 있다는 것을 알 수 있다.

또 한 가지 눈에 띄는 것은 이때부터 본격적으로 온실가스 감축에 대한 논의가 정부차원에서 시작되었다는 것이다. 이는 1997년에 84개국에 의해 서명된

241 국가지속가능발전위원회, "지속가능발전위원회 설치관련 관계부처 협의결과", 2000. 7. 31.(대통령기록관 소장).

[그림 2.116] 지속가능발전위원회, "1차회의 결과보고", 2001. 3. 30.(대통령기록관 소장).

2. 제1차 대통령 자문보고

☐ 2001. 3. 20 제3차회의에서 그동안 검토해온 7개 과제에 대한 대통령 자문보고서를 채택

① 새만금 사업에 대한 검토의견(국토보전 · 수자원분과 합동)
② 2002 Rio+10 대책추진기본계획(운영협의회)
③ 국토이용체계 개편방안(국토보전분과)
④ 수자원 장기종합계획에 관한 검토(수자원분과)
⑤ 비무장지대 보전방안-경의선 건설을 중심으로(생태 · 보건분과)
⑥ 지속가능한 에너지절약과 이용효율 향상 방안(에너지대책분과)
⑦ 환경친화적 조세제도 개편방안(산업과 환경분과)

교토의정서에 대한 응답이었다. 교토의정서는 비록 미국과 캐나다가 불참하고 중국 등 거대 개도국에 의무감축조항을 부여하지 않는 등의 이유로 유명무실해졌지만 적어도 국제적 협력을 통해 전 지구적 수준으로 온실가스 감축을 도모하려는 노력이 각국 대표들의 서명을 통해 의결된 최초의 문서라는 것에 의미가 있었다. 따라서 미국의 불참과는 별개로 앞으로도 계속 국제사회는 온실가스 감축을 위한 노력을 계속해 나갈 것으로 보였으며, 장기적으로 한국에도 온실가스 감축에 대한 압박이 커질 가능성에 대한 대비책이 필요했다.

교토의정서 대비 회의록에 나타난 지속가능위의 전반적인 입장은 의무적인 감축 목표 설정 및 참여 없이 '2018년부터 의무부담을 검토할 수 있다'는 입장을 표명한 우리나라는 당장의 경제적 타격을 염려할 필요는 없겠지만 2018년 이전 이른바 '중간단계'를 도입하여 자체적으로 장기적인 온실가스 감축 계획이 필요하다는 것이다. 또한 지속가능위는 교토의정서 서명 직후 1998년 관계장관회의에서 2018년 의무감축 참여조차도 너무 이르고 경제발전에 지장이 우려되므로 늦춰야 한다는 결정이 내려진 것에 대해 "기후변화에 대한 부정적인 인식을 강화시켜 일반 국민과 업계의 자발적 참여분위기 조성에 불리하며... 지구환경 노력에 비협조적인 국가라는 부정적인 국가 이미지를 주게 될 가능성"이 있다고 강력히 비판하기도 한다.[242] 이 기록은 이미 20년 전의 논

의 내용이지만 개발도상국이라고 잡아떼기 어려운 지금의 대한민국에서도 지지부진한 기후변화 대응에 주는 함의가 적지 않다고 할 수 있다.

이명박 정부 출범 이후 대통령의 강력한 의지와 함께 녹색성장위원회가 출범했으며, 문재인 정부에서도 탄소감축을 전면에 내세운 탄소중립위원회가 대통령직속기구로 출범하면서 지속가능한 발전을 위한 대책이 구체화되는 것은 바람직한 현상이라고 할 수 있다. 하지만 "지속가능한 발전", "녹색성장" 등의 워딩에서 볼 수 있듯이 지금까지의 환경 관련 자문기구들은 환경을 보호하면서도 "성장"을 계속해나가야 한다는 강박에서 운영되고 있다는 느낌을 지울 수 없다. 새로 출범한 탄소중립위원회가 기후변화에 구체적으로 대비하고 새로운 형태의 미래를 대안으로 제시할 수 있는 자문기구로 기능할 수 있을지 지속적인 관심이 필요하다.

242 국가지속가능발전위원회, "온실가스 의무부담 참여방안에 대한 검토", 2000. 11. 10.(대통령기록관 소장).

8) 구제역 사태와 가축전염병 방역(2001. 3. 21.)

전염병이 우리나라에서 법적으로 국가적 재난으로 인정되기까지는 오랜 시간이 걸렸다. 2004년 재난관리법이 더욱 포괄적인 "재난 및 안전관리기본법"(재난안전법) 개정에서 전염병을 국가적 재난의 일부로 포함시키며 공식적으로 전염병을 "재난"의 영역으로 다루게 되었던 것이다. 그러나 그 때까지도 재난안전법 상 "전염병"은 인간의 건강과 생명을 직접적으로 위협하는 인간 전염병에 국한되어 있었다. 국민 경제 전반과 축산농가의 살림살이에 엄청난 타격을 줄 뿐만 아니라 애써 키운 동물들의 살처분으로 축산업 종사자 및 방역 담당자들의 정신 건강에도 막대한 피해를 주는 가축전염병은 여전히 "재난"의 영역에 포함되지 않았던 것이다.

인간은 항상 문제가 닥치고 엄청난 피해를 입은 이후에야 문제 해결에 나설 수 있는 것일까. 2010년의 전례없이 막대한 피해를 초래한 구제역 사태로 인해 재난안전법이 2011년 개정되면서 마침내 가축전염병도 법률 상 국가적 재난에 포함될 수 있었다. 또 사스, 메르스, 코로나19 또는 아프리카에서 수많

[그림 2.117] 김포의 돼지 살처분 현장

출처: https://www.newsnjoy.or.kr/news/articleView.html?idxno=33583.

은 생명을 앗아간 에볼라 등의 인수공통감염병[243]이 확산된 21세기 이후, 동물 전염병을 인간전염병과 똑같이 심각하게 다루어야 한다는 것은 이제 상식적인 수준이 되었다.

먼저 국내에서 구제역이 본격적으로 문제화되기 시작한 2000년의 상황을 돌이켜 볼 필요가 있다. 기존 연구에 따르면, 2000년의 구제역 발생은 일제강점기 이후 처음으로 공식적으로 기록된 구제역이며, 아래 표와 같이 2,700여억 원에 달하는 재정을 투입하여 겨우 진화할 수 있었으며 총 피해액은 3,000여억 원에 달했다. 이후 2001년까지 세계가 구제역과 싸우는 동안 잘 방역을 해 오다가 2002년에 다시 터진 구제역 사태에서는 더욱 큰 규모의 살처분 조치로 대응했음을 알아볼 수 있다(한국농촌경제연구원, 2019). 그렇다면 의문점은 이 때의 경험을 거울삼아 더욱 체계적인 가축전염병 예방 체제를 가동하지 못하고 왜 2010년에 축산업에 치명적인 타격을 준 구제역 사태가 재발하는 것을 허용할 수 밖에 없었을까 하는 것이다.

[그림 2.118] 농림부, "구제역 특별방역대책 (국무회의 보고자료)", 2001. 3. 21.(대통령기록관 소장)

< 국내 방역조치 >

□ 재발 가능성이 높은 **2.24~4.30**까지를 **「구제역 특별방역대책 기간」**으로 정하여 **구제역 재발방지**에 **총력을 경주**하고 있음.
- ○ 소규모 축산농가 소독을 위해 2~3개 마을별로 **「공동방제단」 10,269개반**을 편성 · 운영하고, 4월말까지 **매월 4회**(1 · 8 · 15 · 22) 전축산농가에 대해 일제소독 실시
  - 공공근로요원 2만명을 "공동방제단"에 투입 지원
  - 소독방제차량(防除車輛)과 소독장비를 긴급 구매 공급(총 **232억원**)
- ○ 구제역 발생대비 시 · 도별 **가상방역훈련**(CPX) 실시
- ○ 전국 시 · 군 · 구에 구제역 **발생신고 전용전화(1588-4060)** 설치
- ○ 전국 축협조합장(193명) 구제역 방역 **결의대회**(3.19)

※ 국내조치에 **총 64천명** 투입 : 방제단(31천명), 공공근로요원(25천명), 농림관련 공직자 · 농협(5천명), 예찰의무요원(3천명)

□ 가축이동을 최소화하기 위해 전국의 **가축시장을** 지난해 구제역 발생기간이었던 3.24~4.16간 **잠정 휴장** 조치
- ○ 양축농가의 불편해소를 위한 계통출하 적극 지도

243 동물과 사람 간 전파 가능한 질병을 말하며, 현재 질병관리청고시로 11종이 지정되어 있음. 참조: 질병관리청 홈페이지, https://kdca.go.kr/contents.es?mid=a20301050600.

표-6 2000~2019년 구제역 발생 현황

구분	2000년	2002년	2010년			2014년	2014년 ~ 2015년	2016년	2017년	2018년	2018년
			'10. 1월 (포천)	'10. 4월 (강화)	'10/'11년 (안동)						
발생	ㅇ3.24 ~4.15 (23일간) ㅇ건수:15건 (소 15) ※3개 도 6개 시·군 –파주, 화성 용인, 홍성 보령, 충주	ㅇ5.2 ~6.23 (53일간) ㅇ건수: 16건 (소 1, 돼지 15) ※2개 도 4개 시·군 –안성, 용인 평택, 진천	ㅇ1.2 ~1.29 (28일간) ㅇ건수: 6건 (소 6) ※1개 도 2개 시·군 –포천, 연천	ㅇ4.8 ~5.6 (29일간) ㅇ건수: 11건 (소 7, 돼지 4) ※4개 시·군 4개 시·군 –강화, 김포 충주, 청양	ㅇ'10.11.28 ~'11.4.21 (145일간) ㅇ건수: 153건 (소 97, 돼지 55, 염소 1) ※11개 시·군 75개 시·군 –부산, 대구 인천, 울산 대전, 경기 강원, 충북 충남, 경북 경남	ㅇ7.23 ~8.6 (15일간) ㅇ건수: 3건 (소 3) ※2개 도 3개 시·군 –의성, 고령 합천	ㅇ'14.12.3 ~'15.4.28 (147일간) ㅇ건수: 185건 (소 5, 돼지 180) ※7개 도 3개 시·군 –인천, 세종 경기, 강원 충북, 충남 경북	ㅇ'16.1.11 ~'16.3.29 (45일간) ㅇ건수: 21건 (돼지 21) ※2개 시·군 6개 시·군 –김제, 고창 공주, 천안 논산, 홍성	ㅇ'17.2.5. ~2.13 (9일간) ㅇ건수: 9건 (소 9) ※3개 도 3개 시·군 –보은, 연천 정읍	ㅇ'18.3.26 ~4.1 (7일간) ㅇ건수: 2건 (돼지 2) ※1개 도 1개 시·군 –김포	ㅇ'19.1.28. ~1.31 (4일간) ㅇ건수: 3건 (소 3) ※2개 도 2개 시·군 –안성, 충주
혈청형	O형	O형	A형	O형	O형	O형	O형	O형	O, A형	A형	O형
방역조치	ㅇ살처분 182농가 2,216두 소: 2,021 돼지: 63 기타: 132 ㅇ예방접종 (Ring 백신)	ㅇ살처분 162농가 160,155두 소: 1,372 돼지: 158,708 기타: 75 ㅇ예방접종 배제	ㅇ살처분 55농가 5,956두 소: 2,905 돼지: 2,953 기타: 98 ㅇ예방접종 배제	ㅇ살처분 395농가 49,874두 소: 10,858 돼지: 38,274 기타: 742 ㅇ예방접종 배제	ㅇ살처분 6,241농가 3,479,962두 소: 150,864 돼지: 3,318,298 기타: 10,800 ㅇ예방접종 실시 (전국백신)	ㅇ살처분 3농가 2,009두 돼지: 2,009 ㅇ전국 예방접종	ㅇ살처분 196농가 171,128두 소: 70 돼지: 171,051 사슴: 7 ㅇ전국 예방접종	ㅇ살처분 25농가 33,073두 돼지: 33,073 ㅇ전국 예방접종	ㅇ살처분 21농가 1,392두 소: 1,392 ㅇ전국 예방접종	ㅇ살처분 10농가 11,726두 돼지: 11,726 ㅇ전국 예방접종	ㅇ살처분 29농가 2,272두 소: 2,272 ㅇ전국 예방접종
국내종식	ㅇ예방접종 중단 후 1년 ※청정국 회복: '01.8.31	ㅇ이동제한 해제 (8.14)후 ※청정국 회복: '02.11.29	ㅇ이동제한 해제 (3.23)후	ㅇ이동제한 해제 (6.19)후 ※청정국 회복: '10.9.27	ㅇ이동제한 해제 (6.25)후 ※백신 청정국: '14.5.29	ㅇ이동제한 해제 (9.4) ※백신 접종중, 종식선언은 하지 않음	ㅇ이동제한 해제 (5.22) ※백신 접종중, 종식선언은 하지 않음	ㅇ이동제한 해제 (4.27) ※백신 접종중, 종식선언은 하지 않음	ㅇ이동제한 해제 (3.10) ※백신 접종중, 종식선언은 하지 않음	ㅇ이동제한 해제 (4.30) ※백신 접종중, 종식선언은 하지 않음	ㅇ이동제한 해제 (2.25) ※백신 접종중, 종식선언은 하지 않음
재정소요액	ㅇ2,725억원 –보상금 71 –수매 2,428 –소독 등 202 –생활·경영 안정·입식 자금 등 23.7	ㅇ1,058억원 –보상금 531 –수매, 소독 등	ㅇ272억원 –보상금 93 –수매, 소독 등	ㅇ1,040억원 –보상금 637 –수매, 소독 등	ㅇ27,383억원 –보상금 18,337 –수매, 소독 등	ㅇ약 17억원 추정 –보상금 5 (국비 3) –소독 등 12	ㅇ약 635억원 –보상금 412 (국비 329) –생계·소독19 –소독 등 204	ㅇ약 80억원 –보상금 75 (국비 60) –생계·소독5	ㅇ약 98억원 –보상금 63 (국비 51) –생계·소독1 –소독 34	ㅇ약 42억원 –보상금 37 (국비 30) –생계·소독 5 (국비 3)	ㅇ약 86억원 추정 –보상금 85 (국비 68) –생계·소독1 (국비 0.8)

자료: 한국농촌경제연구원, 2019.

사실 2000년의 사태 이후 해외에서의 구제역 확산 추이를 철저히 파악하고 국경 검역 강화 등 방역에 노력을 기울인 흔적을 보면 당시의 가축전염병 방역 체계는 틀림없이 어느 정도 작동하고 있었다. [그림 2.118]은 농림부가 국무회의 자료로 제출한 것으로, 2001년 당시 구제역 재발을 막기 위해 신속하게 방역체계를 가동했던 농림부의 대응을 보여준다.

이후 돼지콜레라와 구제역이 동시에 확산되게 되는데, 당시 국무회의 보고자료의 마지막 페이지에는 [그림 2.119]와 같이 김대중 대통령이 직접 예방적 접근의 가능성을 장관에게 묻는 메모가 기록되어 있기도 하다. 문제는 농림부에게 과도한 부담이 지워져 있었다는 것이다. 2011년 발표된 한 연구는 2002년의 방역을 대체로 성공적으로 평가하고 있으나(양기근, 2011), "농림부 장관이 국방부 장관에게 직접 연락해 군부대를" 동원할 정도로 농림부는 엄청난 부담을 안고 있었고, 사실상의 무임금 노동력인 군부대가 총동원되어 해결되었다는 것은 체계적인 관리 시스템이 부족했음을 역설적으로 보여준다. 또한 강력한 초동대응을 위한 대규모 살처분 방식이 도입되기 시작했는데, 규모가 더 컸던 2010년의 구제역에 이르러 대규모 살처분의 비윤리성이 지적되기 시작했으며, 살처분된 가축의 시체를 통한 수질 및 토양 오염 문제까지 제기

[그림 2.119] 대통령비서실, "구제역 방역 추진 상황(국무회의 보고자료)", 2002. 5. 7.(대통령기록관 소장)

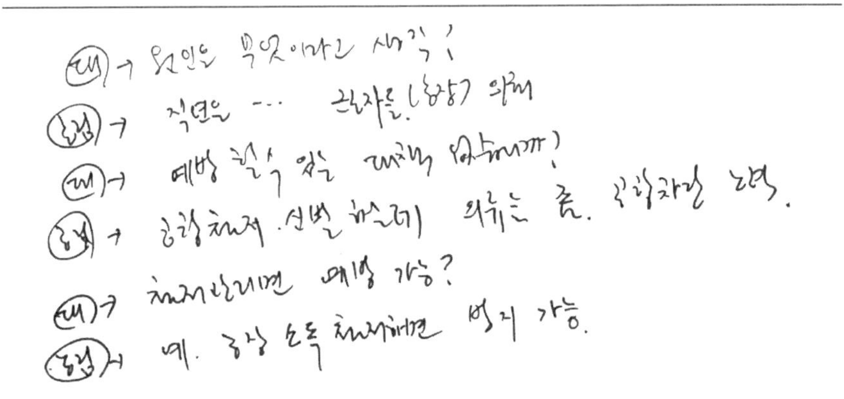

되면서 가축방역체계를 총체적으로 재점검할 필요성이 제기되었다.

2010년 말의 재앙적인 구제역 피해 이후 2011년 3월 재난안전법이 개정되어 가축전염병이 국가적 재난 개념에 확실히 포함되게 되었다.[244] 2010년 말 구제역 사태 때에도 농림부 장관의 건의로 구제역을 심각한 재난으로써 대처하기 위한 중앙재난안전대책본부가 설치되었지만, 이 시기의 관리체계는 모호한 매뉴얼 때문에 제대로 운용되지 못한 예로 지적되고 있기도 하다(양기근, 2011). 결국 강력한 초동대응과 백신의 활용에 달려 있다고 할 수 있는데, 위기 사태에서 컨트롤 센터를 명확히 하고 방역을 진두지휘할 수 있는 국가적 체계와 매뉴얼을 재정비하는 것이 무엇보다도 중요한 실정이다.

또한, 동물에게도 최소한의 생명권이 보장되어야 한다는 여론이 들끓고 있는 21세기의 분위기를 생각해 보면 이 문제는 윤리적인 부분까지 고려하지 않을 수 없게 된다. 즉, "강력한 초동대응"의 명분으로 대규모 살처분을 진행하는 것이 어느 정도까지 윤리적으로 정당화될 수 있을까 하는 문제도 새로운 사회적 합의가 필요한 중요한 과제인 것이다. 반드시 동물의 입장에서 접근하지 않더라도, 대규모 살처분 과정에서 농장주와 살처분 인력이 겪는 정신적 트라우마도 엄청나다는 것이 다양한 언론 보도로 드러난 바 있다.[245] 미래의 대한민국의 리더십이 주목해야할 부분이라고 하지 않을 수 없다.

244 https://www.law.go.kr/법령/재난 및 안전관리기본법/(10467,20110329).

245 예를 들면, 『한겨레신문』, 2019. 2. 20. "새끼 돼지 태워 죽인 공무원 트라우마, 국가는 책임을 외면했다".

9) 2002년 태풍 루사(2002. 8.)

태풍은 열대저기압의 한 종류이다. 세계기상기구(WMO)는 열대저기압 중에서 중심 부근의 최대 풍속이 33㎧ 이상인 것을 태풍(TY), 25~32㎧인 것을 강한 열대 폭풍(STS), 17~24㎧인 것을 열대 폭풍(TS), 그리고 17㎧ 미만인 것을 열대저압부(TD)로 구분한다. 반면 우리나라와 일본에서는 최대 풍속이 17㎧ 이상인 열대저기압 모두를 태풍이라고 부른다. 이는 지역에 따라 각기 다른 이름으로 불리는데, 북서태평양에서는 태풍(Typhoon), 북중미에서는 허리케인(Hurricane), 인도양과 남반구에서는 사이클론(Cyclone)이라고 부른다. 태풍은 전향력 효과가 미미한 남북위 5°이내에서는 거의 발생하지 않으며, 일반적으로 우리나라에 영향을 미치는 태풍은 7~10월 사이에 발생한다.[246]

2002년 8월 말에서 9월 초에 강력한 태풍 루사가 남해안을 상륙해 내륙을 관통하면서 우리나라 태풍 기록 사상 최대의 재산 피해액을 기록했다. 태풍 루사는 2002년 8월 23일 9시경 괌 동북동쪽 약 1,800km 부근 해상에서 발생했다. 이후 태풍 루사는 1904년 기상관측 시작 이래 가장 많은 일강우량을

[그림 2.120] 태풍 루사 피해현장

◇태풍이 할퀴고 간 백두대간

3일 오전 헬기에서 내려다본 강원도 동해시 인근의 망운산 일대. 지난 2000년 산불로 인해 지반이 약해진 산자락에 제15호 태풍 '루사'의 피해가 겹치면서 곳곳에 손톱으로 할퀸 것 같은 산사태의 흔적이 남아 있다.
/東海=鄭敬烈기자 krchung@chosun.com (헬기조종=이성호 경기소방재난본부)

출처: 『조선일보』, 2002. 9. 4. "태풍이 할퀴고 간 백두대간".

246 https://www.weather.go.kr/w/typhoon/basic/info1.do.

기록했다. 사망 및 실종자가 246명에 달했고, 재산 피해는 5조 2,622억 원 정도 되었다. 강릉에서만 사망 46명, 실종 5명, 부상 17명 등 68명의 인명피해와 8천억 원의 재산피해가 발생하는 등 동해안 지역의 피해가 컸던 태풍이기도 했다.

[그림 2.120]의 사진을 보면 당시 피해 규모를 상상할 수 있다. 백두대간의 많은 부분이 피해를 입기도 하였다.[247]

당시 국무회의 자료를 보면 정부는 피해 규모는 매우 컸지만 민관민의 협력에 의해 복구상황이 매우 진전되고 있다고 판단하였다. 구호 성금도 700억 원이 넘을 정도로 국민적 관심도 높았던 재해였다. **[그림 2.122]**의 자료에서 보듯이 정부가 판단한 피해 내역을 보더라도 강원도가 가장 큰 인명 피해와 재산 피해를 입었다. 강릉의 삼척시와 강릉시는 추후 재난보고서를 발간할 정도로 당시 강원도가 입은 피해 규모는 매우 컸다.

[그림 2.121] 피해보고서

제15호 태풍 「루사」 피해 복구상황 및 향후대책

□ 9. 10 현재, 종합 피해상황은 184명의 인명피해와 총 5조 4,696억원의 재산피해가 발생한 것으로 잠정집계되고 있음

◀ 주요 피해현황 ▶

◇ 인명피해(184명) : 사망 124, 실종 60(미확인 56명은 원인 규명중)

◇ 재산피해 : 5조 4,696억원(9. 10, 06:00 현재)

- 건물(1,337억), 도로·교량(8,817억), 하천(15,592억), 수리시설(3,920억), 기타(25,030억)

◇ 수용이재민 : 27,619세대 88,625명(일시대피 이재민 포함)

◇ 침수피해 : 건물 17,046동, 농작물 50,088ha

○ 재산피해규모는 그간 수해지역 고립마을의 피해가 집중적으로 추가되어 계속 증가되어 왔으나,

- 강원·경북 등 고립지역의 피해조사가 거의 완료되어 가고 있어 최종피해액은 현 수준에서 크게 증가하지는 않을 전망임

□ 그간, 전 부처의 총력적인 대응조치와 군·경찰, 일반 공무원, 자원봉사자 등의 헌신적인 복구지원활동에 힘입어,

○ 도로·전기·통신·상수도 등 생활기반시설은 산간오지 등 일부지역을 제외하고 대부분 응급복구가 완료되었고, 이재민 구호활동도 범국민적 동참하에 차질없이 추진중에 있어,

※ 동원인원 및 장비(연 110만여명, 30,329대), 구호성금 모금(701억원, 9.9 현재)

▶ 수해지역 주민들도 충격에서 벗어나 점차 안정을 되찾고 있음

출처: 행정자치부 국립방재연구소, "2002 태풍 루사 피해 현장조사 보고서(8. 30–9. 1)"(대통령기록관소장).

247 『조선일보』, 2002. 9. 4. "태풍이 할퀴고 간 백두대간".

그런데 정부의 당시 대책은 응급복구에 그친 측면이 강하였다. 향후 대처 방안 모색이라든지 체계적인 지원 등은 부족하였다. 그리고 과거처럼 국민들의 자발적 성금을 강조한 점도 눈여겨볼만 하다.[248] 국민 500만 명 이상이 참여한 수재의연금 모집은 역대 최고 액수를 기록하기도 하였다.[249] 한편 피해액수 신고를 둘러싼 논란이 일어나기도 했다. 고성경찰서는 태풍 '루사' 피해와 관련해 허위 또는 과장 신고해 정부 특별위로금을 사취한 주민 13명을 사기 혐의로 불구속 입건했으며, 또 현장조사를 하지 않은 채 피해조사 대장을 작성한 공무원 3명을 허위공문서 작성 혐의로 불구속 입건했다. 속초경찰서는 태풍 피해를 입지 않고도 허위로 피해신고를 한 양식업자와 사실 조사를 하지 않은 채 보조금을 지급한 양양군청 공무원 5명을 직무유기와 보조금 예산 및 관리에 관한 법률 위반혐의로 불구속했다.

[그림 2.122] 피해복구 상황

이번 태풍으로 인한 최종 집계된 시도별 인명 및 재산피해액은 표 1과 같다.

표 1. 피해 내역

피해지역	인명피해(명)	재산피해액 (백만원)	비고
계	321	5,147,917	
서울특별시	-	610	-
부산광역시	6	12,565	-
대구광역시	1	4,306	-
인천광역시	-	696	-
광주광역시	3	5,173	-
대전광역시	-	700	-
울산광역시	4	5,823	-
경 기 도	-	11,231	-
강 원 도	178	2,530,523	현장조사
충 청 북 도	10	160,500	현장조사
충 청 남 도	1	36,434	-
전 라 북 도	18	292,840	-
전 라 남 도	16	379,705	현장조사
경 상 북 도	53	865,805	현장조사
경 상 남 도	31	789,855	-
제 주 도	-	51,151	-

3. 피해조사

금번 재해원인분석조사단에서는 태풍 「루사」로 인한 피해현황을 조사하고 원인분석을 실시하여 그 결과를 보고서로 작성하였다.

출처: 국무회의, "제15호 태풍『루사』피해복구상황 및 향후 대책"(국가기록원소장).

248 국무회의, "제15호 태풍『루사』피해복구상황 및 향후대책"(국가기록원 소장).

249 『조선일보』, 2002. 9. 12. "한달간 791억 수재의연금 사상 최고액: 각 언론사·재해대책협 모금액 집계".

루사가 발생했던 2002년에는 예·경보 대피시스템이 체계적으로 구축되지 않아 정보전달에 한계가 있었다. 주민들의 판단이나 관계 공무원들의 호별 방문, 권고에 의해 사전대피에 의존할 수밖에 없었다(삼척시, 2004). 심지어는 태풍 경로에 있는 계곡의 아영객들과 하천변 등에 거주하는 주민들은 사전대피에 대한 정보를 얻지 못해 혼란을 겪기도 했다. 이 당시에는 사유재산이나 주택 등에 대한 문제로 적극적으로 대피하지 않는 주민들도 있었고 당국도 이를 단속하기 어려운 실정이 있었다. 이러한 경우에는 자연적인 원인 이외에도 피해지역 위치와 안전의식 등이 피해 확대에 영향을 미치기도 하였다.

정부는 해당 지역이 가지고 있는 문제점을 신속히 파악하여 기상청에서 태풍 정보를 6시간마다 전파하고 기관별 정해진 시간대에 따라 현재 상황을 체크하도록 했다. 태풍의 경우 상륙 이후 다양한 요인으로 인해 실시간으로 변화

[그림 2.123] 수재 의연금 최고액

한달간 791억

수재의연금
사상 최고액

영남지역 집중호우와 태풍 '루사'로 피해를 본 수재민들을 돕자며 전 국민이 한푼 두푼 내놓은 돈이 수재의연금 모금 사상 최고액을 돌파했다. 보건복지부와 재해대책협의회는 11일 "지난 한 달간 각 언론사와 재해대책협의회에 모인 수재의연금은 791억원으로, 사상 최고액"이라고 밝혔다. 지금까지 가장 많았던 수재의연금은 98년 집중호우 당시 모인 683억원이었다.

각 언론사·재해대책協 모금액 집계

아이·노인등 500만명이 한푼 두푼
성금행렬 계속… 곧 1000억 넘을듯

이번 모금에 참여한 국민은 500만 명, 기업체는 1300곳이 넘었다. 복지부 박하정(朴夏政) 기초생활보장심의관은 "각 언론사를 찾는 성금 행렬이 길어지고 있어, 이달 말이면 수재의연금이 1000억원을 넘을 전망"이라고 말했다.

언론사 접수창구를 찾는 사람 중 가장 많은 수는 초등학교 어린이들이다. 대부분 동전과 꼬깃꼬깃 접은 1000원짜리들을 모아 와 접수창구를 한바탕 소란스럽게 만들고 있다. 노인들도 "소주 값 아껴 모아 왔다"며 창구를 직접 찾는다. 그 외 대부분의 수재의연금은 온라인으로 언론사 계좌에 송금되고 있다.

수재의연금을 내는 대열에는 서민들이 앞장섰다. 상습 침수지역으로 유명한 서울 노원구 상계1동 '노원마을' 800여 가구 주민들은 1000~3만원씩 각출, 236만여원을 모아 구청에 전달했고, 탈북자 정착 지원시설인 하나원에서 교육받고 있는 탈북자 56명도 '어려운 동포를 돕자'며 38만여원을 모았다.

"하루 아침에 삶의 기반이 무너진 수재민들을 보고 안타까웠다"며 거액을 기탁하는 사례도 줄을 이었다. 개그맨이었던 ㈜좋은 사람들 대표 주병진(43)씨는 11일 2억원을 기탁했으며, 신세대 탤런트 장나라(21)씨는 영화와 광고 출연료 1억5000만원을, 탤런트 차인표·신애라씨 부부는 5000만원을 내놓았다.

불펜 장사와 부동산 임대업으로 재산을 모은 이남원(57)씨는 1억이원을 쾌척했고, 데이 트레이더(Day Trader)로 활동 중인 김상수(40)씨는 5000만원을 냈다.

조선일보에 모인 수재의연금은 11일 현재 49억여원. 올해 수재의연금 접수 기간이 20일 가까이 남은 데다, 국민 열기가 높아 99년 모금 최고액인 67억원을 돌파할 것으로 관계자들은 보고 있다.

재해대책협의회는 이번 수재의연금 모금의 또 다른 특징으로, 30대 기업 참여율이 높은 점을 들었다. 예년 30대 기업이 낸 수재의연금 액수는 전체 수재의연금의 13%선이었으나, 올해는 225억원으로 30%나 됐다. 그 외 중소기업 215억원, 일반 국민 177억원, 학생 81억원, 공무원이 62억원을 냈고, ARS 모금액은 31억원이었다.

/朴重鉉기자 jhpark@chosun.com

◇수해지역 도움의 손길들… 강원도 횡성군 전통음식연구모임의 주부회원들이 11일 오후 수해를 입은 강릉시 주문진읍 장덕리 지역 논에서 벼베기 자원봉사활동을 펼치고 있다./李起元기자 kiwiyi@chosun.com

출처: 『조선일보』, 2002. 9. 12.

하기 때문에 수시로 체크하는 것이 필요하다. 따라서 중앙부처에서는 기상정보를 정확하고 신속하게 소관 부처 및 지자체에 전파해야 하며 지자체에서는 기상정보와 지역 특성을 함께 고려하여 대형재난으로 확대될 수 있는 요인들을 도출하고 그에 따른 대응체계를 수립해야 한다. 이러한 점들이 당시 태풍이 왔을 때 매우 부족했고 그로 인해 피해 규모는 클 수밖에 없었다.[250]

250 서경민 외. 2020. "과거 재난사례분석을 통한 의사결정 체크리스트 구성에 관한 연구". 『한국재난정보학회논문집』 16(2).

10) 대구지하철 화재사고(2003. 2. 18.)

2003년 2월 18일 대구지하철 중앙로역에서 발생한 대구지하철 화재사고는 우리나라 도시철도 역사상 가장 참혹한 사고이자, 재난관리 시스템의 전면적인 변화를 불러일으킨 사례이다. 사고 소식은 국민들에게 크나큰 슬픔을 주었는데, 사고 당시 피해자들이 가족 및 지인들에게 보냈던 문자메세지, 통화내용이 인터넷에 공개되어 한동안 누리꾼들의 가슴을 아프게 하기도 하였다. 더욱이 1995년 4월 28일 대구 지하철 공사장에서 가스폭발 사고가 발생하여 큰 피해(101명 사망, 201명 부상)를 입은 적이 있었기에, 대구시민들이 받은 충격은 더욱 더 클 수 밖에 없었다.

대구지하철 사고의 경위를 정리하면 다음과 같다(대구광역시, 2005). 2003년 2월 18일 9시 53분경 대구지하철 1호선 중앙로역 하행선 승강장에 정차한 1079호 전동차 객차에서 자신의 처지를 비관한 방화범 김대한의 방화로 화재가 발생하였다. 방화범은 뇌경변으로 인해 지체장애 2급 판정을 받아 삶을 비관하였고, 방화를 목적으로 인근 주유소에서 휘발유를 구입하여 본인의 자동차세척용 샴푸통에 담은 후, 전동차 객차에 탑승한 것이었다. 방화범이 탑승한 전동차가 중앙로역에 도착할 무렵, 가스라이터를 꺼내 불을 켜려고 망설였고 다른 승객으로부터 지적을 받자 순간적으로 불을 붙이기로 결심하여 소지하고 있던 휘발유에 불을 붙여 화재가 발생하였다(대구광역시, 2005). 방화범은 사고 직후 다른 피해자들과 같이 구조돼 병원에서 치료를 받던 중, 목격자들이 범임임을 확인해 경찰에 검거되었다.[251] 이후 방화범은 무기징역을 선고받고 수감생활을 하다, 지병이 악화되어 경남 진주교도소내 개인병실에서 2004년 8월 30일 숨졌다.[252]

화재로 인한 피해규모를 살펴보면, 중앙로역 지하 3층 구조물 내부와 전동차 동력 전력 선로 및 지하 3층 승강장에 정차하였던 전동차 상행선 6량과 하

251 『한겨레』, 2003. 2. 18. “[화재]대구 지하철 방화 용의자 김대한씨”.

252 『동아일보』, 2004. 8. 31. “대구지하철 방화범 수감치료중 사망”

행선 6량 총 12량이 전소되었다. 역사 지하 1·2층 또한 화재로 피해를 입고, 화재로 객차에 타고 있던 승객들이 화상을 입거나 연기와 유독가스에 질식하여 사망 197명, 부상 146명 등 총 343명의 사상자가 발생하였다(김만건, 2003).

대규모의 사고피해가 발생한 것은 크게 직접적 원인과 간접적 원인으로 구분할 수 있다(대구광역시, 2005). 직접적 원인은 방화범에 의한 1079호 전동차 내 방화가 가장 큰 원인이었다. 특히, 불연재가 아닌 난연재를 이용한 내장재로 인해 전동차 내에서 불이 빠르게 옮겨 붙고 많은 연기와 유독 가스를 발생하게 되었다. 전동차에서 방출되는 고온의 화염과 복사열이 폐쇄된 공간인 지하철 승강장의 실내온도를 급격히 상승시켜 반대편 승강장에 도착한 1080호 전동차로 연소가 확산되었던 것이다(대구광역시, 2005).

간접적 원인으로는 지하철 공사 등 외부 비상대응 기관 직원들의 위기 대처능력 부족으로 볼 수 있다. 기관사 등 최초 발견자가 화재발생 사실을 종합사령실에 보고하지 못하였고, 종합사령실에서는 화재사실을 통보받고도 정확한 지시를 내리지 않았다. 따라서 사태의 심각성을 파악하지 못한 1080호의 기관사는 화재가 진행된 중앙로역 구내로 진입하게 된 것이다. 기관사는 종합사령실에서 지시한 바와 같이 승객들에게 객차 내에서 대기하라고 방송한 뒤, 승객대피 조치 없이 본인만이 대피하는 바람에 승객들이 대피시기를 놓치게 되었다(대구광역시, 2005). 더욱이, 기관사가 대피 과정에서 마스콘키(master control key)를 뽑아가는 바람에 전동차 문이 닫혀버렸고, 승객들은 수동문을 개방하는 방법에 익숙하지 못해 객차 안에 갇히게 된 것이었다. 따라서 1079호 전동차 승객은 대부분 대피할 수 있었던 반면, 1080호 전동차의 많은 승객들이 사망하게 된 것이다(김영규, 2003).

김대중 대통령은 재난관리법 제 51조의 규정에 의하여 2월 19일 부로 대구지하철 화재사고 지역인 중앙로역 일원을 특별재난지역으로 선포하였고, "유족들의 요구를 감안하여 신속히 대응할 수 있도록 범정부 차원에서 대책을 검토하고, 무엇보다 이번 사건에 대한 수습과 보상이 제대로 이루어질 수 있도록 하라"고 지시하였다. 이에 따라 각 관계부처별로 구체적인 지원방안을 마련하여 지원하였다(대구광역시, 2005).

한편, 김대중 대통령의 퇴임(2003년 2월 24일)을 얼마 남기지 않은 시점에 사고가 발생하였으므로, 당시 당선인 신분이었던 노무현 대통령도 사고에 관한 의견을 표명하였다. 노무현 대통령은 대구지하철 화재참사 현장을 찾아 유족들을 위로하고, 관계자들에게 신속한 사태수습을 당부하였으며, "전국 지하철을 상대로 안전점검을 실시하겠으며, 특히 대구지하철을 가장 먼저 점검하겠다"고 이야기하였다.[253] 또한, 사고와 관련하여 "죄인이 된 심정"이라는 표현

표-7 대구지하철 화재사고 관련 중앙정부의 지원내용

항목	지원내용
응급대책 및 재난구조 지원	-사체 신원확인 및 시신의 신속한 검시, 유족인도 업무 지원을 위한 "사체신원확인반" 편성
행정지원	-사고수습 지원을 위한 "중앙특별지원반" 파견 -인명구조시 사망한 시민 등의 의사상자 지정 추진 -피해자 유가족의 현역 및 공익근무요원 징집 연기 -지하철 운영기관 공익근무요원 보강시 적극지원 -대구·경북지역 피해 대학생에 대한 학교차원의 지원방안 협조요청 -초·중등학교 피해학생에 대한 지원 -경찰청의 신원확인 신속 협조 등
재정지원	-특별교부세 20억원 지원, 즉각적 보상을 위한 사전준비 등
금융지원	-사상자 및 피해업체에 대한 보험금 조기 지급 -피해가구에 최대 2,000만원의 생활안정자금 지원 -피해업체에 피해액 범위 내에서 피해복구자금 지원 및 최대 2억원까지 보증 지원 -은행, 신용보증기관, 보험사별로 가까운 지점에 "현장 특별지원대책반" 설치하여 금융지원 서비스 체계 구축
세재지원	-피해업체, 피해자 또는 동거가족에 대해 세금 신고 납부기한 연장 -재해로 인한 자산손실이 30% 이상인 사업자에 대해 세액감면 -사업자가 재해를 입은 종업원에게 지급하는 피해복구비 등의 지원금은 당해 사업자의 손비로 인정 -국가 및 지방자치단체로부터 유족 및 피해자가 지급받는 지원금에 대하여 상속·증여세 비과세 등

출처: 대구광역시(2005).

253 『매일경제』, 2003. 2. 20. "盧 대구 참사현장 방문 "전국 지하철 안전점검"".

을 쓰며, 새정부가 출범하면 재난관리기구를 만들어 철저한 재발방지대책을 마련하겠다고 밝히기도 하였다.[254] 대통령 취임식 취임사에서도 대구 지하철 희생자에 대해 명복을 빌고 유가족들에게 위로하였으며, 재난관리체계를 전면 점검하고 개선해 안전한 사회를 만들겠다고 이야기하였다.[255] 실제로 이러한 문제의식에 기초하여 노무현 대통령 시기에는 국가재난관리 시스템 기획단 설치, 소방방재청 설립, 재난 및 안전관리 기본법이 입법되었다.

사고 직후 작성된 사고 재정지원 관련 기록물[256]을 살펴보면, 사고지역이 특별재난지역으로 선포됨에 따라 신속한 구호, 사상자 보상 및 복구를 위한 재정지원 필요성이 대두되었음을 언급하고 있다. 특히 피해 및 복구 규모, 사상자에 대한 보상금 및 위로금 등 관련 예산을 적극 지원하고자 하였음을 확인할 수 있다. 또한, 사고수습 관련 기록물[257]을 살펴보면, 대구지하철 화재사고를 계기로 도시철도 안전관리 체계의 총체적 점검·개선을 위해 민간 전문가 중심의 민관합동 '지하철 안전기획단'을 구성하였고, 기획단을 중심으로 '도시철도종합안전대책(안)'을 마련하고자 하였다. 해당 대책안에서 제시하는 주요 검토 내용은 각종 안전장치(불연내장재, CCTV 등)의 설치 의무와 철도 안전기술 등을 도입하여 차량의 안전을 개선하고, 비상사태시 승객의 안전한 탈출을 유도할 수 있도록 시설개선(내화기준 마련, 유도등 개선, 대피시설 및 비상통신시설 설치 등) 논의가 포함되었다. 이와 더불어 도시철도 기본계획에 안전관리계획을 포함토록 법제화하고, 도시철도 총괄관리를 위한 국가조직과 사고조사 전문조직 신설 등의 시설 및 인력보강에 관한 내용도 확인된다.

사고가 마무리 된 이후 2005년에는 지하철 대형화재 대응을 위한 실무

---

254 『MBC』, 2003. 2. 21. "노당선자 대구 지하철 참사 죄인이 된 심정으로 대처[연보흠]".

255 대통령기록관, https://www.pa.go.kr/research/contents/speech/index.jsp?spMode=view&artid=1309347&catid=c_pa02062.

256 대통령직인수위원회, "대구지하철 화재사건 재정지원 방안". 2003. 2. 18.(대통령기록관 소장).

257 국가기록원, http://theme.archives.go.kr/viewer/common/archWebViewer.do?bsid=200600035050&dsid=000000000002&gubun=search#10.

메뉴얼을 마련하였다. 실무매뉴얼 작성 회의에 관한 기록물[258]을 살펴보면, 건설교통부(주관기관), 소방방재청(유관기관), 서울지하철 등 6개 공사(실무기관)이 참석하여 회의를 실시한 것으로 기록되어 있다. 이후 2007년에는 매뉴얼을 바탕으로 "지하철 화재사고 위기대응 통합연습"을 실시하였고, 그에 대한 관찰 및 평가 결과를 정리하고 보고한 기록물이 확인된다.[259] 치밀한 사전준비를 통해 참여자들이 현장조치 행동메뉴얼 상의 임무와 역할, 훈련절차 등의 숙지정도가 양호하였고, 현실성 있는 연습이 실시되었으며, 적극적 홍보로 연습효과가 높아졌다는 점이 잘된 사항으로 보고되었다. 반면 주관기관과 유관기관이 다소 형식적이고 적극적이지 않은 모습도 확인되는 등 보완이 필요한 점이 지적되기도 하였다. 이후 이명박 대통령 시기에도 지하철 대형화재 사고 위기대응 실무매뉴얼이 보완 작성된 기록을[260, 261] 통해, 지하철 대형사고에 관한 정책적 관심이 지속되었음을 확인할 수 있었다.

대구지하철 사고는 과거 전통적 사회재난과 달리 현대적 재난의 성격을 가지고 있다(이재열·김동우, 2004). 사건의 소요시간과 사건의 상호작용을 기준으로 재난의 유형을 분류해보면, 과거 한국사회의 사회재난은 주로 단순한 기술과 관련되어 부실공사로 인해 발생하는 '단순·증폭형 사고' 유형으로 분류할 수 있다(예컨대, 삼풍백화점과 성수대교 붕괴사고). 그러나 대구지하철 화재사고는 이와 더불어 고도의 기술과 관련되어 피할 수 없는 사고의 요소를 가지고 있는 '복합·돌발형 사고' 유형의 특성 또한 강하게 가지고 있는 것으로 분석된다. 따라서 대구지하철 화재사고는 앞으로 한국사회에서 현대적 재난의 유형과 같은 매우 다양한 성격을 가진 재난이 발생할 가능성이 높을 보여주는

---

258 국가안전보장회의사무처, ""지하철 대형 화재사고" 실무매뉴얼 작성 협조회의 결과 보고". 2005. 3. 5.(대통령기록관 소장).

259 국가안전보장회의사무처, "「지하철 화재사고 위기대응 통합연습」 관찰·평가 결과 보고", 2007. 8. 14.(대통령기록관 소장).

260 대통령실, "지하철 대형 화재사고 위기관리 표준매뉴얼 승인본 송부", 2011. 4. 12.(대통령기록관 소장).

261 대통령실, "「지하철 대형 화재사고」 위기관리 실무매뉴얼 송부", 2012. 2. 20.(대통령기록관 소장).

사건으로 볼 수 있다(이재열·김동우, 2004).

노무현 대통령 출범 직전 발생한 대구 지하철 화재사고는 태풍 루사와 함께 재난관리의 중요성을 드러내는 사건이었으며, 이로 인해 노무현 대통령은 재난관리 시스템의 체계화에 관심을 가지게 되었다(이재은, 2005). 노무현 정부의 노력은 국가재난관리 시스템 기획단의 설치, 소방방재청의 설립, 재난 및

[그림 2.124] 당선자 신분이었던 노무현 대통령의 조문(위), 부상자를 위로하는 노무현 대통령(아래).

출처: 대구광역시(2005).

안전관리 기본법 입법으로 구체화되었다. 재난관리 시스템 기획단 설립의 배경에는 노무현 대통령이 강조한 "재난관리와 관련된 국가적 기구설치"의 필요성이 반영된 것이다.[262] 재난관리 시스템 기획단은 국가재난 종합대책을 수립[263]하여 재난과 관련된 법·제조, 운영 및 종합시스템, 매뉴얼 개발 및 보급, 교육훈련 강화 등 전반적인 개선방안을 제시하였다. 이를 바탕으로 "재난 및 안전관리 기본법[264]"이 제정되며, 소방방재청이 설립 및 운용되었다. 재난 및

[그림 2.125] 대구지하철 사고수습관련 정부지원 및 안전종합대책

- **수직환기구를 이용**한 소방인력 투입과 승객구조를 위한 이동장비(지붕없는 무개(無蓋)형 선로차량) 역사내 구비

□ 신속한 비상상황 판단·전파를 위해 열차와 열차, 기관사와 역무원, 승객과 기관사·사령실의 **무선 통화기능**을 확보하고 승강장에도 **비상도어폰** 설치

□ 대형화재에 대비한 소방성능 확대를 위해 **상수도 직결 수계소화설비** 및 **터널내 연결송수관**을 설치하고 **소방용 설비기기의 내구연한 기준**도 마련

□ 노후한 **지하철 터널구간 및 지하역사**의 점검 및 유지관리를 위한 **안전진단 기준**을 마련하고 **점검인력 보강** 및 시설물 점검·보수 추진

(3) 조직 및 인력 보강

□ 도시철도 기본계획에 **안전관리계획**을 포함토록 **법제화**

- 운영기관별 안전관리계획을 국가적 차원에서 체계적으로 검토하고 각종 안전기준 마련 등 **도시철도를 총괄관리**할 수 있는 **국가조직 건교부내 신설**(가칭 도시철도관리과)

□ 대구지하철 화재사고와 같은 대형사고 발생시 원인규명 및 대책을 수립할 수 있는 **사고조사전문조직 신설**

- **안전요원 증원배치**, 분야별 **사령실 통합운영** 등을 통한 인적 방재능력 향상

- 6 -

출처: 국가기록원, http://theme.archives.go.kr/viewer/common/archWebViewer.do?bsid=200600035050&dsid=000000000002&gubun=search#10.

262 행정자치부, "국가재난관리 시스템 기획단 설치 운영 계획", 2003. 3. 27.(대통령기록관 소장).

263 행정자치부, "21C 안전사회 구현을 위한 국가재난관리 종합대책", 2003. 8. 26.(대통령기록관 소장).

264 https://www.law.go.kr/법령/재난 및 안전관리기본법/(07188,20040311).

안전관리 기본법은 재난관리 정책의 발전과정에서 매우 의미 있는 법으로서, 재난 및 안전 관리 정책의 단계별 흐름(예방–대책–대응–복구–보상)의 체계성이 드러날 뿐만 아니라(양기근 외, 2014). 기존의 인위재난과 자연재해로 이원화된 재난 개념을 통합하고 국가 기반 체계 마비 등 새로운 형태의 재난을 포함해 확대·일원화된 재난을 대상으로 하였다는 점에서 의의가 있다(이종열 외, 2014).

[그림 2.126] 국가안전보장회의사무처, "「지하철 대형 화재사고」 실무매뉴얼 작성 협조회의 결과 보고". 2005. 3. 5.(대통령기록관 소장)

(2005.3.5, 土, NSC 위기관리센터)

「지하철 대형 화재사고」 실무매뉴얼 작성 협조회의 결과 보고

□ 개 요

NSC는 05.03.04(금) NSC 회의실에서 「지하철 대형 화재사고」 실무매뉴얼 작성을 위한 주관기관/유관기관/실무기관 협조회의 개최

* 건교부/국방부/소방방재청/서울지하철공사/부산교통공단 등 11개 기관 참석

□ 주요 내용

o 건교부(주관기관) : 위기대응 실무매뉴얼 샘플("파병부대 우발사태" 등)을 참고, 來週初(3.7)부터 실무매뉴얼 작업에 작수

o 소방방재청(유관기관) : 지하철 화재 사고시 독자적 매뉴얼에 의해 진화 및 구조구급 활동을 하고 있으나, 표준매뉴얼 및 주관기관 실무매뉴얼과 일관·체계성을 유지할 수 있도록 형식·내용 수정 계획

o 서울지하철 등 6개 공사(실무기관) : 지하철 화재 사고시 실무기관들의 대응은 동일하다며 6개 기관 공동 실무매뉴얼 작성을 요망

⇒ **주관기관 주관 협조회의를 개최(3.11), 공동 실무매뉴얼 작성에 대한 타당성 여부를 검토하기로 결정**

□ 향후 추진계획

o 건교부 주관 유관기관/실무기관 협조회의 : 3.11

o 주관기관(건교부) 실무매뉴얼 : 5월초 완료

o 유관기관(소방방재청 등)/실무기관(지하철공사등) 실무매뉴얼 : 6월초 완료 //끝//

[그림 2.127] 국가안전보장회의사무처, "「지하철 화재사고 위기대응 통합연습」 관찰·평가 결과 보고", 2007. 8. 14.(대통령기록관 소장)

('07. 8. 1, 위기대응 통합연습 관찰 · 평가 결과, NSC사무처)

2. 관찰 결과

총 평

o 금번 「지하철 화재사고 위기대응 통합연습」은 무더운 날씨(36℃)에도 불구하고, 대구지하철 공사의 적극적인 연습 준비 · 다수 기관의 참여 등 효과적으로 실시

* 대구지하철 화재 참사('03.2)를 경험한 대구 시민의 높은 관심도 반영

o 매뉴얼상의 위기대응 체계를 가동하여 현장투입 유관기관간 협업 체계를 강화하는 등 각 기관의 위기대응 능력을 제고

o 다만, 건교부 중심의 일부 도상훈련은 형식적으로 처리되는 등 매뉴얼상의 제반 조치절차를 실제적으로 연습, 그 실효성을 검증하는데 미흡한 부분도 존재

잘된 사항

□ **치밀한 사전 준비**

o 훈련 참여자에 대한 충분한 사전교육으로 임무와 역할, 훈련 절차 등에 대한 숙지 및 수행 상태 양호

* 「현장조치 행동매뉴얼」 숙지도 양호

o 건교부 · 대구지하철 공사를 중심으로 유관기관간 사전 협조회의 · 예행 연습 및 기관장의 높은 관심 등으로 연습 준비상태 양호

* 유관기관 협조회의 4회 개최, 대구지하철 공사 사장 현장훈련 지휘 등

□ **현실성 있는 연습 실시**

o 실제 상황에 부합되도록 열차를 진입시켜 객차內 화재 발생, 승객 대피 · 화재 진화 등 단계별 상황을 현실성 있게 부여

o 유관기관 출동, 긴급구조 통제단 구성 등 단계별 위기대응 조치 절차도 적절하게 진행

- 2 -

7 노무현 대통령

1) 2003년 화물연대 파업(2003. 5.)

앞서 석유파동(오일쇼크) 사례에서 살펴본 바와 같이 국가핵심기반의 마비는 사회재난의 중요 영역 중의 하나이다. 일상생활과 아주 밀접한 에너지나 수도, 의료시설이 마비된다면 재난상황임을 쉽게 이해할 수 있겠지만, 다른 분야라면 쉽게 와닿지 않을 수도 있다. 만약 화물차를 운전하는 노동자들이 한날 한시에 파업을 한다면 어떨까? 바로 2003년 발생한 화물연대 파업이 바로 그 사례이다.

2003년 화물연대 파업은 화물차 기사들이 만든 노동조합 '화물연대'가 열악한 화물운송시스템의 구조에 반발하여 파업을 실시하자 우리나라의 물류시스템에 커다란 혼란이 일어난 사건이다. 파업은 노동자들이 권리를 주장하는 정당한 수단이지만, 이로 인해 전국의 항만 기능이 중지되고, 수출길이 막혀 국가경제 전반에 상당한 영향을 미치기도 하였다. 따라서 국가핵심기반 마비와 관련된 재난·위기관리 시스템이 정비되는 계기가 된 중요한 사례가 되었다.

2003년 화물연대 파업은 5월과 8월 총 두 차례가 있었다. 먼저 1차 화물연대 파업 사건과 관련된 기록을 살펴보면,[265] IMF 이후 화물운송사업 구조조정 등으로 수입 및 근무환경이 열악해지자 전근대적인 운송사업의 문제점이 심화된 것이 근본적인 원인으로 볼 수 있다. 2002년 10월부터 화물차 운전자의 일부가 "화물운송 특수고용자 노동자연대(가칭 화물연대)"를 조직하여, 2003년 2월 민주노총 산하 운송하역 노조에 가입하였다. 2003년 3월부터 공청회와 대규모집회 등을 통해 12개 대정부 요구 사항 등을 요구하였으나, 요구사항이 거부되자 5월 2일부터 집단행동에 돌입한 것이다. 총 파업으로 인해 전국에 물류대란이 일어나기 시작하였고, 정부와의 협상 끝에 5월 15일 극적으로 타결되었다.

---

265 국가안전보장회의사무처, "화물연대 운송거부 관련 문제점 및 개선방안 보고", 2003. 5. 1.(대통령기록관 소장).

2차 사태와 관련된 기록물[266]을 살펴보면, 1차 사태 이후에도 차주들의 수익성은 개선되지 않았고, 정부의 화물운송사업관련 제도개선은 정착에 많은 기간이 소요되었을 뿐만 아니라 차주의 수익성 제고 효과를 담보하기 쉽지 않은 방향으로 추진되었다고 보고하였다. 화물연대 조직의 불안정성과 구조적 모순이 존재하는 상황에서 외부세력이 개입하여 협상의 본질과 방향이 왜곡되었고, 운송업체들 또한 협상과정에서 소극적인 자세를 취하여 사태가 악화되었다는 판단도 제시되었다. 이러한 이유로 인해 8월 20일부터 제2차 화물운송 거부가 발생하였는데, 정부의 비상수송 대책 추진 등의 조치를 통해 9월 5일 사태가 종결되었다. 두차례에 걸친 화물연대 파업의 근본적인 원인은 불공정한 화물운송시장구조로 인한 수익감소가 근본 원인으로 지적되었다.

화물연대 파업으로 발생한 물류대란은 수출입 화물의 수송차질에 가장 두드러진 영향을 미쳤다(한국해양수산개발원, 2003). 피해규모가 정확하게 파악되지 않아 정부 공식피해 집계자료는 존재하지 않으나,[267] 1차 물류대란 피해를 추산한 연구에 따르면(한국해양수산개발원, 2003), 화물연대 파업 이후 부산항과 광양항의 컨테이너 처리실적이 평소의 30% 수준으로 급감하였고 이를 바탕으로 할때 하루 약 2,185억 원의 피해가 발생하였을 것으로 추정되었다(한국해양수산개발원, 2003). 또한, 대한 무역협회는 1차, 2차 물류대란의 총 피해액을 11억 4,300만 달러로 추산한 기록이 있다.[268]

표-8 2003년 5월 1차 화물연대 파업 후 물류대란 피해 추정치 (단위: 백만 원/일)

	수출	수입	합계
부산항	111,907	93,861	205,768
광양항	9,743	2,960	12,704
계	121,651	96,821	218,472

출처: 한국해양수산개발원(2003).

266 국가안전보장회의사무처, "화물연대 운송거부 사태 관련 정부대응실태". 2003. 11. 1.(대통령기록관 소장).
267 국가안전보장회의사무처, "화물연대 운송거부 사태 관련 정부대응실태". 2003. 11. 1.(대통령기록관 소장).
268 국가안전보장회의사무처, "화물연대 운송거부 사태 관련 정부대응실태". 2003. 11.1.(대통령기록관 소장).

[그림 2.128] 물류대란이 국가경제에 영향력을 미치는 경로

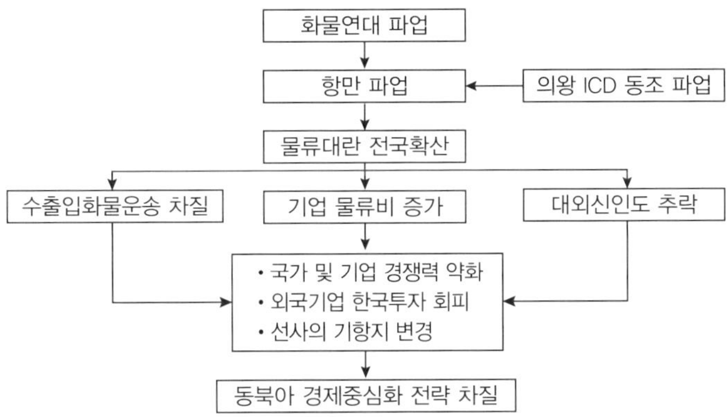

출처: 한국해양수산개발원(2003).

정부당국은 노무현 대통령의 질책이 있은 후에야 뒤늦게 본격적인 사태수습에 나섰고, 협상과정에서도 일관된 원칙을 지키지 못하였다는 평가를 받기도 하였다(한국해양수산개발원, 2003). 1차 사태 발발 당시 정부는 비상수송대책본부와 현장비상대책반을 설치하여 수송열차를 증편하고 군용차량을 투입하는 등 해당부처가 합동하여 신속 대응하고 적체화물 처리 및 조기수습에 총력을 다하고자 하였다. 그러나 범정부적인 국가위기관리 및 대응시스템이 확립되어있지 않은 상황에서 관련 법과 제도를 미리 정비하고 초기에 적극적인 대화와 타협으로 대비하지 못하였기에 사전예방 대책 및 초기대응 미흡하였던 것으로 평가받았다.[269]

2차 화물연대 운송거부 사태 발발 후 정부대응실태에 대한 평가[270]를 살펴보면, 1차 사태 경험으로 관리체계 및 매뉴얼을 작성하였으나 부분적인 개선이 필요하였고, 화물연대와의 지속적인 대화와 부처 간 정보교류가 원활히

269 국가안전보장회의사무처, "화물연대 운송거부 관련 문제점 및 개선방안 보고", 2003. 5.1. (대통령기록관 소장)

270 국가안전보장회의사무처, "화물연대 운송거부 사태 관련 정부대응실태", 2003. 11.1. (대통령기록관 소장).

이루어져 사태가 조기수습될 수 있었다. 1차 사태 이후 합의 사항 이행 및 대화와 부처 간 정책조정이 효과적으로 이루어졌으나 BCT(벌크, 시멘트, 트레일러) 부문에 대한 대처미흡으로 사태예방에는 실패한 측면도 있었다. 따라서 2차 사태에서는 법과 원칙, 사전 준비된 매뉴얼에 따라 일관성 있게 범정부적으로 대응하여 화물연대는 요구조건 없이 업무에 복귀하고 사태를 조기 수습할 수 있었다고 평가하였다.

화물연대 파업 사태는 국가핵심기반 마비 관련 정책마련에 중요한 시발점이 된 것으로 평가할 수 있다. 국가핵심기반 마비 대응정책 관련 기록물[271]을 살펴보면, 사태와 관련한 노무현 대통령의 지시사항을 확인할 수 있었다. 노무현 대통령은 화물연대 사태를 통해 "우리나라 위기관리 체계가 안보와 재난분야 와 관련하여서는 체계적인 대비가 되어있으나, 파업 등과 같은 사회적 갈등의 위기에 대한 위기관리체계는 아주 미흡하다"고 보았다. 이제 사회적 위기에 대한 총괄관리 기능을 수행하는 시스템 구축이 필요함을 강조하였으며, 사회적 갈등과 이익집단의 요구로 인한 법·질서·마비, 국가기능 중단 등의 위기상

[그림 2.129] 2003년 9월 화물연대 점거시위 장면

출처: 『연합뉴스』. 2003. 9. 2. "화물연대 부산고속도로 점거시위".

271 국가안전보장회의사무처, "국가 주요기능 마비 비상사태 대응체계 개선 추진관련 참고자료", 2003. 7. 14. (대통령기록관 소장).

태에 대응하기 위한 제도를 구상할 필요가 있음을 강조하였다. 따라서 행정자치부가 추진 중인 재난관리 기본법에 사회적 위기대응이 필요한 부분이 반영되어 사회적 위기와 재난분야가 상호 원용될 수 있도록 법체계를 구비할 필요가 있다고 강조하였다. 이어 물류·금융·에너지·전산·통신 등 전국적 마비가 올 수 있는 비상사태에 대한 대응이 필요함을 지적하고, 이와 관련된 대책 마련도 지시하였음을 확인할 수 있다.

화물연대 파업은 국가핵심기반 마비가 중요한 재난·위기관리의 영역에 포함되게 만든 시발점이 되었다. 노무현 대통령이 화물연대 파업으로 물류대란을 경험하게 되자 국가안전보장회의(NSC) 중심으로 위기관리를 체계화한

[그림 2.130] 국가안전보장회의사무처,
"국가기능 마비 대비 법.제도적 장치 마련". 2004. 5. 31.(대통령기록관 소장)

---

o 정부는 국민의 요구 충족과 책무 이행을 위해 03년 화물연대 사태를 계기로 국가기반체계중 주요 기반에 대한 '국가핵심기반 보호' 개념을 정립하고 체계적인 위기관리 시스템 구축에 착수 * 03.9.15 국가위기관리 체계 종합구축 기본계획 수립

< 국가핵심기반 보호 개념 >
국민의 안위와 국가 경제의 안정성 및 정부 기능을 보장하기 위하여 테러, 대규모 시위·파업, 폭동, 재난 등 제반 위협 및 위험으로부터 국가핵심기반을 보호 (국가위기관리기본지침)

- 「재난및안전관리기본법」(행자부 제정 주관) 제3조 (정의)에 에너지·통신·금융 등 국가기반체계의 마비도 재난으로 규정
- 「국가위기관리기본지침」(NSC주관 제정, 대통령 훈령 제124호)은 정부가 보호해야할 국가기반체계중 에너지·정보통신·금융·수송 등 10개의 핵심기반을 제시

□ **핵심기반의 최소 기능 유지에 중점을 둔 위기관리 체계 구축**

o 핵심기반 마비의 원인이 되는 파업 등 사회적 갈등의 근본적 해결엔 한계가 있는데다 파업과 같은 노동관련 기본권을 제한할 소지가 있다는 지적에 따라 이에 대한 위기관리 활동의 중점을 핵심기반의 최소 기능 유지에 두고 위기관리 체계 구축 추진

o 핵심기반 보호를 위한 위기관리 체계는 별도의 독자적인 체계보다는 현행 관련 체계를 활용한다는 기본 원칙아래

- **예방/대비**는 평소 각 소관 부처와 지자체가 현행 해당 법령과 관련 정책을 토대로 책임 수행하고

된 것으로 평가받는다.[272] 상대적으로 대응경험이 많고, 대비체계가 어느정도 구축 되어있었던 자연재해와 인위적 재난에 비해, 국가핵심기반 마비 상황은 생소한 분야일 뿐만 아니라 파업과 같은 사회적 갈등에 의해 발생할 수 있으므로 이에 대한 관리 대응방안이 중요해질 수 밖에 없었다. 따라서 '국가핵심기반 보호'개념을 정립하고 체계적인 위기관리 시스템 구축에 착수하게 되었으며, 재난 및 안전관리기본법 상 재난의 정의에 에너지·통신·금융 등 국가기반체계의 마비[273]라는 개념을 포함하여 국가위기관리기본지침(대통령 훈령 제124호)에서 정부가 보호해야 할 국가기반체계 중 10개의 핵심기반을 제시하게 되었다[274]는 점에서 의미가 있다.

[그림 2.131] 국가안전보장회의사무처, "화물연대 운송거부 사태 관련 정부대응실태", 2003. 11. 1.(대통령기록관 소장)

2. 정부대응실태 및 평가결과

가. 위기관리체계 구축단계

[평가방향 및 평가등급]

평가방향	위기관리매뉴얼 작성 등 화물연대 운송거부와 관련된 위기관리체계의 효율적 구축여부	
총 평	제1차 사태	제2차 사태
	화물운송거부에 대한 위기관리체계가 구축되어 있지 않아 위기에 그대로 노출, 피해 증폭	제1차 사태를 경험으로 위기관리체계 및 매뉴얼을 작성하였으나 부분적인 개선 필요
평가등급 (FEMA기준)	**1단계(N/A)**	**3단계(2)**

※ 「별첨 5」 "주요기관별 위기관리체계 평가결과" 참조

[주요 세부 평가결과]

□ 잘된 부분

범 정부적인 위기관리매뉴얼을 마련 적극대처

o 각 부처는 제1차 사태를 전후로 부처차원의 위기관리매뉴얼을 작성하는 한편, 행정자치부는 '03. 8. 19. 범 정부차원의 **"화물연대 파업 관련 정부종합대응 매뉴얼"**을 작성하여 각 기관에 배포

- 감사원에서 위 "매뉴얼"과 실제상황과의 부합여부를 검토한 결과 일부 사항을 제외하고는 「중요시설물 사전보호 및 견인계획」 등 대부분 효과적으로 작동한 것으로 분석

272 『연합뉴스』. 2014. 5. 16. "노무현, 화물연대 파업 겪고 NSC 중심 위기관리".

273 최초 제정당시에는 국가기반체계의 마비라는 표현을 사용하였다.

274 국가안전보장회의사무처, "국가기능 마비 대비 법.제도적 장치 마련". 2004.05.31. (대통령기록관 소장).

2) 사스(SARS) 방역과 질병관리본부의 설치(2003. 6. 11.)

2020년 초부터 이어진 코로나19 사태의 장기화로 인해서 1년이 넘도록 국민들의 이목은 매일 아침 10시에 업데이트되는 질병관리본부의 발표에 집중되었다. 평소 정부 관료기관에 별 관심이 없던 국민들도 사태의 심각함에 정확한 정보를 얻기 위해 질병관리본부의 발표뿐 아니라 본부장을 비롯한 관련 인사들과 조직 자체에 많은 관심을 갖게 되었고, 급기야 정치권과 여론의 전폭적인 지지 속에 더 많은 권한과 연구 및 감시 체계를 갖춘 "질병관리청"으로 확대 개편되기도 하였다. 그런데 질병관리청의 전신인 질병관리본부가 2003년 중국 남부를 강타했던 사스(SARS) 방역 평가의 일환으로 설치되었다는 사실을 아는 국민은 드물다. 즉, 질병관리본부로 상징되는 우리나라의 감염병 상시 감시 및 예방 체계는 사스 방역 이후 정부의 자체 평가 과정에서 본격적으로 논의되기 시작되었다는 것이다. 사실 사스 방역을 위한 발빠른 관련 법령 개정 및 검역 강화로 성공적 방역을 할 수 있었음에도 불구하고, 초동조치가 조금만 느렸다면 걷잡을 수 없이 확산됐을 가능성을 배제할 수 없었는데, 이를 극복하기 위한 방법으로 질병관리본부가 설치되었다고 할 수 있다.

[그림 2.132] 우리나라 감염병 관리의 핵심기관으로 자리 잡은 질병관리청의 모습

출처: 중부매일, "질병관리청 연내 코로나 치료제 확보 목표", 2020. 9. 14.
http://www.jbnews.com/news/articleView.html?idxno=1306569.

2003년 6월 11일 보건복지부에서 국무회의 보고자료로 제출한 "SARS 대응상황 및 향후대책" 문건을 살펴보면 당시 정부가 가진 고민이 드러난다.

[그림 2.133]의 문서를 살펴보면, 국내에 2차 감염자가 발생했다면 기존 방역체계로는 예방이 불가능했었음을 밝히고 있다. 먼저 사스위기에 대한 정부의 발빠른 대응 과정을 종합하는 내용이 눈에 띄는데, 그 과정은 사스에 대한 검역 및 감시 강화를 담고 있는 "복지부 긴급 사스감시체계 가동"으로 시작하여 보건복지부뿐 아니라 "범정부 위기대응체계"를 위해 총리실에 사스대책상황실을 설치하는 등의 조치가 핵심을 이루고 있다. 그러나 검역과정에서 확실하게 차단하는 것에 실패하여 국내에서 2차 감염이 이루어지기 시작했다면 "현재의 방역체계로는 예방이 불가능"함을 분명히 밝히고 있다. 코로나19 유행으로 인해 많이 언급된 이른바 "깜깜이 감염"이 확산되기 시작했다면 유행이 걷잡을 수 없이 번질 수 있었음을 경고하고 있는 것이다.

사스 방역 때의 문제점을 지적한 이후 위 보고서는 감염병의 감시를 위한 공공 보건의료 업무를 상시운영체계로 개편하기 위해 몇 가지 해결책을 제시하는데, 그 중 하나가 바로 질병관리본부 설치의 건의였다. 자세한 내용은 **[그림 2.133]** 하단에 잘 나타난다.

[그림 2.133]의 문서의 주요 내용은 크게 전염병을 상시 감시하고 예방체계를 주도할 질병관리본부를 설치하는 것과 공공의료 비율 확대, 그리고 서로 다른 부처 및 비정부기구 간의 협력 증진을 요구하고 있다. 무엇보다도 눈에 들어오는 것은 두 번째, 즉 공공의료 확대가 지금까지 해결되지 않은 문제로 남아있다는 것이다. 확대는 둘째치고 공공의료를 목적으로 지어진 병원을 '방만한 경영'을 문제 삼아 지자체가 폐업시키는 일까지 일어나기도 했다. 또한 2020년에는 지역 공공의료인력을 양성하려는 정부의 계획이 의사협회 등 의료계 대표 기관과 젊은 전공의들의 입장과 충돌하여 사회적인 이슈가 되기도 했다.

하지만 여러 한계에도 불구하고, 질병관리본부를 설치하는 방안만큼은

[그림 2.133] 국가안전보장회의사무처, "SARS(중증급성호흡기증후군)대응상황 및 향후대책", 2003. 6. 11.(대통령기록관 소장)

Ⅲ. 전염병관리의 상시운영체계 마련

1. 사스 발생 대응의 시사점

o 금번 국내 사스예방은 범정부적 비상대응체계를 신속히 구축, 사스의 유입 및 확산을 차단하여 국가위상이 제고되었으나 국내에 2차 감염자가 발생했으면 현재의 방역체계로는 예방이 불가능

예) 대만여행 A회사 직원 국내입국(5.5)후, 의심환자로 확인(5.12)된 기간동안 근무하면서 전염시켰을 가능성이 있는 직원 약 2만여명을 검사하고 생산업무 중단가능성까지 검토해야 하는 상황이었음

o 앞으로 사스발생에 대비하여 아시아 국가들이 계속적인 회의를 통하여 정보를 공유하고 있으며, 또한 WHO의 변종독감 경고, 세균성이질, 식중독 등 60여개의 전염병 및 생물테러에 만전을 기하고 있음

※ 생물테러 대비 천연두 백신 보유량 : 일본 300만명분, 미국 2억9백만명분

o 전염병 관리 상시체계 구축은 비용-효과적인 정책수단이며, 미국, 일본 등 선진국은 질병관리 전담기구로 사스발생에 대응하였고, 중국도 사스발생에 앞서 질병관리기구를 만들어 대응하였음

※ 사스로 인한 GDP 0.3% 감소 추계 및 '02년 독감유행으로 건강보험 재정부담 약 2,500억원으로 평소의 3배

2. 상시운영체계 추진 방안

☐ **전염병관리 시스템의 구조적 개선**

o 국립보건원을 **『질병관리본부』**로 확대 개편, 검역소 조직·인력 등 보강

☐ **전염병관리 지원체계로 공공의료기능 확충**

o 현재 약 10%수준인 공공의료를 **30%수준**으로 단계적 확충

- 격리병동 및 병실 운영, 병원의 의사, 간호사 인력동원 준비

☐ **전염병 관련 정보망 강화 및 국민의 적극적인 참여 유도**

o 관계부처, 관련전문단체, 민간단체 등과 국내정보망 구축

o 의료기관과의 신속한 정보교환(신고·보고)체계 운영확대

o 전염병 퇴치사업단을 구성하여 중장기적인 대응방안 강구 및 단기적으로는 전염병별 전문적 민·관·학 협조체계 구축

잘 이행되어 이듬해 중국에서 사스가 다시 발견되었을 때 곧바로 매뉴얼에 따라 방역태세가 강화되었고, NSC를 통해 대통령에게도 바로 보고가 되었다. [그림 2.134]에서 당시 질병관리본부의 신속한 대응이 확인된다. 이전과 달리 해외에서 전염병이 발생할 시에 취해야 할 조치가 체계적으로 매뉴얼화되어 있으며, 그러한 매뉴얼에 따라 사태에 대응하고 있는 모습을 엿볼 수 있다.

이후 질병관리본부는 뒤에서 살펴 볼 신종플루 및 조류인플루엔자에 관련해서도 계속 중요한 역할을 수행하게 되며, 메르스 사태를 거쳐 더욱 정비되며 2020년의 코로나19를 맞이하게 된다.

[그림 2.134] 국가안전보장회의사무처, "중국사스환자 발생관련 정부 검역강화 동향파악", 2004. 4. 25.(대통령기록관 소장)

---

3. 정부 사스 방역대책

o 질병관리본부는 4.23부터 全國 13개 공항만을 통해 북경·상해에서 입국하는 모든 행락객(1日 평균 2,100명) 대상으로 검역질문지 징구 및 체온측정을 위한 적외선 열감지기(7대) 설치·운용 중

o 向後 사스환자 발생 추이를 注視하면서 「사스대응매뉴얼」에 따라 전담반 구성, 병원 network 구축, 감시확대 등 단계별 방역태세 구축 계획

o 사스관련 유의사항 등 대국민 弘報활동 강화 및 신속한 신고체제를 가동, 사스환자 출현시 격리 및 사스 방역경보 발령 등 非常조치 예정

※ **NSC(위기관리센터)는 질병관리본부에 대해 사스 방역태세 强化 및 對국민 불안감 해소에 主力토록 독려중**(4.23-26간 보도자료 3回) //끝//

---

3) 조류인플루엔자(AI) 대응(2004. 2. 11.)

4차산업혁명이라는 말이 유행하고 인공지능에 대한 관심이 커지면서 "인공지능"의 영어 줄임말 "AI"라는 용어도 미래 경제의 희망으로 일반인들에게도 자주 사용되고 있지만, AI는 잠재적으로 전국민의 건강을 위협할 수 있는 가축전염병의 이름이기도 하다. 이는 인공지능(artificial intelligence)과 마찬가지로 조류인플루엔자(avian influenza)의 영어 명칭의 앞글자도 AI이기 때문이다. 언론에 따르면 2021년 농림축산식품부에서 왠지 인간도 쉽게 감염될 것 같은 느낌이 나는 "조류독감"이라는 표현 대신 법정용어인 "조류인플루엔자" 또는 "AI"를 사용해달라고 요청했는데 문화체육부와 국립국어원에서는 "AI"라는 영어 표현 대신에 "조류독감"으로 표현하여 뜻을 분명하게 해달라고 하여 기자단을 어리둥절하게 했다는 이야기도 있다.[275]

한동안 잠잠했던 것 같았던 조류인플루엔자는 코로나19의 피해가 한창이었던 2020년부터 다시 유럽에서 시작되어 국내에 유입되기 시작했다. 하지만

[그림 2.135] 조류인플루엔자 확산을 막기 위한 대규모 가금류 살처분 현장

출처 『연합뉴스』, 환경운동연합 홈페이지에서 재인용. http://kfem.or.kr/?p=200797.

275 한국일보, "조류독감? AI? 뭐가 맞나요… 부처 간 '딴소리'하는 정부", 2021. 2. 13. https://www.hankookilbo.com/News/Read/A2021020910030005048.

달걀과 닭고기 가격 상승 이외에 특별히 큰 경제적 피해는 발생하지 않고 있는데, 여기에는 인간감염으로 변이할 가능성을 차단하는 신속한 관리 시스템이 기여하는 바가 없지 않다고 할 것이다. 이러한 조류인플루엔자 관리시스템의 개선 과정이 노무현 대통령 시기 청와대를 중심으로 적극적으로 이루어진 과정이 잘 드러나는 문서들이 대통령기록관에 보존되어 있는데, 여기서 그 중 일부를 간략히 소개해보도록 한다.

[그림 2.136] 대통령 비서실, "(보건복지부) 조류 인플루엔자 확산대비 민관합동 방역대책회의 개최결과", 2004. 2. 11.(대통령기록관 소장)

조류인플루엔자 확산 대비
民·官 합동 방역대책회의 개최결과 (참고)

정책실(사회정책, 04.1.29)

◇ 국무총리 주재 병원협회, 간호협회 등 민간단체와 전문가 및 관계부처 합동 대책회의(1.29 15:00~16:30) 결과를 보고드림

o **국내에서 인체감염 발생 가능성은 매우 낮으나**, 외국에서 유입될 경우에 대비하여 (i)**예방 및 의심사례 감시활동 강화** (ii) WHO 지침에 따라 감시 및 조사, 환자관리 **대응체제 준비**

보통 조류인플루엔자와 같은 가축전염병이 발생할 때 축산업에 큰 관계가 없는 국민들의 가장 큰 관심은 '사람도 걸릴 수 있는가'일 것이다. 조류인플루엔자는 일단 공식적으로 인수공통감염병으로 분류되며, 인간이 감염될 경우 중증폐렴으로 진행되어 사망에 이를 수 있는 위험한 바이러스이지만, 직접 감염 동물을 밀접 접촉하지 않는 사람에게 전파될 가능성은 낮은 것으로 보인다. 하지만 농림축산검역본부에서 제공하는 온라인 가축질병백과에 따르면, 스페인 독감 등 과거 인류에 치명적인 타격을 준 인플루엔자 대유행이 조류인플루엔자의 변이로 발생하였으므로 인간도 결코 마음 놓을 수 있는 바이러스

는 아닌 것이 분명하다고 할 수 있다.[276]

[그림 2.136]은 2004년 조류인플루엔자 발생 당시 상황에서 총리 주최로 민관합동 방역대책 회의를 한 이후 대통령에게 보고한 사회정책비서관실의 보고서 일부이다. 해외에서의 사례와 국내 발생사례가 바이러스의 유전형이 다르며 국내 인체감염 가능성이 낮다는 것이 중심 보고 내용을 이루고 있다. 그런데 2005년까지 조류인플루엔자의 위협이 계속되자 정부는 **[그림 2.137]**과 같이 본격적으로 대유행 가능성을 염두에 두고 대비체계를 점검하기 시작한다. "21세기의 흑사병" 등의 자극적인 문구까지 넣으며 문제의 심각성을 부각하고 있다. 이에 **[그림 2.138]**과 같이 이해찬 당시 국무총리가 조류인플루엔자 대비 불시훈련을 실시하라고 지시하며 관련 조치가 진행된다.

[그림 2.137] 대통령비서실, "조류인플루엔자 인체감염 및 대유행 대비체계 사전점검", 2005. 10. 10.(대통령기록관 소장)

(2005.10.7, 수석·보좌관회의 보고자료, 사회정책비서관실)

조류인플루엔자 인체감염 및 대유행 대비체계 사전점검

□ **검토배경**

o 조류독감 **인체감염 확산시 '21C 흑사병'**이 될 수도 있다는 학자들의 연구에 따라 각국에서 이에 대한 대응책 마련 준비

○ 조류독감은 1차적으로 조류사이에 발생하나, 돌연변이를 일으킬 경우 인체감염이 가능하고 **사람간 전파(대유행 인플루엔자)될 경우 많은 사망자 발생** 가능

⇒ 20세기에 '18년(4천만명 사망), '58년(2백만명 사망), '68년(1백만명 사망) 3차례 대유행 인플루엔자가 있었음

○ 현재까지 **예방백신이** 없는 **상태**이고 **치료제도 국제독점 생산**하는 1품목(타미플루) 뿐이어서 대유행 발생시 사망자 대량 발생 가능

276 농림축산검역본부 홈페이지 참조. https://www.qia.go.kr/animal/prevent/viewJbbkWebAction.do?id=100191.

[그림 2.138] 국가안전보장회의사무처, "조류인플루엔자 훈련 관련 검토 보고", 2005. 12. 27.(대통령기록관 소장)

('05. 12. 26, NSC위기관리센터)

조류인플루엔자 훈련 관련 검토 보고

'05.12.9(금) 위기대응 실무매뉴얼 수립 보고시 국무총리의 "조속한 시일내 조류인플루엔자 불시훈련 실시" 말씀에 따라 관련사항을 검토하였음.

1. 훈련의 필요성

□ 실무매뉴얼 수립 완료에 따라 실무담당자의 업무수행 절차 숙달과 검증절차를 통한 매뉴얼의 완성도 제고 차원에서 훈련실시 필요

□ 겨울철 철새이동에 따라 아시아와 유럽 등 세계 각처에서 조류인플루엔자 감염이 확산되는 상황에서 훈련을 통하여 예방/대비체계 점검 및 보완 필요

* 국내에 조류인플루엔자 발생시 축산농가의 직접적 피해는 물론 경제·사회 전반에 걸쳐 부정적 영향 예상

[그림 2.139] 대통령비서실, "조류인플루엔자(AI) 인체감염 사례 관련 보고", 2006. 3. 3.(대통령기록관 소장)

('06. 2. 24, 금, 조류인플루엔자 관련 서면보고, 사회정책비서관실)

조류인플루엔자(AI) 국내 인체감염 관련 보고

○ '03년 말 국내에서 **가금류에 대한 조류인플루엔자**(AI) 유행초기에 가금류 살처분종사자 중 **'무증상감염'** 확인

- 국립보건연구원과 미국 CDC(질병관리본부) 의뢰한 혈청검사에서 **현재 4명 항체양성** 확인

※ 무증상감염(항체양성)이란 **환자는 아니고 AI 바이러스에 노출**되었음을 의미하나 현재로서는 사람간 전파의 위험은 없음

○ 우리나라는 AI 청정 상태가 유지되고 있어 닭·오리고기나 계란은 안전하므로 평상대로 안심하고 소비할 수 있음

이러한 상황에서 2003년 초 대규모 살처분에 종사했던 인원 중 4명이 조류인플루엔자에 대한 항체를 보유하고 있었음이 드러나면서 이들이 당시 이른바 '무증상 감염자'였음이 보고된다. **[그림 2.139]**의 보고가 당시의 분위기를 전하고 있다. 보고서는 항체 양성 반응은 조류인플루엔자에 노출되었음을 의미할 뿐 사람간 전파의 위험은 없다고 강조하고 있으나, 국내에서는 인간 감염의 위험이 낮다고 보았던 과거의 보고서와는 상반되는 내용이었기 때문에 대통령도 적잖이 충격을 받았을지 모른다. 노무현 대통령은 이와 관련하여 **[그림 2.140]**와 같이 도상훈련의 규모와 형식에 가이드라인을 정하며 단계별 구체적 대응을 준비하여 매뉴얼을 업데이트하도록 촉구한다. 재미있는 점은 대통령의 말에서 알 수 있듯이 일반 국민들은 위기상황이 구체화되지 않은 상황이었기 때문에 이 문제에 큰 관심은 없었으며, 그럼에도 불구하고 위기상황을 상정하여 적절한 대응을 할 수 있도록 상당히 구체적인 매뉴얼 업데이트 지시를 내리고 있다는 점이다.

[그림 2.140] 대통령비서실, "조류인플루엔자 대응방안과 관련하여 의학적 지식이 필요한 부문과 위기관리 부문에 대한 보완이 필요", 2006. 3. 27.(대통령기록관 소장)

지시자	대통령	지시일자	2006.03.27
지시구분	업무내용에 관한 지시		
지시제목	조류인플루엔자 대응방안과 관련하여 의학적 지식이 필요한 부문과 위기관리 부문에 대한 보완이 필요		
지시내용	□ 위기요인과 단계별 상황을 구체적으로 정리하고 단계별.시기별 대책을 마련하여 보완할 필요 □ 위기관리 대응 매뉴얼 도상훈련은 전문가와 협의하여 실시하되 실시 시기는 6월과 여름은 피하고 우선 핵심적인 국가기관만이 참여하여 매뉴얼을 최종 확인하는 토론 수준으로 실시할 것 o 현재 언론상황에서 볼 때, 위기상황이 구체화되기 前 도상훈련은 국민들의 관심이 위기 발생時의 1/10도 되지 않을 것이므로 1차적으로 책임을 지고 주도적으로 행동해야하는 국가기관들만 도상훈련을 실시하는 것으로 정리할 것 o 우선 NSC 매뉴얼을 보강하는 등 내부적으로 보완작업을 지속적으로 해나가되, 이후 단계별로 위기요인이 발생하면 주의, 행동지침, 대응책 등 단계별로 구체적인 대책을 제시하여 국민들에게 안도감과 신뢰감을 주는 시나리오를 만들어 도상훈련을 실시하는 방향으로 준비할 것		

[그림 2.141] 대통령비서실, "조류인플루엔자 대비책 관련 조치사항 및 지시사항 전달", 2006. 03. 30. (대통령기록관 소장)

2. 대통령 지시말씀('06.3.27 수보회의시)

□ 조류인플루엔자 대응방안과 관련하여 **의학적 지식이 필요한 부문**과 **위기관리 부문**에 대한 보완이 필요함

1 **위기요인과 단계별 상황을 구체적으로 정리**하고 **단계별·시기별 대책을 마련**하여 **보완할 필요**

o 위기요인의 단계별 상황을 구분하면(예시)

1단계는 **세계적으로 인간→인간 감염사례** 발생,
2단계는 **인접국가에서 사람→사람 감염사례** 발생,
3단계는 **한국에서 조류→사람 감염사례** 발생 또는
한국에서 사람→사람 감염사례 발생으로 구분 가능

- 특히, 북한 등 **인접국가에서 위기상황이 심각**할 경우 각 단계별 위기상황의 **발생시기와 지속기간 전망,** 감염이 **전면적일 경우, 국지적일 경우** 등을 포함하여 **위기단계를 구체적으로 정리**해야 할 것임(추진중인 용역에 포함)

o 위기요인의 단계별 상황에 따른 대응방안으로 **국제적 의무이행→여행통제→행동지침 등으로 구분** 가능(예시)

- 항바이러스제제 확보, 격리병상 확보와 같은 대책은 위기요인의 발생시기·지속기간·전개양상 전망을 토대로 **장기적·구체적으로 마련**되어져야함

* 항바이러스제제 비축 문제는 우선 생산시설을 갖추고 난 후, 위기상황에 따라 라이센스 도입, 긴급 생산 등의 방법의 선택이 가능

2 **위기관리 대응 매뉴얼 도상훈련**은 **전문가와 협의**하여 실시하되 실시 시기는 6월과 여름은 피하고 **우선 핵심적인 국가기관만이 참여하여 매뉴얼을 최종 확인하는 토론 수준**으로 실시할 것

o 현재 언론상황에서 볼 때, **위기상황이 구체화되기 前 도상훈련은** 국민들의 관심이 위기 발생時의 1/10도 되지 않을 것이므로 1차적으로 책임을 지고 주도적으로 행동해야하는 **국가기관들만 도상훈련을 실시**하는 것으로 정리할 것

o **우선 NSC 매뉴얼을 보강**하는 등 **내부적으로 보완작업**을 지속적으로 해나가되, **이후 단계별로 위기요인이 발생**하면 주의, 행동지침, 대응책 등 **단계별로 구체적인 대책을 제시**하여 **국민들에게 안도감과 신뢰감을 주는 시나리오**를 만들어 **도상훈련을 실시하는 방향으로 준비**할 것

[그림 2.142]는 앞서 확인한 노무현 대통령의 지시에 따라 이호철 국정상황실장, 김수현 사회정책비서관, 김용익 사회정책수석, 김병준 정책실장 등의 논의를 담고 있다. 특히 김병준 정책실장의 구체적인 문제제기 및 이에 따른 응답에 노무현 대통령은 상당히 만족하며 모범사례로 기록해둘 것을 당부한다.

최종적으로 평가하자면, 조류인플루엔자에 대응하는 노무현 정부의 일련의 기록들은 우리나라 전염병재난 관리체계 수립 과정을 보여주는 예로 볼 수 있다. 즉, 위기발생상황을 가정하여 선제적으로 대응체계를 갖추고 도상훈련을 계획 및 진행하는 과정들이 이 기록물들에 소상히 드러나고 있다는 것에 의미가 있다. 또한 이때 우리나라의 전염병 대응체계가 매우 정교화되고

[그림 2.142] 대통령비서실, "조류인플루엔자 인체감염에 대비 미흡, 보완 필요", 2006. 3. 28.(대통령기록관 소장)

국정상황실장 이호철국정상황실	보고 [업무보고입니다]	보다 개선된 AI 종합대책이 필요합니다. 사회정책비서관실 앞장서서 종합대책을 수립하였으면 합니다.	보고 [업무보고입니다] 2006.03.03
사회정책비서관 김수현사회정책비서관실	협조 [협조]	이번 감염사례를 계기로 더욱 경각심을 가지고, 관계부처의 대응상황을 면밀히 점검하겠습니다.	협조 [동의] 2006.03.03
사회정책수석 김용익사회정책수석비서관실	보고 [업무보고입니다]	1. 타미플루 보유량을 늘리고, 백신공장 가동계획은 속도를 더 내도록 하겠습니나. 2. 격리병원은 군 병원을 활용할 계획으로 있습니다(공공의료체계의 일환)	보고 [참고자료입니다] 2006.03.03
정책실장 김병준정책실장실	보고 [참고자료입니다]	"예방대책`에 `위기대응 메뉴얼 수립`이라고 되어 있는데, 이미 되어 있다는 뜻인가요? 아니면 수립중이라는 뜻인가요? 분명히 알 수 있었으면 합니다. 아울러 메뉴얼의 주요 내용이 무엇인지 간단하게라도 설명(또는 첨부)해 주셨으면 합니다.	반환 [반환] 2006.03.06
행정관 서범규국정상황실	반환 [반환]	전 전염병에 적용되는 대비 메뉴얼, AI 대응기본계획, 가금류 감염 행동지침은 첨부와 같이 마련되어 있습니다. 그러나 인체감염 대유행시 예상되는 인명피해, 사회 경제적 손실에 대비한 종합계획은 미비합니다	보고 [업무보고입니다] 2006.03.08
정책실장 김병준정책실장실	보고 [업무보고입니다]	문제제기에 동의합니다. 대유행 그 자체보다도 그에 따른 사회경제적 충격과 혼란이 더 큰 문제가 될 수 있다고 봅니다. 사회정책수석실로 하여금 국무조정실 및 청와대 안보정책실(위기관리 메뉴얼 관리) 과 상의하여 계획의 작성 및 관리 주체를 정해 추진토록 하겠습니다.	보고 [업무보고입니다] 2006.03.13

있었음이 드러난다. 그러나 “인간감염”에 집착하는 관료들의 분위기에서 간접적으로 알 수 있는 것처럼, 환경 및 동물권 문제를 야기하는 대규모 살처분에 대한 재고는 기록물에서 언급된 관료들이나 대통령 등 그 누구에게도 찾아볼 수 없어 아쉬움을 남긴다. 인간에게 전염될 수 있는 병을 가지고 있는 동물을 모조리 제거하는 방식으로 인간은 언제까지 안전할 수 있을까. 미래의 리더십이 고민해야 할 문제가 아닐 수 없다.

4) 2004년 폭설(2004. 3.)

2004년 3월 내린 폭설은 4일부터 6일까지 사흘에 걸쳐서 경기 지방을 비롯한 한국 중부 대부분과 충청 지방을 비롯한 남부 일부에 내린 폭설을 말한다. 1904년에 기상청이 관측을 시작한 이래 3월에 내린 하루 적설량 최고 기록을 갱신했다. 3월 5일 적설량은 대전과 문경이 49cm, 청주 32cm, 보은 39.9cm를 기록했다. 갑작스런 폭설로 경부고속도로 등이 마비되어 최고 37시간 동안 고속도로 안에서 발이 묶이기도 했다. 도시 기능도 완전히 마비되어 내린 눈을 다 치우는데 일주일 이상이 소요되었다. 집계된 피해액도 폭설 피해 사상 최고인 6,734억 원이나 되었다. **[그림 2.143]**은 당시 눈이 내린 한반도의 사진이다.

[그림 2.143] 폭설 상황

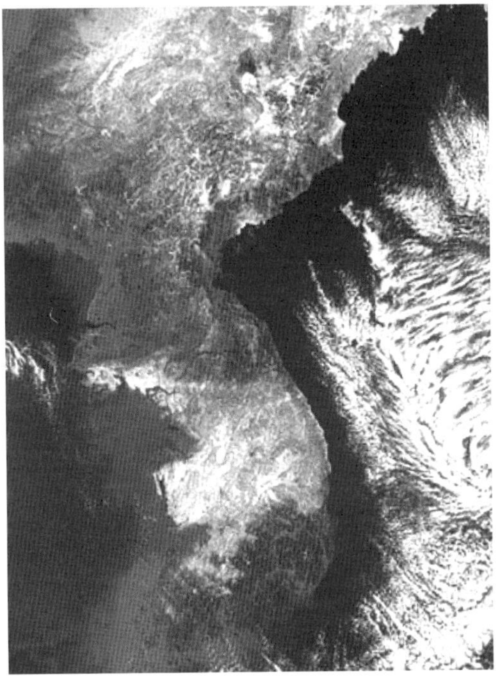

출처 『조선일보』, 2004. 3. 6.

[그림 2.144] 폭설 피해 현장

충청·경북 2817개校 휴업

대전·문경 49㎝폭설… 차량2000대 고속도 고립

1만여명 10시간 넘게 갇혀 큰 고통 도시지역 교통 대혼란… 곳곳 斷電

사상 최고의 '봄 폭설'이 충청권과 경북 북부를 강타, 고속도로 통행이 마비돼 한때 차량 2000대 이상이 고립되고 철도 운행도 차질을 빚었다. 이들 지역 주요 도시의 교통은 거의 마비 상태에 빠졌다. 또 건물 지붕과 비닐하우스가 내려앉고 전기가 끊기는 등 재산과 농작물 피해도 속출했다. 대전과 충남북의 유치원·초·중·고교 등 2502개교와 경북 북부 315개교 등 2817개 학교와 일부 대학은 6일 임시 휴업하기로 했다.

▶관련기사 A8·9면

기상청은 6일 오전 2시 현재 대전 49㎝, 청주 32㎝, 문경 49㎝, 부여 29.5㎝, 상주 30.6㎝의 눈이 내려 지역별로 기상관측 이래 가장 많은 눈이 왔다고 밝혔다. 지난 4일 서울(18.5㎝)과 인천(12.7㎝)에 내린 눈도 관측이 시작된 1904년 이후 이 지역 3월 폭설로는 가장 많았다. 기상청은 6일 전남북·충남북·강원·제주에 눈이 더 내리겠지만, 이틀간의 폭설사태는 일단락될 것으로 내다봤다.

한국도로공사는 이날 오후 2시부터 경부선 목천~신탄진IC 구간과 중부선 오창IC~남이분기점 구간 등의 상·하행선 통행을 전면 차단했다. 이 일대 소통은 밤늦게까지 재개되지 않고 있다. 하지만 도로공사의 늑장 대응과 미숙한 뒤처리 때문에 고속도로에 최대 10시간 넘게 갇힌 1만여명의 승객과 운전자, 휴게소로 몰린 이용객들이 큰 고통을 겪었다. 과거 대관령처럼 눈이 많은 고지대 고속도로가 폐쇄된 적은 있지만, 평지 간선 고속도로의 차단은 처음이다.

열차 운행도 차질을 빚어 낮 12시 35분 조치원역 부근에서 무궁화호가 선로에 쌓인 폭설로 30분간 멈춰서는 등 충청권에서만 20여편의 운행이 10~30분 늦어졌다. 고속열차의 시험운행도 중단됐다. 충청지역 국도와 시내 곳곳에선 접촉사고가 빈발하면서 교통대란이 벌어졌다. 청주국제공항에서는 폭설로 아시아나항공과 대한항공 제주행 여객기가 모두 결항됐다.

이충일기자 cilee@chosun.com
이위재기자 wilee@chosun.com

5일 밤 경부고속도로 천안휴게소 인근에서 폭설로 정체가 길어지자 차 속에서 최대 10여시간 동안 갇혀 있던 일부 시민들이 아예 차를 그대로 둔 채 걸어서 휴게소로 향하고 있다. 최순호기자 choish@chosun.com

출처 『조선일보』, 2004. 3. 8. "폭설무방비, 정부는 없었다. 고속도 마비후 교통 통제… 눈 그친뒤 장관회의".

[그림 2.144]은 당시 폭설로 인해 고속도로에 갇힌 시민들의 모습이다. 1만 여 명이 10시간 넘게 고립되었고 충청과 경상지역 2천개 이상의 학교가 휴업을 했다. 이날 고속도로의 사태와 관련하여 주무 부처인 건설교통부의 홈페이지에는 시민들의 항의 글이 쇄도했다. 고건 당시 총리는 "전문성이 없고, 무계획적이고, 구태의연하고, 희망적 관측에만 매달렸다"며 장관들을 질타했다.[277] 그리고 한국도로공사 사장은 이 일로 사표를 제출하기도 했다.

표-9는 정부가 집계한 당시 피해 현황 도표이다. 당시 정부는 국무회의를 소집하고 일반회계비 목적예비비 지출을 폭설 재해복구비로 지원하는데 사용하도록 하였다. 아래 내용은 그 회의문서의 일부이다. 이 회의에서는 1,830억의 복구비 지원을 결정하였다.

277 『조선일보』, 2004. 3. 8. "폭설무방비, 정부는 없었다. 고속도 마비후 교통 통제… 눈 그친뒤 장관회의".

표-9 2004년 3월 폭설로 인한 피해액

시·도	피해액(백만원)	시·도	피해액(백만원)	시·도	피해액(백만원)
서울특별시	371	부산광역시	–	대구광역시	–
인천광역시	35	광주광역시	–	대전광역시	66,953
울산광역시	–	경기도	2,664	강원도	1,209
충청북도	191,783	충청남도	352,863	전라북도	2,227
전라남도	1,859	경상북도	53,459	경상남도	–
제주도	–	총계		673,423	

[그림 2.145] 복구비 지원

1. 의결주문

2004. 3. 4~5일간 폭설피해와 관련하여 이재민의 생활안정과 피해시설 복구에 소요되는 예산 1,830억원을 2004년도 일반회계(一般會計) 목적예비비(目的豫備費)에서 지출할 것을 의결한다.

2. 제안이유

지난 3. 4~5일간 충청·경북 등 중부지역 폭설 피해와 관련하여 중앙재해대책본부의 「폭설피해 복구계획」이 확정(3.19)됨에 따라, 이재민의 생활안정과 피해시설 복구에 소요되는 국고지원 소요 3,165억원중 지난 3. 9일 긴급지원된 예비비 909억원과 각 부처 기정예산으로 지원 가능한 426억원을 제외한 1,830억원을 해당 소관 부처별로 2004년도 일반회계(一般會計) 목적예비비(目的豫備費)에서 지출하기 위하여 제안하는 것임

3. 주요내용

(천원)

소 관	예비비 지출액	복구소요 내역
합 계	183,000,000	
○ 행정자치부	42,000,000	· 지방 공공시설 복구 등 (지방비 국고전환 40,698,379천원 포함)
○ 농 림 부	80,000,000	· 농작물 · 농림시설 복구 등
○ 보건복지부	46,500,000	· 위로금 · 이재민 구호 등
○ 산 림 청	14,500,000	· 산림작물, 산림시설 복구 등

- 1 -

000538

출처: "국무회의 안건부의(2004년도 일반회계 목적예비비 지출안-3.4~5일간 폭설피해에 따른 재해복구비 지원)", (국가기록원 소장).

예보 문제로 비판을 받은 기상청은 이 폭설 이후 조기 방재 체제 구축이 가능하도록 하기 해 현실성이 떨어지는 기상정보 기준을 대폭 수정하기로 했다.

기상청은 먼저 지역별 차이를 두는 대설주의보를 통합하고 대설주의보는 대도시(특별시, 광역시)의 경우, 24시간 신 적설량이 5cm 이상 예상될 때, 일반 지역은 10cm 이상, 울릉도는 20cm 이상 예상될 때 내리도록 되어 있다. 이후 예상 신 적설량이 5cm 이상일 경우 일반 시도에도 곧바로 대설주의보가 발령하기로 했다. 기상청은 호우 등 다른 기상 현상에 대한 특이 정보 기준도 이전보다 강화하기로 하고 세부 지침을 마련했다.[278]

표-10 3월 4일~5일 지역별 적설과 순위 피해조사

지역	최심신적설(cm)					
	3월 4일		3월 5일		관측이후 순위	관측이후 3월 순위
서울·경기도	문산	23.0			1	1
	동두천	19.2			2	1
	서울	18.5			5	1
	양평	17.9			3	1
강원도			태백	23.7	–	1
			영월	20.5	1	1
	원주	16.0			–	1
			동해	11.4	–	2
충청북도			보은	39.9	1	1
			청주	32.0	1	1
			충주	20.5	2	1
			제천	16.7	3	1
충청남도			대전	49.0	1	1
			부여	29.8	1	1
			천안	13.2	–	1
경상북도			문경	49.0	1	1
			영주	35.8	1	1
			상주	30.6	1	1
			안동	27.0	1	1
			봉화	21.7	2	1

출처: 소방방재청, 『2004 중부지방 폭설피해 조사』, 2004. 12.(대통령기록관소장).
※남부지방은 10~40mm의 비가 내렸음.

278 『조선일보』, 2004. 3. 9. "적설 5cm 이상 예상 땐 대설주의보 예보시스템 대폭강화".

정부는 폭설로 피해가 발생한 지역을 특별재해지역으로 선포했다. 선포된 지역은 대전과 충남북, 경북, 서울, 경기, 인천, 강원, 전·남북 등 10개 시도, 77개 시군구이다. 재해 지역으로 선포되어 특별위로금 추가지원, 농축수산 부분 복구비 상향 지원, 복구비용 중 자부담분 국가보조 전환 등 다양한 재정이 지원되었다. 통상적인 지원기준에 따른 지원금보다 많게는 278%에서 적게는 20%까지 지원금이 더 지급되었다.[279]

이 재해 이후 정부가 폭설로 인한 방재체제를 더욱 정비하는 계기가 되었다. 특별재해지역을 선포할 만큼 폭설로 인한 민심은 좋지 않았다. 다른 어느 때보다 정부지원금이 늘어난 이유였다. 또한 2004년 3월 9일은 노무현 대통령이 국회로부터 탄핵을 당한 일이다. 그 시기는 공교롭게도 정국이 매우 혼란스러운 상황이었고 예상하지 못한 재해를 대처해야 할 정부도 탄핵이라는 헌정 사상 첫 사건을 맞이하여 체계적인 대처방안을 신속히 수립하는 것도 어려운 일이었다.

279 『조선일보』, 2004. 3. 11. "폭설피해 전역 '특별재해지역' 선포".

5) 2006년 폭염(2006. 7.)

2021년 여름 당시 무더위를 피할 수 있는 장치들을 지차체들이 앞다투어 설치했다. 그늘막에 이어 첨단 장치 '쿨링포그'까지 등장했다. 심지어는 자동개폐기능까지 갖춘 '스마트 그늘막'까지 등장했다. 수동 그늘막보다 4배 정도 비싼 개당 800만 원이라고 한다. 이전부터 있던 '실내 무더위 쉼터'는 코로나 이후 폐쇄되었다. 이 때문에 새롭게 야외 무더위 쉼터가 설치되었다. 전국 야외 무더위 쉼터는 약 7,600여 곳이다. 그러나 대부분이 형식적으로 설치되었을 뿐 접근도나 활용도가 낮은 편이었다.[280]

전국의 영구임대주택의 경우 가구당 에어컨 설치 비율은 약 42%로 나타났다. 이렇게 설치율이 낮은 이유는 구입비용과 전기 요금 부담 때문이다. 그리고 전력 과부하 위험으로 인해 에어컨이 있어도 사용하지 못하는 경우도 있다. 무더위 쉼터로 이용되던 '경로당'도 코로나로 인해 그 기능을 못하고 있다. 재난 수준의 폭염이 지속되면서 특히 공공임대주택 등 저소득 층이 고통을 겪고 있다. 질병관리청에 의하면 2021년 여름 온열 질환자는 869명이었고 이 가운데 사망자는 12명이었다. 예년보다 많은 숫자였다.

1995년 시카고 폭염으로 인해 희생된 사람들은 대부분 노인 빈곤층, 혹은 사회적으로 고립된 사람들이었다. 1주일 동안 나타난 폭염으로 인해 시카고에서만 500명이 넘는 주민이 사망하였다. 65세 이상 노인이 전체 사망자의 약 75%를 차지하였다. 이 가운데 아프리카계 미국인이 가장 높은 사망률을 기록했다. 시카고의 경우 사망자가 많이 나온 지역은 빈곤율이 높고 노인 인구가 많으며 녹지가 부족하고 범죄 발생률이 높은 지역이었다. 이들 지역은 인구밀도가 낮고 상가와 은행 등 시설이 매우 적은 지역으로 일시적으로 노인들이 더위를 피할 수 있는 환경이 부족한 환경이었다(클라이벤버그, 2018).

2007년 발간된 IPCC(유엔산하 기후변화정부간패널) 제4차 보고서에 의하

---

280 『조선일보』, 2021. 8. 5. "무개념, 보여주기식, 탁상공론 지자체들의 황당한 폭염 대책".

면 지구온난화가 지구의 평균기온을 상승시키고 호우, 폭염과 같은 기상강도를 증가시키는 것으로 나타났다. 우리나라의 경우 폭염과 열대야 현상은 지속적으로 증가하여 2010년 폭염 발생일수는 12.1일로 최근 10년간(2001~2010년) 평균 발생일수인 8.9일보다 많았다. 특히 8월은 0.3일이 증가한 것으로 나타났다. 한국은 2008년부터 폭염을 자연재해로 인식하여 폭염지수를 예보하고 있으며 기상청은 최고기온, 상대습도를 고려한 미국의 열지수, 지속시간 등 3가지 발령기준 요소에 따라 주의보, 경보 두 단계의 폭염 특보를 발령하고 있다. 폭염주의보는 낮 최고기온이 33℃ 이상으로 일 최고 열지수가 32℃ 이상인 상태가 2일 이상 지속될 것으로 예상될 때, 그리고 폭염 경보는 낮 최고기온이 35℃ 이상으로 일 최고 열지수가 32℃ 이상인 상태가 2일 이상 지속될 것으로 예상될 때 발표된다.

IPCC 보고서에 의하면 폭염으로 인해 심혈관계질환, 뇌혈관계질환, 호흡기질환 등이 증가하여 사망률이 증가하였다. 국내의 경우, 폭염이 발생한 1994년과 2010년의 사망자 수를 비교하면, 폭염 기간 동안 사망자가 72.9% 증가하였고 특히 심혈관계질환으로 인한 사망자는 96.3% 증가한 것으로 조사되었다.

이 밖에도 2006년 농림부에서 조사한 폭염으로 인한 농축산업의 예상 손실 규모를 살펴보면, 만약 최고기온이 30℃ 이상 10일 동안 계속될 경우 돼지와 닭의 폐사가 늘고 양계의 산란율이 20~30% 감소하여 약 14억 원 손실이 발생하고 농업생산량도 감소로 약 19억 원의 손실이 발생하는 것으로 조사되었다.[281]

기후변화로 여름철 평균 폭염 일수는 1980년대 8.2일에서 2010년대 13.7일로 지속 증가하는 추세이며, 폭염 발생이 지속적으로 빨라지는 추세를 보이고 있다. 2011년 6월 11일에 첫 폭염이 발생했으며 2013년에는 5월 13일, 2014년 5월 24일, 2016년 5월 22일, 2017년 5월 19일 발생했다. 폭염 피해도 늘고 있다.

---

281 기상청 기후정보포털, http://climate.go.kr/home/bbs/view.php?code=94&bname=climatereport&vcode=5679&skind=&sword=&category1=&category2=.

2011년부터 지난해까지 매년 평균 1,132명의 온열 질환자가 발생하여 연평균 11명이 사망했다. 매년 평균 가축 261만 마리, 어류 582만 마리가 폐사하는 등 인명·재산 피해가 지속적으로 발생하고 있다. 특히, 인명 피해와 관련하여 장소별로 구분해보면, 논·밭, 길가, 실외작업장, 비닐하우스 등이 사망사고에 취약하고, 연령 별로는 70대 이상 고령자가 위험한 것으로 나타났다.[282]

폭염 특보는 여름철 무더위로 인해 사람들이 받는 열적 스트레스 지수화한 '열지수'와 '최고기온'을 사용하여, 국민건강 등에 미치는 영향 정도에 따라 주의보와 경보로 나누어 발표된다. '폭염주의보'는 일 최고기온 33℃ 이상이고, 일 최고열지수 32℃ 이상인 상태가 2일 이상 지속될 것으로 예상될 때, "폭염경보"는 일 최고기온이 35℃ 이상이고, 일 최고열지수가 41℃ 이상인 상태가 2일 이상 지속될 것으로 예상될 때 각각 발표한다. 폭염특보제는 6월에서 9월까지 운영된다. 기상청에서 발표하는 폭염특보는 고령화 사회 진입으로 증가된 노약자 등 국민 건강 보호에 기여하고, 야외 레저활동 및 산업경제활동 등 사회와 경제 전반에 걸쳐 큰 효과를 주었다. 이 내용은 인터넷 홈페이지(www.kma.go.kr) 및 방송매체를 통해서 전달된다.

폭염과 관련하여 정부 정책 가운데 주목할만한 대통령은 노무현과 이명박 대통령이다. 노무현, 이명박 대통령 시기에는 폭염에 대한 시민들의 안전과 건강을 위한 구체적인 대책이 나타났다. 노무현 대통령 시기에 소방방재청은 폭염과 관련하여 기본방침은 폭염 대비 상황관리체계 확립, 대국민 홍보활동 강화, 취약계층을 대상으로 건강체크, 냉방시설 거주조치 등 집중관리 등이라고 보고하였다. 또한 취약계층 보호대책은 임시주택 거주자 그늘막 설치 지원, 취약계층 사전 DB 구축 및 보호자 지정, 노인대상 건강 체크 프로그램 연계 운영 등 매우 구체적인 대책과 함께, 특히 취약 계층에 대한 관심을 보여주었다.[283]

---

282 https://blog.naver.com/lsw3012/221293928472.

283 대통령비서실, "2006년도 폭염 종합대책 관련 의견조회", 2006. 6. 1.(대통령기록관소장).

이명박 대통령 시기에는 주민자치센터, 보건소, 마을회관, 노인정 등 전국 37,556개소 무더위 쉼터로 지정했으며, 도우미가 수시 방문하여 건강체크 및 폭염대치 요령 등을 설명하고 있다고 보고하였다.[284] 또한 폭염 취약계층 방문, 건강관리 프로그램 및 폭염 피해 감시체계 운영을 하고 있다고 대통령에게 보고하였다. 여기에서는 경로당과 마을회관을 무더위 쉼터로 지정하여 운영할 것과 시군구 별 재난도우미를 활용할 것을 제안하였다. 경로당 등 취약계층의 이용시설에 냉방을 하고 이에 소요되는 전기료를 위한 특별교부세 31억을 지원할 것을 지시하였다.[285]

이와 같이 우리나라는 고령화 사회로 진입하고 노약자를 대상으로 더위에 대한 보호 대책과 기후변화 등으로 폭염 발생 가능성이 증가 됨에 따라, 2006년 9월 폭염 특보제 도입을 위한 계획을 수립했으며, 2007년 7월 1일~9월 30일까지 3개월간 시험 운영을 실시하였다. 시험운영 기간 동안 폭염 특보는 7월 25일 오전 7시 30분에 전라남도 나주, 구례, 순천 지역발표를 시작으로, 주의보 26회, 경보 8회 등 총 34회의 특염 특보를 발표했다. 지역적으로는 대구광역시 7회로 가장 많았으며, 서울은 8월에만 2회 발표했다.

앞에서 본 바와 같이 소방방재청은 '2006년 폭염 종합대책'을 발표했다(아래 문서 참조).[286] 이 대책은 폭염에 가장 취약한 독거노인·고령자 등을 보호하기 위해 쿨링센터(Cooling Center, 폭염 대피소)를 운영하고, 임시주택 거주자에 대한 그늘막을 지원하며, 독거노인에 대한 담당 도우미 지정 및 건강 체크, 피해 예상자에 대한 자료 구축 및 안부 전화 등 다양한 프로그램을 발굴하여 전국적으로 확산한다는 등의 내용을 담고 있다. 또한 폭염 발생 시 신속한 대응을 위해 자치단체 관련 부서별로 임무를 명확하게 규정하고, 더위를 피할 수 있도록 모든 공공시설을 개방하며, 정전사고·식수 부족 등에 대비 생활

284 대통령비서실, "폭염 특보 발령에 따른 안전대책 추진", 2011. 7. 19.(대통령기록관소장).

285 대통령비서실, "폭염관련 정부 종합대책", 2012. 8. 7.(대통령기록관소장).

286 방방재청, "2006년 폭염종합대책", 2006.(대통령기록관소장).

편의시설을 점검한다는 계획을 세웠다. 정부 중앙부처 차원에서는 안전사고를 막기 위해 가스·정유시설 등 폭발 가능성이 있는 주요 시설을 특별 점검을 하기로 했다. 또 정전사고 대응 매뉴얼을 마련하며, 열차·지하철·고속철 등 안전운행 수칙 준수 등의 대책을 소관 부처별로 추진한다는 계획을 세웠다.

[그림 2.146] 폭염대책

Ⅲ. 폭염대비 종합대책

1. '06년 중점 추진사항

□ **폭염대비 상황관리체계 확립**

○ 정확하고 신속한 상황전파를 위한 비상연락체계 구축

○ 자치단체 관련부서별 임무 명확화 및 재난관리부서 총괄·조정 기능 강화

□ **국민들의 예방의식 함양을 위한 대국민 홍보**

○ 다양한 채널을 통한 열파·주민준비요령 등 정보 제공

□ **취약계층 특별 보호대책 마련**

○ Cooling Center 사전 지정·운영

○ 임시주택(컨테이너 박스 등) 거주자 그늘막 설치 지원

○ 취약계층 사전 DB구축 및 보호자 지정

○ 노인대상 지속적인 건강체크 프로그램 연계운영

□ **폭염에 따른 안전사고 가능성 차단**

○ 가스·정유시설 등 폭발 가능성이 있는 주요시설 특별 점검

○ 자동차 등 밀폐된 공간에서의 일회용 라이터 폭발 등 대비

○ 정전사고대비 대응 매뉴얼 준비 및 실천

○ 기차·지하철·고속철 등 안전운행 수칙 준비 및 실천

□ **응급의료체계 구축**

○ 폭염 피해자 구조시 행동요령 교육

○ 중소규모의 병원까지 상시 모니터링 등 응급의료체계 구축

2. 중·장기 대책

□ **폭염단계 구분 기준 마련**

○ 미국·프랑스 등 선진국의 폭염주의보·경보 등 단계별 구분을 참조하여 우리나라 상황에 맞는 주의보·경보단계 구분 기준 제정 검토(기상청)

□ **건설·산업현장 낮잠(午睡, Siesta)제도 등 검토**

○ 폭염이 지속되는 경우, 건설·산업 근로자에 대한 사업장별 안전대책 마련(건설교통부, 노동부)

- 20분 이내의 낮잠 및 낮잠을 위한 별도 시설 마련 의무화 방안 검토
- 개인별 아이스팩 안전조끼 착용 의무화 방안 검토
- 작업시간 단축 및 폭염지속시 공사중지 의무화 방안 검토

□ **수업단축 및 휴교조치 방안 강구**

○ 중앙재난안전대책본부의 초등·중·고등학교 수업단축·휴교 권고시 수업단축 및 휴교조치 검토(교육인적자원부)

□ **응급의료체계 구축**

○ 폭염으로 인한 응급환자 발생시 모든 국·공·사립병원에서 의무적으로 수용할 수 있는 제도 마련(보건복지부)

출처: 소방방재청, "2006년 폭염종합대책"(대통령기록관소장).

6) 2006년 태풍 에위니아(2006. 6.)

태풍 에위니아(EWINIAR)는 2006년 북서 태평양에서 3번째로 발생한 태풍으로, 2006년 7월 10일부터 7월 11일까지 한반도에 상륙하여 피해를 준 태풍이다. '에위니아(Ewiniar)'라는 이름은 미크로네시아 연방에서 제출한 이름으로, 추크 제도에서 전해오는 전설 속 폭풍의 신의 이름이다. 같은 이름의 2000년 제9호 태풍은 '이위냐'로 표기했으나, 2004년 국립국어연구원에 의해 표기법이 달라진 뒤로 '에위니아'로 표기하고 있다.

제3호 태풍 에위니아의 영향으로 제주도 남쪽 먼 바다에 위치했던 장마전선이 북상하면서 제주도와 남부지방에 많은 비가 내렸고, 중서부지방은 비에 의한 피해보다 강풍에 의한 피해가 더 클 것으로 예상됨에 따라 기상청은 비상근무 1급 상태 근무를 실시하였다. 중앙재난안전대책본부의 방침은 한발 앞선다는 뜻으로 'One Step Ahead, 그리고 재난안전선 Safety Line'을 통해 대피계획 등 인명피해 최소화 종합대책을 세웠다. 국가위기경보 "주의(Yellow)" 발령에 따라 Action Plan 1단계 가동 사전대비(마을앰프를 활용한 홍보 등), Action Plan 2단계의 인명피해 최소화 대책 실행계획, 그리고 Action Plan 3단계 '재산피해 저감대책 실행계획'을 순차적으로 실시하였다(그림 2.147 참조).[287]

당시 태풍 재해에 대한 노무현 정부의 대책은 이전 정부와는 달리 매우 구체적이고 체계적이었다. 중앙재난안전대책본부를 중심으로 피해 규모와 그 영향을 예측하고 이에 대한 세부적인 대처방안을 수립하였다. 그리고 이를 청와대 내 NSCS에서 관련 조직과 부처들이 모여 안전대책을 수립하였다. 중앙재난안전대책본부는 과거 재난관리법을 폐지하고 '재난 및 안전관리기본법'을 제정함에 따라 재난관리법에 근거하여 자연재해대책 업무를 총괄 조정하고 재해대책에 관한 필요한 조치를 강구하기 위한 행정자치부장관 소속의 비상설기구였던 중앙재해대책본부가 '재난 및 안전관리기본법'에 근거하는 중앙재난안전

---

287 국가안전보장회의사무처, "태풍대비 재난안전대책", 2006. 7. 9.(대통령기록관소장).

대책본부로 명칭으로 개정되면서 상설화되었다. 중앙재난안전대책본부는 상황총괄반, 행정지원반, 구급구조반, 비상지원반, 자원봉사지원반, 공보 지원반 등 6개 반으로 편성하되, 실제 현장 대응을 실시하는 소방방재청 소속의 공무원과 타 부처에서 파견된 5급 이상 공무원으로 구성하였다(이주호, 2012).

당시 서울은 이틀 동안 300mm가 넘는 비가 내려 한강 둔치가 완전 침수되었고 주요 도로 대부분이 통제되었다. 207가구가 침수되었고 많은 이재민이 발생하였다. 안양천 둑이 붕괴되어 양평동 일대가 큰 피해를 입기도 했다(서울특별시 시사편찬위원회, 2013).

태풍 에위니아로 인해 인명 피해는 (7월 8–9일 기준) 9명, 이재민 발생은 364세대(655명)이었다. 주택침수, 농경지침수, 양계장 침수, 그리고 컨테이너 해상 추락 등의 사유 재산 피해도 막중하다고 정부는 파악하였다. 정부는 중앙재난안전대책본부의 대처 또한 중요한 역할이며 중앙부처 및 유관 기관의

[그림 2.147] 태풍 대처상황

제3호 태풍 에위니아(EWINAR) 대처상황

◇ 제3호 태풍 "에위니아" 북상에 따라 7. 10일(밤)경 우리나라에 직·간접적인 영향을 줄 것으로 예상되어 지자체, 유관기관 등과 연계, 세부 액션플랜을 수립하여 사전대비에 철저를 기하고 있음

□ **현재 태풍은 오끼나와 남쪽 약 600km 해상에서 북상하고 있으며**
- 7월 10일(월)경에 전남해안지방을 시작으로 직·간접적인 영향을 미쳐 많은 비와 강한 바람이 예상됨

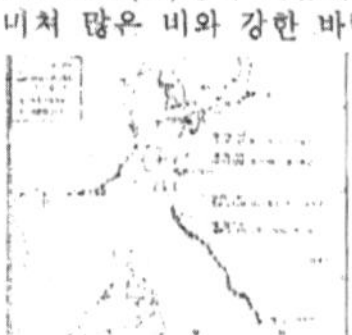

○ 제3호 태풍 에위니아는 강도는 "강" 크기는 "중형(945hpa)" 으로 북북서진중(11km/h)임
○ 우리나라주변의 해수면 온도가 24℃정도로 태풍진행구역의 28~30℃보다 낮아 강도는 점차적으로 약해질 것으로 전망됨

□ 우리청에서는 한 단계 빠른 **상황관리와 현장중심의 상황대처를 위하여**
- 금일(7.7) **상황판단회의 개최**(9:30, 청장주재)와 비상근무체제에 돌입 하고 16개 시도에 **현장상황관리관(7명) 및 현장점검 T/F팀(48명) 급파**
  - 군부대와 협조, 유수소통 지장물 및 산림 잔재물 긴급 제거
  - 공공·민간 대형공사장 및 산사태우려지역 관리철저
- 또한, **17:00에 16개시도 국장회의를 개최**, 민선 자치단체장 교체와 장마기간과 겹친 제반환경 등 잠재적 위험요소를 고려하여 사전대비 철저 지시
  - 인명피해 최소화를 위한 재해위험지역내 주민 사전대피 철저이행
  - 7월 7일부터 액션플랜 수립추진 이행 등 비상근무체제 돌입
  - 신속·정확한 재난예경보 발령 및 Safe Line 설치 등 상황대응 철저

출처 국가안전보장회의사무처, "7. 8–9 호우 및 제3호 태풍 에위니아(EWINIAR) 대처상황", 2006. 7. 11.(대통령기록관소장).

공조와 지역재난안전대책본부의 역할도 핵심임을 대통령에게 보고하였다(**그림 2.147** 참조).

당시 소방방재청은 태풍 대비 전국 자연재해 담당 국장회의를 개최하여 특별 지시사항을 시달하고, 인명 피해 최소화를 위한 '사전대피 철저 및 비상대응계획'에 따른 대응 철저와 지역대책본부의 사전대비 조치사항을 전달하였다. 또한 농림부, 산림청, 해양경찰청, 한국수자원공사, 국립공원관리공단에도 태풍 피해를 최소화하는 사전대비를 강조하였다. 그리고 태풍이 우리나라에 영향을 미치기 시작한 2006년 7월 8일 '긴급구조통제단'을 통해 상황대처 회의를 개최하여 태풍 피해활동 강화 및 신속한 인명구조체계 강화와 태풍 접근단계별 소방관서의 활동지침을 시달하고 중앙119구조대 전진배치 등을 지시하였다. 이러한 모습은 과거와는 다른 중앙조직과 지방조직, 산하기관 간의 유기적인 협력을 보여주었다. 그러나 민간조직과 단체와의 협력과 정보공유가 부족했다는 지적을 받기도 했다.

당시 노무현 대통령은 국회에 참석하여 연설에서 "지난 7월 18일 18개 시·군을 '특별재난지역'으로 선포하였으며 8월 10일에는 21개 시·군을 추가로 '특별재난지역'으로 선포하였습니다. 더불어 7월 21일에는 수재민 구호와 응급복구를 위해 예비비 2천억 원을 26개 시·군에 신속히 지원하였으며, 8월 17일에는 재해대책예비비 7천여억 원을 추가로 지원한 바 있습니다. 또한 수재민에 대한 국세, 지방세 감면, 농어민, 중소기업 등에 대한 융자지원 등 금융, 세제상의 지원도 병행하고 있습니다. 의원 여러분! 정부는 관계부처와 지방자치단체와의 합동 조사를 거쳐 이번 수해로 인한 피해를 항구적으로 복구하기 위한 계획을 지난 8월 14일 확정하였습니다. 이번 태풍 '에위니아'와 집중호우로 인한 재산 피해는 약 1조 8,344억 원으로 집계되었으며 정부는 이러한 피해복구를 위해 약 2조 6,741억 원을 지원하기로 하였습니다. 위와 같은 피해복구비를 충당하기 위해 정부는 이미 확보되어 있는 재해대책예비비를 2차례에 걸쳐 우선 지출하였으나 약 1조 7,600억 원의 재원이 부족한 실정입니다. 따라서 이번 추가경정예산안에는 재해 복구를 위한 부족 재원 1조 7,600억 원을 반영하였으며 더불어 향후 9월 이후 재해에 대비한 재해대책예비비 3천억 원을 반영하였습니다. 이와 함께 지방교부세 정산소요 949억 원을 반영하였습니다. 이는 관련법에 따라 지급되는 정산금으로서, 재정여건이 어려운 지방자치단체의 재해 복구 추진에 큰 도움이 될 것으로 기대합니다. 이번 추가경정예산안을 통하여 증액되는 재정 규모는 총 2조 1,549억 원으로서 정부는 우선 2005년 일반회계 세계잉여금 중 8,549억 원을 활용하고, 나머지 1조 3천억 원은 국채발행을 통해 조달하고자 합니다"라고 연설하였다.[288] 대통령은 특별재해지역을 확대하고 그 이후 피해복구 지원을 위해 부족한 1조 7,600억 원을 긴급히 지원하기 위해 추가경정예산을 편성하였다고 말하고 이에 대한 긴급한 의결을 요청하였다. 당시 대통령이 자연재해와 관련하여 국회연설을 통해 지원을 긴급히 요청한 것은 매우 드문 일이었다.

[그림 2.148] 태풍 피해 현장

출처 『조선일보』, 2006. 7. 11.

288 노무현대통령 연설, "국회연설", 2006. 8. 21.(대통령기록관소장).

7) 자연재해 대책의 역사(2006.)

자연재해로 인해 가장 많은 피해를 보는 집단은 농민들이었다. 박정희 대통령 시기에는 농업에 대한 피해를 어떻게 예방하고 사후대책을 만들 것인가에 초점을 맞추었다. 농업재해대책법을 보면 "농업재해대책법의 목적은 농업생산에 대한 재해의 예방과 그 사후대책을 강구함으로써 농업생산력을 증진하고 농업경영의 안정을 도모하는데 있다고 밝힘. 여기에서 재해는 한해, 수해, 풍해, 냉해, 조해 및 병충해로 인한 농업용 시설, 경지 및 농작물의 피해를 말함. 재해대책은 재해의 예방, 피해의 경감 및 재해의 복구를 도모함을 말함. 재해보조는 국가나 지방자치단체가 대통령령이 정하는 기준에 따라 재해대책에 필요한 비용의 전부 혹은 일부를 보조하는 것을 말함."이라는 내용이 있다.[289, 290]

박정희 정부는 자연재해 문제에 대처하기 위해 국무총리 소속하에 중앙재해대책위원회를 두고 지방자치단체에 지방재해대책위원회를 두었다. 당시 대통령에게 올린 보고서를 보면 "재해대책의 일원화, 방재조직의 강화, 재해대책을 위한 예산 기금 등의 총괄, 조정 등을 보고함. 현재는 풍수해는 건설부, 한해는 농림부, 재헤로 인한 구호는 보건사회부가 담당하고 있음. 그러나 이것은 상호중복, 상충되는 면이 있음. 농업재해대책법에서는 대책비용의 예산에의 계상을 명시하고 있으나 풍수해대책법에서는 규정이 없음. 풍수해대책법 상의 풍수해 외에 한해, 냉해, 병충해를 포함시켜 자연재해를 의미하는 것으로 함." 등의 내용이 있다.[291] 여기에서 풍수해대책법을 통해 자연재해의 범위를 확장하였음을 알 수 있다. 그리고 구호의 주체를 보건사회부로 명시하고 있다.

그리고 전두환, 노태우 대통령 시기에는 1987년 12월 대통령령으로 수자원국 방재과를 방재계획과로 개편하고 방재시설과 신설하였다. 또한 1990년 3월

289 기소장, "농업재해대책법", 1967. 1. 6.(대통령기록과 소장).

290 기소장, "농업재해대책법시행령", 1967. 6. 27.(대통령기록과 소장).

291 대통령비서실, "재해관계법령의 체계화를 위한 검토 보고", 1968. 7. 25.(대통령기록관 소장).

[그림 2.149]

法律第1874號

農業災害對策法(案)

第1條(目的) 이法은 農業生産에 대한 災害의 豫防과 그 事後對策을 講究함으로써 農業生産力을 增進하고 農業經營의 安定을 도모함을 目的으로 한다.

第2條(定義) 이 法에서 使用되는 用語의 定義는 다음과 같다.

1. "災害"라 함은 旱害·水害·風害·冷害·雹害·霜害·潮害 및 病虫害로 因한 農業用施設·農地 및 農作物의 被害를 말한다.

출처 "농업재해대책법안"(대통령기록관 소장).

대통령령으로 방재계획과 및 방재시설과를 방재과로 통합하고 1990년 12월 풍수해대책법을 개정했다. 이후 1991년 4월 건설부 방재과를 폐지하고 내무부 산하 민방위국에 방재계획관을 두고 기획과, 편성운영과, 교육훈련과, 방재과 등 4개과를 설치하였다. 한편 농업재해대책법은 노태우 정부에 일부 개정되었다. 여기에서는 농업재해를 명확히 정의하고 그 범위를 확대하였고 어업재해 등을 새롭게 포함하였다.

법안의 주용 내용을 보면 "이 법은 농업 및 어업생산에 대한 재해의 예방과 그 사후대책을 강구함으로써 농업 및 어업의 생산력을 증진하고 농업 및 어업의 경영의 안정을 도도하는데 목적을 둠. 농업재해는 한해, 수해, 풍해, 냉해, 우박, 서리, 조해, 설해, 동해, 병충해 기타 이에 준하는 자연현상으로 인하여 발생되는 농업용 시설, 농경지, 농작물 및 가축의 피해를 말함. 어업재해는 이상조류, 적조 현상 기타 이에 준하는 자연현상으로 인하여 발생되는 수산양식물의 피해를 말함." 등의 내용이 있다.[292]

민주화 이후 김영삼, 김대중 대통령 시기에는 1995년 재난관리법 제정, 내무부의 민방위본부가 민방위재난통제본부로 확대 개편되고 재난관리국이 신설되었다. 같은 해 시도 민방위국을 민방위재난관리국으로 시군구 민방위과를 민방위재난관리과로 확대되고 1995년 풍수해대책법을 자연재해대책법으로 개정하고 내무부 장관 산하에 재해대책 심의기구인 재해대책위원회를 설치했다. 그리고 중앙재해대책본부 및 지방재해대책본부를 설치 운영을 하였고, 1991년에는 민방위국에 방재과가 신설되었고 1995년 10월에는 중앙119구조대가 신설되었다. 또한 1999년 재난관리국이 민방위국에 흡수되어 민방위재난관리국으로 통합되었다.

민주화 이후에는 자연재해에 대한 구호 정책이 더욱 체계화되었고 세부적인 대처방안들이 상세하게 열거되었다. 먼저 김대중 정부시기에는 재해구호법이 구체화되었다. 이 법을 보면 "이 법은 재해구호의 대상을 자연재해대책법에 의한 재해로 인하여 피해를 입은 자로 하고 구호기관의 범위를 확대하며 구호기관은 재해구호물자를 상시 확보하도록 하는 등 현행 제도의 운영상 나타난 미비점을 전반적으로 개선, 보완하려는 것임. 이 법에 의한 구호는 자연재해대책법 2조1호의 규정에 의한 재해로 인하여 피해를 입은 자를 대상으로 함. 구호는 이재민의 거주지를 관할하는 지자체에서 행함."으로 되어 있다.[293] 또한 당시에는 자연재해와 농어업재해를 구분하여 법을 만들었다. 수해, 냉해, 한해, 서리, 우박, 설해 등으로 농가가 피해를 입게된 경우 농업재해대책을 통해 농민들을 지원하였다. 농어업재해는 농림부 소관이었고 단지 지원기준은 자연

292 기소장, "농업재해대책법 개정법률", 1990. 8. 1.(대통령기록관소장)

293 대통령비서실, "재해구호법 개정법률", 2001. 12. 19.(대통령기록관소장)

재해대책법에 의한 기준을 적용하도록 하였다.[294] 김대중 정부는 재해의 예측 불가능성으로 인해 지방재원을 재해지원을 위한 소요재원 확보에 어려움이 있고 국고에서 지원하는 경우에도 지방비 확보가 어려워 피해농가 지원이 지연되고 있는 등 불만이 늘어나자 지원주체를 중앙정부로 할 것인가 지방정부로 할 것인가를 두고 논의하였다. 일관성 있는 복구지원과 국고에서 복구비이 우선 지원 등으로 조기복구를 위해서는 지방 이양보다는 현행 중앙정부 중심의 지원체제를 유지하도록 하였다.

노무현 정부 이후에는 2002년 자연재해대책법을 개정하여 62조 2항에 특별재해지역을 신설하고, 2004년 3월 재난 및 안전관리 기본법을 통해 소방방재청을 신설했다. 2007년 7월 재해경감을 위한 기업의 자율활동 지원에 관한 법률을 제정하고 2007년 7월 급경사지 재해예방에 관한 법률을 제정했다. 2008년 민방위기본법이 개정되고 소방방재청과 그 소속기관 직제가 개정되었다. 2008년 3월 지진화산재해대책법을 제정하고 2008년 12월 자연재해대책법과 재난 및 안전관리기본법이 개정되어 낙뢰가 자연재해 대상이 되었다. 이후 2012년 2월 소방공무원 보건안전 및 복지기본법 제정 및 119구조구급국이 신설되었다. **[그림 2.150]**은 2004년 소방방재청 직제개편에 관해 행정자치부가 국무회의에 제출한 문서이다.

한편 노무현 정부에서는 자연재해에 대한 대처방식이 사안과 특정 사례에 따라 구체화되고 기상예보와 재해홍보 문제에 대한 시스템을 정비하였다. 당시 행정자치부가 제안한 계획을 보면 "대통령이 재해대책은 목표관리가 중요하므로 몇 개년 계획과 같은 완벽한 예방대책을 수립하는 것이 필요하며, 행정자치부가 주무 부처가 되어 관계부처가 참여하는 개선팀을 만들어 세부추진계획을 수립하여 보고해야 하며, 하천관리를 위하여 관계부처의 유사조직을 활용하는 방안과 기존 인력 범위 내에서 관리기구를 설치하는 방안을 검토할

---

294 대통령비서실, "농업재해 복구지원 업무지방 이양에 대한 검토 의견", 1999. 10. (대통령기록관 소장).

[그림 2.150] 소방방재청 신설

II. 部處別 職制改正案

가. 消防防災廳 新設

□ 기본방향

○ 현 재난유형별 편제를 **과정(Process)별 편제**로 전환

- (현행) 민방위/ 소방/ 방재 ⇒ (개편) 예방/ 대응/ 복구

○ 기본법 제정에 따른 업무증가 분야는 **기구 · 인력 보강**

- 안전관련 예방기능, 재난관련시스템 평가, 복구지원기능 등

□ **기 구 : 1관 3국 18과 (+1국 +8과 순증)** * 재난상황실 유지

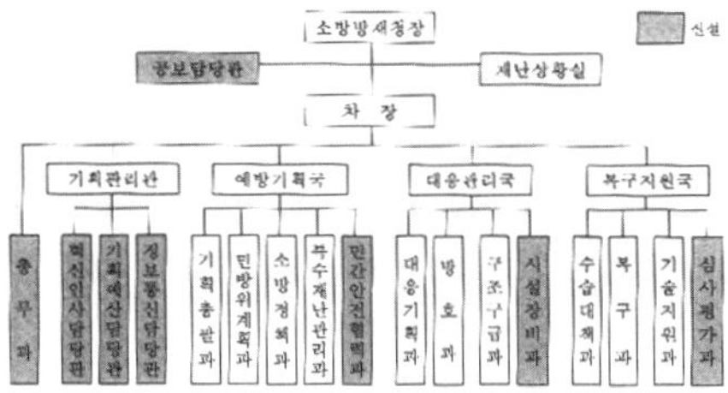

* 소속기관 : 중앙소방학교, 중앙119구조대, 방재연구소, 민방위교육관

□ **정 원 : 435명** (본부 267, 소속기관 168) / **순증 125명**

* 행지부에서 310명 이체 - 142명(본부) · 168명(소속기관) 0023

출처: 행정자치부, 2004, "국무회의록"(대통령기록관 소장).

것을 지시함. 재해가 발생하는 것은 기후변화와 종래의 설계기준에 따라 설치된 방재시설물 등 각종 시설물이 최근의 기상이변 현상에 취약성이 노출된 것에 기인함. 태풍 루사, 매미 대처과정에 대한 평가결과를 기초로 근원적 재해예방 및 피해 저감을 위한 종합적 제도개선과제 선정함. 재해대응단계를 개선함–긴급상황시 주민대피명령제 보완, 기상특보기준의 재정립 방안, 방송 매체를 통한 재해정보 전파체계 강화, 재해상황 대국민 홍보시스템 개선, 중소하천 유역별 홍수재해정보시스템 구축, 이재민 수용 및 구호품 지급 등 재해구호체계 개선". 등이 있다.[295] 이 계획은 노무현 대통령의 지적에 주무 부처 행정자치부가 제안한 계획이다.

295 대통령비서실, "재해관리 제도개선 세부추진계획", 2004. 2.(대통령기록관 소장).

그리고 같은 해 자연재해대책법이 개정되었다. 주요 내용을 보면 "자연재해대책법의 재해대비, 대응 관련 조항의 많은 부분이 새로 제정된 재난 및 안전관리기본법에 흡수, 통합됨에 따라 조문의 재정리가 필요하고 최근 이상기상 현상 등으로 대규모 자연재해가 빈발하는 추세에 대응하여 재해유형별로 근원적인 재해예방. 체계적 복구 그 밖의 대책에 관한 제도적 장치의 강화가 필요하므로 개정하고자 함. 이 법은 자연재해로부터 국민을 보호하기 위한 국가 및 재난관리책임기관의 책무를 의무화하고 재난관리책임기관은 재해 발생 우려 시설, 지역에 대하여 점검을 실시하도록 함. 이 법은 태풍, 호우 등 자연현상으로 인한 재난으로부터 국토를 보존하고 국민의 생명, 신체 및 재산과 주요기간시설을 보호하기 위하여 자연재해의 예방, 복구 그 밖의 대책에 관하여 필요한 사항을 규정함을 목적으로 함"등이 내용이 있다.[296]

그 후 노무현 정부 하에서 자연재해에 대한 대책이 국가적 차원에서 매우 정교하게 시스템화되었다. 당시 정부는 신국가방재시스템기획단을 설치하고 그 방안을 제시하였다. "2006년 7월에 발생한 태풍 에위니아와 집중호우 피해를 계기로 호우피해 전 과정을 점검하고 근원적 예방대책을 강구하고 재발 방지 복구방안 연구하고 방재시스템 및 방재대책 평가를 하고 풍수해 예방정책의 문제점과 개선방안도 연구하라는 대통령의 지시와 우리나라 국토 방재구조 전반에 대한 개선방안을 마련하기 위해 신국가방재시스템기획단을 발족하여 기상이변, 국토의 난개발 등 자연적, 사회적 여건변화에 따른 국가방재구조의 총체적 진단을 실시하고 신국가방재시스템 구축을 위한 비전 및 전략과제를 도출하여 예방 위주의 국가방재시스템으로의 근원적 개편을 위한 전략을 수립하고자 함. 무엇보다도 자율과 책임형 방재역량 강화가 필요하며 세부적으로는 풍수해 관련 보험제도의 효율화 및 활성화가 시급하고 풍수해 보험제도 조기정착 및 대상시설물 단계적 확대가 필요함. 또한 재난관리 평가체계를

296 법제처, "자연재해대책법개정안", 2004. 12.(대통령기록관 소장).

혁신해야 하며 이를 위해 방재역량강화를 위한 수시평가제도를 도입하고 재난관리 전담 평가조직을 신설해야 함" 등의 내용이 있다.[297]

이에 따라 2006년 8월 4일 수해방지관계부처 회의를 개최하였고 2006년 9월 1일 신국가방재시스템 기획단을 만들었다. 이것은 국토방재구조의 전면 진단과 예방 위주 국가방재체제로의 개편을 위한 전략 수립을 목표로 한 것이었다. 한편 노무현 대통령은 재해 재발 방지를 강조하고 방재시스템 및 대책평가를 할 것과 국가방재구조를 총체적으로 진단하고 예방 위주의 근본적인 시스템 전환을 지시하였다. 이러한 내용을 볼때 자연재해, 그리고 재난관리에 대한 체계적인 시스템 정비와 정착은 노무현 대통령 시기에 어느 정도 이루어졌다고 볼 수 있다.

297 대통령비서실, "신국가방재시스템 구축방안", 2007.2.(대통령기록관소장)

8) 2006-2007년 황사대책

황사에 따른 국내외 대책을 마련하고 관련국 간 정상회의를 활용하여 황사 대응 국제협력방안을 제시하는 것을 검토하라는 노무현 대통령 지시에 따라 국무조정실 주관으로 민관합동 황사대책협의회를 구성하는 대책을 보고하였다. 황사관련 보고회 개최는 황사 문제가 부각되기 직전인 2-3월에 갖는 것이 좋다는 의견이 나왔다. 황사 피해 방지를 위한 기반구축과 국제협력사업의 체계구축과 성공모델을 개발하여 국제사회의 동참을 유도해야 한다는 점을 노무현 대통령은 강조하였다. 관계부처 실무자들은 동북아 황사대응협의체 구성 추진 중이며, 2006년 11월 APEC 정상회의 또는 ASEAN+3 정상회의 계기에 한중일 정상회담 개최 분위기를 조성하면서 3국 간 실무협의를 지속하고 있다고 보고하였다. 국가안전관리기본계획에 황사분야를 반영하고 황사발생시 재난관리 차원에서 신속한 상황전파, 국민행동 요령의 적극적 홍보 등 상황대응

[그림 2.151] 황사대책

〈 요 약 〉

1. 국무조정실에서는 '02년의 강한 황사발생 이후 매년 초에 개최하던 관계부처회의를 민간 전문가도 참여하는 「민관합동 황사대책협의회」로 확대('06.5), 황사 피해방지 종합대책 마련('06.7)
2. 종합대책의 **국내대책**은 법적 근거를 둔 '황사대책위원회' 구성, 국내·외 황사 관측망 확충 등이며 **국제협력**은 '동북아 황사대응 협의체(한·중·일·몽의 장관급)' 구성, 몽골 그린벨트 사업 지원 등임

※ 2010년까지 황사예보 정확도를 현 57%에서 70% 이상으로 제고

3. 특히 '동북아 황사대응 협의체' 구성은 관련국간 정상회의 의제로 제안하기 위하여 현재 실무 협의 중에 있음
4. 대통령님께서 지시하신 황사 관련 보고회 개최는 계절적으로 황사문제가 부각되기 직전인 내년 봄(2~3월)에 갖는 것이 좋을 것으로 보임

1. 논의 경과

□ 대통령님 지시사항

① "정부내 황사대책팀이 있는지 확인해 보고 황사대책에 대해 안을 마련한 후 보고할 것" ('06.5.16, 부속실을 통해 지시, 몽골 나무 심기 관련 말씀 중)

② "황사에 대하여 근원적인 국내·외 대책을 마련하고 관련국간 정상회의를 활용하여 황사대응 국제협력방안을 아젠다로 제시하는 것을 검토·준비할 것" ('06.5.3, 국무조정실을 통해 지시)

출처: 대통령비서실, "황사피해방지 종합대책", 2007. 3. 21.(대통령기록관 소장).

[그림 2.152] 황사 점검

○ 고비사막이 위치한 **몽골**의 경우 사막화 면적이 전국토의 40~50%에 달하고 있고, 전국토의 **90%가 사막화될 위험**

- 총길이 3,700km(폭 600미터)에 이르는 「**그린벨트 조림사업**(향후 30년간)」을 추진하고 있으나, **재정능력 부족**으로 목표 달성 불투명

⇒ **현 대책은 사막화 속도를 다소 지연시킬 수 있겠지만 지구 온난화, 지하수 고갈, 주민생계 및 빈곤문제 등과 연관된 근본 처방이 미흡하여 이미 사막화된 지역의 생태복원은 어려움**

□ 황사대응을 위한 국제협력의 한계

○ **관련국간 입장차이**가 커서 단기적으로 **가시적 성과를 내는데 한계**

- **한·중**('00.10) 및 **한·중·일 정상회담**('07.1), 한·중·일 환경장관회의(TEMM) 등을 통해 **공동 대응할 것을 끊임없이 제안**해 왔고,

- 그 결과, **현지 관측소** 설치, 기상·황사관측자료 공유, 황사 공동연구, TEMM에서의 황사 공식의제 채택('02) 및 대응책 논의, **3국 실무국장회의 설치**('06.12) **등의 성과**를 거둔 바 있으나,

- 황사문제의 상시적·실질적 논의를 위한 「**동북아 황사대응 공동협력체**」 구성에는 합의에 이르지 못함

황사발생 상황 보고

2007. 4. 2(월) 07:00

□ **황사 예보현황 및 전망**

○ **발원지** : 중국의 내몽골 및 고비사막

○ **이동경로** : 내몽골(3/30) → 발해만(3/31 11:00) → 서해상을 지나 우리나라 상공으로 이동(3/31~4/1) → 일본열도 방면으로 이동(4/2)

○ **황사전망** : 3월31일 14시부터 전국에 내려졌던 **황사주의보 및 황사경보가 4월2일 오전 대부분 해제, 아침까지 전국적 영향**을 주다가 **차츰 해소될 것으로 전망**

※ **전국 대부분 지역 황사주의보 해제(기상청, 4/2 06:00)**

□ **미세먼지 농도 현황**

○ 전국 주요 도시별 1시간 평균 미세먼지농도는 **최고 2718㎍/㎥(울산)로 평소보다 10~20배** 높음

○ 중부지방의 미세먼지농도는 점차 감소하고 있으며, **남부지방(울산, 부산)은 4월1일 21시 이후로 감소 추세임**

※ **4월2일 7시 농도: 서울(72㎍/㎥), 대전(209㎍/㎥), 울산(347㎍/㎥), 부산(216㎍/㎥)**

□ **기관별 조치사항**

○ **환경부**
- 황사상황실 운영 및 황사 예·특보 상황 유관기관 전파
- 관계부처별 황사대책 추진현황 파악

○ **기상청**
- 황사 예·특보 상황 수시 전파

출처: 대통령비서실, "황사상황 점검", 2007. 4. 2.(대통령기록관소장).

체계를 강화해야 한다는 점을 강조하였다.[298]

특히 노무현 대통령은 황사에 대한 근본적인 대책을 위해 관련국 정상 간의 회의를 준비할 것을 지시하였다. 이를 통해 황사대응 국제협력방안을 아젠다로 제시해야 한다는 점을 강조하였다.

2006년 대통령이 황사에 대한 근원적인 국내외 대책을 마련하고 관련국 간 정상회의를 활용하여 황사대응 국제협력 아젠다로 제시하는 것을 검토하라고 한 지시 내용에 근거해 14개 기관이 합동으로 황사피해방지 종합대책을 마련하고 이를 수정 보완하여 대통령에게 보고하였다. 현 대책은 사막화 속도를 지연시킬수 있으나 지구온난화, 지하수 고갈, 주민생계 및 빈곤 문제 등과 연관된 근본 처방이 미흡하여 사막화된 지역의 생태복원은 어려움이 있다고 보고하였다. 실무자들은 관련국 간 입장 차이가 커서 단기적으로 성과를 얻기 힘들다는 점을 보고하였다. 정상회담을 통한 외교적 노력을 통해 한·중·일·몽·북한이 참여하는 동북아황사대응 공동협력체 구성해야 하며, 황사 발원지의 조림, 빈곤퇴치 등 지구온난화, 사막화 방지 사업의 실질적 추진을 위한 황사방지기금 신설 검토가 필요하다는 점을 대통령에게 보고하였다. 이는 기후와 관련되어 인접 국가 간의 공동협력을 구체화한 최초의 내용이었다.

298 대통령 비서실, "황사피해방지 종합대책보고", 2006. 8. 21.(대통령기록관 소장).

9) 장항제련소 토양오염 사건(2007. 8. 17.)

충청남도 서천군의 구(舊) 장항제련소 관련 환경오염 사태의 추이를 살펴보면 우리나라 토양오염관리 실패를 드러내는 가장 적나라한 사례 중 하나라는 생각을 떨칠 수 없다. 문제의 기원은 일제강점기부터 가동된 오랜 역사를 지닌 제련소의 무분별한 가동에 있겠지만, 그 후 권위주의 정부를 거쳐 민주화 이후 다양한 정부 시기 반복적으로 문제가 제기되었음에도 어떠한 근본적인 조치도 이루어지지 못한 채 2007년 이후에 와서야 본격적인 보상 및 체계적인 환경오염 대책이 수립되었던 것이다.

장항제련소는 일제강점기 시기였던 1936년에 세워졌으며, 이후 꾸준히 오염물질을 배출해온 것으로 생각해볼 수 있지만 박정희 정부 시절이었던 1962년 본격적으로 생산능력을 증진시켰으며 1971년 민영화된 이후 1979년에 이르러 연간 5만톤을 생산하는 대규모 제련소가 되었다. 이후 환경오염 문제가 꾸준히 제기되면서 1989년 용광로가 폐쇄되고 공해가 적은 시설만 유지되어 왔다가 몇몇 다른 기업을 거쳐 마지막에는 LS니꼬동제련에서 인수하여 폐차 소각사업장 설립을 추진하는 중이었다. 오염시설에 대한 주민반발을 알고 있는

[그림 2.153] 장항제련소 가동 당시의 모습

출처: 환경부 제공, 『울산매일 UTV』에서 재인용. http://iusm.co.kr/news/articleView.html?idxno=766516.

서천군은 2004년 소각장 설립을 불허 처분했지만 2007년 행정소송 패소로 결국 시설이 들어설 수 밖에 없는 상황이 되었던 것이다. 결국 서천군 의회와 주민들이 건강영향조사 및 토양오염실태조사, 오염 재발방지대책 수립을 건의하며 문제가 공론화되기 시작한다.[299] **[그림 2.154]**는 이를 보고한 기록물의 일부이다.

그렇다면 이미 환경문제로 1989년 주요시설이 폐쇄될 정도로 정부가 문제의 심각성을 인지하고 있었음이 분명한데 왜 이 문제가 거의 20년이 지난

[그림 2.154] 대통령비서실, "구 장항제련소 주변지역 환경오염조사 추진계획 보고", 2007. 8. 17.(대통령기록관 소장)

구(舊)장항제련소 주변지역 환경오염 조사 추진방안

< '07.8.7(화), 환경정책팀 >

□ **추진배경**(*정보 보고)

○ **舊장항제련소 주변 마을**(장암 · 화천리, 150가구)주민들이 제련소에서 그간 배출된 오염물질로 인해 **암 발병*, 토양오염 등 환경피해를 주장**하며 비대위(非對委)를 구성('07.5)하고 **정부차원의 대책요구**

* 최근 2-3년간 주민 20여명이 암으로 사망하거나 투병중이라고 주장

※ 舊장항제련소 : '36-89년 가동('89년 용광로 폐쇄), LS-Nikko사가 인수하여 폐차 소각사업장 설립을 추진하자 서천군이 불허처분('04.12) 하였으나 행정소송에서 패소('07.3)하여 허가가 불가피한 상황

□ **최근 동향**

○ 지역언론과 환경단체등에서 지속 이슈화, 농수산물 판매 감소를 우려하는 농민들의 동요 확산

○ 서천군 의회 및 주민들이 폐자동차 소각장 설치에 반대하며 인근지역 주민 등에 대한 **건강영향조사 및 토양오염실태조사, 오염 재발방지대책 수립 건의**('07.7)

* 충남도는 舊장항제련소 주변지역 환경개선 종합대책본부 구성('07.7)

※ 舊장항제련소는 그간 국가가 직 · 간접적으로 운영한바 있어 논란 장기화시 정부 부담요인으로 작용우려

---

299 대통령비서실, "구 장항제련소 주변지역 환경오염조사 추진계획 보고", 2007. 8. 17.(대통령기록관 소장).

2007년까지 해결되지 않고 있었는가 하는 질문이 남는다. 이전 정부가 아예 손을 놓고 있었던 것은 아니다. 1987년, 아마도 민주화의 영향으로 주민들은 환경오염 문제를 더욱 강하게 제기했고 환경부는 실태조사를 통해 오염이 심각하다는 결론을 내렸으며, 환경부가 충청남도에 대책추진을 지시하며 오염물질을 실제로 배출했던 제련소 시설의 핵심인 용광로가 1990년에 이미 폐쇄되었다. 그러나 1997년의 정밀조사에서도 기준을 초과하는 오염물질이 발견되었고 환경부는 다시 한번 충청남도에 조치를 명령한다. 충청남도가 행한 조치도 기록되어 있는데, 주변 지역 토양오염개량사업 및 농경지객토 작업이 추진되었다. 그런데 2006년에 또 다시 오염우려기준을 초과하는 토양오염이 발견되고 결국 2007년에 주민들이 비상대책위원회를 자체적으로 조직하고 항의하는

[그림 2.155] 대통령비서실, "구 장항제련소 주변지역 환경오염조사 추진계획 보고", 2007. 8. 17.(대통령기록관 소장)

---

3. 그간의 정부대책 추진경과

□ **장항지역 오염현황 실태조사**('87. 환경부) 결과 기준 초과

o **장항지역 환경대책 추진지시**('89. 환경부→농림부, 상공부, 충남도 등) 및 **용광로 폐쇄**('90)

- 1 -

('07.8.16, 구 장항제련소 주변지역 환경오염조사 추진계획 보고, 사회정책비서관실)

□ **공장 주변지역 정밀조사**('97～'98. 환경부) 결과 기준 초과

o **토양오염방지 조치 명령**(환경부→충남도)

o 주변지역(127만㎡) 토양오염개량사업('99), 농경지객토('99~'05 122ha, 서천군) 추진

□ **토양오염 실태조사**('06, 환경부) 결과 오염우려기준 초과

o 오염원인자에게 정밀조사 및 정화명령을 내리도록 조치('07.7, 환경부→서천군)

사태에 이르게 된 것이다.[300]

문제의 핵심은 토양오염에 대한 중앙정부의 적극적인 관리 의지에 있었던 것으로 보인다. 토양오염의 특성상 오염 기간이 길고 그 정도가 매우 깊은 경우 최초 오염 발견 시기부터 장기적 개선 대책이 강구되었어야 함에도 불구하고 이전까지 지방자치단체에 어느 정도 일임하거나 주요 오염시설만 관리하는 단기적 대책을 내놓은 것이 이 문제를 악화시킨 원인이라고 할 수 있다. 물론 2007년에 발생한 주민들의 조직적 항의는 해당 부지를 매입한 사업체가 폐차 소각사업장을 설립하려는 움직임에 반발하여 시작된 것으로, 이는 당시에 강화된 시민사회의 일면을 보여주기도 한다. 하지만 이와 관계없이 정부의 환경오염관리 정책의 측면에서 봤을 때 이는 뼈아픈 실패 사례라고 하지 않을 수 없다. 결국 이 문제는 인수위를 거쳐 이명박 정부 시기까지 이어지며, 이명박 정부는 노무현 정부 시기 논의한 결과를 토대로 오염토지를 매입하고 주민들을 이주시키는 것으로 당장의 문제를 매듭짓고 장기적으로 토지오염정화에 나서게 된다.[301] 이는 환경오염 관리에 있어서 장기적이고 예방적인 관점이 얼마나 중요한지 보여주는 사례로 생각된다.

---

300 대통령비서실, "구 장항제련소 주변지역 환경오염조사 추진계획 보고", 2007. 8. 17.(대통령기록관 소장).

301 대통령실, "舊장항제련소 주변지역 토양오염 현황", 2008. 11. 23.(대통령기록관 소장).

10) 허베이스피리트 유조선 침몰(2007. 12. 7.)

2007년 12월 초 차가운 겨울이 본격적으로 다가올 무렵 충청남도 태안반도에 삶의 터전을 잡고 있던 많은 주민들에게 막대한 피해를 준 역사적 규모의 해양오염 사고가 일어나고 말았다. 사고 직후 산업정책비서관실의 보고(**그림 2.157** 참조)에 의하면, 태안군 만리포 앞바다 불과 수 킬로미터 떨어진 곳에서 홍콩국적의 유조선 허베이스피리트(HEBEI SPIRIT)호가 예인선 삼성 T-5가 끌고 오던 부선과 충돌하여 만오천 톤 가량의 원유가 유출되게 된 것이다. 보고문은 또한 이전까지 대규모 유조선 사고의 예로 언급되오던 씨프린스호 사고의 3배의 원유 유출이라는 점을 강조하며 사태의 심각성을 환기하고 있다. 다행히도 인명피해는 없었지만, 어민들이나 관광업에 상당한 타격을 줄 것이 자명했기에 정계와 관료 사회까지 모두 긴장하기에 충분했으며, 일반 국민들도 너도 나도 방제작업을 위한 자원봉사에 참여할 정도로 전국민적 이슈가 되었다.

사고 직후에는 상황보고를 NSC에서 총괄하며 위기관리 표준 매뉴얼에 입각한 대응과정이 보고되고 있으며, 구체적으로는 우선 해양수산부에 중앙사고수습본부가 설치되어 중앙부처의 조율을 받으며 해양경찰청장이 방제대책본

[그림 2.156] 사고 직후 충청남도 만리포 해수욕장 사진

출처: 국토교통부, http://www.molit.go.kr/USR/policyData/m_34681/dtl.jsp?id=252.

부장을 맡으며 현장을 지휘하는 체제가 가동되었다. 청와대 내부에서는 보고의 주체인 산업정책비서관실에서 TF를 구성하여 상황에 신속하게 대응할 수 있도록 하였다. 몇 일 후인 12월 11일 상황을 심각하게 여긴 청와대에서 직접 나서며 노무현 대통령이 태안을 직접 방문하고 특별재난지역 지정을 선포하며 중앙정부의 행정력을 총동원하여 방제 및 경제적 피해 복구가 이루어졌다.

당시 피해복구작업에서 가장 눈에 띄었던 것은 무엇보다도 전국민적인 자원봉사 참여 열기를 들 수 있을 것이다. 당시의 경험을 기념하며 기록을 정리해 놓은 유류피해극복기념관의 홈페이지에 의하면, 제일 먼저 씨프린스호 사고의 아픔을 공유한 여수 시민들이 앞장서 자원봉사의 물꼬를 텄으며, 종교계와 연예인 등 각계각층에서 자원봉사 열기를 이어가며 몇 주 만에 10만여 명의 자원봉사자가 참여하여 방제작업을 진행하였고 이런 열기는 다음 해 2월까지 이어지며 연인원 총 100만여 명이 자원봉사에 참여했다고 밝히고 있다.[302]

[그림 2.157] 대통령비서실, "태안해역 유조선 유류 유출사고 대응계획", 2007. 12. 7.(대통령기록관 소장)

('07.12.7, 태안해역 유조선 유류 유출사고 대응계획, 산업정책비서관실)

태안해역 유조선 유류 유출사고 대응계획

1. 사고개요

o '07. 12. 7. 07:15 충남 태안군 만리포 북서방 5마일 해상에서 예인선 삼성 T-5가 예인중이던 부선이 12. 6. 19:18부터 투묘 정박중이던 유조선과 충돌하여 유조선 화물창이 파공되어 유류유출 사고발생

- 현지기상 : 북서풍 10~18m/s, 파고 2.0~4.0m(풍랑주의보 발효)

2. 선박제원

선명	호출부호	국적	전 출항지	목적지	총톤수	선종	선사(대리점)
HEBEI SPRIT	VRAN9	홍콩	페르시아	대산항	146,848톤	원유운반선	대동항업
삼성T-5	DSEE7	한국	인천	거제도	292톤	예인선	-

3 피해사항 및 예상문제점

o 인명피해는 없으나, 선박 HEBEI SPRIT 좌현 탱크 3개소 파공으로 해양오염 : **원유 15,000톤**(씨프린스호 사고의 약 3배) **유출 추정**

302 http://www.chungnam.go.kr:8100/memorial/content.do?mnu_cd=MEMMENU00032.

사고 후 몇 주 뒤인 12월 19일에 대통령 선거가 있었으며, 자연스럽게 피해 복구작업은 당선자였던 이명박 대통령 인수위원회에 인계되게 되었다. 노무현 대통령은 당시 피해보상 문제에 최선을 다할 것을 특별히 지시하며 특히 근거 자료 확보와 피해의 객관적 측정을 위한 "피해입증기법도 개발"할 것을 강조하며 가능한 한 피해보상에 사각지대가 발생하지 않도록 최대한 노력을 했던 흔적을 발견할 수 있다. 하지만 보상을 넘어서서 피해자들은 "삼성이라는 명백한 가해자가 존재한다"는 인식을 강하게 갖고 있었으며, 따라서 해양 유류오염 사고의 보상한도에 관한 국제기구의 규약인 3,000억 원을 초과하는 부분에 대해 "무한책임이 가능하도록 법률 제정"이 필요하다고 요구하고 있었다. 이에 인수위원회는 여당이 된 한나라당과 당시 야당으로 바뀐 통합신당의 관련 법률안을 검토하였던 흔적이 문서로 남아 있다. 하지만 아무래도 분명히 삼성중공업의 예인선이 일으킨 사고가 단순히 "태안 앞바다 기름 유출 사고" 등으로 명칭되는 것에 무엇인가 꺼림칙하다는 의견이 언론과 국민들 사이에 퍼지게 되었다. 특히 선박사고의 명명은 주로 사고 선박 이름을 사용하는 것이 관례였고, 특히 피해지역 농민, 어민, 혹은 관광업 종사자들의 생업에 악영향을 줄 가능성이 있으므로 지역 이름을 명시하는 것을 피한다는 관례도 무시된 것이라 더욱 의혹이 잇따르게 되었다. 한겨레신문은 이러한 상황을 마치 90년대에 대학교수의 성희롱 사건이 어이없게도 "우조교 사건"이라고 불리며 피해자의 신상에만 주목이 가도록 했던 것과 다를 바 없다고 비판했다.[303] 게다가 사고 예방 차원에서 가해자에 대한 엄벌을 요구하는 목소리도 높아지면서 삼성중공업이 직접적으로 부담해야 하는 피해 보상액이 어느 정도여야 하는지에 대한 논란도 상당했다.[304]

---

303 『한겨레신문』, 2008. 2. 1. "왜 허베이스피리트호 사고라 하지 않나". https://www.hani.co.kr/arti/society/environment/267163.html.

304 대통령직인수위원회, "태안 유류오염 피해투쟁위원회 면담 결과", 2008. 1. 31.(대통령기록관 소장).

[그림 2.158] 대통령비서실, "서해 기름 유출사고 관련 지시사항 이행계획 중간 보고", 2007. 12. 14.(대통령기록관 소장)

---

5. 피해배상과 보상에 정부가 최선을 다할 것

◈ 법률자문가 등을 고용하여 지원단을 구성하고, 법률적으로 지원할 것

◈ 최대한 피해 근거자료를 만들고, 피해입증기법도 개발할 것

* 관련부처 : 법무부, 해양부 등

□ **추진실적**

o 어촌지도사 50여명 및 일반 직원 70여명을 어촌·비어촌 마을에 전담 투입, 보상절차·정부조치 등에 대한 안내

- 보상 관련 상세 매뉴얼 작성·배포(12.8) 및 서산지역 어민에 대한 보상교육 실시(12.12)
- 유류오염 보상 관련 전문가 설명회 개최(12.13 10:00)

o 법무부에서도 '법률지원단'을 구성

- 국내·외 유사사례 분석, 증거 수집과 관련된 매뉴얼 작성 등

* 검사 1명을 단장으로 공익법무관 3명, 법률구조공단 소속 변호사 2명 등

새정부 출범 직전인 2008년 2월 13일 청와대의 산업정책비서관실은 완료에 다가가고 있던 당시까지의 방제 상황을 노무현 대통령에게 종합보고하였으며, 주민지원을 위한 특별법 제정 진행 상황, 해양 생태계 복구 노력, 해당 지역 수산물 안전관리, 무허가 사업자와 관광사업자 등 피해 보상이 쉽지 않은 부분 등 다양한 부분의 문제점을 종합적으로 보고하였다. 특히 이 보고서를 발췌한 **[그림 2.159]**를 보면 사태 발생 이후의 재난관리의 부분에 있어서 지적사항도 함께 정리하고 있는데, 사고선 주위에 오일펜스를 설치하였으나 악천후로 인해 파손되고 말았던 초기대응 미흡 부분, 유출유 확산이 해변까지 닿으리라는 것을 예측 못 한 예측 오류 부분, 자원봉사자의 급증으로 인한 방제 지휘체계 혼란 및 지방자치단체의 방제 역량 부족 등을 총체적으로 지적하고 있다.

결론적으로 보면 사고 바로 전 해에 대규모 해양오염방제 훈련까지 진행했던 정부의 대응으로 보기에는 여러모로 아쉬움이 남는 대처였다고 볼 수 있다. 물론 사고 규모 자체가 워낙 역대급이었으며, 초기 대응을 제외하면 자원

봉사 열기의 도움을 받기는 했지만 방제작업 자체는 훌륭하게 이루어졌다. 하지만 이 정도의 대규모 환경재난이 발생했을 시 인재(人災)의 측면이 어느 정도 되고 그 책임을 어떻게 어떤 규모로 물을 것인가, 그리고 피해 국민들을 위한 보상 체계로서 그때마다 상황에 맞춘 특별법보다는 사전에 무엇인가 확실하고 불편부당한 시스템을 세울 방법은 없는가 등의 어려운 질문이 여전히 남아 있다.

[그림 2.159] 대통령비서실, "HEBEI SPIRIT 기름 유출사고 추진상황 보고", 2008. 2. 13.(대통령기록관 소장)

〈 초기 방제작업 관련 지적사항 〉

1. 초기대응 미흡 관련

□ **사고 초기, 악천후로 인한 정상적 방제작업이 불가하여, 추가유출 중지 및 해안피해 최소화를 위한 어장 · 양식장 보호에 주력**

○ 사고선 주위에 오일펜스를 설치하였으나 설치된 오일펜스 파손

* 3m이상의 높은 파고와 3Knot 이상의 강한 조류로 방제장비 운용조건 초과

- 추가유출을 중지하기 위해 해경직원이 헬기에서 하강('07.12.7, 09:35)하여 파공탱크 잔존 기름 이적

* 유출되는 기름을 바지에 받는 방법은 유증기로 인한 폭발이 발생할 경우 대재앙으로 확대될 우려가 있어 실시 불가

○ 가로림만, 천수만, 근소만 등 양식장이 산재한 해역을 보호하는 방제전략 수립하고 방제세력을 만입구에 집중, 오일펜스 3~5중 설치

2. 유출유 확산 예측 오류 관련

□ **유출유 확산 예측 시 강풍의 영향으로 도착시간 예측에는 4시간 정도 차이 발생**(예측 : 사고 후 18시간, 실제 : 사고 후 14시간)

11) 이천 냉동창고 화재사고(2008. 1. 7.)

2008년 1월 7일 이천시 호법면 냉동물류창고 건설현장에서 대규모의 화재가 발생하였다. 당시 냉동물류창고 건설 전문업체 (주)코리아2000이 공사를 담당하고 있었으며, 지하냉동창고 내부 설비 설치 및 전기공사 마무리 작업 중 원인을 알 수 없는 이유로 화재가 발생한 것이다(이천소방서, 2008). 특히, 이 사고로 독립운동가 김규식 장군의 후손인 중국동포가 사망하였으며,[305] 우즈베키스탄 출신 배관공이 긴박한 상황에서 동료 노동자를 업고 탈출하였으나 거센 불길로 정작 자신의 사촌형을 구할 수 없었던 이야기[306] 등이 알려져 주위를 안타깝게 했다.

이 사고로 인해 40명이 사망하고 10명이 부상 당해 총 50명의 사상자가 발생하였으며, 총 78억 8천여만 원 상당의 재산피해가 발생하였다(이천소방서, 2008). 최초 발화 원인은 명확하게 규명되지 않았으나 인화성 증기가 체류되어 있는 상태에서 불꽃 등이 튀면서 폭발해 화재가 발생한 것으로 추정되었다. 또한, 보냉단열을 위해 사용된 많은 폴리우레탄, 스티로폼 등이 바닥을 제외한 모든 표면에 도포되어 있었으므로 불길이 빠르게 확산되어 대규모 화재가 발생한 것으로 보았다(이천소방서, 2008).

더욱이 다량의 인화성 물질 뿐만 아니라 폐쇄적인 건물구조, 안전관리가 미흡하였던 상황 등으로 대형참사가 발생할 조건이었다.[307] 불이 난 냉동창고는 면적이 2만 338m^2으로 축구장 2배 정도의 크기지만, 지상 1층으로 통하는 통로는 두 곳에 불과하였고 냉동창고가 6구획으로 나뉘어 칸막이가 설치된 복잡한 구조라 신속한 대피가 어려운 구조였다.[308]

---

305 『경향신문』, 2008. 1. 9. "희생 中동포에 '독립군 후손'도 있었다" .

306 『경향신문』, 2008. 1. 8. "카이룰루씨 "불 붙어 쓰러진 아주머니 옷벗어 끈뒤 업고 뛰었죠".

307 『경향신문』, 2008. 1. 7. "[이천 냉동창고 화재]피해 왜 컸나…인화성 물질 들어찬 화약고 상태".

308 『세계일보』, 2008. 1. 8. "인명피해 왜 컸나".

[그림 2.160] 화재현장에서 화염과 연기가 분출되는 모습

출처: 이천소방서(2008) 「경기 이천시 코리아 2000 냉동창고」 화재사고 백서.

놀라운 점은 소방설비들이 오작동 되면 번거롭다는 이유로 방화문, 경보장치, 스프링클러 등이 모두 작동되지 않도록 조작해놓았다는 것이다(이천소방서, 2008). 소방점검도 허술하였던 것으로 밝혀졌는데, 정기 소방점검시 소방설비의 실제 작동여부를 확인하지 않았으며, 그마저도 민간 하청업체가 담당히였다고 한다. 목격자에 따르면 화재가 발생하자마자 창고 외부 소화전에서 호스를 끌어다 불을 끄려고 했으나, 소화전이 작동되지 않아 소방차가 도착할 때까지 기다릴 수 밖에 없는 상황이 발생한 것이었다.[309]

당시 사고와 관련된 기록물[310]을 살펴보면, 사회정책수석의 주재 하에 화재사고 대책 관계부처 회의를 실시한 내용을 확인할 수 있었다. 당시 회의에서 논의된 주요 토의내용을 살펴보면, 사회정책 수석은 사고의 성격을 '냉동창고 화재'가 아니라 냉동창고 '건설현장 화재'임을 명확히 하고, 이를 바탕으로 '건설현장'의 위험관리의 측면에서 화재 원인 분석을 하고 안전대책을 수립하여야 함을 강조하였다. 또한, 현행법상 많은 불법사항이 있었음을 지적하며, 이에 대한

309 『서울신문』, 2008. 1. 8. ""불 끄려니 소화전 물 안나와"".

310 대통령비서실, "이천 냉동창고 건축현장 화재사고 대책회의 결과", 2008. 1. 17.(대통령기록관 소장).

수사와 처벌을 강조하였고, 여러업체가 다단계 하도급을 하는 관계로 안전관리 및 책임자가 취약하여 이에 관한 제도개선을 당부하였다. 이외에도 규정이 있었으나 지켜지지 않았다면 관리를 강화해야 하고, 규정이 잘못되었다면 제도 개선이 필요함을 강조하였다. 사고로 인해 다수의 외국인 노동자가 피해를 입게 되었으므로, 외국인 노동자와 불법체류자 인권 문제 등 유사 사례의 대책 등도 함께 검토하라는 점도 눈에 띈다. 국무조정실은 의식과 행태 개선이 필요함을 지적하며, 사업주의 안전의식과 교육, 가사용 승인단계에서의 방화관리사 선임문제를 검토해야 한다고 주장하였다. 사회정책비서관은 건축법과

[그림 2.161] 대통령비서실, "이천 냉동창고 건축현장 화재사고 대책회의 결과". 2008. 1. 17.(대통령기록관 소장).

('08.1.15, 이천 냉동창고 건축현장 화재사고 대책회의 결과, 사회정책비서관실)

이천 냉동창고 건축현장 화재사고 대책회의 결과

어제(1.14) 개최된 이천 냉동창고 건축현장 화재사고 대책 관계부처 회의 결과와 수석님 말씀 등을 보고드림

□ 회의 개요

o 일 시 : '08. 1. 14(월), 09:30~11:00

o 장 소 : 사회정책수석실

o 참 석

- 청와대(5) : 사회정책수석(주재), 사회정책·노동비서관, 권덕철·김장회 행정관

- 관계부처(7) : 국무조정실(기획관리 조정관 박철곤), 소방방재청(소방정책본부장 변상호), 외교통상부(영사심의관 이기철), 법무부(송무과장 염동신), 산업자원부(에너지정책 기획관 조석), 노동부(산업안전보건국장 정철균), 건설교통부(건설선진화 본부장 박상규)

o 안건

- 이천 냉동창고 건설현장 화재사고 관련 대책

□ 주요 회의 내용

1) 각 부처 보고

o 이천시 냉동창고 화재사고 관련 재발방지대책(소방방재청)

o 이천 화재사고 관련 산업안전대책(노동부)

o 이천 사고관련 건설현장 하도급, 공정관리 등 쟁점보고(건교부)

o 이천 물류창고 화재사고 관련 전기, 가스 분야 수습 및 예방대책(산자부)

o 이천 물류창고 화재관련 피해배상 방안 등 검토(법무부)

o 외국인 피해자 유가족 입국 지원(외교부)

산업안전법 등의 규정상 산업안전 대상이 아닌 소규모 사업장은 시설주가 방화책임을 지게 되므로 인화성 물질관련 공사는 소방관서에 사전에 신고하도록 하는 방안 등의 제도개선이 필요함을 주장하였다.

이후 후속조치와 관련된 기록물[311]에서는 사고 이후 정부의 조치사항과 향후대책이 정리되어 있었다. 먼저 관계기관 합동으로 사고원인조사와 피해자 보상을 추진하였으며, 유사재해 재발방지를 위해 화재·폭발사고 위험이 큰 현장에 대한 긴급점검 및 관계자 안전교육을 실시하였다. 특히, 건설, 화학 분야

[그림 2.162] 대통령실, "업무현황보고(산업안전보건분야)", 2008. 2. 21.(대통령기록관 소장).

2 이천 냉동창고 화재사고 후속조치

❒ 사고개요 및 원인

○ '08. 1. 7 이천 소재 『(주)코리아2000』 냉동창고 신축현장 지하1층 작업장에서 화재 · 폭발로 40명 사망, 10명 부상

○ 지하 1층 13번 냉동창고 인근에서 원인미상의 점화원에 의해 화재가 발생한 후 급속히 확산된 것으로 추정

* 국과수, 소방서 등에서 합동감식을 실시하였으나 현재까지 화재 발생 원인을 규명하지 못함

❒ 조치사항 및 향후대책

○ 관계기관과 합동으로 사고원인 조사와 피해근로자에 대한 산재보상을 추진하였고,

- 현장소장 등 산업안전보건법 위반자에 대하여 사법처리를 완료하였음

* (주)코리아2000 현장소장 구속(1.18), (주)유성엔지니어링 현장소장 및 신화엔지니어링 대표 불구속 입건(1.21)

○ 유사재해 재발방지를 위해 화재 · 폭발사고 위험이 큰 현장에 대한 긴급점검(1.16 ~ 2.1, 463개소) 및 공사관계자에 대한 안전교육(1.17 ~ 1.24, 643명) 실시하였으며,

- 건설, 화학 분야 전문가로 TF를 구성(1.12)하여, 유사재해 재발방지 종합대책을 마련, 지방관서 · 안전공단에 시달(2.20)

* 주요내용 : 냉동창고 건축공사에 대한 지도감독 강화, 착공전 유해·위험방지계획서 제출 대상 건설현장 확대 등

- 23 -

44

311 대통령실, "업무현황보고(산업안전보건분야)", 2008. 2. 21.(대통령기록관 소장).

전문가로 특별전담조직을 구성하여 유사재발방지 종합대책을 마련하여 지방관서 및 안전공단에 시달한 것으로 나타났다.

노무현 대통령은 사고가 발생한 이후 열린 국무회의에서 사고와 관련된 정부차원의 제도 개선책과 종합대책을 마련, 수습대책을 조속히 추진할 것을 지시하였다. 특히 사고의 제도적 원인이 규제의 문제와 깊이 연관되어 있음을 지적하며, "우리사회가 일반적으로 규제를 무조건 나쁜 것으로 보는 경향이 있는데, 규제에 대해 일률적으로 말해서는 안 될 것"이라고 말하며 안전분야의 규제가 강화되어야 함을 강조하기도 하였다.[312]

당시 당선인 신분이었던 이명박 대통령도 화재현장과 합동분향소를 방문하여 조문하기도 하였다. 이명박 대통령은 사고현장을 방문하여 사고현황 및 피해상황을 전해 듣고 사고가 발생한 건물 안을 둘러보았으며, "기본이 안 지켜져서 그래"라며 안전관리의 필요성을 강조하기도 하였다. 또한, 관계기관이 현장 수습에 각별히 신경 써줄 것을 당부하고 소방대원들을 격려하기도 하였다.[313]

[그림 2.163] 당시 대통령 당선자 신분으로 현장에 방문하였던 이명박 대통령

출처: 이천소방서(2008) 「경기 이천시 코리아 2000 냉동창고」 화재사고 백서.

312 대한민국정책브리핑, https://www.korea.kr/news/policyBriefingView.do?newsId=148647376.

313 『세계일보』, 2008. 1. 9. ""참 내… 기본이 안 지켜져서 그래""

사고로 인해 소방법령의 여러 허점이 지적되었고, 이를 개선하기 위한 노력이 이루어졌다. 예를 들어 당시에는 건축주가 시행자, 건설사이며, 설계, 감리자 역할을 함께 해 왔기에 제대로 된 감독이 이루어지지 않았다(이천소방서, 2008). 따라서 국토해양부는 본인 및 계열회사가 공사감리자로 지정한 자에 대한 처벌규정을 통해 2년 이하의 징역 또는 1천만 원 이하의 벌금에 처하도록 건축법을 개정하였다.[314]

그러나 피해를 증폭시킨 가연성 패널에 대한 대책마련은 지지부진하였다. 2010년 2월 바닥면적 3천m^2 이상 창고의 경우 난연재로 내부마감을 하도록 법이 강화되었으나, 법 개정 이전에 건축된 창고에는 소급적용 되지 않으며, 기준면적이 너무 커 해당되는 창고가 극히 일부였기 때문이다.[315] 이후에도 오랜 기간 관련업계의 반발로 발목잡혀 오다, 2021년이 되어서야 가연성 건축자재 사용을 제한하기 위한 건축법 개정안이 통과되었다.[316]

이천 냉동창고 화재사고는 냉동창고 건설을 둘러싼 모든 관계자들(창고 임대회사, 설계시공, 감리업체, 건축허가담당부서 등)이 안전을 고려하지 않고 저지른 불법행위들, 불법이 아니더라도 인명피해를 키운 부실한 제도, 사회적 책임 결여 등이 총체적인 원인으로 작용하여 발생한 사고로 볼 수 있다(이천소방서, 2008).

안타까운 점은 동일한 유형의 사고가 계속 반복되었다는 것이다. 공교롭게도 이천지역에서만 하더라도 2009년 11월, 2016년 2월, 2020년 4월 물류창고 공사현장에서 여러차례의 대형화재가 발생하였다. 특히, 2020년 4월 발생한 한익스프레스 이천 물류센터 화재 사례를 살펴보면, 2008년 이천 냉동창고 화재 사고와 매우 유사함을 확인할 수 있다. 화재의 원인이 우레탄폼 발포과정에서 발생한 유증기에 용접작업과정에서 발생한 불꽃이 닿으면서 폭발한 점,

314 『소방방재신문』, 2021. 1. 24. "〈기획〉 이천 냉동창고 참사 후 3년, 달라진 것은?".

315 『경인일보』, 2013. 1. 7. "[이천 화재 그 후 5년·1]도처에 널린 화약고".

316 『소방방재신문』, 2021. 2. 23. ""말로만 준불연 건축자재 없앤다" 관련법 개정안 국토위 통과".

샌드위치 패널로 불이 옮겨붙어 건물전체가 빠르게 불길에 휩싸인 점, 희생자들이 현장을 탈출하지 못한 점이 매우 유사하다.[317] 이 사고가 발생한 이후, 문재인 대통령은 유사한 사고를 막기 위한 안전 대책이 마련되었음에도 불구하고 유사한 사고가 재발한 것과 관련해 청와대 참모진에게 엄중한 책임 규명을 주문하기도 하였다.[318]

반복되는 사고들은 사고방지 대책 마련에 최선을 다한 관계자들의 노력을 물거품으로 만든다. 가연성 건축자재 사용 제한 관련 법안이 지지부진했던 것에서 볼 수 있듯, 아직까지도 생명과 안전보다는 경제적 실익이 우선시 되는 경우가 있다. 유사한 사고가 반복되지 않기 위해서는 물질만능주의와 같은 사회적 인식의 변화가 선행되어야 하며, 더불어 법과 제도를 개선하기 위한 노력이 동반되어야 할 것이다.

317 『동아일보』, 2020. 4. 30. "40명 숨진 2008년 이천 냉동창고 참사와 판박이".

318 『세계일보』, 2020. 5. 4. "2008년 이후 바뀐 게 없다… 문 대통령, 이천 화재 질책".

12) 숭례문 화재(2008. 2. 10.)

2008년 2월 10일 오후 8시 48분경 서울특별시 중구에 위치한 숭례문에서 불길이 치솟았다. 5시간이 넘는 진화작업 끝에 진화가 완료되었으나, 문루(門樓) 2층 90%와 1층 10%가 화재로 인해 소실되었다. 대한민국 문화재 보호법[319]에 따르면 중요한 유형문화재를 보물로 지정하며, 그 중에서도 인류문화의 관점에서 볼 때 그 가치가 크고 유례가 드문 것을 국보로 지정한다. 국보의 번호 자체는 지정되는 순서만을 의미할 뿐 그 가치의 우수성을 의미하는 것은 아니지만,[320] 국보 1호로서 숭례문이 가지는 상징성은 결코 작지 않았다. 그러므로 설 연휴 마지막날 서울시내 한 가운데 대한민국 국보 1호가 불에 타 무너져 내리는 모습은 시민들을 커다란 충격에 빠뜨리게 만들 수 밖에 없었다.

화재의 원인은 사회적 불만에 의한 방화로 밝혀졌다. 토지보상 결과에 불만을 품은 방화자는 숭례문 2층 누각에 잠입한 뒤, 미리 준비한 시너를 이용하여 방화를 한 후 도주하였다(국립문화재연구소, 2008). 방화자는 2006년에도 동일한 불만을 이유로 창경궁 문정전에서 방화를 시도하여 체포된 전력이 있던 자였으며,[321] 당초 서울 종묘를 범행 대상으로 고려하였으나 낮에는 사람이 많아 인명피해가 우려되고 밤에는 외부인 출입이 어렵다는 점에서 숭례문으로 목표를 변경한 것이다. 두 차례에 걸쳐 사전답사를 하는 등 범행을 계획적으로 준비해온 것으로 밝혀졌다.[322]

숭례문 화재사고에 관한 보고서(국립문화재연구소, 2008)는 숭례문 화재와 관련된 방재상의 문제점들에 대해 자세히 정리하고 있다. 보고서에 따르면, 문화재와 관련된 대부분의 화재가 산속에 위치하고 있는 전통사찰에서 발생하였기 때문에, 방재대책 수립 시 소방차 출동시간과 접근로 확보 문제를

---

319 https://www.law.go.kr/법령/문화재보호법.

320 문화재청, http://www.cha.go.kr/cop/bbs/selectBoardArticle.do?nttId=5653&bbsId=BBSMSTR_1008&nm=NS_01_10.

321 『KBS』, 2008. 2. 12. "숭례문 방화 용의자의 창경궁 문정전 방화".

322 『한겨레』, 2008. 2. 12. "토지보상 불만 때문에 숭례문 불질러".

[그림 2.164] 숭례문 화재 진화 모습

출처: 국립문화재연구소(2008).

중심으로 추진되어 왔다. 그러다 보니 숭례문은 도심지에 위치하고 소방서가 근거리에 배치되어 있었음에도 불구하고 방재대책에서 우선적으로 고려되기 어려웠던 것이다. 또한, 문화재의 구조에 대한 사전지식과 화재진압 경험이 없는 경우, 일반적인 소방대책만으로는 화재 진압에 대한 효용성이 떨어질 수 밖에 없어 전문적인 진압매뉴얼이 필요함에도 불구하고 매뉴얼이 마련되지 못하였다고 한다.

화재 진압과정에서 문화재청과의 협조가 원활하게 이루어지지 않았다는 문제도 있었다. 주요 구조물의 화재를 진압하기 위해서는 '구조물 설계도'가 반드시 필요한데, 숭례문 내부 구조 설계도를 보유하고 있는 문화재청은 대전에 위치하고 있는 바람에 서울소방본부가 초기에 설계도를 확보할 수 없었던 것이다.[323] 소방관계자는 문화재가 손실되지 않게 신중하게 불을 꺼달라는 문화재청의 요청으로 적극적인 진화작업이 이루어지지 못하였다고 주장하였으나, 문화재청 측은 문화재가 일부 파손되더라도 확실히 화재를 진압해달라고 요청

323 『연합뉴스』, 2008. 2. 11. "문화재 보호하려다 숭례문 전소".

했다며 반박하기도 하였다.[324]

사고가 발생하자 노무현 대통령은 국무회의에서 "목조 문화재 대책을 재검토 하라"고 지시하며, "문화재 관리 계획을 제대로 이행하는데 있어 필요한 예산이나 전문인력 그리고 물적·인적 자원계획이 합당하게 세워졌는지 살펴봐야한다"며 주문하였다.[325] 유홍준 당시 문화재청장은 화재의 책임을 지고 사표를 제출하였으나 노무현 정부의 임기가 얼마 남지 않은 상황에서 새로운 청장을 임명하기 어려운 상황이었기에, 청와대 측은 사후 수습과 향후 대책 마련의 중요성을 강조하며 노무현 대통령 임기가 끝나는 시점에서야 사표를 수리하였다.[326]

이명박 당시 대통령 당선인은 숭례문 화재현장을 방문하여 현장을 둘러보았고 숭례문의 상징성을 이야기하며, "국민들의 가슴이 아플 것"이라며 "전체

[그림 2.165] 화재현장을 둘러보는 당시 이명박 대통령 당선인

출처: http://www.ohmynews.com/NWS_Web/View/at_pg.aspx?CNTN_CD=A0000832329.

324 『문화일보』, 2008. 2. 11. "〈숭례문 잿더미〉 '3중 부실'이 火부르고 禍키웠다".

325 『MBN』, 2008. 2. 12. "노 대통령 "목조 문화재 대책 재검토 하라".

326 『세계일보』, 2008. 2. 14. "[숭례문 화재] 유홍준 청장 사표 22일께 수리".

적으로 사회가 혼란스러운 것이 걱정"이라고 이야기 하였다.[327] 그러나 이명박 대통령은 서울시장으로 재직하던 시절 숭례문의 개방을 주도한 바 있어 화재 및 안전대책 없이 숭례문을 섣불리 개방하였다는 점에서 비판을 받기도 하였다.[328, 329]

앞서 살펴본 바와 같이 숭례문 화재는 노무현 대통령의 임기가 약 2주일 밖에 남지 않은 시점이었기에, 사고와 관련한 대책은 이명박 대통령 시기에 중점적으로 마련되기 시작하였다. 문화재 안전대책에 대해 기록한 기록물들[330, 331]을 통해 당시 추진사항들을 확인할 수 있었다. 각 주요사항들을 살펴보면 다음과 같다.

소방방재청에서는 화재사고 발생 이후 목조문화재 143개소에 대한 합동안전점검을 실시하고 가상화재 시나리오를 기반으로 한 긴급대응 소방훈련을 실시하였다. 기존에는 목조 문화재에 대한 화재대응 매뉴얼이 준비되어있지 않았으므로, 사건 이후 매뉴얼을 제작하여 소방서에 보급하였다. 매뉴얼의 주요내용은 개요(임무, 화재특성, 유관기관 협조 및 대응절차), 단계별 주요조치 사항, 부록 등으로 구성되었다. 한편, 숭례문 화재 진화당시 숭례문의 설계도면 확보가 늦어 진압이 늦어졌음이 지적된 바 있으므로, 국가지정 국보·보물 목조문화재의 설계도서를 확보하여 소방관서에 비치하였다. 이외에도 문화재와 소방서 간 긴급연락체계 구축, 문화재 입구 소방차 진입로를 개선하였다. 소방장비 관련하여서는 지붕 기화 등 심부화재용 "다기능 무인파괴 방수차" 확보를 추진하였고, 목조건축물용 특수소화약제 개발을 추진하였다. 또한 주요 목조무화재 등에 대한 소상시설 기준 개선 및 보강(소화설비 설치, 통보시스템 구축, 방화관리자 선임 등)을 추진하였다. 한편 문화재청의 경우, 소방방재 인원

327 『오마이뉴스』, 2008. 2. 11. "'숭례문 개방' 주인공 이명박 '국민 가슴 아플 것'".
328 『오마이뉴스』, 2008. 2. 11. "'숭례문 개방' 주인공 이명박 '국민 가슴 아플 것'".
329 『노컷뉴스』, 2008. 2. 11. "숭례문 화재 사건에 때아닌 노무현-이명박 책임공방".
330 대통령실, "숭례문 화재 후 문화재 안전대책 추진사항 보고". 2008. 4. 16.(대통령기록관 소장).
331 대통령실, "숭례문 화재 후 문화재 안전대책 추진사항 보고(2차)". 2008. 9. 24.(대통령기록관 소장).

을 충원하였고, 방재시설 인프라 구축 및 맞춤형 방재 매뉴얼 제작, 유관기관 공조시스템 강화를 추진하였다.

숭례문 복구 기본계획은 숭례문 화재 100일째를 맞는 2008년 5월 20일에 발표되었다. 일제강점기 훼손 전 숭례문의 모습으로 복구하여 수도 서울의 랜드마크로 자리매김하고, 완벽한 복구작업을 통한 통한 국민의 상실감과 자긍심 회복을 목표로 복구방향을 설정하였다(문화재청, 2013). 숭례문 복구 작업은 2013년 4월 30일 마무리되었으나 복원 과정에서 문화재 보수업체의 비리와 지나치게 짧은 보수기간 설정 및 전통기법 부족, 문화재청의 관리감독 부실, 이해관계자간 소통 부족, 문화재 가치인식 부족 등이 문제점으로 지적되기도 하였다(정창호·박치성, 2015). 이에 박근혜 대통령은 2014년 시정연설에서 숭례문 부실 복구 문제에 대해 언급하며, "숭례문을 포함한 문화재 관리 보수의 전반적인 문제점을 엄중하게 조사하고 문화재 관리체계를 근본적으로 개선하는 계기로 삼겠습니다."고 언급하기도 하였다.[332]

[그림 2.166] 숭례문 복구 기념식에서 손인사하는 박근혜 대통령

출처: 대통령기록관, https://www.pa.go.kr/portal/contents/stroll/schedule/scheduleIndex.do?year=2013&month=05&searchDate=2013-05-04.

332 대통령기록관, https://www.pa.go.kr/research/contents/speech/index.jsp?spMode=view&artid=1400092&catid=c_pa02062

숭례문 화재사고는 당시 유홍준 문화재청장이 언급한 바와 같이 문화재 관리와 관련된 "시스템, 진화방식 매뉴얼, 예방장치"가 제대로 지켜지지 않아 발생한 사고로 이해할 수 있을 것이다.[333] 비록 숭례문 화재사고로 인명피해는 발생하지 않았으나 역사적으로 상징성을 가지고 있는 문화재가 소실될 경우, 사회적으로 큰 아픔을 줄 수 있음을 보여주는 안타까운 사고였다.

[그림 2.167] 대통령실, "숭례문 화재 후 문화재 안전대책 추진사항 보고(2차)", 2008. 9. 24.(대통령기록관 소장)

< 08.9.24(수). 정무수석실>

숭례문 화재 후 문화재 안전대책 추진사항 보고(2차)

'08. 02.10(일) 20:50경 남대문로 4가 29번지, 숭례문 방화사고 이후 현재까지 소방방재청과 문화재청의 문화재시설에 대한 안전대책 추진사항을 보고(2차)드림 (1차는 '08.4.16일 보고함)

□ **국가지정 목조문화재 : 143개소**(국보 22, 보물 121)/(현황 '붙임참조')

※ 서울24, 부산2, 대구3, 인천3, 대전1, 경기6, 강원6, 충북5, 충남11, 전북18, 전남18, 경북35, 경남10, 제주1(광주 · 울산 : 없음)/문화재청 직접관리21

□ **그간 주요 추진대책**

<소방방재청>

○ 목조문화재 143개소에 대하여 2.18~2.29까지 소방 · 문화재 · 지자체가 합동으로 안전점검을 실시, **불량 23개소 86건을 시정조치** 함

○ 주요 목조문화재에 대하여 유관기관 합동으로 가상화재시나리오에 의한 **긴급대응 소방훈련을 실시** - 차량 2,130대, 21,075명 동원

- 4월 이후 : 209회 541개 기관 1,505대 8,267명 참여, 추가훈련실시

○ 목조 문화재 대상별 「**화재대응 매뉴얼**」 제작, 소방서 보급 완료(5.30)

※ ①**개요**(임무, 화재특성, 유관기관 협조 및 대응절차, ②**단계별 주요 조치 사항** ③**부록 順**

○ 국가지정 국보 · 보물 목조 문화재(143) **설계도서 확보, 소방관서 비치완료**

○ 문화재와 **소방서간 긴급연락체계 구축** 및 방화(放火) 예방을 위한 **자위소방대 편성** 운영 - 143개소 중 110개소(77%)

- 나머지 33개소는 상주인력이 없거나 소수인원 상주로 편성불가

○ 유사시 소방차량 진입이 **어려운 43개소**(100개소는 원활)중 **28개소 (65%)의 진입로 개선** - 신설4, 장애물제거8, 우회로 확보2,기타14

333 『뉴시스』, 2008. 2. 11. "국회 문광위, 숭례문 화재 관련 책임자 질타".

8 이명박 대통령

1) 광우병 사태(2008. 4. 17.)

2008년 임기를 시작한 이명박 정부는 출범 직후 곧바로 엄청난 정치적 위기를 맞게 되는데, 이는 잘 알려졌다시피 미국 쇠고기 수입과 광우병에 관한 논란 때문이었다. 정부 출범 이후 몇 달이 안되었던 4월 17일 한미 FTA 협상 과정에서 한미정상회담을 앞두고 타결을 서두르던 이명박 정부가 미국의 쇠고기 수입장벽 완화 요구를 받아들였고, 얼마 뒤인 4월 29일 MBC PD수첩의 미국 쇠고기 광우병 위험성에 관련된 보도가 국민들의 위기의식을 자극하여 대규모 반정부 시위사태로 번졌던 것이다. 결과적으로 보면 법원에서 판단한 것처럼 방송이 보도한 광우병의 위험 자체는 과장된 측면이 있었기 때문에 현재까지 보수언론의 비난을 받고 있지만,[334] 해외 전염병 재난 관리 측면에서 보면 정부에 경각심을 주며 향후 해외전염병에 대응하는 정부 관료들의 책임감을 자극한 결과를 가져온 긍정적인 측면이 있다. 당시의 대통령 기록물에서는 이명박 정부가 국민들의 반응을 대체로 반미여론 선동에 의한 것으로 인식하여 여론전에 상당히 주력한 흔적을 보여주는 문서가 많이 발견되는데, 여기서는

[그림 2.168] 2008년 미국산 쇠고기의 광우병 위험을 다룬 MBC PD수첩 방송 내용 중 오보논란이 된 광우병과 변종크로이츠펠트-야콥병을 혼용해서 사용한 부분의 화면 캡쳐

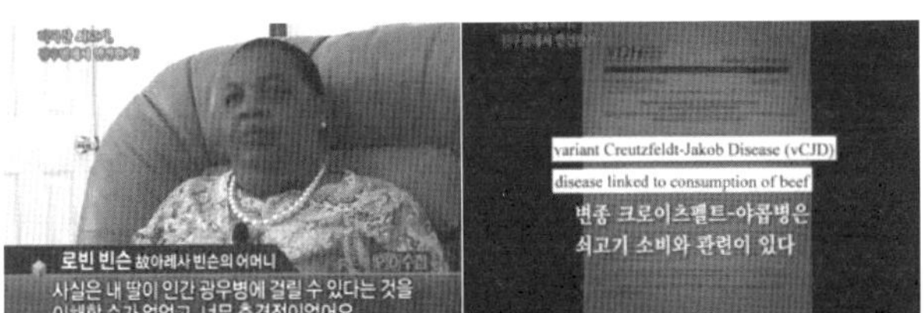

출처: 『미디어스』, 2008. 6. 25. "PD수첩, 광우병 오보논란 '정면돌파'".

---

334 『법률신문』, 2011. 9. 2. "대법원, PD수첩 '광우병 보도' 무죄 확정". https://www.lawtimes.co.kr/Legal-News/Legal-News-View?serial=59125.

그런 기록물보다는 당시 정부가 광우병 위험에 대해 직접적으로 대처한 것과 관련된 문서를 주로 살펴보도록 한다.

가장 먼저 눈에 띄는 것은 국민들의 불안감 확산에 따라 정부가 협상 전략을 재검토했던 부분이다. **[그림 2.169]**에 나타난 당시 청와대 미래비전비서관의 보고에 따르면, 당시 논란이 됐던 '광우병 우려가 더 큰 30개월 이상의 소의 고기를 수입하느냐 마느냐'보다 전 정부 협상에서 존재했던 "광우병 발생시 즉각 수입을 중단"할 수 있는 규정이 새로운 협상에서 우리의 양보로 빠진 것이 더 문제라고 실질적인 문제를 제기하고 있다. 이는 광우병 통제국으로 분류되고 있던 미국의 시스템을 불필요하게 의심하고 폄하하지 않으면서도 결정적인 안전장치로 작동할 수 있었던 조항이라는 점에서 상당히 아쉬운 점이라고 할 수 있다. 보고서는 부시 대통령이 이명박 대통령과의 통화에서 30개월 이상 미국소의 수입이 안되도록 조치하겠다고 구두로 언급한 부분을 신뢰하며 추가 협상의 필요성을 언급하고 있으나, 당시 상황에서 "재협상"은 우리의 대외신인도 및 미국의 타국간 FTA 진행에도 문제가 될 수 있는 부분이라 어려움이 있었

[그림 2.169] 대통령실, "미국산 쇠고기 수입문제 검토", 2008. 6. 9.(대통령기록관 소장)

I 우리 정부 협상의 문제점

□ **월령기준에 지나치게 집착, 꼭 필요한 수입금지 조항 삽입을 놓침**

o 미국 내 동물성 사료 금지조치 이행(98.4) 이후 미국산 소의 광우병 발생사례 전무
  - 따라서, 안전성 측면에서 미국산에 월령 30개월 기준 적용은 무의미

o 30개월 월령기준은 광우병 미통제국에 대해 보다 엄격한 수입규제조치를 취하기 위한 것으로 미국(광우병 통제국)에는 부적합
  - 최근 개최된 국제수역사무국 연례총회('08.4)는 광우병이 사라지고 있어 향후 1년간 추가적인 광우병 미발생시 광우병 미통제국에 대해서도 30개월 월령기준을 없애는 방안 모색키로 합의

o "미국산 소에서 광우병이 발생시 즉각 수입을 중단"할 수 있도록 하는 규정을 삽입하는 것이 보다 현실적인 접근
  - 2년전('06.1) 한.미간 협의과정에서는 이러한 내용의 규정이 포함되어 있었으나, 금번 한.미간 합의서에는 빠져있음.

다. 트럼프 대통령의 사례에서 보듯이 강대국의 입장에서는 대외신인도의 저하 같은 것을 상관하지 않고 재협상을 요구하는 일도 드물지 않지만, 강대국의 틈바구니에서 살아남아야 하는 한국 입장에서는 간단하지 않은 부분이었다. 결국 민간 부문에서 자체적으로 30개월 이상 쇠고기를 수입하지 않도록 유도하려고 했으나 국민들의 불만을 잠재우기에는 역부족이었다. 결국 국내 방역체계의 강화를 도모하는 길밖에 없었던 것이다.

사태가 어느 정도 진정된 이후 같은 해 7월에 보건복지가족부는 CJD와 인간광우병이라 불리는 변종 CJD에 대한 관리를 강화하는 보고를 청와대에 올린다. 먼저 보고서는 보통 CJD는 퇴행성, 돌연변이로 발생하는 산발성 질환으로 광우병에 걸린 소고기 섭취와는 관련이 없으며 광우병 쇠고기 위험물질 섭취와 관련된 변종 CJD가 문제의 핵심임을 정리한다. 국내에서도

[그림 2.170] 대통령실, "미국산 쇠고기 수입에 따른 CJD 및 변종 CJD 관리강화대책 보고", 2008. 7. 24.(대통령기록관 소장)

III. 쇠고기 협상 이후 강화대책

○ 중장기적으로 **감시체계 개편, 관리센터 구축, 조사 연구 활성화**를 통해 CJD에 대한 관리 수준을 선진국 수준으로 끌어올려 보든 건강 관련 안전 문제에 대한 국민들의 불안을 최소화하도록 할 것임

□ CJD/변종CJD 감시평가 위원회 구성 · 운영 중 ('08.6.5)

○ 학계, 법조계(변호사), 관계 공무원 등 각 분야별 전문가 15명로 구성
- 의심사례 신고 시, 정확하고 신속한 사례 판정을 위해
- 필요 시, 복지부 장관의 부검 명령권 발동 건의
- CJD와 관련된 과학적 정보의 종합, 취합, 정리 및 정책 자문

□ 선진 각국의 CJD관리 및 감시사례 현황 조사 실시 중

○ 미국 국립프리온질환병리감시센터를 현지 방문하여 조사 실시('08.06.09)
- 미국은 전국 45개주에 CJD/변종CJD 감시체계 가동 중
- 총 400건의 CJD사례에 대해 70~80%의 부검율을 보임
- 연간 부검 관련 예산 260만불, 전국에 70여개 부검병원, 센터에는 2명의 코디네이터가 24시간 연중 근무
- CJD 및 변종CJD 연구를 위한 각종 조직은행 운영 중

※ '08년 9월초, 영국 등 유럽 국가의 관리 현황파악을 위해 방문조사 예정임

연간 20건 내외의 CJD가 발병하지만 변종CJD는 한 건도 없었으며 미국에서도 원인으로 여겨지는 동물성 사료를 금지한 이후 발견되지 않고 있다고 정리하고 있다. 그러나 미국에서 향후 변종 CJD가 발생할 경우 수입을 즉각 금지하는 등 능동적인 조치가 어려운 점이 있음을 이미 확인한 바 있다. 따라서 정부는 국내 "감시체계 개편, 관리센터 구축, 조사 연구 활성화"를 통해 대응하도록 하였다. 그 내용 일부를 **[그림 2.170]**에서 확인할 수 있다. 특히 CJD와 변종 CJD를 종합적으로 관리하고 능동적인 감시 체계를 주도할 "프리온 질환 관리센터"를 구축하도록 건의한 부분이 눈에 띈다.

정부의 기민한 대처는 미국에서 다시 광우병 발병 사례가 보도되었던 2012년에도 눈에 띈다. 인간광우병의 사례는 아니지만 캘리포니아 목장의 한 젖소에서 광우병이 발병되었으며, 미국의 농무부는 이 사실을 무역상대국에 통보

[그림 2.171] 대통령실, "미 광우병 발생 관련 보고", 2012. 5. 8.(대통령기록관 소장)

미(美) 광우병 발생 관련 보고

<'12. 5. 8(화), 질병정책과/질병관리본부>

□ **미국 농무부 발표내용**

○ 미국 농무부는 24일(현지시간) 캘리포니아주州 중부지방 목장에서 사육되는 한 젖소에서 **소 해면상뇌증**(BSE)이 확인됐다고 밝힘

○ 이른바 '**광우병**'으로 알려져 있는 **소 해면상뇌증**이 **미국에서 확인**된 것은 이번이 **4번째**임

○ **농무부**는 이날 성명에서 이번 광우병 발병을 **세계동물보건기구**(OIE)와 **무역상대국**에 즉각 통보했으나 이로 인한 **쇠고기 수출에는 영향이 없을 것**이라고 밝힘

□ **미(美) 광우병 발생 관련 국내 대응현황**

○ 농림수산식품부는 **미국산 쇠고기 검역비율**을 **3%에서 50%까지** 늘렸으며, **수입 중단에 대한 언급은 없는 상태**

○ **광우병 민관 합동조사단**이 **미 현지조사**를 시작(4.30)

○ **국회 농림수산식품위원회**는 미국산 쇠고기 및 쇠고기 제품에 대한 **검역 중단 촉구 결의안**을 채택(5.1)

했으나 쇠고기 수출에는 영향이 없을 것이라고 밝힘에 따라 국내에서의 검역 및 대응이 더욱 시급해지는 상황이었다. 정부는 민관 합동조사단을 파견하여 미국 현지조사를 실시하고 국회는 미국산 쇠고기 검역 중단 촉구 결의안을 채택하는 등 위기감이 고조되고 있었다. 이에 따라 질병관리본부는 감시체계를 강화하고 감염 쇠고기의 유통 가능성이 없음을 강조하고 있다. 특히 전문가 집단인 대한의사협회 등 관련 전문가를 통해 정확한 정보를 알리는 것에 집중하도록 했다. [그림 2.171]은 질병관리본부의 관련 브리핑 일부를 간략히 보여준다.

비록 장기화된 반정부 시위와 경찰의 부적절한 진압 방식 등 여러 문제가 얽혀 상당한 사회적 갈등을 초래했지만, 광우병과 관련된 2008년의 논란은 질병관리본부의 능동적 역할 및 상시 전염병 관리체계의 철저한 유지에 대한 필요성을 일깨워준 중요한 계기가 되었다고 평가할 수 있다.

2) 신종인플루엔자 대유행(2009. 5. 2.)

2009년 미국과 멕시코 등지에서 최초 발견된 신종인플루엔자, 일명 신종플루는 코로나19의 출현 전 마지막으로 세계보건기구(WHO)에 의해 범유행(팬데믹, pandemic)으로 선언되었던 전세계적 유행병이었다.[335] 20세기 초 1차 세계대전 중 전세계를 강타하여 적게는 수천만에서 많게는 1억 이상의 목숨을 뺏은 일명 스페인 독감과 유사한 유형(H1N1계열)의 인플루엔자 바이러스였고 그에 못지않게 전세계에 급속도로 감염이 확산되어 나갔다. 한 연구에 의하면 발견되지 않은 무증상감염자 등의 수를 예측하여 추산해보면 전세계 인구의 20%에 달하는 10억 이상의 인구가 감염되었을 가능성이 있다고 한다.[336] 상대적으로 낮은 사망률과 타미플루라는 인플루엔자 전용 항바이러스제의 존재로

[그림 2.172] 질병관리본부의 최초 신종플루 확진환자 발표

출처: 연합뉴스, 대한민국 정책브리핑 홈페이지에서 재인용. https://www.korea.kr/news/policyNewsView.do?newsId=148669813.

---

335 일각에서는 최초 출현 과정에서 조류 및 돼지 독감으로부터의 변이 가능성을 주목하여 "돼지독감"으로 통칭하려 했으나, 미국의 양돈업계의 항의로 돼지독감이라는 명칭을 지양하게 되었고, 우리나라에서도 '신종 플루'로 명칭을 통일하게 된다. 『프레시안』, 2009. 9. 15. "신종플루, 왜 '돼지독감'이라고 부르지 못하나". https://www.pressian.com/pages/articles/96860#0DKU.

336 Robert Roos, "Study puts global 2009 H1N1 infection rate at 11% to 21%," CIDRAP News, 2011. 8. 8. https://www.cidrap.umn.edu/news-perspective/2011/08/study-puts-global-2009-h1n1-infection-rate-11-21.

인해 스페인 독감이나 코로나19의 막대한 피해에 비할 정도로 위험하지는 않았지만, 2009년 4월부터 1년 동안 미국에서만 12,469명이 직접적으로 신종플루에 의해 사망할 정도였다. 이후 계절에 따라 매년 유행을 반복하는 강한 계절독감의 일종으로 분류되었으며, 미국의 질병관리본부인 CDC에서는 2009년부터 2018년까지 신종플루로 인한 사망자가 7만 5천명에 달한다고 보고하며 무시할 수 없는 수준의 위험성을 유지하고 있음을 경고하고 있다.[337]

한국에서는 2009년 5월 2일 최초로 1명이 확진을 받았으며,[338] 이후 **[그림 2.173]**과 같이 국무회의에서 앞으로의 전망과 주요대책이 논의되었다. 일단은

[그림 2.173] 대통령실, "신종 인플루엔자 대책 추진현황(5.6 국무회의)", 2009. 5. 6.(대통령기록관 소장)

---

1 **정부 비상대응체계 가동**

○ **복지부**에 **중앙인플루엔자대책본부**(본부장 장관) **설치**(5.1)

- 복지부, 질병관리본부, 인천공항검역소(36명 인력 지원) 등 24시간 근무

○ **총리실** 중심 **관계부처 일일상황 점검체계 가동**

2 **"입국 시" 검역 강화**로 환자 국내 유입 차단 노력

○ **전체 공항 입국자로 발열감시 대상 확대**(4.27)

- 발열감시 이상자는 여행지역·증상 질문 및 바이러스 검사 실시, 환자 의심 시 격리조치

○ **확진환자 발생국가 항공기**(14개국 노선)**에 대해서는 검역 강화**

- 다른 국가 입국자와 구분된 **게이트 또는 기내**에서 **검역 실시**
- 입국자 전원에 대한 **검역질문서** 징구

3 **잠복기간을 감안, "입국 후" 추적조사 및 2차 감염 방지**

○ 5. 1.부터 질병관리본부 내 「**신종인플루엔자 모니터링센터**」를 설치, **위험지역** 입국자 전원(외국인 포함)에 대해 5일 후 **전화 추적조사**

- 현재 질병관리본부 40명 상담 중
  * 건강보험공단 20명, 국민연금공단 30명 추가 투입 예정

○ **위험지역** 여행 급성호흡기환자에 대한 **의료기관 신고 강화**

- 의료기관 내원 **발열환자·일반환자 분리 진료체계 운영** 요청(5.4)

---

337 https://www.cdc.gov/flu/pandemic-resources/burden-of-h1n1.html.

338 https://www.korea.kr/news/policyNewsView.do?newsId=148669813.

국내 확진자 모두가 이미 지역사회에서 신종플루 유행이 한창이던 멕시코를 방문한 경우였기 때문에 입국자 발열감시 및 입국 후 추적조사에 초점을 맞추고 있음을 알 수 있다. 즉, 아직 신종플루의 국내 지역사회 전파가 이루어지기 이전이므로 그 부분에 대한 대응은 딱히 눈에 띄지 않는다. 이후 "대량환자 발생사태에 대비한 대응체계 구축"을 목적으로 항바이러스제 추가 비축 및 백신 생산을 검토하고 있다.

위의 기록에서 발견되는 가장 아쉬운 점은 당시 지역사회 전파가 가장 활발했던 멕시코 방문자에 대한 감시는 엄격했던 반면 멕시코에 이어 확산세가 심상치 않았던 미국 방문자에 대해서는 특별한 언급이 없었다는 것이다. 결국 1달이 채 지나지 않아 신종플루는 세계 곳곳으로 확대되었고 무엇보다 우리나라와 교류가 많은 일본에서 환자가 눈에 띄게 늘어나게 되었으며, 정부는 그림 2의 내용과 같이 관계부처 합동 차관회의를 열고 대통령에게 그 논의 내용을 보고한다. 그림과 같이 국내 대유행을 대비한 대비가 미흡하다는 문제점 분석이 이루어진 후, 대유행 시 시행해야 할 국가 재난단계 상향조정을 대비하는 부처별 조치의 대략적인 윤곽이 보고되고 있다.

8월에는 지역사회 감염이 본격화되면서 본격적인 대유행 예상 시나리오를 보고하고 대응책을 논한 기록이 있다. 이 보고서에는 이전의 인플루엔자 유행 경험에 따라 유행의 본격화 및 정점 도달 시점을 크게 세 가지로 예상하고 각각 상황에 따른 필요 병상 수 및 예상 사망자를 추산하고 그 대비책을 마련하고 있다. 특히 **[그림 2.174]**와 같이, 8월에 대유행이 바로 시작하여 "10월에 유행의 정점에 도달하여 한 주에 42만 병상이 소요"되고 백신은 아예 없으며 "타미플루 250만 명분만으로 유행을 막아야"하는 최악의 시나리오를 상정하고 대비책을 마련하고 있는 것에 주목할 수 있다. 특히 "상황이 발생하기 전에 선제적으로 대응"할 것을 강조하고, 지역사회 전파집단으로 학생들을 특히 주목하여 교육부 장관이 나서서 위험성을 알리고 개인위생에 대해 강조할 것을 주문하고 있다.

[그림 2.174] 대통령실, "신종인플루엔자 관리대책〈향후 예상시나리오 및 이에 따른 관리 대책〉(내부 보고자료)", 2009. 8. 10.(대통령기록관 소장)

3. 유행 예측 결론

	전체 인구의 30%가 환자로 발생(A)	전체 인구의 20%가 환자로 발생(B)
8월말~9월초 유행 기준을 넘고 10월에 유행 정점에 도달(1)	최악의 시나리오(1A)	
10월 중 유행 기준을 넘어서 12월 중 최고 유행정점에 도달(2)		가장 발생 가능성이 높은 시나리오(2B)
과거 겨울철 계절 독감과 같은 양상(3)		우리가 바라는 시나리오(3B)

〈 최악의 시나리오(1A) 〉
- ○ 8월말에 유행 기준을 넘어서서 바로 대유행으로 이행
- ○ 10월 중 유행 정점에 도달하여 한 주에 42만 병상이 소요됨
- ○ 15백만명의 환자, 30만명의 입원 환자가 발생함(사망자 3만~6만명)
- ○ 백신 없이, 타미플루 250만명분만으로 유행을 막아야 하는 상황

정부의 "선제적 대응"의 구체적 내용은 감염 환자의 접촉자를 중심으로 잠복감염 치료를 위해 선제적으로 항바이러스제를 투여하고 학교 확진자 발견시 휴교를 지시하는 등의 적극적인 방식을 택하고 있다. 이러한 선제적 대응의 목적은 최악의 상황인 8월말에서 9월간 조기 대유행 시작을 가정하고 이를 최대한 늦추어 백신과 항바이러스제, 그리고 병상 가동체계가 더욱 원활히 준비된 상태에서 대유행을 맞을 수 있도록 하는 것이었다. 이러한 적극적인 대비 덕분이었는지 대유행은 예상보다 훨씬 늦은 10월 4주차 이후에 왔으며, 11월 3일 정부는 전염병 위기경보를 〈경계〉에서 〈심각〉으로 조정하게 된다.

정부의 대응은 나름 체계적이고 효과도 있었던 것으로 보이지만, 신종플루의 전염력 자체가 워낙에 강했기 때문에 피해도 상당했다. 치명도 및 중증도는 계절독감과 차이가 없으나 기존 계절독감과 같이 유행이 시작되면서 변이에 대한 우려도 존재했고, 심각 단계 격상 시점에서 이미 사망자도 40명이나

되었다.[339] 정부는 일단 행정안전부가 중앙재난안전대책본부를 운영하며 복지부가 인플루엔자대책본부를 담당하는 형태로 재난관리 조직을 운영하며, 복지부는 의료적 대응에 집중하는 한편 행안부는 자원 동원 및 현장 관리와 부처간 조율 등을 총괄하게 된다. 이 내용은 [그림 2.175]에 잘 나타나 있다.

[그림 2.175] 대통령실, "신종인플루엔자 심각 단계 대응계획", 2009. 11. 2.(대통령기록관 소장)

III 심각 단계 격상시 대응계획

〈 대응 목표 〉

◇ **외래환자 및 중환자 증가에 대비한** 의료자원 재배치 등 **대응체계 강화**

◇ 신종인플루엔자 확산방지를 위한 **백신 조기접종**과 **차질 없는 실시**

◇ **항바이러스제를 조기 확보**하고 12월 중순까지 **적극 투여 및 유도**

1. 위기대응 조직체계 강화

□ **(중앙) 행정안전부 내 중앙재난대책본부 구성**

○ **중앙재난안전대책본부**(행안부) - **인플루엔자대책본부** 운영(복지부)

○ 역할 구분을 명료히 해 행정적 혼선 방지

- 복지부 : 의료적 대응(의료지침 개정, 항바이러스제 보급, 예방접종)에 주력

- 행안부 : 총괄 상황관리 및 부처-지자체 대응(지역별대책본부 구성, 지자체 의료자원 동원, 현장 점검 등 각 부처의 조치) 주력

□ **(지자체) 지역 재난안전대책본부 구성하여 상시 가동**

○ **시도 대책본부**는 지역별 환자 예측에 따른 입원병상 확보, 중환자실 확보 등 의료자원 동원대책과 휴교 관리, 홍보 등 행정 지원에 총력

○ 시군구는 **보건소에 대책본부를 설치**하고, 부시장(부군수) 중심으로 별도 인력을 확보하여 지역 대책본부 운영

- 예방접종, 항바이러스제 처방 등 의료대응과 홍보 등에 총력

○ 진료, 사회적 격리, 민원 등 신종플루와 관련된 **모든 문제를 지역 대책본부에서 담당하여 원스탑으로 해결**

339 참고로, 코로나19에 대한 우리 나라의 위기경보는 2020년 2월 23일 최고단계인 '심각'으로 격상되었으며, 당시 확진자는 602명에 사망자는 5명이었다.

예방접종의 확대와 꾸준한 관리하에 신종플루는 겨울이 지나면서 계절독감과 유사한 수준으로 유행하게 되었고, 2010년 3월 31에 이르러 위기경보 수준이 가장 낮은 단계인 "관심"으로 하향 조정되며 사실상 종식되게 된다. 이때를 기준으로 총 사망자 수는 260명으로 결코 적지 않은 희생이 있었지만, 미국 등과 비교해 봤을 때 상당히 낮은 사망률을 기록하게 된다.[340]

한 연구에 의하면 신종플루에 대한 정부의 대응 방식이 초기에 해외 유입을 차단하는 "전파차단조치"에서 지역사회 감염이 본격화한 이후에는 사회기능을 유지하면서 사망을 예방하고자 하는 "피해최소화" 정책으로 이동하였다고 보고 있다(이동한 외, 2010). 전염병 유행 시 경제 활동 등 국민들의 일상적 생활을 유지하면서 감염 확산에 따른 피해를 최소화하는 것은 매우 어려운 문제가 아닐 수 없다. 신종플루 유행에 따른 피해의 최소화는 결국 선제적인 백신 접종과 항바이러스제 사용 등 최악의 상황을 가정한 질병관리본부의 적절한 보고와 그에 따른 재난관리 체계의 가동으로 가능했다고 볼 수 있다.

340 https://www.cdc.go.kr/contents.es?mid=a21104020000

3) 2010년 백두산 화산대비

2019년 12월 19일 개봉한 한국 영화 '백두산'은 백두산 폭발을 소재로 한 재난영화다. 영문 제목은 '화산재 등 화산 폭발로 발생하는 퇴적물'을 뜻하는 단어인 'Ashfall'이다.

백두산은 지하에 거대 마그마의 존재가 확인된 활화산이다. 2002~2005년 사이 천지 근방에서는 화산지진 활동이 3,000여 회 이상 일어났고, 천지가 부풀어 오르는 등 화산 징후가 관측되기도 했다. 2011년 3월 17일, 북한은 지진국장 명의로 백두산 화산 공동연구와 현지답사, 학술토론회 등 협력사업을 추진시켜 나가기 위한 협의를 진행하자고 기상청장 앞으로 전통문을 보내왔다. 그러자 한국 정부는 이에 대해 "북측의 제의에 대해 남북 간 협력이 필요하다는 인식 하에 북측의 제안을 검토해 나갈 것"이라고 했다.

[그림 2.176] 질병관리본부의 최초 신종플루 확진환자 발표

2014년쯤 화산 폭발?… 백두산이 심상치 않다

북한이 개설한 백두산 홍보 홈페이지 '여명'에 실린 백두산 사진.

"천지에 기포… 지형 변화" 전문가들 잇단 경고… 기상청, 시나리오별 대책마련 착수

백두산 화산이 수년 안에 폭발할 가능성이 있다는 국내·외 전문가들의 진단이 잇따르고 있다.

일본·중국 학자들과 함께 이 문제를 공동 연구해 온 윤성효 부산대 교수(제주화산연구소 이사)는 18일 "중국 학자들이 2014~2015년 백두산 화산 폭발 가능성을 제시하는 등 백두산이 가까운 장래에 분화(噴火)할 조짐이 확실하다"며 "정부 차원의 대책 마련이 필요하다"고 주장했다.

윤 교수는 백두산 분화 조짐의 근거로 ▲백두산 천지(天池)에서 화산 가스로 인한 기포가 발견됐고 ▲올 2월 북한·러시아 국경지대에서 발생한 규모 6.9의 강진(強震)이 백두산 지하의 마그마(magma)를 자극했을 가능성이 크며 ▲백두산 천지의 지형이 조금씩 솟아오르는 등 지형 변화가 위성 촬영 등을 통해 확인됐다는 연구 결과를 들었다.

윤 교수는 "고려 정종 때인 946~947년 백두산 화산이 폭발해 엄청난 화산재가 일본에까지 날아가 쌓였다는 기록이 일본 문헌 등에 적혀 있다"며 "당시 폭발로 발생한 화산재의 양은 83~117㎦로 올해 봄 아이슬란드 화산 폭발(0.11㎦) 때보다 1000배가량 많은 것으로 일본 학자들은 추정하고 있다"고 말했다. 백두산이 또 다시 폭발할 경우 '세기의 대재앙'이 될 가능성이 크다는 것이다.

지난 16일 윤 교수를 초빙해 강연을 들은 기상청은 "국가 재난 대처 차원에서 대책을 마련하겠다"고 밝혔다. 전병성 기상청장은 "백두산 화산이 분화할 경우 우리나라가 어떻게 대처해야 할지 시나리오별 대책을 만들 것"이라며 "화산재가 우리나라로 곧장 날아올 경우, 압록강을 거쳐 서해로 흘러 들어올 경우 등 예상 가능한 모든 시나리오를 가정해 대책을 세우겠다"고 말했다.

기상청은 이를 위해 1999년 백두산에 화산관측소를 설치한 중국으로부터 받은 일부 관측 자료를 분석하는 한편 소방방재청 등 유관 기관과 공동 연구를 진행하는 방안을 검토 중이다.

백두산 화산 폭발 가능성은 2002년 6월 이후 매월 수백 차례의 지진이 백두산 주변에서 한동안 발생하자 중국·일본 학자들 사이에서 집중적으로 제기됐다. 이후 올 2월, 북한·중국·러시아 국경 경계 지역에서 규모 6.9의 강진이 발생하자 "이 지진이 백두산 지하에 있는 마그마를 자극해 백두산이 폭발할 가능성이 있다"는 주장이 다시 제기되고 있는 것이다.

박은호 기자 unopark@chosun.com

출처: 『조선일보』, 2010. 6. 19.

당시 신문에서는 백두산화산 폭발로 인해 한국경제가 큰 타격을 볼 것이라는 기사를 냈다. 정부도 화산 폭발시 큰 피해를 입을 수 있다고 밝히기도 했다. 이 모든 사건은 부산대 모 교수의 연구에서 나온 것이었다. 물론 중국의 일부 학자들이 문제를 제기했으나 한국의 학자가 논문을 통해 과거의 사례와 함께 학술적으로 폭발 가능성을 제기하면서 '백두산폭발'을 기정 사실화하는 분위기가 형성되었다. 심지어 기상청은 모 교수를 초빙하여 의견을 듣고 정부 부처가 대비해야 함을 역설하기도 했다. 그러나 이후 폭발이 일어나지 않으면서 해프닝으로 끝난 사건이 되었다.

[그림 2.177] 질병관리본부의 최초 신종플루 확진환자 발표

"백두산 겨울에 폭발땐 한국경제 타격"

재정부, 이례적 경고 "항공편 10일 중단땐 수출 25억달러 감소"

기획재정부는 29일 겨울에 백두산 화산이 폭발할 경우 한국 경제에 피해를 줄 수 있다고 밝혔다. 정부가 한국 경제에 백두산 분화(噴火)가 미칠 경제적 영향을 분석해 발표한 것은 이례적이다.

기획재정부는 이날 '거시경제 안정보고서'에서 한국 경제의 중장기 위험요인 가운데 하나로 백두산 폭발 가능성을 제시했다.

이 보고서는 "동절기에 백두산 화산이 분화할 경우 북풍 또는 북서풍을 타고 화산재가 우리나라에도 영향을 미칠 수 있다"고 전망하고, "적절한 대응방안을 강구해 나가야 한다"고 밝혔다.

통상 백두산 정상에는 편서풍이 불기 때문에 화산재로 인해 우리나라가 입는 경제적 피해는 거의 없을 것이란 전망이 많다. 화산재가 우리나라보다는 러시아 블라디보스토크나 일본 홋카이도 방향으로 이동할 가능성이 크기 때문이다. 하지만 겨울에 바람 방향이 바뀔 경우 상황이 달라질 수 있다고 기획재정부는 밝혔다. 동절기에 백두산이 분화해 화산재가 우리나라 쪽으로 날아와 항공기 운항이 열흘간 중단될 경우 수출은 약 25억달러가 감소하고, 관광 등 서비스업이 위축되고 농업생산 저하도 클 것으로 보고서는 내다봤다. 특히 화산재가 태양에너지를 반사할 경우 이상 저온현상이 생겨 농산물 생산에 차질을 빚게 될 수 있다고 우려했다.

기획재정부 관계자는 "항공기 운항 차질로 인한 직접적인 피해액은 추산할 수 있지만 관광객 감소나 농작물 피해 등 간접적인 피해액은 측정하기 어렵다"고 밝혔다.

이종현 조선경제i기자 vitmania@chosun.com

이로 인해 유럽은 대기근이 일어났고, 비슷한 시기 유럽인들은 미국으로 이민을 갔다. 백두산은 10세기 이후에도 소규모 폭발을 계속했다. 최근에는 1903년에 폭발했다는 기록이 있다.

백두산을 휴화산(休火山)이라 하지만 알고 보면 백두산의 존재는 독보적이다. 화산의 80%는 땅을 이루는 판(板·plate)과 판이 만나는 경계선에 있다. 일본이나 칠레 같은 경우다. 백두산은 경계선이 아닌 판 내부에 있다.

전 세계 화산의 5%만이 바로 백두산 같은 열점화산이다. 열점(熱點)이란 '뜨거운 점'이란 뜻이다. 따라서 이 부근의 지진은 지각끼리 부닥칠 때 일어나는 게 아니라 화산 활동으로 일어나는 지진으로 봐야 한다.

백두산의 화산성 지진은 마그마 활동이 활발해지면서 나타난다. 이 화산성 지진이 잇따르는 것이 화산 폭발의 전조(前兆)다. 또다시 1000년 전 같은 폭발이 일어난다면 지금도 같은 피해를 가져올 것이 분명하다.

우선 수십㎞ 내에 있는 지표면이 초토화된다. 용암이 흘러내리고 화재가 발생한다. 천지(天池)를 둘러싼 산이 무너지면 수십 억톤으로 추정되는 물이 일시에 흘러내려 압록강, 두만강에 홍수가 난다.

하늘로 올라간 화산재는 한반도는 물론 주변 국가에까지 화산재비를 뿌려댈 것이다. 폭발 당시 북서풍이 분다면 화산재는 북한의 함경도 쪽과 러시아 극동 지역, 일본에 직접적인 피해를 줄 것이다.

북풍이 분다면 강원도까지는 화산재가 날아온다. 단, 화산에 의한 지진이 남한까지 내려올 가능성은 적다. 구조적 지진은 아니기 때문이다. 알갱이가 작은 화산재는 지상 위 10㎞ 이상의 성층권까지 올라가 제트 기류를 탄다.

화산재는 동쪽으로 세계를 돌며 태양을 막을 것이다. 이 화산재는 잘 떨어지지 않고 세계를 괴롭힐 것이다. 윤 교수는 "주변 국가의 과학자들이 준비하면 폭발이 언제 올지 상당 부분 모니터링 할 수 있다"고 말했다.

정성진 기자 sjchung@chosun.com

출처: 『조선일보』, 2010. 6. 26.

백두산 화산의 위험성을 주장하는 사람들은 다음과 같이 보고 있다. 2000년대 이후 2002년 6월 28일 두만강 하류에서 규모 7.3 지진이 발생하였고, 2002년 6월부터 백두산 부근에서 지진 발생이 급증하고 있으며, 2010년 2월 중국과 러시아, 북한의 경계 지하에서 규모 7.0의 지진이 발생했다는 점을 들고 있다. 또한 화산가스 분출로 지표 식물의 고사가 관찰되었고, 온천수의 온도가 높아지고 온천수 화학성분이 변화하였다는 점 등을 분화 가능성에 대한 증거로 들고 있다.

[그림 2.178] 백두산 화산 분화

中 "백두산 화산분화 가능성 낮아"

2006년 이후 주변 지진 발생 빈도 대폭 낮아져

수년 안에 백두산 화산이 폭발할 가능성이 있다는 국내·외 전문가 주장이 잇따르고 있는 가운데 중국 당국이 "가까운 장래에 분화(噴火)할 가능성은 거의 없다"는 입장을 공식 표명했다.

중국 지진국의 인차오밍(䥻朝民) 부국장은 지난 17일 제주도에서 열린 '한·중·일 지진 협력회의'에 중국 대표로 참석해 "최근 백두산 화산은 과거보다 오히려 더 안정화돼 있는 상태"라며 백두산 화산의 분화 가능성을 강하게 부정했다고 기상청이 18일 밝혔다.

기상청에 따르면 중국 지진국은 이 같은 판단을 내린 근거로 두 가지 이유를 제시했다. 1997년부터 백두산 화산활동에 대한 관측을 실시한 결과 ▲2006년 이후 최근까지는 백두산 인근 지역의 지진 발생 빈도가 과거보다 대폭 낮아지는 등 백두산 화산이 오히려 안정화돼 있는 상태이며 ▲2002~2005년 사이에는 백두산 인근에서 발생한 지진이 과거보다 많긴 했지만 이런 현상만으로는 분화 가능성을 속단하기 힘들다는 것이다.

기상청은 그러나 백두산 화산 폭발이 임박한 것은 아니지만 언젠가는 분화할 가능성이 있다는 판단 아래 지진 관측 자료 공유 등 중국 지진국과의 협력체제를 구축하기로 했다. 백두산 화산 폭발 가능성은 2002년 6월 이후 한동안 백두산 주변에서 매달 수백 차례의 지진이 발생하자 일부 중국·일본 학자들 사이에서 집중적으로 제기돼왔다.

박은호 기자 unopark@chosun.com

백두산 화산 분화를 둘러싼 양갈래 주장

조기분화론		안정론
"2014~2015년 분화할 가능성 있다"	주장	"단시일 안에 분화할 가능성 없다"
중국·일본·한국의 일부 전문가	주장하는측	중국 지진국 인차오밍 부국장 및 활동 화산연구실
2002~2005년 백두산 인근 지역의 지진 빈도 증가. 천지에서 화산가스로 인한 기포 발견	근거	백두산 인근 지진 2006년 이후 감소. 천지의 수온·수질 검사 및 천지 주변 지표 변형 여부 조사에서 이상 징후 발견 안돼

출처: 『조선일보』, 2010. 9. 30.

위의 일련의 사건들은 그동안 한반도와는 무관한 자연재해로 인식되었던 화산 폭발이 발생 가능한 현실로 받아들여지고 있다. 이에 대한 우려와 관심이 증가하였다. 특히 백두산이 10세기 중반 VEI(Volcanic Explosivity Index) 규모 7의 역사상 최악의 화산폭발 기록을 보유하는 점과 1668년, 1702년, 1903년까지 소규모의 분화가 이어졌다는 사실에 의해 활화산으로 진단됨에 따라 백두산 분화 가능성에 따른 화산 재해에 대한 사회적 관심과 요구가 급증하였다. 이러한 상황에서 백두산 폭발에 대한 논문은 주목을 받게 되었다. 국가연구기관에서는 아래처럼 백두산 폭발 시 예상되는 피해 상황과 관련된 보고서를 만들었다. 이 보고서에서는 향후 예상되는 백두산 폭발 규모는 VEI 5~6으로 분화 시 광범위한 피해가 발생할 것으로 나타났다고 보았다. 예상되는 주요 피해 상황으로는 다음과 같았다.

[그림 2.179] 화산 대응체계

- VEI 규모 6으로 추정되는 화산폭발시 100억 입방미터의 용암 및 테프라 분출 예상
- 일부에서는 만약 백두산 화산이 폭발할 경우 1980년 미국 세인트 헬렌 화산(VEI 5)의 10배 이상으로 예상
- 천지(평균 호수직경 12km, 평균 깊이 213m)에 저장된 20억 톤(소양강댐 저수량의 75%에 해당)에 달하는 물로 인하여 대형 홍수 발생
- 대규모 화산성 지진으로 인한 산사태 등이 발생할 경우 광범위한 재해와 파괴로 이어져 주변 지역에 중대한 위협
- 유황, 아황산가스 등 유독가스 분출로 주변 식생 전멸 예상과 함께 25km 이상 상공까지 화산재 확산

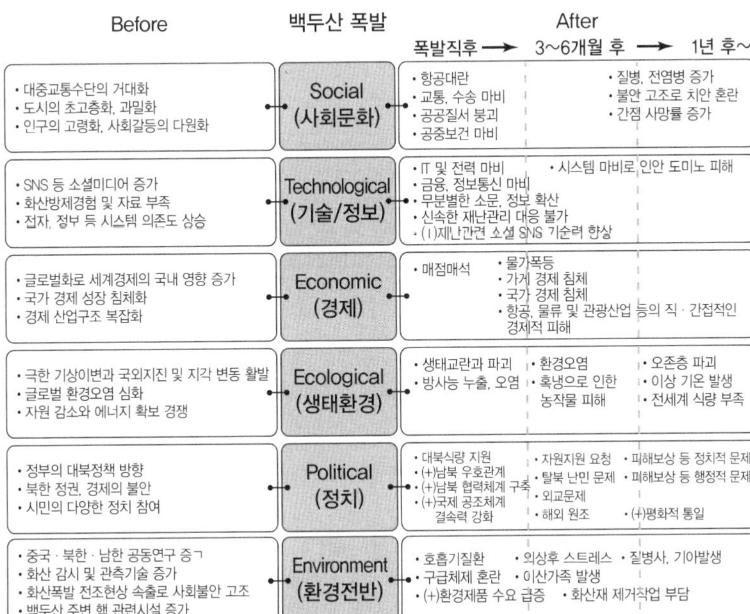

〈그림 〉 화산 STEEP 도식

출처: 김혜원, 박재은. 2012. "대형 화산재해 대응체계 선진화 방안 연구", 『국립재난안전연구원 연구보고서』.

이후 화산문제와 관련된 매뉴얼이 체계적으로 갖추어졌다. 현재 지진화산 관련 업무규정을 보면 다음과 같다.

[그림 2.180] 화산업무 규정

지진화산 업무규정

[시행 2020. 10. 15.] [기상청훈령 제993호, 2020. 10. 15. 일부개정]

제1장 총칙

제1조(목적) 이 규정은 「지진·지진해일·화산의 관측 및 경보에 관한 법률」(이하 "법"이라 한다), 같은 법 시행령(이하 "영"이라 한다) 및 같은 법 시행규칙(이하 "규칙"이라 한다)에서 정하는 지진·지진해일·화산(이하 "지진 등"이라 한다) 업무의 시행에 필요한 사항을 규정함을 목적으로 한다.

2장 6조 지진관측 방법 및 요소

관측구분	관측방법	관측요소
기본관측	지진계에 의한 자동관측	1. 지진파형 자료 2. 지진파 위상의 도달시간 및 진폭 3. 지반속도 4. 지반가속도
보조관측	육안 및 체감에 의한 관측	1. 진도 2. 지진 현상 3. 지진 영향

제10조(지진 통보의 발표 기준 등) ① 지진화산국장은 지진조기경보, 지진속보, 지진정보, 국외 지진정보로 구분하여 발표한다. 〈개정 2018. 5. 9., 2019. 12. 30.〉

② 지진 통보의 발표 기준은 다음 각호와 같다. 〈개정 2017. 6. 23.〉

1. 지진조기경보: 규모 5.0 이상으로 예상되는 지진이 국내에서 발생한 경우 또는 규모 5.0 이상으로 예상되는 지진으로서 국내에 상당한 영향을 미칠 것으로 예상되는 지진이 국외에서 발생한 경우
2. 지진속보: 국내에서 발생한 지진 중 아래 각 목에 해당하는 경우
   가. (지역) 규모 3.5 이상: 5.0 미만으로 예상되는 경우
   나. (해역) 규모 4.0 이상: 5.0 미만으로 예상되는 경우
3. 지진정보: 규모 2.0 이상으로 분석된 지진이 국내에서 발생한 경우와 지진통보 이후 분석정보에 보완이 필요한 경우
4. 국외 지진정보 : 국외에서 발생한 지진 중 아래 각 목에 해당하는 경우
   가. 구역 내: (지역) 규모 5.0 이상, (해역) 규모 5.5 이상
   나. 구역 외: (지역) 규모 6.0 이상, (해역) 규모 7.0 이상

③ 지진 통보의 발표 기준과 발표 내용은 별표 3과 같다.

④ 지진조기경보, 지진속보, 지진정보, 국외 지진정보를 발표하는 경우에는 보도기관 또는 인터넷 홈페이지 등을 통하여 발표하여야 하며, 규칙 제4조제2항에 따른 기관에 통보하여야 한다. 〈개정 2019. 12. 30.〉

⑤ 북한 지역에서 발생한 지진은 지진조기경보와 지진속보 대상에서 제외할 수 있다. 〈개정 2018. 1. 16.〉

⑥ 지진 통보 발표 기준 이상의 지진이 발생하고 그에 따른 여진이 발생한 경우 또는 다른 지역에서 유사한 시간대에 연속적으로 지진이 발생한 경우에는 지진 통보를 생략할 수 있다. 〈개정 2020. 10. 15.〉

⑦ 〈삭 제〉 〈2017. 6. 23.〉

출처: 기상청, 『지진백서』, 2010.

당시 정부는 백두산 화산문제와 관련하여 중국 기상 관련 실무자들과 회의를 개최하고 양국이 백두산 지진 및 화산에 대한 정보를 교류하고 협력하기로 합의하였다. 한국의 기상청 전문가들도 이후 중국을 방문하여 지진문제를 논의하기도 하였다.

아래 보고에서 보듯이 백두산 화산과 관련하여 당시 기상청의 감시활동을 사전 점검하여 업무수행을 독려할 것이며, 기상 관측장비와 천리안 위성을 이용한 상시 감시체계가 가동 중임을 대통령에게 보고하였다. 화산활동 신속

[그림 2.181] 화산대책 회의

한 · 중 실무협력 청장회의 개최

기상청에서는 11월 15일 '한 · 중 실무협력 청장회의'를 개최하였다. 한 · 중 대표단 10명이 참석한 회의에서 지진 자료 · 정보 교환 및 확대와 백두산 지진 · 화산정보를 공유하고 관련기술을 교류하기로 합의하였다. 이로써 백두산 화산과 관련된 관측자료를 확보할 수 있는 토대를 마련하였다. 한편 지난 5월에는 중국지진국 소속 전문가가 기상청을 방문하여 쓰촨성 지진및 백두산 관련 세미나를 실시하였고, 9월에는 기상청 소속 전문가가 중국지진국을 방문하여 업무협의와 지진자료 교환대상 관측소(심양, 대련)를 방문하였다.

출처: 대통령실, "기상청 백두산 화산 감시활동 현황보고", 2011. 11. 5.(대통령기록관소장).

[그림 2.182] 화산 대책 계획

○ (중국/북한) 백두산 주변을 포함하는 **중국의 지진관측소**(7개소) 자료를 **준 실시간**(30분 지연)으로 수신

- **북한**도 백두산 천지 주변에 지진 관측장비를 설치한 것으로 알려져 있으나, **남북한 자료 공유체계**는 없음

※ '11년부터 중국과 지진관측소(5개소) 관측자료를 추가 공유키로 합의('10.11)

Ⅲ 향후계획

❑ 화산 감시체계 점검 및 **확산범위 예측**(기상청)

❑ **부처간 협력방안 모색**(관계부처 합동)

❑ 화산 폭발시 **국가방재체계 구축**(소방방재청)

기상청 주관으로 **화산 감시체계와 전파체계**를 구축하고, **소방방재청**은 **국가방재체계**를 구축하여 **백두산 화산폭발에 대비**하고자 함

출처: 기상청, 『지진백서』, 2010.

통보체계 구축이 절실하게 필요하며 기상청 산하 국립기상연구소 주관으로 화산 폭발에 따른 대기, 홍수 등의 개략적인 확산범위를 도출할 것이라고 하였다. 향후 화산 감시체계 점검 및 확산범위 예측, 부처 간 협력방안 모색, 화산 폭발 시 국가방재체계를 구축(소방방재청)을 계획하고 있다고 보고하였다.

국립기상연구소 주관으로 화산 폭발에 따른 대기, 홍수 등의 개략적인 확산범위를 도출할 것이라고 하였다. 향후 화산 감시체계 점검 및 확산범위 예측, 부처 간 협력방안 모색, 화산 폭발 시 국가방재체계를 구축(소방방재청)을 계획하고 있다고 보고하였다. [그림 2.183]는 현재 기상청의 지진관측소 운영 현황과 지진통보 시스템의 그림이다. 그런데 현재기상청은 지진 관측을 위해 전국에 265개소의 지진관측소를 설치·운영하고 있으며, 지진해일 관측을 위해 울릉도 초음파식 해일파고계와 연안방재관측시스템, 국립해양조사원의 조위 관측소를 공동 활용하고 있다. 또한 백두산 화산분화와 대규모 인공지진을

관측하기 위해 철원과 양구에 공중음파관측소를 설치·운영하고 있다. 우리나라 주변 해역에서 발생하는 지진·지진해일의 조기 관측 및 분석 정확도 향상을 위해 일본, 중국과 지진관측자료를 공유하고 있다.

[그림 2.183] 국가 지진관측망도

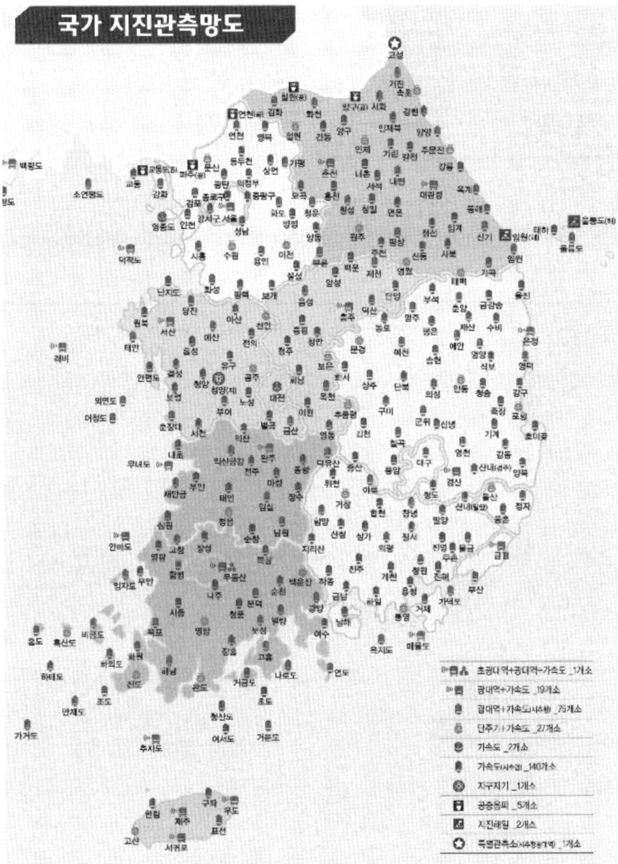

출처: 기상청, https://www.kma.go.kr/aboutkma/biz/earthquake_volcano_02.jsp.

[그림 2.184] 화산대책 시스템

〈지진통보 체계 및 연계 현황〉

출처: 기상청, https://www.kma.go.kr/aboutkma/biz/earthquake_volcano_03.jsp.

4) 2011년 우면산 산사태(2011. 7.)

2011년 7월 27일 기상청이 관측을 한 이후 104년 만에 기록적인 폭우가 내렸다. 이로 인해 전국적으로 42명이 숨지고 15명이 실종되었다. 그런데 그 피해는 서초구가 컸다. 2011년 7월 27일에 폭우와 함께 국립국악원, 형촌마을, 전원마을 세 방향으로 산사태가 일어나 17명의 사망자와 50명의 부상자가 발생하고 120여 가구 중 60여 가구가 고립됐다. 또한 인근에 위치한 EBS의 방송센터가 침수되고 매몰되어 정규 방송이 중단되는 초유의 사태가 벌어지기도 하였으며 역시 인근에 위치해 있던 연예기획사인 로엔 사옥과 직원 숙소가 침수되어 소속 연예인들이 피해를 입기도 하였다. 아래 내용을 보면 수도권 일대의 물폭탄에 가까운 비로 한강이 범람하고 도로가 침수되는 등의 피해를 입었다.

[그림 2.185] 호우 상황

평소 50분 출근길이 5시간 정장 포기, 반바지·슬리퍼로

'104년 만의 물폭탄'에 서울 강남 일대와 광화문 등 도심 한복판이 침수되면서 수도권 시민 수백만명은 끔찍한 출퇴근 전쟁을 치렀다. 26~27일 이틀간 내린 400㎜ 이상의 폭우로 일부 지하철과 간선도로, 저지대가 물바다로 변하면서 교통 대란이 벌어졌다. 누런 흙탕물을 반바지 차림으로 뚫고 온 이들도 있었고, 지각 사태도 속출했다.

◆용인 수지~서초동 출근에 5시간

경기 용인 수지에 사는 김모(44)씨는 오전 8시 10분쯤 집을 나섰다가 낮 1시 5분쯤 서울 서초역 부근 사무실에 도착했다. 평소 50분~1시간 걸렸지만 이날은 4시간 55분이나 걸렸다. 그가 '용인~서울 고속도로' 서수지IC로 들어설 때만 해도 교통 흐름은 평소와 비슷했다. 내비게이션은 사무실 도착 시각을 9시 20분으로 찍고 있었다. 하지만 서울에 가까워질수록 속도가 떨어지더니 헌릉IC를 6~7㎞ 앞둔 지점부터 차들이 기어갔다.

김씨는 잽싸게 고등IC에서 국도로 나와 양재사거리를 향했다. 그러나 그 도로도 꽉 막혀 있었다. 왕복 2차선 도로여서 유턴할 곳도 없었다. 양재사거리에 도착한 시각은 오전 11시 10분쯤. 라디오에서 "강남역 일대 도로가 물에 잠겼다"는 교통 정보를 듣고는 경부고속도로 양재IC로 향했다. '그래도 고속도로가 낫겠지'란 생각은 여지없이 빗나갔다. 양재IC에서 2.5㎞ 떨어진 서초IC까지 30분 넘게 걸렸다. 예술의전당 방향 남부순환도로에서 차들은 꿈쩍하지 않았다. 우면산에서 밀려내려온 토사로 가득찬 예술의전당 앞 도로는 공사 차량으로 가득차 있었다.

골목을 돌고 돌아 사무실에 도착한 그는 녹초가 됐다. 차에서 내릴 때 다리에선 쥐가 났다. 그는 "수지에서 출퇴근한 지 8년 만에 가장 긴 출근길이었다"고 했다. 그의 퇴근길은 2시간가량 걸렸다.

◆반바지, 슬리퍼 차림에 광화문 출근

서울 대치동에 사는 이모(43)씨는 오전 7시 30분쯤 눈을 떴다. 밤새 천둥과 번개, 빗소리에 시달려 눈은 떴지만 정신은 멍멍했다. 장대비를 바라보던 이씨는 양복 대신 반팔 티셔츠에 반바지를 입었다. 등산용 가방에 속옷과 양말을 넣고 슬리퍼를 신었다. 일회용 우비를 입고 대형 우산을 쓰고 나섰다. 하지만 1분도 안 돼 허벅지 아래는 흠뻑 젖었다. 대치역 쪽은 이미 물바다였다. 반대쪽 삼성역으로 이어지는 언덕길을 오를 때는 누런 황토물이 쏟아져 내려와 반바지까지 젖었다. 삼성역에는 이씨처럼 구두와 옷가지를 비닐백에 넣고 반바지에 슬리퍼를 신은 직장인이 여럿 있었다.

을지로입구역에서 나왔지만 광화문 일대도 물바다였다. 지나는 택시가 일으키는 흙탕물을 피하려고 몇 번 우산을 옆으로 내렸을 뿐인데 쏟아지는 빗줄기에 윗옷까지 흠뻑 젖었다. 평소보다 1시간쯤 늦게 회사에 도착한 그는 "그나마 반바지와 슬리퍼 덕분에 빨리 왔다"고 했다.

최원규 기자 wkchoi@chosun.com

출처: 『조선일보』, 2011. 7. 28.

서울뿐만 아니라 춘천지역의 펜션에서는 13명이 사망하기도 했다. 이 사건은 인재에 가까운 것이었다. 이 지역은 절개지였다. 절개지 붕괴로 죽거나 다치는 사람만 연평균 60명에 달했다. 절개지 붕괴 사고가 날 때마다 건설회사들은 지반 약화 등 천재지변을 탓하지만 안전이 무시된 인재인 경우가 많다는 것이 전문가들의 견해다. 2009년 소방방재청이 전국 위험절개지 100곳을 조사한 결과, 90%가 절개지 지질상태 확인 의무를 소홀히 한 것으로 나타났다. 전문가들은 사전에 충분한 지질조사 없이 설계하는 관행 때문에 공사 도중 절개지의 30% 정도가 붕괴되거나 설계가 변경된다고 지적한다. 정부의 재발 방지 노력이 없는 것도 문제였다. 우면산은 2010년에도 폭 40m의 흙이 800m 아래로 무너져 내렸지만 지난 1년 동안 대책을 세우지 않았다. 절개지 관리부서도 제각각이다. 예컨대 산 상부는 산림과, 산 하부는 주택 등으로 나눠 관리해 매년 산사태가 발생한 뒤 미봉책만 내놓는 구조적 문제가 반복되었다.

한편 서초구 형촌마을이나 방배동 아파트단지, 강남구 대치동 등 인근 수해현장과 달리 이곳에서는 복구작업을 벌이고 있는 공무원이나 경찰, 군인 등

[그림 2.186] 우면산 피해 상황

출처: 『조선일보』, 2011. 7. 28.

을 찾을 수 없었다. 구룡마을이 복구작업에서 소외되고 있다는 소식이 알려지면서 방송인 김제동씨가 트위터로 사람을 모아 300여 명이 다녀가는 등 전날까지 총 450여 명이 봉사활동을 벌였다. 자원봉사자들이 무너진 축대를 세우고 토사를 치우면서 동네는 대부분 안정을 되찾았지만 도움이 필요한 집들은 여전히 많았다. 고급 주택가 지역 복구에만 집중하고 비닐하우스 가옥 등 빈민촌 피해지역은 신경을 쓰지 않았다. 고급 전원주택 200여 가구가 있는 방배동 전원마을 윗 쪽의 무허가 주택 10여 동은 폭격을 맞은 상태였다. 그러다가 지난달 31일 여당 유력 정치인의 요청을 받자 구청의 태도가 달라져 주민들의 불만을 야기시키기도 했다.

그런데 산림청은 당시 폭우가 내리자 4차례에 걸쳐 경고 문자메세지를 보냈다. 지자체 담당자는 이 예보를 받으면 즉시 예보를 발령해야 한다. 그런데 서초구의 경우 5년간 담당자가 연락망을 갱신하지 않았다. 산림청에 있던 4명의 담당자 연락처는 2005년에서 2007년 근무했던 담당자 연락처였다. 결국 한 명의 팀장만 연락을 받았고 그는 다른 근무자에게 이 문자를 전달하지 않았다. 그러나 서초구는 모든 담당자가 연락을 받은 적이 없다고 밝히고 산림청에 알리지 않고 산림청 DB를 수정해 논란이 되기도 했다. 또한 서초구는 지역에 봉사를 온 사람들의 주차비를 받아 비판을 받기도 했다.

당시 이명박 대통령은 현재의 재해 기준으로는 지금과 같은 사태를 막을 수 없다고 밝혔다. 특히 기후변화로 인해 재해방지 기준도 상향조정 할 것을 지시했다.

한편 우면산 인근 아파트 주민 황모씨 가족이 산사태로 주거지 파손과 정신적 피해를 입었다며 정부와 서울시, 서초구를 상대로 낸 소송에서 서초구가 황씨 가족 3명에게 각각 200만 원씩 모두 600만 원을 지급하라며 원고 일부 승소 판결을 받았다. 재판부는 산사태 당시 아파트 내에 있었던 원고들에 대해서만 서초구의 위자료 배상 책임이 있다고 보고, 사고 당일 오전 7시 30분쯤에는 산사태 경보를 발령시켜야 함을 충분히 판단할 수 있었다며 아파트

[그림 2.187] 아파트 피해 현장

출처: 『조선일보』, 2011. 7. 28.

관리사무소에 직접 연락해서 주민들이 대피하도록 지시해야 할 주의 의무를 다하지 않은 것으로 판단했다. 서초구에서 이같은 조치를 게을리했기 때문에 집으로 토사류가 들어와 생명·신체 등 현실적 위협을 느꼈다며 정신적 손해에 대한 위자료 책임이 인정되지만, 서울시 조사보고서 등을 검토한 결과 국가나 서울시가 산사태 예방을 위한 조치를 소홀히 했다고 인정할 만한 사정을 발견하기 어렵기 때문에 서울시와 국가의 손해배상 책임은 인정하지 않았다.[341]

서울시는 사태를 조사할 조사단을 구성하였다. 조사단은 지난 3개월 동안 내린 비가 예년보다 많았고 우면산 일대가 무른 편무암으로 구성되어 비에 쉽게 나무 등이 쓸려갔다고 보고했다. 우면산의 군부대는 직접 원인이 아니며 농업용으로 만들어진 생태 저수지가 한꺼번에 쏟아지면서 피해를 키웠다고 밝혔다. 결론은 인재가 아닌 천재지변임을 주장했다. 이 발표 후 매우 큰 비판이 뒤따랐다.

341 https://lawbellongkj.tistory.com/65.

이수곤 국제학회 공동 산사태기술위원회 한국대표가 이번 우면산 산사태 전인 지난해 11월 26일 이미 서울시에 산사태 대책이 잘못됐다는 의견을 전달했다. '서울 일원의 산사태 현장답사 결과 및 정책제안'에는 '서초구 우면산 일대에서 5군데 산사태는 산 정상의 공군부대 옆에서 발생했다.' '토석류와 나무 3,000그루가 뽑힌 것들이 하부 계곡을 따라 800m를 흘러가 하부 배수구를 막고 범람해 하부 남부순환로와 방배동 주택가 쪽으로 200m까지 더 흘러가서 아파트 차량들과 주택에 침수 피해를 발생시켰다'는 내용이 담겨 있었다. 보고서는 '상부에서 산사태로 인한 토석류 및 나무들이 하부로 흘러가서 배수로를 막아 물이 역류해 하부 지역을 침수시키는 경우가 대부분이다. 계곡

[그림 2.188] 조사보고서

우면산 산사태 원인 추가 및 보완 조사단(단장 김명모 서울대 교수)은 23일 오후 서울 중구 페럼타워에서 열린 공청회에서 이런 내용의 우면산 산사태 조사결과를 발표했다.

우면산 산사태 발생 직후 서울시와 민간조사단은 원인 조사를 벌여 강한 폭우와 계속된 호우로 빗물이 땅속으로 스며들지 못한데다 흘러내린 돌과 흙더미, 나무 등이 배수로를 막은 것이 주요 원인으로 분석됐다고 밝힌 바 있다.

그러나 피해주민과 유가족들은 "우면산 산사태는 인재(人災)"라며 이미 조사된 지역을 포함해 일부 누락된 지역까지 보완 조사할 것을 요구해 12명의 추가·보완 조사단이 지난 4월부터 현장조사와 전문가토론회 등을 해왔다.

조사단은 이번 조사결과 "당시 남현에 120년, 서초에 20년 빈도의 많은 강우로 인해 산사태와 토석류가 발생했다"며 일단 이번 산사태를 '천재(天災)'로 규정했다.

조사단은 다만 "덕우암 유역 산사태는 예측이 가능했으며 유역 전체에서 전방위적으로 발생한 점을 감안하면 지난 2010년 곤파스 피해 지역에 치중된 복구대책은 적절하지 않았다"고 지적했다.

조사단은 "2010년 산사태 발생 후 덕우암 유역과 비슷한 조건의 우면산 전체에 대해 산사태 발생 가능성을 평가하고 항구적인 복구대책을 수립하는 것이 필요했다"고 설명했다.

조사단은 그러나 지난 조사에서 쟁점이 됐던 공군부대의 영향에 대해서는 "이는 예측 가능했으므로 2010년 산사태 발생 후 공군부대 주위에 대한 대비가 필요했다"면서도 "공군부대 주위 산사태 영향을 정량적으로 평가하기는 어렵다"고 밝혔다.

조사단은 또 인근 서초터널 발파로 인한 영향과 관련해 주변 지반 진동속도, 사면 안전율 등을 들어 "발파와 산사태는 관련이 없다"고 판단했다.

조사단은 이밖에 주변의 생태저수지에 대해 "둑의 붕괴로 유하부의 많은 가구를 침수시켰으나 토석류를 가둠으로써 더 큰 피해 발생을 억지하는 역할을 한 것으로 평가된다"며 "우면산 수목이 산사태 발생에 미치는 영향도 매우 적다"고 분석했다.

김명모 조사단장은 "인재라는 것이 사람이 만든 재난이라고 하면 우면산 사태는 거기에 해당하지 않는다"며 "다만 사람이 대처할 수 있는데 제대로 대처하지 못해 키운, 불러낸 재난도 인재라고 한다면 우면산 산사태는 인재라고 판단한다"고 말했다.

출처: https://lawbellongkj.tistory.com/65.

중간중간에 토석류와 뽑혀진 나무를 걸러주는 사방댐 및 토석류 유입까지 충분히 감안한 배수로 설치가 필요하다'고 밝혔다. 또한 보고서는 '매년 붕괴가 반복되고 있는데 공원녹지과 주택과 토목과 등 관할 부처 간에 눈치를 보며 예방 시스템이나 조직을 갖추지 않고 있으며, 2011년 9월 21일 폭우로 서울 일원에서 80여 군데 사면붕괴가 발생해 인명과 재산 피해가 발생했는데도 사망사고가 없다고 은폐되고 있다'고 지적했다.[342]

서울시는 우면산 산사태 원인에 관한 조사를 1차적으로 시행했으나 유가족과 피해주민들이 일부 누락지와 기 조사된 지역의 보완조사를 요구해 서울연구원 주관으로 대한토목학회에서 추가 및 보완 조사를 실시했다. 조사단 단장인 김명모 서울대 교수는 23일 서울에서 열린 '우면산 산사태 원인 추가 및 보완 조사 공청회'에서 기록적인 폭우로 인해 산사태가 발생했다고 밝혔다. 100년 이상 빈도의 비가 집중적으로 내려 산사태에 취약한 토질로 형성된 우면산이 버티지 못했다는 것이다. 다만 2010년 곤파스 피해 이후 덕우암 지역과 공군부

[그림 2.189] 피해보고서 논란

"天災만 강조한 우면산 산사태 보고서, 수준이하"

서울시 최종 보고서 공개… "육안 조사에 그쳐" 비판 많아

서울시가 지난 30일 우면산 산사태에 대한 최종 보고서 내용을 공개하면서 '천재(天災)나 인재(人災)냐'를 둘러싼 논란이 다시 타오를 전망이다.

서울시로부터 조사를 의뢰받은 한국지반공학회는 지난 9월 15일 조사 결과를 발표하면서, 천재 쪽에 무게를 뒀다. 시간당 85.5㎜에 달하는 집중호우가 15시간 동안 내려 230㎜의 누적강우량을 기록, 붕적토(崩積土)층이 물을 더 머금지 못하고 급격하게 무너져 주변 아파트와 마을을 덮쳤다는 것이다. 흘러내린 돌과 흙더미, 나무 등이 배수로를 막은 것도 원인 중 하나로 지목했다. 강우량과 토질 등 자연 요인이 우면산 산사태를

이전의 산사태와 뭐가 다른지 원인에 대한 정밀한 조사없이 "비 많이 와 산사태났다" 수준

손해배상 청구한 피해자들 "외국 전문가 불러 재조사해야"

원인 조사 최종 보고서'를 놓고 좀 더 복합적으로 원인을 파악하고 분석했어야 했는데, 기계적인 원인 도출에 집착해 단순 결론만 끌어냈다는 비판이 많다.

박창근 서울시 자문위원(관동대 토목공학과 교수)은 "강우에 의한 유출 분석이 정밀하게 이뤄지지 않았다"며 "강우가 발생하면 특정 지역에 홍수량이 얼마인지 시간대별로 분석해야 하는데 이번 조사에서는 정밀하지 않았다"고 말했다. 박 교수는 지하수 흐름이 중요한데 이에 대한 검토도 제대로 안 했다고 지적했다. 박 교수는 "산사태는 물이 들어가지 않으면 일어나지 않기 때문에 지하수가 어떻게 흐르는지 시간대별로 어떤지 면밀히 조사해야 하는데 이런 점이 소홀했다"고 덧붙였다.

이수곤 서울시립대 토목공학과 교수는 아예 "서울시의 최종 보고서가 수준 이하"라며 "원인 조사가 아니라 산사태 현장 보고서에 지나지 않는다"고 평가절하했다. "서론만 길고 본론이 없다"며 "무너지기 직전이나 비 왔을 때 상황은 어땠는지, 이전에 일어난 산사태와는 뭐가 다른지 등에

출처: 『조선일보』, 2011. 12. 2.

342 https://kafkago.tistory.com/512.

대를 포함한 우면산 일대에 대한 안전대책이 즉시 강구됐으면 작년 산사태 이전에 사방공사를 끝마치지 못했더라도 인명 손실의 예방과 함께 재산 피해도 대폭 감소시킬 수 있었다고 주장했다.

조사단은 또 1차 조사 때와 같이 인근 군부대 시설을 전체 산사태의 원인이라고 볼 수 없다고 설명했다. 공군부대 영내 산사태 발생빈도는 우면산 전체의 약 10%, 공군부대 유관 토석류에 의한 인명 피해는 7명이지만 규모를 파악할 수 없는 중류부 산사태에 의한 토석의 발생으로 공군부대 산사태 영향을 정량화 하기는 어렵다는 것이다. 또 영외배출수 영향은 제한적이라고 했다. 이밖에 수목과 인공시설물, 서초터널 발파는 영향이 미미했고 생태 저수지는 둑의 붕괴로 유하부의 많은 가구를 침수시켰으나 토석류를 가둠으로써 더 큰 피해 발생을 억제했다고 평가했다.[343]

서울연구원의 '우면산 산사태 2차 원인조사 결과'에 따르면, '120년 만의 강우'라는 1차 조사결과와 달리 우면산 내 산사태가 발생한 12개 지역 및 발생 시점 별로 강우량 차이가 컸던 것으로 나타났다. 특히 인재 발생지역 중 대다수가 천재로 규정할 수준의 강우량이 아닌 것으로 확인됐다. 사고 당일 오전 7시 50분경 산사태가 발생해 1명이 사망한 약재자동차학원 지역의 경우 강우빈도가 5년 이하에 불과했다. 전원마을에서의 사망자는 전체 16명의 과반수에 가까운 6명에 달한다. 지역별 산사태 발생 기준시간을 달리함에 따라 남현 관측소 기준으로 5년 이하~120년 빈도, 서초관측소 기준으로는 5년 이하~20년 빈도로 지역별로 상이하다고 보았다. 당초 1차 조사에서는 우면산 전역의 150개소에 이르는 산사태를 모두 고려하기 위해 발생시간을 대표 기준시간 9시로 적용했었다. 연구원은 이번 조사에서도 '산사태 발생 당시 집중강우와 이에 대한 대비 부족'이 산사태 발생에 영향을 미쳤다고 인정했다. 이는 1차 조사 때와도 별반 다르지 않은 결론이었다.

---

343 http://www.startnews.co.kr 2012.11.13.

1차 조사 당시에도 2010년 덕우암 지구의 복구대책이 일부 붕괴 발생지역에 국한돼 진행됐고 이것이 산사태 안전대책으로 미흡했다는 점을 지적했다. 연구원은 공군부대, 서초터널 발파, 등산로 등 인공시설물이 산사태에 미친 영향에 대해서도 1차 조사 때도 크게 다르지 않은 결론을 내렸다. 논란이 많았던 '공군부대' 영향과 관련해 공군부대에서 발생한 산사태가 하류 마을의 인명 및 재산피해를 가중시켰을 것으로 판단은 되지만, 중류부 산사태로 인한 토석 발생을 고려할 때 공군부대의 영향을 정량화하기 어렵다고 밝혔다. 강남순환도시고속도로의 '서초터널 발파' 영향과 관련해서는 사면의 잔류범위가 무시할 만큼 미소한 수준이며 터널 종단을 따라 산사태 발생지점이 편향되어 있지 않기 때문에 터널 발파의 영향이 미미하다고 분석했다.[344] 이렇듯 폭우로

표-11 산사태 전후 산림청 변화 내용

	2011년 산사태 전	2011년 산사태 후
근거 법령	없음	산림보호법 추가 개정(8. 23 시행)
담당 조직	치산복원과 사방계(3명)	산사태 방지과(7. 26 신설, 12명)
관련 예산	1,790억 원	–2,237억 원(30% 증가) –2,722억 원으로 증가(2013년 기준)
업무 영역	복구 중심	산사태 예방/대응/조사 및 복구 총괄
예방·대응체계	산사태 상황실 운영(실장: 치산복원과장)	산사태 예방지원본부 운영(본부장: 산림청장)
위험지역 관리	산사태 위험지구 74개소(자연재해대책법)	–산사태 취약지역 4,006개소(산림보호법) –2013년 1만개소 추가 조사
현장대응	유사시 비상근무 유지	–산사태 위약지 현장 점검·정비 및 주민대피 체계 구축 –산사태 현장매뉴얼 및 시나리오를 따라 체계적으로 대처
유관기관 협조	소방방재청	국무총리실, 중앙재난대책본부, 소방방재청, 기상청, 국립공원관리공단 등
주민연락 대치 체계	없음	있음
원인조사	없음	주요피해지에 대한 원인조사단 파견

인한 피해와 관련하여 당시 이 재난은 논란도 많고 언론 등에서 매우 오래 동안 언급되었던 사건이었다.

표-12 우면산 사태 보고서

		주요 행위자	핵심쟁점	갈등관리 노력	평가
갈등 잠복기	재난 발생 전	형촌마을 주민, 방배동 주민, 서초구, 서울시, 산림청	•태풍 곤파스 피해우려에 대한 민원제기 •서초터널 발파에 따른 민원 제기	–	태풍 곤파스 피해 및 서초터널 피해 민원 소극적 대응
갈등 잠복기	재난 발생 후	피해 유족 및 주민, 서초구, 서울시, 산림청	•군부대에서 산사태 시작되었다는 주장 제기	–	•재난현장 지휘체계 미통일 •개별 기관에서 언론 대응함으로써 정확한 정보의 신속한 전달 미흡
갈등 표출기		서초구, 서울시, 국방부, 안정행정부, 방배래미안아트힐, 전원마을 주민대책위	•대피방송을 하지 않아 인명피해 커짐 •산림청-서초구청 SMS 문자공방 •공군부대에서 산사태가 시작되었다는 논란 계속 •특별재난지역 선포 불만 •피해주민 피해보상 촉구 •원인규명 없이 복구 추진 논란	•서초구, 피해지원금 차등지급 •서울시 외부전문가 자문회의 개최 •우면산 산사태 복구 추진본부 발족	•서초구청, 서울시, 산림청 책임 떠넘기기 •피해지원금 지급 기준 모호 •서울시의 일방적인 원인조사 기관 선정 •1차 원인조사단에 서울소방재난본부 관계자 제외

출처: 국립재난안전연구원, 『재난관리 과정상의 갈등 이해당사자 사회네트워크 특성분석: 우면산 산사태 사례를 중심으로』, 2013. 12.

344 http://www.todaykorea.co.kr. 2014.3.13.

5) 2011년 정전사태(2011. 9. 18.)

한 순간 도시 전체에 정전이 발생한다면 어떤 일이 일어날까? 작게는 가정의 TV와 냉장고, 에어컨의 작동이 멈추는 문제부터, 크게는 교통·통신·의료·안보 시스템의 마비, 금융기관·회사·공장 업무에 차질이 발생하는 등 순식간에 도시의 주요기능이 마비되고 사람들을 혼란에 빠뜨리게 될 것이다. 우리는 이러한 상상만으로도 대규모 정전이 심각한 재난임을 쉽게 이해할 수 있다.

재난 및 안전관리 기본법[345]을 살펴보면, 사회재난 유형 중 하나인 '국가핵심기반 마비'에 '에너지'관련 시설 및 시스템이 포함되어 '대규모의 정전' 또한 사회재난의 한 유형으로 관리되고 있다. 특히, 전력 기능은 국가핵심기반시설의 모든 기능에 절대적인 영향을 가지고 있으므로, 전력기능이 상실되었을 때 국가기능 정지로 연결되는 초대형 복합재난으로 전개될 수 있기에(한국행정연구원, 2015) 매우 중요하다.

대규모 정전 중 가장 심각한 사례인 '대정전'은 흔히 블랙아웃(blackout)으로 불리운다. 대정전은 전기가 부족해 갑자기 모든 전력 시스템이 정지한 상태 또는 그러한 현상을 의미하는 것으로 보통 특정지역이 모두 정전된 경우를 말한다(조석현·이정일, 2017). 유사한 개념으로는 순환정전(rolling blackout) 있는데, 이는 대정전이 발생하기 직전 이를 예방하고 전체 전력계통을 살리기 위해 일부 부하들을 차단해하는 과정에서 발생하는 정전이다(국립재난안전연구원, 2015).

2011년 9월 15일에 발생한 대규모 정전사태는 가장 최근 발생한 순환정전 사례[346]로서 전국 각지역에서 동시다발적으로 발생하여 큰 혼란과 피해를 야기하였다. 정전사태로 인한 피해상황을 살펴보면(한국전기연구원, 2012), 전국 52만~212만 가구가 정전피해를 입은 것으로 추정되었다. 또한 은행과 병원,

345 https://www.law.go.kr/법령/재난및안전관리기본법.

346 우리나라의 대정전 사례는 1971년 마지막으로 보고되었다. 『신동아』, 2013. 5. 13. ""9·15 정전대란 때 예비력 잘 몰라 피해 커졌다" 전력거래소 전력수급 관리 구멍".

축사, 양식장 등 다양한 분야에서 피해가 보고되었는데, 건물 승강기 가동 정지(전국 1,902건), 은행 영업점 현금자동입출금기(ATM) 가동 중단 및 마감 업무 지연(전국 417건), 교통신호 등 정전으로 인한 교통혼잡(전국 2,877건), 수술 중 정전 발생 등 개인병원 피해(7건), 축사 및 양식장 등 농가 피해(10건) 등이 확인되었다. 이와 관련된 피해신청 신고건수는 9,083건, 신고금액은 약 628억원으로 집계되었다.

사고발생 후 국가위기관리실에서 작성한 대통령 기록물들[347, 348, 349]을 살펴보면, 사고발생의 원인과 현황 보고내용을 확인할 수 있다. 사건이 발생한 9월 15일 당시 전남, 경상, 대구 지역 외 11개 시도에서 폭염주의보가 발령되어 전력사용이 급증한 상황에서, 더불어 연휴기간 동안 일부 발전설비를 중단 한 것이 화근이었다. 하계 기간 동안 정비하지 못했던 발전기 약 25기를 정비하는 과정에서 전력공급이 감소하였는데, 폭염으로 인해 전력수요가 급속히 증가하면서 정전사태가 발생하게 된 것이었다.

그러나 사건을 놓고 여러기관 간의 책임공방이 벌어지는 과정[350, 351]에서 단순히 폭염에 따른 전력사용 급증으로 인해 정전사태가 발생한 것이 아니였음이 드러났다. 언론 보도에 따르면 당시 최중경 지식경제부(현 산업통상자원부) 장관이 전력거래소가 예비전력을 허위보고하였다고 주장하였고, 전력거래소는 문제를 인정하였다. 그러나 더 큰 문제는 전력거래소가 실제 예비전력량을 10년간 은폐해온 사실이 밝혀지지 않았던 것이다. 전력거래소는 실시간으로 전력생산량과 수요량을 집계하고 그 차이를 표시해주는 전력수급 모니터를 지경부와 한국전력공사에 설치하였고, 지경부는 이를 토대로 전력수급을 파악해 왔다. 그러나 전력거래소가 제공하는 수치에는 즉시 가동할 수 없는 발전기

347 대통령실, "110915 전국정전사태 발생", 2011. 9. 15.(대통령기록관 소장).

348 대통령실, "110915 전국정전사태 관련 (2보)", 2011. 9. 15.(대통령기록관 소장).

349 대통령실, "110915 전국 정전사태 관련 (최종)", 2011. 9. 15.(대통령기록관 소장).

350 『연합뉴스』, 2013. 12. 3. "전력정보 은폐로 유발된 '9.15 대정전' 실상 드러나".

351 『한겨레』, 2013. 12. 3. "'9·15 대정전' 이유는 10년간의 '은폐'였다".

용량이 포함되었기 때문에 실제 가용 전력량과는 차이가 존재하였던 것이다. 그러다보니 대규모 정전 당시 실제 예비전력이 0kW 수준으로 당장 블랙아웃 직전까지 몰렸음에도 불구하고 지경부는 이런 사실을 전혀 알지 못하였던 것이다. 전력거래소는 수차례 경보를 발령한 사실조차 지경부에 보고하지 않았고, 순환정전 직전에도 필요조치사항을 전달하였다가 다시 취소하는 등 우왕좌왕한 것으로 확인 되었다.[352, 353] 따라서 2011년 9월 15일 대규모 정전 사고는 전력 공급량과 수요량의 불균형 그 자체뿐만 아니라, 전력거래소의 잘못된 관행이 불러일으킨 사고로 밝혀졌다.

또한 전력비상조치메뉴얼 상에는 예비전력이 400만kW 이하로 떨어질 경우 관심(Blue), 주의(Yellow), 경계(Orange), 심각(Red) 등 단계별 조치를 시행하여야 하고 심각단계에서는 강제부하 차단을 실시함에도 불구하고 매뉴얼대로 진행이 되지 않은 것으로 나타났다. 이 과정에서 제한송전의 제외대상으로 분류되는 은행과 통신, 일부 관공서, 중소제조업체들까지 단전으로 피해를 보게 된 것이다(국립재난안전연구원, 2015).

이명박 대통령은 사고발생 하루 후 2011년 9월 16일 한전을 불시 방문하여 당시 최중경 지식경제부 장관과 김우겸 한전 부사장 등으로부터 사고 원인과 재발 가능성 등을 보고 받고 철저한 대책을 마련할 것을 지시하였다.[354] 이명박 대통령은 사고 원인을 보고 받은 후 "단전에 앞서 매뉴얼은 없느냐. 자기 마음대로 (전력 공급을) 자르고 해도 되는 것이냐"며 노여워하였으며, "오피스 빌딩이나 공공건물, 이런 데는 (긴급사태에) 전기를 끊어도 되지만 병원과 엘리베이터, 전기로 작업하는 중소기업에 무작위로 끊는다는 것은 기본이 안된 것"이라며 "수요자가 어떤 피해를 입을까 생각을 안한 것"라며 강하게 질책하

352 『연합뉴스』, 2013. 12. 3. "전력정보 은폐로 유발된 '9·15 대정전' 실상 드러나".

353 『한겨레』, 2013. 12. 3. "'9·15 대정전' 이유는 10년간의 '은폐'였다".

354 『연합뉴스』, 2011. 9. 16. "〈李대통령 "정전사태 책임 따져야"〉(종합)".

기도 하였다.[355]

사고 이후 위기대응 시스템이 재정립되었는데, 비상시 신속대응을 위한 유관기관과의 핫라인(hot-line)구성, 수급경보 자동통지 시스템 구축 및 일일부하 모니터링 시스템 개선, 피크시간대 전력계통 지휘본부의 역할강화를 통한 계통운영의 의사결정 신속화, 상시 과부하가 예상되는 25개소의 계통구성의 변경 등이 이루어졌다(박민규·박무종, 2012).

안타까운 점은 사고 발생 이전, 대규모 정전사태에 관한 대책을 논의한 바가 있음에도 불구하고, 사고 예방과 적절한 대응이 이루어지지 못하였다는 사실이다. 노무현 대통령 시기인 2003년 미국과 캐나다에서 대규모 정전사태(2003년 8월 14일)가 발생한 바 있다. 이 사고 이후 노무현 정부에서는 유사한 재난상황이 우리나라에서도 발생할 수 있음을 고려하여, 위기관리 대책 수립을 추진한 것으로 확인된다. 당시 기록물[356]에서는 우리나라가 동일한 유형의 위기를 경험해보지 못하였기 때문에 정부의 대응 시스템 및 대응능력에 한계가 있을 수 있으므로 대규모 피해가 발생할 우려가 있음을 지적하고 있었다.

따라서 미국·캐나다의 대규모 정전사태를 종합적으로 분석하고 실태점검을 통해 유사한 사태의 발생 가능성과 효율적 대응 방안을 검토하고 대책을 수립하고자 하였다. 이를 위해 국무조정실, 산업자원부(현재, 산업통상자원부) 및 한전, 행정자치부(현재 행정안전부), 국가정보원, 경찰 등 유관부처(기관)들의 실무자들을 대상으로 하는 회의를 개최한 것으로 기록되어있다. 회의를 통해 대규모 정전을 대비하여 위기는 최대한 사전에 예방하고, 정전 원인은 최단기 복구하며, 사회 각 분야별 피해(혼란) 최소화를 위한 범정부 대응 및 피해지원을 추진하는 위기관리 방안이 마련되었음을 살펴볼 수 있었다.[357] 이듬해

355 『연합뉴스』, 2011. 9. 16. "〈李 대통령 "정전사태 책임 따져야"〉(종합)".

356 국가안전보장회의사무처, "미국·캐나다 대규모 정전사태 계기 위기관리 대책 수립 추진계획", 2003. 8. 19.(대통령기록관 소장).

357 국가안전보장회의사무처, "정전사태로 인한 사회혼란시 범정부차원의 위기관리방안", 2003. 8. 25.(대통령기록관 소장).

2004년 실시된 국가기반체계 보호관련 중앙재난안전대책 본부 회의[358]에서도 혹서기 폭염관련 전력수급 대책이 논의되었는데, 전력 수급 전망, 전력공급대책, 전력수급 차질시 우려시 대책에 대해서 검토한 것으로 확인된다.

2011년 9월 15일 발생한 순환정전 사고는 약 40년 만에 발생한 대규모 정전 사태이다. 정전으로 인한 복합재난이나 더 치명적인 피해 사례가 발생하지 않았다는 점이 다행이라고 할 정도로 어처구니 없는 원인들이 상호 연관되어

[그림 2.190] 대통령실, "110915 전국 정전사태 관련(2보)", 2011. 9. 15.(대통령기록관 소장).

[국가위기관리실]

전국 정전사태 발생 관련 (2보)

2011. 9. 15 (목) 17:30

□ **9. 15일 오후 발생한 정전은 전력수요 증가 및 발전기 정비로 인한 전력부족으로 발생되었음**

- 하계 (전력수급 비상기간) 에 실시하지 못한 발전기 약 25기 정비 실시로 공급전력 감소 (834만kW)
- 오늘 전력 수급현황

단위 : kW

오늘 공급전력	정전시 전력수요		현재 전력수요 (17:30분)	
	최대 전력수요	예비전력	전력수요	예비전력
7,071만	6,726만	**345만 (5.21%)**	**6,220만**	**450만 (7.4%)**

※ 한국전력거래소, 비상매뉴얼 (예비전력 400만kW 미만시) 에 따라 절전 조치

□ **주요 피해현황** (인명피해 없음)

- 전국 164만 가구 순차적 일시 정전
- 공장 · 은행 등 업무 중단, 신호등 장애 (250여 곳) 로 인한 교통 혼잡
- 승강기 內 고립 398건, 전신주 화재 5건 등

□ **야간 전력수요 감소 및 예비발전기 재가동** (10:00시부터 가동 시작) **으로 내일 새벽 정상 복구 예상**

- 끝 -

※ 보고 및 전파 : 대통령님, 대통령실장, 경호처장, 안보특보, 외교안보수석, 정책실장, 기획관리실장, 지식경제비서관

358 국가안전보장회의사무처, "국가기반체계보호관련 중앙재난안전대책본부 회의자료", 2004. 7. 28.(대통령기록관 소장).

국가핵심기반이 마비된 민망한 사고였다.

전력시설과 시스템은 점점 복잡하고 고도화되고 있다. 동시에 문제가 발생하였을 때 해결이 더 복잡다단해지고, 사고의 위험성도 매우 클 것으로 예상할 수 있다. 특히, 탈원전 정책의 추진과 신재생에너지의 급격한 발전으로 인해 전력 체계에도 큰 변화가 이루어질 것이다. 이러한 변화에 발맞춰 전력 관련 부분에서 또다른 사고가 발생하지 않도록 정부와 관료, 사회와 국민이 모두 함께 주의를 가지고 노력할 필요가 있을 것이다.

[그림 2.191] 국가안전보장회의사무처, "미국·캐나다 대규모 정전사태 계기 위기관리 대책 수립 추진계획", 2003. 8. 19.(대통령기록관 소장).

사 무 차 장

미국 · 캐나다 대규모 정전사태 계기 위기관리 대책 수립 추진계획

- NSC 사무처 (위기관리센터, 03.8.19) -

1. 개요

미국 · 캐나다의 대규모 정전사태(8.14) 등과 같은 유사 위기 발생에 대비한 정부의 위기관리 대책 수립 추진계획임.

2. 위기관리 대책 수립 필요성

□ 금번 사태는 미국 · 캐나다의 경제 및 국민 생활 전반에 지대한 타격을 가한 사회적 재난의 한 유형으로서 우리 나라에서도 발생 가능성이 높은 위기유형

* 발생 요인 : 금년 여름 유럽 폭염의 아국 발생시 전력량 초과, 테러, 송배전선 관리 문제 등

□ 현재 우리 나라는 동 유형의 위기에 대한 경험 부재로 대응 시스템과 능력이 의문시되며 유사사태 발생시 대규모 피해 우려

□ 동 사태 종합 분석 및 실태 점검을 통해 아국 발생 가능성과 효율적 대응 방안을 검토, 대책을 수립할 필요

3. NSC 조치 계획

□ 8.25(월) 국무조정실·산자부(한전)·행자부·국정원 및 경찰 등 유관부처(기관) 과장급 회의를 개최, 사태 분석 · 실태 점검 및 대책방안 토의

□ 8.27 이후 대통령님께 회의 결과 보고 예정.//끝//.

[그림 2.192] 국가안전보장회의사무처, "정전사태로 인한 사회혼란시 범정부차원의 위기관리방안". 2003. 8. 25.(대통령기록관 소장)

정전사태로 인한 사회혼란시 범정부차원의 위기관리방안

- 국무조정실 산업심의관실 -

□ **국가위기관리 필요성**

- ㅇ 사회 각 분야의 유기적 Network 구축으로 전력등 한분야 기능 정지시 파급효과 심대
  - \- 정부·민간할 것 없이 위기대응 시스템 상시가동 필요

□ **정전대비 범정부 위기대응 추진방향**

- ㅇ 위기는 최대한 사전에 예방
- ㅇ 정전 원인 최단기 복구
- ㅇ 사회 각 분야별 피해(혼란) 최소화를 위한 범정부 대응/피해지원

□ **중점추진과제 및 추진방법**

- ㅇ **사전예방 활동의 강화**
  - \- 주요시설 비상대비 전력대체 에너지 비축 및 상시 점검
  - \- 민간분야도 비상시 대비토록 사전 계도 활동
  - \- 사이버테러 등 대테러대비 경계활동 강화
- ㅇ **정전 긴급복구 시스템 상시 가동태세 확립**
  - \- 긴급복구체계 가동훈련·점검
    - ※ 인력·장비 등 지원태세 확립
  - \- 전문가에 의한 주기적 진단실시, 문제점 발굴·개선
- ㅇ **사회 각 분야 피해 최소화 대책 강구**
  - \- 부처별 대규모 정전 발생시 예상되는 문제점 진단(시뮬레이션)
    - ※ 치안, 보건의료, 수송, 산업, 금융 등
  - \- 부처별 세부대응방안 수립(구체적 행동시나리오 마련)
  - \- 시나리오에 의한 훈련실시 및 시나리오 보완
  - \- 대규모 정전시 범정부 대응 종합대책 수립 추진
- ㅇ **추진체계 구축**
  - \- 국가위기 대응체계 구축과 연계한 추진 총괄기구 정비(NSC)·추진상황관리, 법령·제도 정비 등

6

9 박근혜 대통령

1) 마우나리조트 붕괴사고(2014. 2. 17.)

2014년 2월 17일 눈내리는 밤. 경주시 양남면에 위치한 마우나 오션 리조트에서는 대학교 신입생 환영식이 진행 중이었다. 행사가 한창이던 저녁 9시 11분 폭설로 인해 체육관 천장이 붕괴되었고, 이 사고로 행사에 참여 중이던 부산외국어대학교 학생 9명과 이벤트 회사 직원 1명, 총 10명이 숨지고 204여 명의 부상자가 발생하였다. 캠퍼스를 누빌 꿈에 부풀어 있었던 예비 대학생들이 희생되어 더욱 더 안타까운 사고였다. 입학을 축하하는 듯 내리던 눈이 신입생 환영식을 비극으로 만들 것이라고는 누구도 생각하지 못하였을 것이다.

당시 체육관에는 학생을 포함한 560여 명의 인원이 행사를 진행 중이었다. 행사가 한참 진행되던 도중 '쿵'하는 소리와 함께 천장이 물결치듯 출렁이더니, 갑자기 무대앞쪽 천장이 무너졌고 결국엔 건물 천장 전체가 붕괴 되었다.[359] 지붕이 무너지기 시작하자 학생들은 무대 반대편의 주 출입구로 한꺼번에 몰리게 되었는데, 무대쪽 출입구는 무대시설이 설치되어있었고 측면

[그림 2.193] 마우나리조트 체육관 붕괴 현장

출처: 정광량(2014).

359 『서울신문』, 2014. 2. 19. "쿵! 쿵! 천장 출렁이다 순식간에 폭삭… 창문 깨고 탈출".

출입구는 학생들의 대자보로 인해 이용하기 어려운 상황이었기 때문이다. 이러한 구조적 문제로 인해 학생들은 서로 엉켜 넘어지게 되었고 신속한 대피가 어려웠다.[360] 설상가상으로 주 출입구 쪽 방향 지붕도 금새 무너져, 학생들은 창문이나 무너진 틈을 이용하여 빠져나올 수 밖에 없었다고 한다. 특히 지붕이 체육관 중심에 V자 쐐기 모양으로 주저앉는 바람에 가운데 자리 잡고 있던 학생들의 피해가 컸던 것으로 나타났다.[361] 당시 미얀마어과 학회장인 양성호 씨는 사고가 발생하자 곧바로 대피하였으나, 후배들을 구하기 위해 다시 사고현장으로 들어간 후 추가 붕괴된 철골구조물에 깔려 사망하는 안타까운 일이 벌어지기도 하였다.[362]

한편, 구조작업이 지연되어 인명피해가 더 늘어나게 되었다. 사고현장이 산 정상 부근에 위치해 있고, 야간에 눈이 내려 구조대가 접근하는데 어려운 것

[그림 2.194] 사고현장에서 구조작업을 벌이는 구조대원들

출처: https://www.etoday.co.kr/news/view/871088.

360 『경향신문』, 2014. 2. 18. "인명 피해 왜 커졌나… 출입구로 560여 명 한꺼번에 몰려".

361 『경상일보』, 2014. 2. 18. "붕괴 당시 절박함 그대로… 주인잃은 신발·안경만".

362 『매일경제』, 2014. 2. 18. "해병대 출신, 후배 구하러 다시 들어가 참변".

이[363] 가장 큰 문제였다. 무너진 철골 구조물 잔해가 쌓여있는 상황에서 추가 붕괴의 우려도 있었을 뿐만 아니라 사고현장을 밝히는 조명이 설치되지 않는 등의 문제[364] 등으로 인해 구조작업이 신속히 이루어 질 수 없었던 것이다. 긴급의료대응체계의 측면에서는 사고직후 환자의 중증도분류와 분산이송이 제대로 시행되지 않아 과거의 반복되는 문제를 답습하는 문제가 발생하였으며, 현장에서 소방과 의료진 간 협조 체계가 원활하지 않았다는 지적도 있었다(차명일 외, 2017).

사고 수습 이후 국립과학 수사연구원과 검찰 감정단이 사고 원인을 조사한 결과, 설계하중의 두배가 넘는 무게의 눈이 쌓인 것이 체육관 지붕 붕괴의 직접적 원인으로 밝혀졌다. 그러나 체육관 구조물 26개 가운데 14개가 지붕패널과 결합되지 않았고, 체육관 옆면의 주 기둥과 지붕 보에 설계와 다른 저강도 부재를 사용한 것으로 드러났으며, 예년보다 적설량이 많았으나 제설작업을 하지 않은 것으로 또 다른 붕괴원인으로 밝혀졌다.[365] 실제로 사고현장에서 멀지 않은 곳의 산업단지와 공장, 식당건물 등 비슷한 자재나 형태, 구조로 지어진 건물들은 무너지지 않은 것으로 보아 체육관에 구조적인 문제가 있었음이 지적되었다.[366]

사고 발생 이후, 붕괴 책임자들은 법적 처벌을 받게 되었다. 재판부는 시공 및 관리의 복합적 과실이 붕괴사고의 주된 원인으로 보았는데, 설계 및 감리 책임자, 강도가 떨어지는 철골구조물을 납품한 업체대표, 체육관 공사 책임자 뿐만 아니라 제설작업 등 안전조치를 소홀히 한 책임자들에게 모두 징역·금고형이 선고되었다.[367]

---

363 『SBS』, 2014. 2. 18. "마우나오션리조트 붕괴 사고… 구조 늦어 큰 인명 피해 발생"
364 『노컷뉴스』, 2014. 2. 18. "마우나오션 리조트 붕괴 사고… 밤샘 구조작업 '난항'".
365 『경향신문』, 2015. 4. 2. "경주 마우나리조트 붕괴 책임자들… 항소심도 '실형'".
366 『동아일보』, 2014. 2. 18. "방재전문가 "눈이 근본문제 아니다, 정상적인 지붕이라면…""
367 『연합뉴스』, 2015. 4. 2. "경주 마우나리조트 붕괴 책임자들 항소심도 '실형'".

사고발생 직후 박근혜 대통령은 2014년 2월 18일 국무회의에서 붕괴사고와 관련하여 "희생자 유족께 심심한 위로의 말씀을 드리면서 부상자 치료, 장례 보상 등에 만전을 기해주기를 바란다"고 이야기 하였다. 더불어 "사고원인에 대한 철저한 수사와 함께 폭설이 온 동해안 지역의 다중 이용 시설물에 관한 안전점검", "시설 기준 준수, 제설 등 안전조치, 대피시스템 등 사고의 근원적 재발 방지를 위한 개선책"마련을 지시하였고, 또한 "신학기를 앞두고 신입생 환영회 등 많은 행사가 예상되므로, 학생 집단연수에 대한 안전 긴급점검을 실시"하라고 이야기 하였다.[368]

그러나 정부대응에 대한 비판이 제기되었다.[369] 2월 14일 대통령 업무보고 당시, 주요 국정과제로 '안전'을 내세웠으나 4일만에 사고가 발생하였고 그 대처도 미흡하였기 때문이다. 특히 긴급차량이 신속하게 현장에 도착할 수 있게 하는 '골든타임제' 도입을 강조한바 있었으나, 폭설로 인해 119구조대가 걸어서 현장에 도착하는 등 골든타임제도가 유명무실해지는 상황이 벌어졌다. 또한, "안전"을 최우선 과제로 삼는다는 의미에서 행정안전부의 명칭을 안전행정부로 변경하였으나, 산하의 직제와 안전관련 부서의 권한은 그대로 였기에 이름만 바뀌었다는 비판을 받기도 하였다.[370]

정부와 지방자치단체의 재난대응 매뉴얼이 실제 재난현장에서 제대로 활용되지 못하고 있었다는 비판도 있었는데, 이를 정리하면 다음과 같다.[371] 첫째, 사고당시 현장출동차량과 언론취재차량이 밀려들었으나, 현장 접근 통제 및 교통정리에 관한 매뉴얼이 작동하지 않은 것이다. 따라서 혼잡한 상황으로 인해 중장비 접근이 지연되었다. 둘째, 부상정도에 따른 체계적인 이송체계가 이루어지지 않았다. 매뉴얼에 따르면, 현장에 응급의료서를 설치하고 부상정도에

368 『조선일보』, 2014. 2. 18. 朴대통령 "경주 마우나리조트 붕괴 사고 철저 수사"… 경찰 "책임질 사람 반드시 책임 물을 것".

369 『경향신문』, 2014. 2. 18. "정부 '안전 원년' 선포 4일 만에 대형 참사".

370 『경향신문』, 2014. 2. 18. "정부 '안전 원년' 선포 4일 만에 대형 참사".

371 『매일신문』, 2014. 2. 22. "경주 마우나리조트 참사…재난 매뉴얼 먹통, 현장엔 허둥지둥".

따라 적절한 병원에 이송되어야 했으나, 응급의료소가 사고발생 2시간 뒤에 설치 되었고, 그사이 부상자 절반이 무작위로 인근병원으로 이송되어 사상자 수 집계에 혼선이 일기도 하였다. 셋째, 재난 예방 체계가 허술하였다. 건축물 등 시설물 재난 사고 대응 매뉴얼에는 재난 예방을 위해 중점관리시설과 재난위험시설 등에 대해 안전 진단과 정기점검을 실시하도록 되어있으나, 해당체육관의 면적이 지자체의 안전 점검 대상 기준에 맞지 않았던 것이다. 리조트 측은 자체 안전점검을 수차례 실시하였다고 하였으나 유명무실한 예방대책으로 사고를 막지 못하였다.[372]

사고 이후, 당시 소방방재청은 안전점검 사각지대에 있던 골프연습장과 수영장(500~5,000m^2) 등을 '특정관리대상시설'로 지정·관리하도록 지침을 개정했다. 또한, 재난 및 안전관리 기본법에서는 노후시설과 다중이용시설 등 특정관리대상시설 관리주체에 안전점검의무를 부여하는 내용이 추가되었다.[373] 2015년에는 '체육시설의 설치·이용에 관한 법률'개정을 통해 체육시설 안전관리가 국가의 의무임을 명시하였다.[374]

한편, 당시 신입생 환영행사를 두고 부산외국어대학교 측과 총학생회 측 간의 갈등이 있었던 것으로 알려졌다. 대학 측은 신축 캠퍼스 시설을 이용한 오리엔테이션을 제의하였으나, 학생회가 외부행사로 진행하자고 요구하는 과정에서 갈등이 벌어진 것이었다. 이 때문에, 교학처장 및 학생과 교직원 3명만 만일의 사태에 대비해 행사에 참석했을 뿐 지도교수는 아무도 없었던 것으로 전해졌다.[375] 따라서 행사장소의 안전성 여부와 날씨 등 현지 상황에 대한 파악이 상대적으로 미흡하였기에[376] 외부에서 신입생 환영행사를 강행한 총학생회에 대한 비판이 제기되기도 하였다.

---

372 『매일신문』, 2014. 2. 22. "경주 마우나리조트 참사…재난 매뉴얼 먹통, 현장엔 허둥지둥".

373 『연합뉴스』, 2015. 2. 10. "〈마우나리조트 참사 1년〉 ④ 쏟아진 대책…시행 '더딘 걸음'(끝)".

374 『환경데일리』, 2018. 2. 21. "제2의 '경주 마우나리조트' 참사방지법 발의".

375 『연합뉴스』, 2014. 2. 18. "대학·총학 갈등, 지도교수 없이 학생회 주관 OT진행".

376 『경기일보』, 2014. 2. 19. "[사설] 야유회성 오리엔테이션, 개선 목소리 높다".

사고 이후, 대학생 신입생 환영행사 문화에 대한 개선의 목소리가 커졌다. 지나친 음주중심의 신입생 환영 문화로 안전사고가 빈번하게 발생해 왔기 때문에 이에 대한 자성의 목소리가 커져가고 있었던 상황에서, 이 사건이 변화의 큰 계기가 된 것이다. 사고 여파로 각 대학에서는 오리엔테이션 계획을 취소하거나 축소하게 되었고, 학내행사로 바꾸거나 외부행사로 진행하더라도 안전대책을 강화하여 실시되었다. 따라서 오리엔테이션 행사에서 벌어지는 대규모 술자리 문화는 점점 사라지고 대신 수강신청 안내와 학교 소개 등 실용적인 내용중심으로 행사가 진행되기도 하였다.[377] 앞으로도 건전한 신입생 환영식 문화가 조성될 수 있도록 대학 구성원들의 노력과 관심이 필요할 것이다.

377 『연합뉴스』, 2016. 2. 15. “마우나리조트 참사 후 대학 안전문화 정착중... 음주행태는 여전”.

2) 세월호 침몰 사고(2014. 4. 16.)

인천항과 제주항을 왕복 운항하던 '청해진 해운' 소속 세월호가 2014년 4월 16일 전라남도 진도군 병풍도 동쪽해상에서 침몰하였다. 304명의 목숨을 앗아간 이 사고는 대한민국의 사회, 정치, 문화 등 여러 측면에서 다양하고도 깊은 충격과 변화를 주었다. 더욱이 제주도 수학여행을 위해 단체로 세월호에 탑승하였던 단원고등학교 학생들이 전원 구조되었다는 소식은 오보로 밝혀지고, 속절없이 침몰하는 여객선의 모습만이 생중계되며 이를 지켜보던 전국민들에 큰 고통을 안겼다.

피해규모를 살펴보면 총 476명의 탑승인원 중 172명만이 탈출하고, 304명은 사망하였다. 또한, 적재된 차량 185대, 8피트 컨테이너 60개, 10피트 컨테이너 45개 등의 화물도 손실되었다. 사망자 수를 기준으로 삼풍백화점 붕괴사고, 남영호 침몰사고에 이어 대한민국에서 세 번째로 큰 규모의 피해를 입은 참사였다(해양안전심판원, 2014).

표-13 세월호 승선자의 생존 및 사망현황

구분	합계	학생	교사	일반승객	선원	기타승무원
승선자	476	325	14	104	23	10
탈출	172	75	3	71	18	5
사망	304	250	11	33	5	5

출처: 416세월호참사 국민조사위원회(2017).

세월호 침몰사고의 진상을 규명하기 위한 조사위원회가 세차례 구성되었음에도 불구하고 현재까지는 공식적인 결론이 내려지지 않았다.[378] 따라서 기존 사고백서 및 보고서 등의 자료들이 제시한 사고원인과 문제점들을 정리하면 다음과 같다.

378 『한겨레』, 2021. 4. 16. "'세월호 조사' 결론 못 낸 결정적 이유, 그리고 1년의 기회".

먼저 사고의 가장 직접적인 원인은 조타 미숙으로 인한 침몰로 알려져 있다. 침몰수역은 조류가 빠른 해역이므로 선장이 운항을 지휘하여야 함에도 불구하고, 경험이 부족한 3등 항해사와 조타수가 운항을 담당하고 있었다(김훈, 2019). 더욱이 세월호는 많은 승객과 화물을 싣기 위해 무리하게 증·개축하여 선박복원력이 약화되어 있었고, 사고당일에는 화물적재량의 2배가 넘는 화물이 적재되어 있었다(대한변호사협회, 2015). 이러한 상황에서 조타수의 조타 미숙으로 급격한 경사가 발생하자, 제대로 고정하지 않은 화물들이 쏠려 경사가 더욱 심해지며 침몰하게 된 것이다(해양안전심판원, 2014).

사고를 둘러싼 구조적인 원인을 살펴보면, 정부의 규제완화 정책으로 선박안전 점검기준이 완화되어 선박에 대한 사전관리가 부족하였고, 선원법 시행령 개정으로 선장이 아닌 항해사의 운항이 가능하였다는 점이 있다(대한변호사협회, 2015). 또한, 안전훈련이 부족하였던 선장 및 선원들이 승객들에 대한 대피안내 조치 없이, 자신들이 먼저 퇴선하여 인명피해를 더욱 더 크게 만들었다(해양안전심판원, 2014).

선사들이 운영하는 한국해운 조합이 해상안전 점검을 담당하였기에, 제대로 된 운영이 이루어지지 않았다는 문제도 있었다. 비용절감 차원에서 구조업무 및 작업이 해경산하 법정단체와 민간업체가 담당하게 되었고 해경은 제대로 된 구호장비 조차 없었다. 이러한 현실은 이른바 '해피아'라 불리는 해양 관계부처와 해운사의 담합과 비리, 정부의 재난 대응 역량의 부족과 밀접한 연관이 있음이 지적되기도 한다(대한변호사협회, 2015).

구조과정에서도 다양한 문제점이 있었다. 최초 조난신고를 승무원이 아닌 학생이 하였고(김훈, 2019), 신고내용이 상급자 및 구조인력에게 제대로 전달하지 않아 구조인력이 약 1시간 이상 지체되어 도착하게 된 것이다(대한변호사협회, 2015). 신고를 받고 출동한 해경은, 승객들에게 탈출 명령을 내리지 않고 승무원과 눈에 보이는 승객만 구조하는 등 적절한 조치를 하지 않았다(김훈, 2019). 또한, 진도 해상교통관제센터(Vessel Traffic Service Center, VTS)는 목포해경으로 사고소식을 전해 들을 때까지 세월호에 대해 전혀 관제하지 않아(대한변호사협회, 2015), 관할수역에 진입했음에도 그사실을 파악하지 못하였다(김훈, 2019).

뿐만 아니라, 이미 세월호가 선수만 남기고 침몰한 이후 뒤늦게 구조인력이 현장에 도착하였고(대한변호사협회, 2015), 수중수색은 3차례에 걸쳐 16명이 투입되는데 그치는 등(김훈, 2019) 잠수 구조 인력의 배치와 실전투입에 대한 대비가 매우 허술하였다(대한변호사협회, 2015). 더불어 사고 발생초기, 경찰청, 소방본부, 해군 특수요원 및 미 해군 등에서 구조 활동 지원 의사를 밝혔음에도 불구하고 제대로 배치하거나 운용되지 않기도 하였다(대한변호사협회, 2015).

정부의 대응과 관련된 문제점을 정리하면(김훈, 2019) 중앙재난대책 본부가 사고상황을 제대로 파악하지 못하였고, 여러 기관들이 별도의 사고대책 본부를 꾸리게 되어 관련 대책본부만 10여개가 만들어지기도 하였다. 따라서 대책본부들을 통합하고 정부 사고대책 본부를 수립하여 업무를 총괄하고자 하였으나 이를 철회하기도 하였다(김훈, 2019). 또한, 세월호 침몰 사고와 관련하여 KBS 및 방송통신위원회 등을 통제하고 보도에 개입하였다는 점도 있다(대한변호사협회, 2015).

세월호 침몰 사고에 대한 박근혜 대통령의 대응을 살펴보면 다음과 같다. 먼저 사고 당일(4월 16일) 오전 박근혜 대통령은 청와대 국가안보실장으로부터 즉각적인 보고를 받은 뒤 "여객선 객실과 엔진실까지도 철저히 확인해 단 한 명의 인명 피해도 발생하지 않도록 하라"고 지시하였으며, 해양경찰청장에게 전화를 걸어 "인명피해가 없도록 구조에 최선을 다해 달라"고 주문한 것으로 알려져 있다. 그러나 이러한 대통령의 반응이 사고현장의 심각성이 구체적으로 보고되지 않았을 가능성을 보여주었다는 의견도 존재하였다.[379] 오후에는

379 『한겨레』, 2021. 4. 16. "'세월호 조사' 결론 못 낸 결정적 이유, 그리고 1년의 기회".

중앙재난안전대책본부를 방문해 사고상황에 대한 보고를 받은 뒤, 생존자 구조에 최선을 다하라고 이야기 하였다.[380] 이어 "다 구명조끼를, 학생들이 입었다고 하는데 그렇게 발견하기가 힘든가"라고 발언하였는데, 이 또한 사고 상황을 제대로 파악하지 못한 것이라며 비판받기도 하였다.[381]

사고 발생 하루 뒤인 4월 17일 박근혜 대통령은 실종자 가족들이 모여 있는 전남 진도군 진도체육관을 찾아 가족들을 위로하였다. 또한, 실종자들의 구조활동에 전력을 다하겠다는 뜻을 밝히고, 군과 해경 등의 구조활동을 독려하기도 하였다.[382] 4월 20일 사고 지점인 전남 진도군과 단원고교가 있는 경기도 안산시를 특별재난 지역으로 선포하여 구조·구호 및 의료활동을 지원하였으며,[383] 4월 29일에는 박근혜 대통령이 경기도 안산 화랑 유원지에 마련된 세월호 사고 희생자 정부 합동 분향소를 찾아 조문하였다.

[그림 2.195] 대국민담화 발표도중 눈물을 흘리는 박근혜 대통령

출처: 『연합뉴스』, 2014. 5. 19. "朴대통령 "사고 최종책임은 대통령인 저에게 있어"". https://news.naver.com/main/read.naver?mode=LSD&mid=sec&sid1=001&oid=001&aid=0006913388.

380 『연합뉴스』, 2014. 4. 16. "〈여객선침몰〉 朴대통령 "학생·승객 불행에 참담…구출에 총력"(종합2보)".

381 『한겨레』, 2014. 5. 11 "대통령, 참사 8시간 뒤에도 "구명조끼 입었는데 왜?" 상황 몰라".

382 『연합뉴스』, 2014. 4. 17. "〈여객선침몰〉 朴대통령, 진도체육관 찾아 실종자가족 위로(종합2보)".

383 『서울신문』, 2014. 4. 21. "[세월호 침몰 참사-엉터리 위기관리 시스템] 안산·진도 특별재난지역".

[그림 2.196] 세월호 사고 가족 대책위원회 대표단을 접견하는 박근혜 대통령

출처: 대통령기록관. https://www.pa.go.kr/portal/contents/stroll/schedule/scheduleIndex.do?year=2014&month=05&searchDate=2014-05-16.

세월호 사고 대응 과정에서 재난관리시스템에 관한 비판과 문제제기가 이어지자, 박근혜 대통령은 대국민 담화문 발표를 준비하게 된다.[384] 대국민 담화에 앞서 5월 16일에는 피해자 유가족들의 의견을 듣기 위해, 유가족 대표단을 청와대로 초청하여 면담 하기도 하였다.[385] 사고가 발생한지 34일이 지난 5월 19일 박근혜 대통령은 대국민 담화문[386, 387]을 발표하였으며, 그 내용을 정리하면 다음과 같다. 첫째, 담화문에서 국민의 생명과 안전을 책임져야 하는 대통령으로서 세월호 피해자 유가족들에 대해 사과하며, 사고의 최종 책임을 대통령 본인으로 돌렸다. 둘째, 해경의 구조업무 실패를 지적하며, 해경을

384 세월호에 관한 비공식적 사과는 2014년 4월 29일 청와대 국무회의, 5월 6일 서울 조계사에서 열린 석가탄신일 기념 봉축법요식에서 이루어진 바 있다. 4월 29일 희생자 분향소에서는 유족들에게 사과하지 않았으나, 같은 날 열린 국무회의에서 사과하였다는 점이 적절하지 못하였다는 지적이 나오기도 하였다(『한겨레』, 2014. 4. 29. "유족 앞에선 사과 않고 국무회의서 "사죄"".).

385 『한겨레』, 2014. 5. 16. "박 대통령, 가족 대표단 만나 '국가 대개조' 거듭 강조".

386 대통령기록관, https://www.pa.go.kr/research/contents/speech/index.jsp?spMode=view&artid=1400140&catid=c_pa02062.

387 실제 담화문 발표일은 5월 19일이나, 대통령기록관 기록콘텐츠 내 연설일자가 5월 18일로 기록되어 있다.

해체하고 수사·정보기능은 경찰청으로, 해양구조·구난과 해양경비 분야는 신설하는 국가안전처로 넘기기로 하였다. 또한, 안전행정부의 핵심기능인 안전과 인사·조직기능을 분리하여 안전 업무는 국가안전처로, 인사·조직 기능은 신설되는 행정혁신처로 이관하여 안전행정부는 행정자치 업무에만 전념하기로 하였다. 해양수산부의 해양교통 관제센터(VTS)는 국가안전처로 옮기고, 해수부는 해양산업 육성과 수산업 보호 및 진흥에 전념하기로 하였다.[388] 셋째, 선박심사와 안전운항 지침 등 안전관련 규정들이 감독 되지 않았음을 지적하며, 정부와 해운사간의 유착관계를 해결하기 위해 관피아 및 공직사회 혁신을 주장하였다.[389] 넷째, 사고를 일으킨 범죄자 본인 재산 뿐만 아니라, 가족이나 제3자 앞으로 숨겨놓은 재산까지 찾아내어 환수하도록하는 입법을 추진하기로 하였다.[390] 또한, 청해진해운에 대한 특혜와 민관유착에 대해 조사하고 처벌할 것을 이야기 하였다. 다섯째, 여야와 민간이 참여하는 진상조사위원회를 포함한 특별법을 만들고, 세월호 관련 모든 문제를 함께 논의하기로 하였다.[391] 여섯째, 국가안전처를 만들어 각 부처에 분산된 안전관련 조직을 통합하고 지휘체계를 일원화하여 모든 유형의 재난에 현장 중심으로 대응가능한 체제를 만들 것을 이야기하였다. 마지막으로 4월 16일을 국민안전의 날로 지정할 것을 제안하였다.[392]

---

388 언급한 사항들은 추후 정부조직법 개정안에 반영되었다. https://www.law.go.kr/법령/정부조직법/(12844,20141119)

389 언급한 사항들은 공직자 윤리법 개정에 반영되었으며, https://www.law.go.kr/법령/공직자윤리법/(12844,20141119) 당시 이미 국회에 제출되어있는 부정청탁 및 금품등 수수의 금지에 관한 법률(일명 김영란법)의 조속한 통과를 언급하였다.
https://www.law.go.kr/법령/부정청탁 및 금품등수수의 금지에 관한 법률/(13278,20150327)

390 범죄수익은닉의 규제 및 처벌 등에 관한 법률, 일명 유병언 법으로 불리웠다. https://www.law.go.kr/법령/범죄수익은닉의 규제 및 처벌 등에 관한 법률/(12842,20141119)

391 https://www.law.go.kr/법령/4·16세월호 참사피해 구제 및 지원 등을 위한 특별법, https://www.law.go.kr/법령/세월호 선체조사위원회의 설치 및 운영에 관한 특별법

392 2014년 12월 30일 재난 및 안전관리 기본법을 개정하며 4월 16일을 국민안전의 날로 제정하였다. https://www.law.go.kr/법령/재난 및 안전관리기본법/(12943,20141230)

그러나 실종자 구조계획 등이 언급되지 않았다는 점, 세월호 유가족과의 면담에서 요구한 내용(관련 정보의 투명한 공개, 독립된 진상조사기구 설치, 각 절차에서 수집된 정보에 대한 접근 보장 등)이 제대로 반영되지 않아 유가족들은 유감을 표시하였다.[393]

2015년 4월 16일 세월호 참사 1주기를 맞아, 박근혜 대통령은 사고 발생 해역 앞인 진도 팽목항을 방문하여 희생자를 추모하고 대국민 담화문을 낭독하

[그림 2.197] 세월호 사고발생 후 박근혜 대통령의 대국민 담화문

대국민담화문

1. 사과 말씀

존경하는 국민 여러분,

세월호 침몰사고가 발생한지 오늘로 34일째가 되었습니다...

온 국민이 소중한 가족을 잃은 유가족들의 아픔과 비통함을
함께 하고 있습니다.

국민의 생명과 안전을 책임져야 하는 대통령으로서
국민 여러분께서 겪으신 고통에 진심으로 사과드립니다...

국민 여러분,

지난 한 달여 동안 국민 여러분이
같이 아파하고, 같이 분노하신 이유를 잘 알고 있습니다.

살릴 수도 있었던 학생들을 살리지 못했고,
초동대응 미숙으로 많은 혼란이 있었고,
불법 과적 등으로 이미 안전에 많은 문제가 예견되었는데도
바로 잡지 못한 것에 안타까워하고 분노하신 것이라 생각합니다.

채 피지도 못한 많은 학생들과
마지막 가족여행이 되어 버린 혼자 남은 아이,
그 밖에 눈물로 이어지는 희생자들의 안타까움을 생각하며
저도 번민으로 잠을 이루지 못한 나날이었습니다.

그들을 지켜주지 못하고,
그 가족들의 여행길을 지켜 주지 못해
대통령으로서 비애감이 듭니다.

- 1 -

대통령기록관

출처: 대통령기록관, https://www.pa.go.kr/research/contents/speech/index.jsp?spMode=view&artid=1400140&catid=c_pa02062.

393 『동아일보』, 2014. 5. 21. ""실종자 대책 빠진 대통령 담화 유감"".

였다. 그러나, 유가족들은 정부의 세월호 대책에 항의하는 차원에서 박근혜 대통령 도착 전 분향소를 임시 폐쇄하고 팽목항을 떠나 대통령과의 만남은 이루어지지 않았다.[394]

이후 세월호 침몰 사고의 초기대응과 관련하여, 박근혜 대통령의 매우 미흡한 대처가 정치적 쟁점으로 붉어지게 되었다. 더욱이 국정농단 사건이 대두된 이후 탄핵과정[395]에서 세월호 참사 당시 "국민의 생명과 안전을 보호하기 위한 적극적 조치를 취하지 아니하여 생명권 보호의무를 위반"한 것이 탄핵소추 사유로 제시되기도 하였다. 이와 관련하여 사고에 관한 대응이 "현저하게 불성실"하여 헌법상 "대통령의 성실한 직책수행의무 및 국가공무원법상 성실의무를 위반하였으나", 이 사유만을 가지고는 "국민이 부여한 민주적 정당성을 임기 중 박탈할 정도로 국민의 신임을 상실하였다고 보기는 어려워 파면사유에 해당한다고 볼 수 없다"고 판단하였다.

세월호 침몰사고는 재난관련 정책 뿐만 아니라, 우리 사회 전반에 큰 영향을 주었다. 박근혜 대통령의 탄핵이라는 매우 큰 정치적 사건과도 연관 되기도 하였다. 박근혜 대통령이 발표한 담화문에서 언급한 조치들이 결국에는 법제화 되기는 하였으나 관련 법안 제정과정에서 매우 많은 논란과 갈등이 발생하였고, 왜곡된 정보와 혐오표현들이 난무하여 유가족들은 고통을 겪었다. 더욱이 정부 관계자들이 세월호 특별조사위원회의 활동을 방해한 것으로 밝혀지기도 하였다.[396] 이러한 복잡다단한 이유들로 세월호 특별조사위원회, 선체조사위원회의 진상규명활동이 사고의 원인규명과 공식적인 결론이 발표되기 어려웠다.

한편, 우리나라 언론의 어두운 민낯을 보여준 사건으로 볼 수 있다. 세월호 침몰사고 및 유가족과 관련된 선정적 보도, 허위 및 과장 보도, 오보, 사실

394 『연합뉴스』, 2015. 4. 16. "끝내 못한 팽목항 분향… 朴대통령, 방파제서 대국민발표(종합2보)".

395 https://www.law.go.kr/detcInfoP.do?mode=0&detcSeq=54153.

396 『내일신문』, 2021. 1. 20. "세월호 수사 외압, 기무사·국정원 민간인 사찰 '무혐의'".

왜곡이 잇달았는데, 이는 현장의 상황을 정확하게 파악하여 알리고 피해자들을 배려하여야 하는 재난 보도의 원칙이 전혀 지켜지지 않은 것이다. 뿐만 아니라 진상규명활동이나, 유가족들에 대한 모욕적인 행위 및 발언에 대해서는 침묵하기도 하였다(대한변호사협회, 2015). 서해훼리호 침몰사고 당시 무책임한 보도와 윤리의식 부재로 비판 받던 모습에서 조금도 나아지지 않았던 것이다.

이후 세월호 침몰사고를 계기로 "사회적 참사의 진상규명 및 안전사회 건설 등을 위한 특별법"[397]이 제정되기도 하였다. 이는 세월호 참사와 가습기 살균제 사건에 대한 특별조사위원회를 설치해 두 사건의 발생원인, 수습과정, 후속조치 등 사실관계와 책임소재를 규명하기 위해 마련된 법안이다. 세월호 침몰 사고에서 드러났던 우리사회의 구조적 문제들이 온전히 해결되지 못하였기에 이러한 노력들이 계속 필요하다. 앞으로 제대로된 원인규명과 관련자 처벌이 이루어져야만, 한국사회의 사회재난 예방과 대응에 큰 도움이 될 것이다.

397 https://www.law.go.kr/법령/사회적 참사의 진상규명 및 안전사회건설 등을 위한 특별법, 2017년 12월 12일 시행되었다.

3) 메르스 사태(2015. 5. 25.)

2015년 평택성모병원과 삼성서울병원 등을 중심으로 주로 병원 내 감염확산으로 피해를 준 중동호흡기증후군, 일명 메르스(MERS, Middle East Respiratory Syndrome)는 사스(SARS)보다도 훨씬 치사율이 높은 위험한 코로나바이러스 계통 질환이었지만 의료기관 내 전파 이상의 감염력은 보이지 않아 상대적으로 적은 인명피해를 남겼다. 하지만 왜 주로 중동에서 피해를 주던 바이러스가 한국에서 확산되었고, 전세계적으로 사우디아라비아에 이어 두 번째로 많은 사망자가 한국에서 나오게 되었는가에 대한 분명한 반성이 필요한 상황이었다.[398]

논란의 시발점은 모든 실패한 재난관리 사례와 마찬가지로 초기대응이었다. 사실 신종감염병이란 문자 그대로 아직 제대로 된 정보가 없는 질병이므

[그림 2.198] 박근혜 전대통령과 송재훈 삼성병원장

출처: 『일간경기』, 2015. 6. 18. "朴대통령, 메르스 대응현장서 삼성병원장 '질책'". http://www.1gan.co.kr/news/articleView.html?idxno=48136.

398 물론 사우디아라비아와 한국의 사망자 차이는 상당하다. 2018년 기준 사우디아라비아가 1위로 1,863명 확진에 750명 사망에 이어 한국에서 185명 확진 및 38명 사망자가 발생했다. 확진자 기준으로 세 번째 국가는 92명의 확진자와 13명의 사망자가 발생한 아랍에미리트이다. 출처: Diamantis Plachouras, "Severe respiratory disease associated with Middle East respiratory syndrome coronavirus(MERS-CoV)", *European Center for Disease Prevention and Control,* 29 August 2018, 4.

로 어떤 정부든 어느 정도 수준으로 밀접접촉자를 판단하고 격리를 강제해야 하는가 등의 문제에 대해 정확히 결정하기 어렵다. 2015년 5월 20일 최초로 바레인에서 입국한 남성이 메르스 감염자로 확인되자 정부는 **[그림 2.199]**와 같이 역학조사 사전회의를 가졌고, 기본적인 대응 틀을 점검한다. 이때 정부의 초기 역학조사 상 밀접접촉자 판단 기준은 "1) 확진 또는 의심환자와 신체적 접촉을 한 사람 혹은 2) 환자가 증상이 있는 동안 2m 이내 공간에 1시간 이상 함께 머문 사람"이었으나, 동일 병실에조차 같이 있지 않았던 병원 내 다른 환자가 확진되고 발열 증상이 없어 격리대상자가 아니었던 확진자도 나오는 등 정부의 방역망을 벗어난 확산이 초기부터 진행되었던 것이다. 결국 평택성모병원을 중심으로 메르스의 전파력이 예상보다 강함이 드러나자 당국은 '1시간'이라는 노출 기간 기준을 삭제하고 발열기준도 37.5도로 0.5도 낮추는 등 밀접접촉자의 범위를 넓히게 되었다(보건복지부, 2016).

[그림 2.199] 질병관리본부 메르스 역학조사 관련 회의 문서

메르스 역학조사 사전회의

- 일시 장소 : 5.20 09:00, 서울역 스마트워크센터 회의실
- 참석자 : 역학조사과장, 보건연구관 1명, 중앙역학조사관 7명
- 회의 내용 : **밀접 접촉자 정의 및 범위 설정,** 대상병원별 역학조사관 편성
- 회의 결과

  - 중동호흡기증후군 지침(2014)에 따른 환자 정의를 따름

  밀접접촉자의 범위에 있는 '환자를 진료한 보건의료인' 중에서 **신체적 접촉 없이 진료한 사람은 1시간 이상의 기준을 택하면 거의 대부분이 제외**될 것이므로 개별 위험도 평가를 통해 근접접촉만 확인되면 시간 관계없이 모두 포함하여 조사

〈밀접접촉자〉 확진 또는 의사 환자와 신체적 접촉을 한 자(또는 환자가 증상이 있는 동안 2m 이내의 공간에 1시간 이상 함께 머문 자)

〈밀접접촉자 범위〉

- 환자와 같이 감염위험지역(중동지역)을 여행 또는 활동한 자
- 환자를 돌보는 간병인, 가족 등 동거인
- 환자를 진료한 보건의료인
- 환자의 체액이나 호흡기 분비물에 직접적인 접촉이 있었던 자
- 환자가 이용한 비행기 동승객(근접 좌석 탑승객)

출처: 보건복지부, 『2015 메르스 백서-부록』, 165.

두 번째 위기는 삼성서울병원 응급실을 방문한 14번째 환자에 의한 병원내 감염확산이었다. 사태 초기에 삼성서울병원 측에서 "전체 노출자 명단이 일시에 제공되지 못하였다"고 보건복지부는 자체 발간 백서에서 밝히고 있는데, 이 점이 환자 감소를 우려한 삼성서울병원 측의 고의적인 축소인가 아니면 당국과 병원 간의 의사소통 문제인가가 쟁점이 되어 법적 분쟁이 시작되었고, 결국 2020년 5월 대법원이 삼성서울병원의 노출자 명단 제출 지연이 고의적이었다고 보기 힘들다고 판결하기까지 논란이 끊이지 않았다. 책임의 소재가 어디 있든 간에, 감염자 확산에 대한 책임을 민간에 전가하려는 정부를 비판하는 목소리도 상당히 높아져만 갔고, 국민들 사이에서는 의료기관과 정부를 모두 불신하는 분위기도 확산되어 갔다. 한편 의료계는 세계보건기구(WHO)와 한국

[그림 2.200] 질병관리본부 메르스 역학조사 관련 회의 문서

병원별 메르스 노출 기간 (5개 시도 24개 의료기관)

시도	시군구	병원명(노출장소)	노출기간	환자발생
서울	강남구	○○서울병원(응급실)	5.17, 5.20, 5.27~5.31	**17명**
	송파구	○○아산병원(응급실)	5.26	(경유)
	영등포구	○○○성모병원(응급실)	5.27	(경유)
	강동구	○○○서울열린의원(외래)	5.17	**1명**
	성동구	○○가정의학과의원(외래)	6.2, 6.4	(경유)
	중구	○○○의원(외래)	6.2	(경유)
	중구	○○○내과의원(외래)	6.4	(경유)
경기	평택시	○○병원	5.15~5.29	**37명**
	평택시	○○○병원	5.22~6.1	(경유)
	평택시	○○의원	5.23	(경유)
	평택시	○○○연합의원	5.24, 5.31	(경유)
	평택시	○○병원	5.31	(경유)
	평택시	○○허브가정의학과	5.29	(경유)
	화성시	○○○동탄성심병원	5.25~6.1	(경유)
	수원시	○○○성빈센트병원(응급실)	5. 27	(경유)
	부천시(괴안동)	○○○○의원(외래)	6.1, 6.3	(경유)
	부천시	○○○대부천성모병원	6.3, 6.5	(경유)
	오산시	○○병원(외래)	5.22, 5.25	(경유)

출처: 보건복지부, 『2015 메르스 백서-부록』, 300.

정부의 공동 보고서에서 한국인들의 "의료 쇼핑"과 단체 환자 병문안 문화 등의 문제점이 지적된 것을 주목하고 환자가 여러 병원을 전전하지 않도록 주치의 제도 도입 등 관련 제도 개편을 정부에 촉구하였다.[399] 하지만 의료계에서 의료쇼핑 문제를 지적하는 것이 마치 본인들의 책임을 전가하기 위해 국민을 비난하는 것으로 여긴 사람들도 상당했으며, 민주노총 등을 중심으로 의료쇼핑이 문제가 아니라 환자들이 어디로 가야 할지 모르게 만드는 제도의 문제라는 지적도 잇따랐다.[400]

모든 재난위기 상황과 마찬가지로 메르스 확산 당시에도 부정확한 사실이 인터넷에 떠돌며 방역당국을 곤혹스럽게 했다. 이에 정부는 전문가 합동 자문

[그림 2.201] 메르스 확산 방지 전문가 자문회의 결과

중동호흡기증후군(MERS) 발생관련 전문가 자문회의 결과

[전체적인 커뮤니케이션 전략]

- 흐트러진 커뮤니케이션을 집결하는 노력: 문제가 될 수 있는 타깃에 대한 배려 및 자세한 정보 (집단 시설, 학교, 군대, 요양원) 등
- 명확한 대응노력의 가이드라인
- 발표 전 액션 플랜까지 미무리
- 제 3자 활용 :
  - 전문가 집단 : 7개 보건, 의료 학회, 의사협회,
    - 10가지 수칙
    - 학술단체 : 메르스의 정확한 위험성에 대한 학술적/과학적 근거 표명,
    - 헬스커뮤니케이션 학회/의료커뮤니케이션 학회: 언론이 온라인 유언비어에 대해 부추기고 퍼나르지 말고 교정하고 해법을 제시해주는 역할, 감염병 보도 지침을 따라 줄 것. 의사로서의 정확한 정보 전달

출처: 보건복지부, 『2015 메르스 백서–부록』, 303.

399 "MERS–CoV joint mission findings discussion", 15 June 2015. https://www.who.int/mediacentre/news/mers/briefing–notes/update–15–06–2015/en/.

400 데일리 메디, "20조 건보 흑자, 병·의원 보상 말고 문턱 낮춰라", 2015. 6. 29. http://dailymedi.com/detail.php?number=794522.

회의를 열어 특히 언론과 인터넷에 돌아다니는 여러 가지 정보에 대해 효과적으로 대응하기 위한 방법을 모색했다. 특히 "권위적, 위압적 메시지" 보다 공감을 야기하고 자가격리자들을 격려할 수 있는 메시지를 전달하자는 전략이 눈에 띈다(보건복지부, 2015 (2): 304).

메르스가 주로 의료기관에서의 접촉으로 확산된다는 점이 확실해지자 정부는 거점병원을 설정하여 집중 관리하고 전국에 걸쳐 16,000여 명의 접촉자를 격리하여 감염 확산을 진정시켰으며, 2015년 12월 23일 가까스로 메르스 유행 종료를 선언한다. 후속 조치로 신종 및 해외감염병을 제4군 감염병으로 지정할 수 있도록 감염병예방법이 개정되었으며, 방역관과 역학조사관의 권한이 법률적으로 명시되도록 하였다. 또한 역학조사에 차질을 빚게 하는 거짓 진술을 처벌할 수 있는 규정도 마련되었다(보건복지부, 2015 (1): 15-16). 이 모든 것이 수년 후 전 세계를 강타한 코로나19에 대한 신속한 대응을 가능하게 한 주요인이었다는 점은 주목해볼 만하다. 그러나 대형병원에게 유리한 의료수가 체계의 모순 등으로 초래된 대형병원 응급실의 지나친 과밀 등 의료기관 내 환경을 개선할 조치는 마련되지 못하였다는 한계가 남는다.

4) 2016년 경주지진과 2017년 포항지진

2016년 경주 지진 또는 9.12 지진은 2016년 9월 12일에 대한민국 경상북도 경주시 남남서쪽 8km 지역에서 발생한 리히터 규모 5.8 지진을 말한다. 경주지진은 1978년 대한민국 지진 관측 이래 역대 가장 강력한 지진이다. 대한민국 내륙 지진으로는 1978년 홍성 지진 이후 38년 만의 대형 지진이며, 한반도 내륙 지진으로는 1980년 평안북도 지진 이후 36년 만의 대형 지진이다. 9월 12일 경주시 내남면에서 19시 44분 32초 규모 5.1의 전진이, 20시 32분 54초 규모 5.8의 본진이 발생하였다. 지진 발생의 원인은 양산단층 또는 주변 주향단층의 수평이동으로 추정되었다. 이후 본진 발생 7일 만인 9월 19일 오후 8시 33분 59초 경북 경주 남남서쪽 11km에서 모멘트 규모 4.6의 여진이 발생하였다. 부산, 울산을 포함한 경상도 지역은 물론이고, 서울 등의 수도권에서도 지진을 감지하였다. 9월 21일 오전 3시 36분 경북 경주 남남서쪽 8km에서 모멘트 규모

[그림 2.202] 경주지진 상황

출처: 『조선일보』, 2016. 9. 13.

2.9의 여진이 발생하였으며, 이후 오전 11시 36분 경북 경주시 남서쪽 9km에서 모멘트 규모 2.2의 여진이 발생하였다. 그로부터 불과 20분 정도 후인 오전 11시 53분 54초에 경북 경주시 남남서쪽 10km에서 모멘트 규모 3.5의 여진이 발생하였다.

당시 지진 여파로 부산 도시철도 1~4호선이 5분간 정지되었다. 울산화력발전소의 LNG 복합화력발전 4호기가 가동을 중지했으며, 월성원자력발전소도 1~4호기에 수동으로 가동 중지 조치가 취해졌다. 또한 카카오톡이 일시적으로 불통되기도 하였다. 그 외에도 일본에서는 규슈와 쓰시마 섬 등 서부 일부 지역에서도 지진이 감지되었던 것으로 보인다. 불국사 대웅전 지붕 및 오릉 담장 일부 기와가 피해를 입었고, 석굴암 진입로에 낙석이 발생하였다. 그리고 첨성대의 꼭대기 돌이 심하게 기울어지기도 했다. 지진의 여파로 김천역 KTX 작업인부 사망 사고가 발생하였다.[401]

경주지진 후 정부는 경주지역을 특별재난지역으로 선포하였고 당시까지의 지진방재대책을 원점에서 재점검하게 되었다. 지진으로 인해 특히 경주 일대의 문화재가 큰 피해를 입었다. 국가지정문화재 54건, 시도지정 및 문화재자료 50건 등 큰 피해를 입었고 9월 19일 여진으로 인해 첨성대 남측면 정자석이 북쪽 방향으로 3.8cm 이동했고 불국사 대웅전 기화 및 서회랑 흙벽이 일부 파손되기도 했다(대한건축학회, 2018). 또한 '소득격차'에 따른 피해의 규모가 다르게 전개되었다. 동일한 조건에서 지진 발생 시, 안전설계가 갖추어지지 않은 부실한 건물들의 피해가 큰 것은 당연한 일이다. 경주지진에서도 부실한 건물의 피해가 더 큰 것으로 조사되었다(채종헌 외, 2018).

당시 박근혜 대통령은 경주 일대 지역을 방문하고 관계부처에 특별재난지역으로 선포할 것을 지시하였다. 또한 월성 원자력발전소를 방문하여 향후 지진 대비 시설을 점검하고 지진대비 완성도를 높일 것을 지시하였다. 경주지진

401 https://ko.wikipedia.org/wiki/2016%EB%85%84_%EA%B2%BD%EC%A3%BC_%EC%A7%80%EC%A7%84.

발생 때 논란이 된 것 중 하나가 재난문자 발송문제이다. 지진 발생 후 9분이 지나 재난문자가 발송되어 큰 문제가 되었다. 아래 기사 내용을 보면 국민안전처가 아니라 기상청이 지진 발생 후 문자를 발송하기로 하였다. 당시 누구 하나 분명한 정보를 제시하지 못했고, 인터넷 포털 사이트에는 '지진 대피요령'이 실시간 검색어에 오르는 상황이 이어졌다. 재난문자를 아예 받을 수 없거나 2G폰 휴대자, 노인, 시각장애인 등 인터넷에 접속하지 못하는 사람들이 어떻게 지진에 대처할 것인가 하는 문제가 있을 수 있었다. 재난에 대한 취약계층 집단의 대피방법과 정보취득 방법에 대한 세밀한 대책이 필요하였다.

한편 포항지진은 2017년 11월 5일 오후 2시 29분 31초에 발생한 규모 5.4의 지진이었다. 1978년 이후 경주지진에 이어 역대 2번째 규모의 큰 지진이었다. 포항지역에서는 이보다 앞서 2015년 11월부터 많은 수의 미소지진이 발생했었다. 2017년 4월 15일에는 규모 3.1의 지진이 발생했다. 이에 부산대의 실험실에서는 2017년 11월 10일 임시지진관측소 8개를 설치 운영하였다. 부산대 실험실은 본진 발생 약 7분 전 규모 2.6의 지진을 포함하여 6회 이상의 전진이 같은 장소에서 발생했으며 본진 발생 후 3시간 동안 200회 이상의 여진이 진앙 주변에서 발생했다고 밝혔다.

지진피해로 포항시 인구가 약 5,000여명 감소하고, 관광객이 감소하고 부동산 가격이 하락하고, 지역 재정 고갈과 같은 문제가 발생했다. 또한 물질적인 피해 외에 피해자들은 정신적으로 고통을 받았고, 지진 트라우마 피해액이 1364.14억으로 추정되었다(김경대, 2019). 건물 5만 5천 곳이 피해를 입었고 이재민은 2,400여명이 발생했다.[402] 이재민 중 1,180명이 흥해실내체육관 대피소에서 생활하였다. 그런데 2021년 10월 마지막 남은 9가구 10여명이 지진

402 일본에서는 각 도시의 피해특징에 따른 방향성을 가지고 지진 복구를 실시하고 있다. 먼저 주민의 생활재건을 주 목표로, 도시의 안전계획을 단계적으로 실천하고 기본적으로 인구회복, 공공인프라 등의 도시기반시설 회복, 도시경제회복을 복구계획에 포함시킨다. 그리고 복구를 위해 전력 부족 대책 마련, 지역 간 연대방안 모색과 협력 거버넌스 구축, 다양한 채널의 미시금융 방안 마련 등을 추진하였다. 이러한 점들은 지진복구대책과 비교하여 매우 시사점이 있는 대책이라고 평가된다.

[그림 2.203] 지진 피해 현황

역대 최강 지진… 월성原電 스톱

(점검 위해 정지)

경주 내륙서 규모 5.8… 울산 지진 두달만에 인근서 또 발생

고층건물 대피소동, 삼성·LG 등 구미 공장 일시 가동중단

12일 오후 8시 32분쯤 경북 경주시에서 규모 5.8의 지진이 발생했다. 이는 1978년 한반도에서 지진 관측이 시작된 이후 역대 최강의 지진이다. 이 때문에 한국수력원자력은 12일 밤 11시 56분 월성원전 가동을 수동 정지 시켰다. 월성원전은 진앙인 경주 시내에서 27㎞ 떨어져 있다. 또 구미의 삼성전자와 LG디스플레이 공장의 생산라인이 일시 멈췄다. 서울 광화문 등 수도권에서도 통신 장애와 함께 규모 2.0 크기의 진동이 느껴졌다.

기상청은 이날 오후 8시 32분 경주 남남서쪽 8㎞ 부근 내륙 지역인 경주 내남면 화곡저수지 부근에서 규모 5.8 지진이 발생했다고 발표했다. 이 지진이 발생하기 48분 전인 오후 7시 44분엔 이곳에서 1.4㎞ 떨어진 내남초등학교 인근에서 규모 5.1의 지진이 발생했다. 이날 오후 11시 현재 규모 2~3 수준의 여진도 45회 발생했다.

기상청은 "규모 5.8 본진(本震)은 규모 5.1의 전진(前震)보다 위력이 약 11배 이상 강했다"면서 "서울에서도 규모 2.0 수준의 지진 강도가 느껴졌을 것"이라고 밝혔다. 이번 지진은 지난 7월 5일 울산 앞바다에서 발생한 규모 5.0 지진에 이어 두 달만에 발생했다.

이날 지진으로 부산 해운대 해안가에 있는 고층 아파트에 사는 주민들은 건물 전체가 휘청대자 비명을 지르며 계단과 엘리베이터 등을 통해 대피하면서 일대 소동이 벌어졌다. 주민 박모(55)씨는 "엘리베이터가 완전 먹통이 되어서 움직이지 않길래 두 딸을 안고 32층부터 뛰어서 1층까지 내달렸다"고 말했다.

손장훈 기자 기사 A2·3면

출처: 『조선일보』, 2016. 9. 13.

[그림 2.204] 대통령 피해 현장 시찰

경주 부서진 한옥 2031채… 와공 모자라 복구 6개월 걸릴판

(瓦工·기와 기능인)

경주 한옥마을 르포

기와 기능공 150명뿐

…부터 손보느라

복구는 '하세월'

…등 증·개축 막는

…법 때문에 한옥만 피해"

20일 오전 경북 경주시 황남동의 한 식당 지붕 위에서 인부들이 지진으로 깨진 기와를 걷어내고 새로운 기와로 교체하고 있다. 경주시에 따르면 지진 피해를 당한 황남동 한옥 1658채 가운데 670여채의 기와가 깨지고 건물 벽체에 금이 간 것으로 조사됐다.

박근혜 대통령이 20일 오후 지진 피해를 본 경북 경주시 황남동 한옥 마을을 방문해 주민 손을 잡으며 위로하고 있다. 박 대통령이 지진 피해 현장을 찾은 것은 이번이 처음이다.

"경주 특별재난지역 선포 적극 검토하라"

朴대통령, 지진 피해 현장 찾아가 지시

월성 원자력발전소도 방문

"지진 대비 완성도 높여야"

박근혜 대통령은 20일 오후 경북 경주 지진 피해 현장을 찾아 "특별재난지역으로 선포하는 것을 적극 검토하라"고 관계 부처에 지시했다. 이에 따라 국민안전처는 이날 저녁 "경주시를 특별재난지역으로 선포할 예정"이라고 말했다. 특별재난구역으로 선포되면 지자체가 부담하는 피해 복구비 부담이 줄어들고, 피해 주민들은 각종 세금과 공공요금 감면 혜택을 받을 수 있다고 안전처는 밝혔다.

박 대통령은 이날 오후 민방위복 점퍼에 회색 바지 차림으로 경주 황남동 한옥 마을 주민자치센터를 찾아 최양식 경주시장으로부터 지진 피해 현황 및 조치 사항을 보고받았다. 황남동 한옥 마을은 이번 지진으로 한옥 3300여 채 가운데 700여 채가 기와 파손 등 피해를 본 것으로 알려졌다.

박 대통령은 이날 피해 복구 현장에서 만난 주민들에게 "얼마나 놀랐느냐" "한옥 피해를 많이 보았느냐" "많이 어려우시겠지만 힘내시라"는 등의 말을 건네며 위로하기도 했다.

박 대통령은 이어 월성 원자력발전소를 방문, "원자력발전 시설은 국민의 생명과 직결되므로 한 치의 실수가 용납될 수 없는 시설"이라며 "국민들이 원전에 대해서는 불안해하는 게 있다. 국민 눈높이에서 소통을 강화해 국민들의 불안감을 해소해야 한다"고 말했다. 박 대통령은 또 "(원전은) 내진 설계가 (규모) 6.5 이상도 감당할 수 있었기 때문에 큰 사고 없이 잘 넘어갔는데 앞으로 그 이상 규모의 지진들이 있을 수 있다는 생각으로 부족한 부분을 메워가며 (지진 대비) 완성도를 높여야 한다. 그 이상 규모 지진이 났을 때 우리가 감당할 것인가 하는 것은 국가적인 과제로 준비해 두는 일"이라고 했다.

경북 고속도로 교량 28개 내진 설계 안돼있다"

…'보강 필요' C등급

…붕괴할 위험성 커

바로잡습니다

출처: 『조선일보』, 2016. 9. 21.

1,434일만에 대피소를 떠나게 되었다. 이들이 살던 아파트는 정밀안전진단에서 '소파'판정을 받아 임대주택에 거주할 수 없는 요건이 되었다. 그러나 이들은 전파가 되어야 임대주택에 거주할 수 있기 때문에 행정소송을 제기했으나 실패하였다. 그러나 포항지진특별법에 의해 피해구제심의위가 현장 심층조사를 벌여 전파판정을 받게 되었다. 지진 발생 이후 무려 4년이 걸린 피해보상이 해결된 사건이었다.

지진피해 지역 복구를 위한 도시특별재생사업을 진행했지만 포항의 경우 민간주택 피해 보상과 관련하여 주민설득 및 협상이 어려운 상태가 있었다. 국가에서는 지진으로 인한 전파주택을 국가가 매입하여 보상금 개념으로 돈을 지급하려고 했지만 피해 주민들은 재개발, 재건축을 요구하여 갈등을 빚기도 했다. 지진피해 중심지역인 흥해읍의 도시재건은 주택재건, 생활기반 정비 등에 막대한 예산이 수반되었기 때문에 도시특별재생사업으로는 부족하였다. 또한 지진 재난 피해지역 복구·부흥 관련 현행 법·제도가 미흡하고 근거가 없어 복구·부흥 사업이 순조롭게 진행하는데 어려움이 있기도 했다.

포항지진 때 주민 60여 명이 부상을 입었다. 정부는 주택의 피해 규모에 따라 보상금의 규모를 정하였다. 반파의 경우 복구지원금 450만 원과 의연금 250만 원, 그리고 30일분의 구호금이 지급되었다. 부상자의 경우 산재법에 다른 장해등급을 기준으로 구호금이 지급되었다. 농업, 어업, 임업 등이 주 소득원인 경우 피해액이 수입원의 50% 이상인 경우 생계지원비를 받았다.

포항 지진 때 정부는 1995년 삼풍백화점 때 처음 도입한 포항을 특별재난지역으로 선포하고 피해 복구비 중 지자체 부담액의 64.5%를 국고에서 지원했다. 이에 따라 피해 주민들은 건강보험료 경감, 통신 및 전기, 도시가스, 지역난방비 감면, 동원훈련 면제 등의 지원을 받았다.

한편 우리나라는 일본과 비교했을 때 지진 규모나 빈도에서 안전하다고 평가받는다. 그러나 내내진 기준이나 내진보강촉진에 관한 법률을 보면 일본에 비해 취약하다고 평가받았다. 우리나라는 1988년 처음으로 내진 설계기준이

[그림 2.205] 피해 주민

주민 대피소엔 추위 견딜 모포가… 역대 2위 규모의 지진이 발생한 15일 오후 경북 포항시 북구 흥해실내체육관으로 대피한 주민들이 모포가 담긴 박스를 옮기고 있다.

출처: 『조선일보』, 2021. 10. 20. "포항 지진 대피소 마지막 남은 주민 10여명, 1434일만에 떠나"

[그림 2.206] 피해 규모

지진으로 62명 다치고
이재민 1300명 넘어
민간건물 1300곳 피해

집 半破땐 임대·조립주택 지원

15일 포항 지진으로 1명이 중상을 입는 등 총 62명(16일 오후 5시 기준)의 인명 피해가 발생했다고 중앙재난안전대책본부가 16일 발표했다. 이재민 1346명이 흥해 실내체육관 등 10개소에 일시 대피해 있다. 주택(1208곳)과 상가(84곳) 등 민간 건물 1293곳에 지진 피해가 발생했다. 학교 균열(135곳)과 상수관 누수(45곳) 등 공공시설 피해도 컸다.

이처럼 포항 지진으로 피해를 본 주민은 재난 지원금을 받는다. 주택이 피해를 본 경우 복구 지원금과 의연금, 구호금이 돌아간다. 지원금은 전파(全破)·반파(半破)·소파(小破) 등 피해 정도에 따라 차등 지급된다. 집이 50% 이상 파손돼 새로 짓지 않고서는 사용할 수 없는 '전파'의 경우 복구 지원금 900만원과 의연금 500만원, 1인 기준 하루당 8000원씩 지급되는 구호금이 60일간 지원된다. 집이 50% 이상 파손돼 수리하지 않고서는 사용할 수 없는 '반파'라면, 복구 지원금 450만원과 의연금 250만원에 30일분의 구호금이 지급된다. 50% 미만 파손된 '소파' 피해 주민은 복구 지원금 100만원과 의연금 100만원, 7일분의 구호금을 받는다.

반파 이상의 피해를 본 주민들은 임시 주거 시설을 제공받을 수 있다. 행안부는 국민임대주택과 행안부 조립식 주택을 활용한다는 계획이다. 비어 있는 국민임대주택에 입주하게 되면 월 임대료는 지자체가 부담하고 관리비는 입주자가 부담한다. 약 16.5㎡ 크기의 조립식 주택은 행안부 산하 전국재해구호협회가 무상으로 제공하고 설치 비용도 부담한다.

부상자도 구호금을 받는다. 산재법에 따른 장해등급 7급 이상으로 진단이 나오면 세대주 여부에 따라 500만원 또는 250만원이 지급된다. 농업·어업·임업 등이 주 소득원인 사람이 지진으로 인한 피해액이 연 수입액의 50% 이상인 경우 생계 지원비를 받는다. 정부는 한 가구당 최소 142만8000원을 지원하고 가구원 수가 늘어날 때마다 약 22만원을 추가로 지급한다. 자녀가 고등학생인 경우 6개월분의 수업료를 면제한다. 이해인 기자

출처: 『조선일보』, 2017. 11. 17.

제정되었다. 그런데 현재의 내진설계 기준을 벗어나 건축되어 있는 기존 부적합 건축물에 대해서는 내진보강을 촉진할 수 있는 법을 만들어야 한다. 먼저 다수가 이용하는 건물이나 공공건축물에 대해 내진진단 의무를 부여하고 필요에 따라서는 보강에 따른 일정의 규제 완화나 공적 융자자금 지원, 보조금 교부 등의 조치도 취해야 한다(대한건축학회, 2018).

경주지진은 규모가 5.8이었으나 포항지진은 규모가 5.4였다. 긴급재난문자는 경주지진의 경우 발생 약 9분후 발송되었지만 포항의 경우 1분도 걸리지 않았다. 그 정도로 재난문자 발송 시간이 단축된 것이다. 반면 경주지진은 이재민이 111명이었지만 포항지진은 규모가 작은데도 불구하고 이재민이 약 1,800여명이었다. 피해액도 포항이 550억원 정도로 경주 지역에 비해 5배

[그림 2.207] 특별재난지역선포

포항시 특별재난지역 선포

주택 복구비 등 低利 지원

정부가 20일 포항시를 특별재난지역으로 선포했다. 문재인 대통령은 이날 수석 비서관·보좌관 회의를 주재한 자리에서 "(관계 장관 회의에서 올라온) 포항시 특별재난지역 지정 건의안을 재가했다"며 "정부는 모든 행정력을 동원해 신속한 피해 복구와 함께 입시 일정이 차질 없게 최선을 다해 노력하겠다"고 말했다. 문 대통령은 또 "당장은 피해 복구와 수능 실시가 최우선이며 긴급한 일이 끝나면 안전과 재난에 대한 대비를 전면적으로 점검하겠다"고 밝혔다.

포항시는 특별재난지역으로 지정됨에 따라 피해 복구비 중 지자체 부담액의 64.5%를 국고에서 지원받는다. 피해 지역 주민들은 건강보험료 경감, 통신·전기·도시가스·지역난방 요금 감면, 동원훈련 면제 등의 지원을 받는다. 주택 파손 정도에 따라 최대 6000만원의 복구비를 연 1.5%의 저리로 융자받을 수 있다.

특별재난지역 선포 제도는 1995년 삼풍백화점 붕괴 사고를 계기로 도입됐다. 자연 재난으로 막대한 피해가 발생했을 경우, 시·군·구별 피해액이 국고 지원 기준(18억~42억원)의 2.5배를 초과할 경우 선포할 수 있다. 정부는 '선 지원, 후 복구 원칙'에 따라 정식 피해 조사가 완료되기 전이라도 포항을 특별재난지역으로 선포해 지원하겠다는 입장을 밝혔다. A2면에 계속 백수진 기자

八面鋒

국세청, "李·朴 정권 때 세무조사는 정치적, 盧·DJ 때는 문제 없어." 正道稅政? 政道稅政!

○

지진 피해 포항에 여진 계속. 열심히 준비해온 수험생, 학부모 마음에도 여진 계속.

○

메르켈, 난민 문제 등 이견으로 자메이카 聯政 구성 실패. 총선 승리하고도 못 벗은 '難民의 굴레'.

출처: 『조선일보』, 2017. 11. 27.

정도 많았다. 피해 규모가 컸던 만큼 브리핑 횟수도 포항이 12회로 9회 정도 경주에 비해 많았다. 자원봉사 규모도 포항이 2만여 명이 넘었지만 경주의 경우 약 800여명이었다. 국민성금의 규모도 포항지역이 8배 정도 많은 약 320억 원이 모금되었다.

[그림 2.208] 지진 발생 문자 발송

규모 5.0 지진 땐 50초 이내 문자 보낸다

기상청 "내년엔 25초 이내 발송"

지난 9월 12일 경북 경주 지진(규모 5.8)과 같은 대규모 지진이 발생하면 50초 이내에 기상청이 국민에게 '긴급재난문자'를 발송하기로 했다고 국민안전처와 기상청이 21일 밝혔다. 경주 지진이 발생했을 당시 '지진 발생 9분 후에야 국민안전처로부터 긴급재난문자를 받았다'며 늑장 통보 비판이 일자 지진 통보 주체를 안전처에서 기상청으로 바꾼 것이다.

기상청 관계자는 "앞으로는 기상청에서 국민안전처 시스템을 활용해 직접 문자를 발송하기 때문에 규모 3.0 이상~5.0 미만 지진의 경우 5분 이내에, 규모 5.0 이상 지진은 50초 이내에 문자가 발송될 것"이라며 "내년에는 기상청이 자체 시스템을 구축해 규모 5.0 이상 지진의 경우 발생 후 7~25초 이내에 문자가 발송되도록 할 계획"이라고 밝혔다. 홍준기 기자

리빙포인트
danmee.chosun.com/livingpoint

무뎌진 가위날 세우려면

무뎌진 가위의 날을 세우고 싶을 때 알루미늄 포일을 겹쳐 접은 것을 몇 번 잘라주거나 맥주·콜라병의 목에다 가위질을 하면 효과적이다.

출처: 『조선일보』, 2017. 11. 27.

5) 기상예보 현대화

미래의 지구 환경에 가장 크게 영향을 미치는 것은 지구 온난화에 따른 기후 변화이다. 기후변화는 어느 특정 지역에 국한되지 않고 지구 전체와 인류의 삶 전체에 엄청난 영향을 준다. 지구화 과정에서 발생된 대기 오염과 온실가스로 인해 지구의 온도가 지속적으로 상승하고 있으며, 2040년에는 지구의 온도가 현재보다 평균 2℃ 상승할 것이며, 2050년이 되면 평균 3℃ 이상 상승할 것으로 예측되고 있다. 이러한 기후변화는 생태계의 심각한 변화를 초래할 것이다. 이러한 가운데 가뭄과 물 부족으로 고통을 겪는 지역이나 국가 또한 늘어날 것이다. 이러한 기후변화의 결과는 새로운 안보 위협으로 이어질 수 있다. 식량과 물 부족에 따른 인접 국가 간, 지역 간 분쟁과 갈등이 심화될 것이며 지구적 차원에서 발생하는 대규모 이민자, 난민들이 국가 간의 문제로 대두될 것이다. 기후변화에 따른 대규모 자연재해는 막대한 인명 및 경제적 손실을 초래하여 국가의 존립을 위협할 수도 있다.

2015년 11월 30일부터 12월 11일까지 프랑스 파리에서 열린 기후변화 국제회의가 바로 제21차 유엔기후변화협약 당사국총회(COP21)이다. 교토 의정서 체제가 끝난 이후 온실가스 감축 문제를 다루는 것이 주 의제이다. 교토 의정서에서는 선진국만 온실가스 감축의무를 가졌다면, COP21에서는 모든 나라가 온실가스 감축 의무를 갖게 된다. 우리나라는 2015년 6월 30일에 COP21 관련 2030년까지 배출전망 (BAU) 대비 37%를 감축하겠다고 결정했다.

기후변화는 기상예측에도 영향을 준다. 한국의 기상예보 관련 기술의 발전과정을 보면 다음과 같다. 국립중앙관상대는 1946년 1월부터 국제수준의 독립적인 기상업무를 시작하였다. 1955년 1월부터 500mb 고층일기도가 작성되기 시작하였고, 1962년 12월 31일 국립중앙관상대에 팩스 1대를 설치하여 일본기상청의 예상도 등을 수신하여 예보업무에 참고하였다. 1965년 8월 28일(중앙기상대훈령 제23호) 고층일기도 및 예상일기도의 규격을 종전 6호에서 작은 규격인 3호로 변경하였고, 대기선도를 단열선도로 명칭을 변경하였다.

1970년부터 중앙관상대는 일본, 구소련, 중국의 일기도를 팩스로 받아 사용하였고, 지대와 항공분실 등 21개소는 중앙관상대의 일기도를 팩스로 받아 사용하였다. 1960년대와 1970년대 번방에 걸쳐 대일청구권 자금에 의한 장비도입으로 관측업무 일부의 자동화가 이루어졌으며, 일사, 일조, 토양수분 및 지하수위관측이 전국적인 규모로 시행되었다. 1983년 한일 정상회담에서 경제협력의 일환으로 해외경제협력기금(OECF)의 차관을 도입하여 기상장비현대화 사업을 추진하기로 합의하였다. 이에 따라 1986년부터 1991년까지 자동기상관측장비(AWS)를 비롯한 위성수신분석시스템, 기상레이더, 해양기상부이, 고층기상관측시스템 등 첨단장비 56종 680점을 도입하여 기상관측 능력을 획기적으로 개선하였다.[403] 1990년 기상대는 기상청으로 승격하였다.[404]

1970년대 정부는 "자립경제 달성을 위한 기반 구축"을 목표로 산업구조의 개편과 공업화와 아울러 "식량 생산"을 국가 주요 시책 중 하나로 삼고 있었다. 이에 따라 당시 중앙관상대는 1970년 7월 연구조사부를 신설하여 농업생산성 향상을 위한 기상지원과 기상재해 예방을 위한 예보 현업 지원에 주력하기 시작하였다. 특히 1971년에는 경제개발 특별회계 및 대일 청구 특별회계 자금으

[그림 2.209] 기상청 신설

統一院장관 副總理로

문교부는 교육부… 경찰-기상庁 신설

정부는 23일 국무회의에서 국토통일원장관을 부총리로 격상시키고, 경찰청을 신설하는 것등을 골자로 한 정부조직법개정안을 의결, 국회에 제출했다.

내년1월1일 시행을 목표로 이날 국회에 제출된 이개정안은 부총리로 격상되는 통일원장관의 서열을 경제기획원장관이 겸임하는 부총리 다음으로하고, 부처명칭도 지금의 국토통일원에서 「통일원」으로 바꾸도록했다.

개정안은 또 통계행정수요 증가와 기상예보의 전문성및 독립성을 강화하기 위해, 경제기획원 조사통계국과 과학기술처의 기상대를 각각통계청과기상청으로승격시켰다.

다만 기구확대억제방침에 따라 이들 신설庁의 長은 차관급이 아닌 1급 별정직으로 하도록 했다.

이와함께 개정안은 문교부를 교육전담부서인「교육부」로 개칭해, 학교교육은 물론 평생교육 사회교육까지 관장토록하고, 체육부를「체육청소년부」로 바꾸어 청소년업무까지 관장토록했다.

출처: 『조선일보』, 1990. 11. 2.

403 https://www.archives.go.kr/next/search/listSubjectDescription.do?id=004595&pageFlag=A&sitePage=1-2-1.

404 『조선일보』, 1990. 11. 2. "통일원장관 부총리로; 문교부는 교육부 경찰–기상청 신설".

로 전국에 76개소의 농업기상분실을 설치하여 농업 증산 사업을 위한 농업기상지원체계를 구축하였다. 또한 이 시기에는 기상에 대한 과학적 기반이 미비했기 때문에 매년 되풀이되는 막대한 기상재해를 줄이기 위해서는 예보 정확도의 향상이 절실히 요구되었다. 이에 따라 기상의 전문연구기관의 설치, 운영이 필요하다는 점을 정부가 인식하게 되었으며, 이러한 인식을 바탕으로 기상과학기술에 관한 조사업무와 예보기법을 개발함으로써 기상재해를 예방하고 농업의 생산성 향상, 공업 등 산업 발달에 기여할 수 있는 기상연구소 설립이 추진되었다.

아래 그림은 현재 기상예보를 위해 전국에 설치된 기상시스템이다.[405]

[그림 2.209] 기상예보 시스템

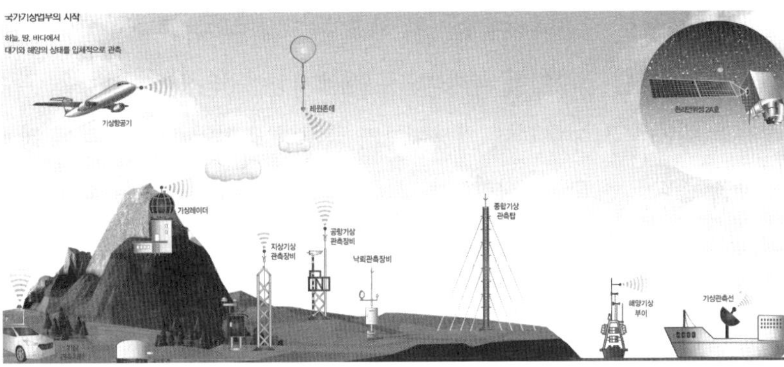

출처: https://www.kma.go.kr/kma/archive.

기상 및 기후와 관련하여 역대 대통령들의 정책을 보면 녹화사업, 자연보호 등을 강조하기도 하였다. 1970년대 박정희 대통령은 "우리나라는 아름다운 풍치, 풍수해를 모르는 자연환경 속에 살 수 있을 것이며, 우리 모두가 나무를 심는 것은 잘살기 위한 새마을운동이며, 산림녹화와 환경청정운동을 전개해

405 https://www.kma.go.kr/kma/archive.

나가야 한다"라고 강조하였다. 자연보호는 새마을운동이며 이는 결국 잘살기 운동이라고 보았다.[406] 환경문제, 기상문제는 새마을운동에서 시작되며 그 본질은 잘사는 것과 관련된 문제였다. 또 다른 기록물에서 박정희 대통령은 "국토에 대한 지극한 사랑과 정성으로 자연보호를 생활화하면 고도 산업국가를 건설하면서도 오염요인을 미연에 방지할수 있고 아름다운 자연환경 속에서 건강한 국민생활을 누리게 되어 하나의 시범을 보일 수 있다"라고 강조하였다.[407] 자연보호와 산업국가로의 발전은 서로 관통하는 맥을 같이 하는 문제였다.

전두환 대통령 시기에는 기상관측 방법에 대한 과학적 전환이 나타난 시기였다. 기상예보의 정확성을 높이라는 대통령 지시에 의해 중앙기상대 현대화 사업을 추진하였다. 대통령에 대한 보고에서 과거 기상데이터가 참고되어 기상예보를 작성하고 이것이 효율적으로 사용자에게 사용하기 쉽게 전달될 수 있도록 시스템으로 발전되어야 한다고 하였다. 기상업무는 현대학문과 기술이 총망라된 조직화된 업무이며 국제적으로 세계기상기구의 권고 사항을 존중하여 국가의 체면을 지켜야 하며 기상예보가 국가와 국민의 모든 업무에 광범위한 영향을 준다고 보고하였다.[408] 이 기록물의 겉표지를 보면 전두환 대통령이 보고를 받으면서 기상업무의 과학화를 위해 군의 지원을 받아야 한다는 의미로 자필로 한자어 육해공군을 기입한 것이 있다. 당시 군의 기술을 활용하여 기상의 정확성을 높이고자 한 것이라고 볼 수 있다.

노무현 대통령 시기에는 기상청의 업무에서 많은 변화가 나타난 시기였다. 기상청은 중앙부처 및 지자체 재난관련 조직에 기상방재관제 도입할 것을 건의하였다. 또한 기상청은 각종 위원회 및 재난 관련 긴급방송 요청권자에 기상청장 포함할 것을 요구하였다. 정부는 지진발생 시 직송 통보 기관에 기상청을 NSC 상황실 추가하였고, 재난 관련 각종 위원회 등에 기상청장이 참여를 원

406 대통령비서실, "제29회 식목일에 즈음하여", 1974. 4. 5.(대통령기록관 소장).

407 대통령비서실, "치사: 자연보호 범국민운동 발기대회", 1977. 11. 5.(대통령기록관 소장).

408 대통령비서실, "중앙기상대 현대화사업 추진보고", 1983. 7.(대통령기록관 소장).

한다고 요청하였다.[409] 그리고 노무현 대통령 시기에는 황사에 대한 종합적인 대책이 등장하였다. 사회정책비서실 보고에 의하면 황사 피해 방지를 위한 기반구축과 국제협력사업의 체계구축과 성공모델을 개발하여 국제사회의 동참을 유도하는 일이 필요하다고 보았다. 동북아 황사대응협의체 구성을 추진해야 하며, 2006년 11월 APEC 정상회의 또는 ASEAN+3 정상회의 계기에 한중일 정상회담 개최 분위기를 조성하면서 3국간 실무협의를 지속해야 한다고 건의하였다. 국가안전관리기본계획에 황사분야를 반영해야 하며, 황사발생시 재난관리 차원에서 신속한 상황전파, 국민행동 요령의 적극적 홍보 등 상황대응체계를 강화해야 한다고 대통령에게 보고하였다.[410]

이명박 대통령 시기에는 기상시스템이 강화되었다. 당시 대통령은 기상국장을 임명하기전 면담에서 날씨예보가 잘못된 이유를 수퍼 컴퓨터가 없어 그랬다고 지적하고 도입된 이후 더 나빠진 이유가 무엇인지를 질문하였다. 기상청은 수퍼컴 2호기 도입 이후 예보는 85%로 일본보다 높으며 예보의 절대적 한계성 감안시 예보의 정확도 상한은 87%라고 보고하였다. 청와대 비서관에 기상비서관직 신설을 할 것이며 기상청은 예보 정확도 저하 원인을 이상기온 발생 빈도 증가와 수치예보모델의 성능저하와 전문인력 부족에 있다고 분석하였다. 그리고 슈퍼컴퓨터와 수치예보모델을 맹신하고 기상청의 잦은 순환보직 등으로 예보관의 능력을 제대로 키우지 못한 것이 근본 문제임을 대통령비서실은 지적하였다.[411] 그러나 이러한 기사예보에 대한 문제는 노무현 정부에서도 언급되었다. 수치예보모델 노후화로 수퍼컴 활용도가 미흡하고 기상예보시스템과 예보관의 역량이 부족하며, 기상예보가 3D 업무로 인식되면서 우수한 인력을 뽑을 수 없다는 점이 지적되었다. 이를 해결하기 위해 노무현 정부는 예보책임제 강화, 민간기상산업 활성화, 고층기상관측망 보강

409 대통령비서실, "기상재해의 예방과 경감안", 2003. 12. 2.(대통령기록관 소장).

410 대통령비서실, "황사피해방지 종합대책 보고", 2006. 7. 29.(대통령기록관 소장).

411 대통령비서실, "기상청 예보국장 면담 참고자료", 2008. 4. 3.(대통령기록관 소장).

및 기상레이더 장비도입, 기상위성분석 능력 강화 및 독자위성 확보, 수치예보모델 개발 및 개선, 수치예보모델 전문인력 보강 및 예산투자 등을 계획하였다.[412]

또한 이명박 대통령 시기에는 기후변화에 대한 논의도 활발하게 진행되었다. 경제수석실은 대통령에게 최근 잦은 눈, 비 등 일조량 부족으로 인한 농작물 피해 발생하고 있으며, 기상, 작물전문가 등의 자문과 농어업재해대책심의위원회를 통해 농업재해 여부를 검토하고 당정협의를 통해 대응정책을 마련할 것이라고 보고하였다. 그리고 일조량 부족에 따른 피해가 농어업재해대책법상 농작물피해로 인정되면 피해 농가에 대해 작물 파종비, 농약비 등 지원이 가능하다고 하였다.[413] 이명박 정부는 향후 기후변화에 따른 정부 부처의 종합적인 대책을 세우고자 하였다. 수퍼컴을 활용하여 새로운 기후변화 전망 시나리오를 작성할 것을 계획하였다. 관련 부처는 이 시나리오를 토대로 부문별 영향분석 및 취약성 평가 실시 후 녹색성장의 틀에서 범부처 차원의 종합대책을 세웠다.[414]

---

412 대통령비서실, "기상예보 시스템 선진화 방안", 2007. 10. 24.(대통령기록관 소장).

413 대통령비서실, "이상기후에 따른 농업재해 대책", 2010. 3. 29.(대통령기록관 소장).

414 대통령비서실, "기후변화 전망 검증 결과 및 향후 계획", 2011. 12. 26.(대통령기록관 소장).

Ⅲ 결론

지금까지 살펴본 재난의 내용은 다양한 재난관리정책이 역사적 흐름에 따라 일정한 방향을 띠고 성장, 발전해왔으며 당시의 정치적, 경제적, 사회적 환경에 따라 정책의 전략이나 성격이 변화했음을 보여주고 있다. 여기에는 대통령의 정세인식, 리더십이 반영되어 있었다. 또한 당시 정부의 국가아젠다나 핵심정책 사항과 긴밀히 연관되어 재난정책이 형성되고 실천되었다. 이처럼 재난관리정책은 위기관리의 핵심적 과제이며 미래 한국사회의 발전과 깊게 연관되어 있는 중요한 문제이다.

이 책은 각 대통령 시기마다 나타나는 재난관리정책의 특성, 차이, 혹은 유사성 등을 비교 연구하였다는 점에서 의미가 있다. 그리고 기록물이라는 객관적인 역사적 자료를 근거로 정책을 체계적으로 분석하고 그 기록물의 의미를 다층적인 측면에서 분석했다는 점에서는 정책연구의 질을 고양할 수 있는 근거를 보여주었다.

현대사회에서 재난은 과학 전문적 지식으로 측정가능하고, 법 규제로 관리될 수 있는 통제 가능한 영역으로 이해되고 있다. 관련 분야의 전문가들을 동원해 재난을 예측하고 예방할 수 있고 사후 수습도 체계적으로 가능하다고 보고 있다. 또한 재난별 관련 법을 제정하여 재난을 합리적으로 관리할 수 있다고 생각하고 있다. 물론 법의 정비를 통해 예측가능한 시스템을 정비하고 재난에 대한 책임소재를 명확하게 할 수 있다.

그러나 현대사회의 재난은 점차 예측불가능한 돌발적이고 다양한 원인에서 발생하는 복합적인 성격을 지니고 있다. 니얼 퍼거슨(Niall Ferguson)은 역사적으로 보면 대부분의 재난은 예측도 발생할 확률을 측정하는 것도 불가능하다고 보았다. 즉 이들 재난은 불확실성의 영역이지 인간의 능력으로 계산가능한 영역이 아니라는 것이다. 둘째, 재난은 다양한 형태로 출현하므로 리스크를 완화하는 과거의 접근법으로는 더 이상 해결할 수 없다고 단언한다. 셋째, 인간 사회가 네크워크로 연결될수록 감염의 잠재적 위험은 더욱 커질 것이라고 보고 있다. 넷째, 코로나19는 공중보건 관료기구가 갖고 있는 심각한 문제점을 노출하였다. 즉 현재의 행정국가는 미래의 재난에 대한 대응에 한계를 갖고 있는 것이다(퍼거슨, 2021). 과학기술의 발전과 재난에 대한 인간의 경험이 지속적으로 축적되고 있음에도 불구하고 오히려 재난은 인간의 역량과 통제의 범위를 벗어나고 있으며 예측불가능한 것으로 변화하고 있다.

과거에는 재난을 개인의 책임 문제로 인식하였다. 재난에 대한 국가 지원과 수습대책은 국민들에게 베풀어주는 시혜 혹은 온정으로 생각했다. 일부 재난의 경우 국가가 제공하는 재난지원금이나 물품이 충분하지 않다고 생각할 때만 항의나 이의를 제기하는 경우도 있었다. 최근에는 불평등과 분열의 구조 속에 사회적 약자의 목소리가 재난처리 과정에서 배제되는 경우도 있다. 가령 폭염과 홍수 등이 발생했을 때 큰 피해를 입은 집단은 취약계층, 노인세대였다. 이 때문에 무엇보다도 재난에 취약한 약자 등에 대한 관심과 배려가 필요하다.

재난은 사회구조적 불평등을 악화시킨다. 그 과정에서 잠재되어 있던 다양한 갈등이 노출되어 사회통합을 방해할 수 있다. 재난에 대한 체계적인 국가관리는 재난 예방과 수습이라는 문제에만 국한된 문제가 아니라 불평등 해소와 사회통합의 문제에도 영향을 준다. 나아가 재난 발생 이후 처리 과정에서 나타나는 불투명성과 비합리성은 갈등을 심화시키고 재난불평등을 악화시킬 수 있다. 재난을 은폐, 축소, 조작하는 일은 사회정의와 공정성을 깨뜨리는 일이라는 점을 정치권과 관료들은 명심해야 할 것이다.

우리사회의 재난 이해방식은 지속적으로 변화하고 있다. 과학기술의 발전과 법·시스템의 구축을 통해 재난관리 방식이 과거보다 정교화되었지만, 여전히 정부와 공동체의 협력과 공조는 재난문제 해결을 위한 중요한 과제로 남아있다. 실제로 2011년 우면산 산사태 이후 피해자와 지방자치단체 간의 법적 갈등 사례나 세월호 침몰사고 이후 대통령 책임에 대한 공방, 재난 피해자 희화화에 대한 비판 등은 재난 이해 방식의 변화를 잘 드러낸다. 이러한 맥락에서 재난 복구와 피해자에 대한 사회문화적 관심과 지원 방식이 눈에 띄게 변화한 것도 특징이다. 과거에는 재난 피해자를 위한 의연금 마련이나 군부대의 인력 지원 중심이었다면, 허베이 스피릿 기름유출사건과 같은 대규모 재난 사고가 발생하는 경우, 사회구성원들은 자발적으로 자원봉사 운동을 진행하기도 한다. 정부는 이에 발맞춰 대규모 재난 발생시 자원봉사 활동을 일원화 하기 하고 체계적으로 운영될 수 있도록 민·관·산·학 네트워크를 구축하고 운영 중이다, 또한, 재난 피해자의 정신적 충격에 대해 주목하여, 국립정신건강센터 국가트라우마 센터의 개소 등을 통해 피해자들의 심리적 건강과 사회적응을 지원하고자 하는 노력이 계속되고 있다.

본 연구를 통해 드러나는 재난관리의 정치적 함의 중 가장 중요한 부분은 역시 체계적인 재난 관리 시스템을 갖추고 유지하는 것이 정치 권력의 정당성 유지에 매우 중요하다는 점이다. 독일의 사회학자이자 철학자인 위르겐 하버마스(Jürgen Habermas)는 후기자본주의의 위기는 정치적인 평등과 경제적 불평등의 모순에서 오는 정당성 위기에 그 근원이 있다고 지적한 바 있다(하버마스, 1983). 이러한 상황에서 정부의 예방적 관리 실패로 인해 자연재해나 사회적 재난이 발생하여 피해자가 발생하고 이를 수습하고 보상하는 과정에서 국가가 무능력하게 대응하다면 가장 큰 피해자는 사회적 약자들일 것이다.

즉 재난관리의 실패로 인해 현대 민주주의의 평등의 가치가 더욱 훼손될 수 있는 것이다. 권위주의 정부에서는 재난의 실체를 은폐하거나 시혜적인 입장에서 구호 활동을 전개하기도 했다. 그러나 민주화 이후에는 국가적 재난이 정치적 위기를 초래하기도 했다. 예를 들어 김영삼 정부 때 발생한 많은 재난사고, 그리고 세월호 침몰이나 메르스 방역 실패가 가져온 박근혜 정부에 대한 국민적 비판 등이 대표적인 사례이다.

최근에는 코로나 규제가 장기화되면서 경제적 기반이 취약한 자영업자들이 집단 행동에 나서면서 재난관리에 대한 정치적인 책임문제가 주목받고 있다. 따라서 국가는 모든 국민이 소외되거나 차별받지 않는 재난관리 안전망 구축에 관심을 기울여야 한다.

과거와 같이 전근대적으로 '나랏님이 백성을 구제'하는 시혜적 태도로 재난을 관리하는 방식은 이제 불가능해졌다. 다양한 재난사고가 발생하고 있음에도 불구하고 컨트롤 타워의 부재, 초기대응 실패, 골든타임 확보 실패 등 재난관리의 문제점들이 여전히 노출되고 있다. 미래 사회는 재난문제가 더욱 복잡해질 것이고 그 해결책을 찾기가 더 어려워질 수 있다. 따라서 새로운 시대의 요구에 맞게 재난관리의 체계를 더욱 정교하게 구축할 필요가 있다. 이것이 바로 국가를 책임질 정치권력이 가져야 되는 숙명이자 의무이다.

역대 대통령의 재난 관리와 여기에서 나타난 각 정부들의 노력과 리더십 등을 살펴본 이 책이 한국 대통령의 재난관리 문제에 대한 통찰과 지혜, 그리고 현명한 리더십 확립에 도움이 될 수 있기를 바란다. 정부와 정치인들이 재난관리 문제에 대한 책임의식을 갖고 동시에 국민들도 이 문제에 관심을 가지면서 국가와 협력할 때 미래 우리사회의 재난위험성은 줄어들 수 있을 것이다.

참고문헌

1. 강명세, 2006. “한국 복지국가의 기원: 한국의 의료보험제도의 기원과 변화”, 『사회과학연구』, 14(1).
2. 경기도, 1999. 『씨랜드 청소년수련의집 화재사고 백서』.
3. 고성군, 1997. 『고성산불 백서』.
4. 구도완, 1995. “한국의 새로운 환경운동”, 『한국사회학』, 29(여름).
5. 구도완, 2006. “한국 환경운동의 담론: 낭만주의와 합리주의”, 『경제와 사회』, 69.
6. 국립문화재연구소, 2008. 『숭례문 화재 피해현황 및 수습 보고서』.
7. 국립산림과학원, 2010. 『산불피해지의 계류생태계 변화』.
8. 국립산림과학원, 2021. 『동해안 산불 피해지 경관조림』.
9. 국립재난안전연구원 방재연구실, 1998. 『가뭄피해원인의 조사분석』.
10. 국립재난안전관리연구원, 2015. 『대규모 정전과 화물운송피업에 따른 경제적 피해 및 영향분석』, 국립재난안전관리연구원 연구보고서.
11. 국립재난안전관리연구원, 2017. 『가뭄예경보평가기술개발1』.
12. 권오영, 2019. “한국의 결핵관리와 보건소: 해방 후부터 1970년대 후반까지”, 『의사학』, 28(3).
13. 김경대, 2019. “포항지진 피해지역 도시재건 관련 전문가 초청 세미나 결과보고”, 국립재난안전연구원.
14. 김귀곤, 2000. “지방의 제21과 국가지속가능 발전위원회”, 『환경정책』, 8(1).
15. 김대엽·박제현·박주현, 2018. “가학광산 중금속 오염토양의 세척 최적조건 연구”, 『한국자원공학회지』, 55(6).
16. 김덕재·이리형·박복만, 1977. “이리역 폭발사고로 인한 건물의 피해조사”, 『건축』, 21(6).

17. 김만건, 2003. “대구지하철 화재사고”, 『전기산업』, 14(6).
18. 김미주, 2014. “우리나라 역대 대형 선박사고: 창경호, 남영호, 서해훼리호, 세월호…대형참사 “닮은 꼴” 되풀이 되는 해난사고, 과적, 정원초과 등 안전불감증이 주범 올해 부산, 여수서 운항과실 기름유출사고 잇따라 발생”, 『해양한국』, 2014(6).
19. 김병식·권현한·김형수, 2011. “기후변화가 가뭄 위험성에 미치는 영향 평가”, 『한국습지학회지』, 13(1).
20. 김성준, 2015. “가뭄 문제점 및 개선방향”, 『한국방재학회지』, 16(5).
21. 김승·김한근·홍성권·주동일, 2013. 『역사를 품은 도시 부산 중구이야기: 중구 문화관광 스토리텔링 자원』. 한국해양대학교 산학협력단.
22. 김승희, 2014. “1969-1970년 한국에서 발생한 콜레라에 대한 의료정치학적 고찰: 미셸 푸코의 생체권력론적 관점을 중심으로”. 고려대학교 대학원 과학기술학 협동과정, 박사학위논문.
23. 김연명, 2000. 『항공사고비용의 산정과 국제간 비교연구』, 교통개발연구원 연구총서.
24. 김영걸, 1997. “성수대교 붕괴에서 복구, 개통까지”, 『대한토목학회지』, 45(7).
25. 김영규, 2003. “대구 지하철 참사로 본 재난관리의 문제점 및 개선방안”, 『자치발전』, 2005(5).
26. 김익재 외, 2017. 『통합 물관리의 기본 원칙과 정책 로드맵 연구』. 한국환경정책 평가연구원 정책보고서.
27. 김종길, 2000. “해운계의 숨은이야기: 여객선 남영호 침몰사건”, 『해양한국』, 2000(1).
28. 김종길, 2004. “해운계의 숨은 이야기들 (47): 여객선 서해훼리호 전복사건”, 『해양한국』, 2004(6).
29. 김형도·이상섭·박금성·배규웅, 2014. “프리캐스트 콘크리트 제품의 공장 인증 제도에 관한 연구”, 『한국구조물진단유지관리공학회 논문집』, 18(6).
30. 김훈, 2019. 『대한민국을 뒤흔든 대형 재난 사고』, 고양: 지우북스.
31. 노진철·박은희, 2004. “시민적 성찰과정과 대구지역 시민사회의 형성: 낙동강 페놀오염 사건을 중심으로”, 『환경사회학연구 ECO』, 7.
32. 대구광역시, 2005. 『대구지하철 중앙로역 화재사고백서』.

33. 대한건축학회, 2018.『경주·포항지진 건축물 피해조사』.
34. 대한변호사협회, 2015.『4·16 세월호 참사 백서』.
35. 문화재청, 2013.『숭례문 복구 및 성곽 복원공사 수리보고서』.
36. 박민규, 박무종, 2012. “전력대란: 블랙아웃 사례와 시사점”,『방재저널』, 14(5).
37. 박용섭, 1995. “연안 여객선의 해상교통 안전을 위한 제도개선의 제언”,『사회과학연구논총』, 2.
38. 박재형, 2008. “미국의 분열적 중동정책과 제1차 석유파동: 아랍–이스라엘, 메이저 회사, 국내정치적 구조”,『한국중동학회논총』, 28(2).
39. 박주석, 1987. “적조(赤潮) 및 부영양화(富榮養化)의 천이(遷移)와 대책(對策)”,『수산연구』, 1.
40. 박창근, 2015.『환경보호 대통령 박정희: UN환경계획 ‘Global 500’ 수상자 박창근 특강』, 서울: 가교.
41. 박태균, 2010. “와우아파트, 경부고속도로, 그리고 주한미군 감축”,『역사비평』, 93.
42. 보건복지부, 2016.『2015 메르스 백서』.
43. 산림청, 2001a.『동해안 산불백서1』.
44. 산림청, 2001b.『동해안 산불백서2』.
45. 삼성방재연구소, 2006.『위험관리 제100호 특집 大韓民國災難 47年』.
46. 삼척시, 2004,『2002 태풍 제15호 루사(RUSA) 수해백서』.
47. 서울문화재단, 2016.『1995년 서울, 삼풍』, 서울: 동아시아.
48. 서울시정개발연구원, 2008.『교통안전법 개정에 따른 서울시 교통사고원인조사 체계정립에 관한 연구』.
49. 서울특별시, 1996.『삼풍백화점 붕괴사고 백서』.
50. 서울특별시 시사편찬위원회, 2013.『서울재해사』.
51. 서휘석·전민호, 2002. “공공시설물의 안전에 영향을 미치는 요인”,『전북행정학회보』, 16(1).
52. 소방방재청,『2006년 폭염종합대책』.
53. 손정목, 2003. “서울의 무허가 건물과 와우아파트사건”,『도시문제』, 38(415).
54. 손정목, 2004. “도시 50년사(21) 이리역 가스폭발 사고”,『도시문제』, 39(422).
55. 송상현, 2015. “사우디아라비아 석유정책이 제2차 석유파동에 미친 영향”.『한국

이슬람학회논총』, 25(2).
56. 심기오, 2009. 『극한 가뭄 대응방안에 관한 연구』, 국립재난안전연구원 연구보고서.
57. 씨랜드 화재 참사 희생자 유족회, 2000. 『씨랜드 참사 백서–그 날 밤 씨랜드에선 어떤 일이 벌어졌는가?』.
58. 양기근, 2011. "중앙재난안전대책본부의 역할과 구성시기의 문제점과 개선방향: 구제역 재난관리를 중심으로", 『국가위기관리학회 2011 추계학술대회 자료집』.
59. 양기근·유상일·송윤석·이동규·이주호·홍영근, 2014. 『재난관리론』, 서울: 대영문화사.
60. 양야기·정호기, 2017. "1970년대 후반 사회재난의 인식과 피해복구의 논리–'이리역 폭발사고'를 중심으로–", 『시민사회와 NGO』, 15(2).
61. 여영섭, 2013. "석유법령 변천사(3)–제정(1970) 이후 1975. 7. 25(제1차 전면개정)까지의 석유관련법령", 『석유협회보』, 289.
62. 여영학, 2002. "녹사평역 기름 유출은 빙산 일각 죽음의 땅 된 필리핀 미국기지 잊지 말아야", 『민족21』, 16.
63. 염복규, 2014. "붕괴된 신화, 지속되는 신화", 『역사비평』, 108.
64. 오태근, 송창근, 구재현, 유상일, 윤영근, 엄태수, 2019. 『안전 및 재난관리의 주요 이론』, 서울: 윤성사.
65. 유재환, 1984. "심층분석"–대아호텔 "화재사고", 『방재와 보험』, 22.
66. 유해정, 2017. "남영호 참사와 문화적 외상", 『시민사회와 NGO』, 15(1).
67. 윤명오, 1999. "화성 씨랜드 화재 문제점 및 대책", 『한국화재소방학회 논문지』, 13(4).
68. 이동한·신상숙·전병율·이종구, 2010. "정부의 신종인플루엔자 A(H1N1) 대응", 『예방의학회지』, 43(2).
69. 이윤석, 2016. "철도안전정책 사례연구: 사고없는 사회를 위하여", 한국행정연구원. 『효율적인 사례교육을 위한 공공부문 정책사례』, 한국행정연구원 연구보고서.
70. 이선호, 2014. "한국의 세계보건기구(WHO) 가입과정과 1950년대의 사업성과", 『의사학』, 23(1).
71. 이재열·김동우, 2004. "이중적 위험사회형 재난의 구조", 『한국사회학』, 38(3).

72. 이재은, 2005. "참여정보의 재난관리정책: 평가와 방향", 양승함 편, 『노무현정부의 국가관리 성과와 과제』, 서울: 연세대학교 출판부.
73. 이종구, 2000. "전염병예방법령의 개정과 향후 추진계획", 『소아감염』, 7(2).
74. 이종열·이종영·최진식·정지범, 2014. 『재난관리론』, 서울: 대영문화사.
75. 이주호, 2012. "재난 피해지역에서의 재해구호 정책네트워크 분석", 『한국지방자치연구』, 13(4).
76. 이창현, 2019. "서울시의 시민아파트 건설과 와우아파트 붕괴 사건 처리", 『사림』, 70.
77. 이천소방서, 2008. 『「경기 이천시 코리아 2000 냉동창고」 화재사고 백서』.
78. 임삼진, 1993. "아시아나 항공기 추락사건 유감", 『월간 사회평론·길』, 9.
79. 임월애 외, 2020. "1970년대 이후 한국 연안의 적조 발생 변화", 『해양환경안전학회지』, 26(5).
80. 전라북도, 1994. 『위도 앞바다 서해훼리호 – 우리는 그 참사, 이렇게 극복했다』.
81. 전창효, 2006. "국내 방사능 방재대책", 『한국방재학회지』, 6(4).
82. 정광량, 2014. "마우나 리조트 사고로 본 구조안전제도의 현실", 『재난안전』, 16(2).
83. 정지범, 2012. 『범정부적 국가위기·재난관리시스템 연구』, 서울: 한국행정연구원 연구보고서.
84. 정창호·박치성, 2015. "문화재보수정비 이해관계자 정책뮤제 비교연구: 숭례문 복원사례를 중심으로", 『국가정책연구』, 29(1).
85. 정혜승, 2015. "해양유류오염사고의 리스크 평가에 관한 연구", 성균관대학교 무역학과, 박사학위논문.
86. 조석현·이정일, 2017. 『재난관리론』, 서울: 화수목.
87. 조아라, 2013. "한국 구제역 사태의 전개과정에 관한 연구: 불확실성 논쟁의 구조와 메커니즘을 중심으로". 고려대학교 대학원 과학기술학 협동과정, 박사학위논문.
88. 주종광, 2016. "해양사고대응 협력적거버넌스 가능성 모색–한국의 주요 해양사고를 중심으로–", 『한국경찰연구』, 15(4).
89. 중앙119구조대, 1998. 『재난유형별 사고사례집』.
90. 차명일·김기운·김주현·좌민홍·최대해·김인병·왕순주·유인술·윤한덕·이강현·조석주·허탁·홍은석, 2017. "경주 마우나 오션 리조트 내 체육관 붕괴사고의 재

난의료응체계 고찰", 『대한응급의학회지』, 28(1).

91. 클라이넨버그, 에릭(Klinenberg, Eric), 2018. 『폭염사회』, 홍경탁 역, 파주: 글항아리.

92. 차철환, 1973. "특집/'73 도시문제의 정리: 공해방지법과 도시계획", 『도시문제』, 8(12).

93. 채종헌·최호진·이재호, 2018. 『재난 불평등 해소와 사회통합 전략에 관한 연구』, 한국행정연구원 연구보고서.

94. 천병철, 2011. "우리나라 감염병관련 법률 및 정책의 변천과 전망", 『Infection and Chemotherapy』, 43(6).

95. 최성은, 2016. "우리는 실패가 더 필요한가?: 1, 2, 3차 낙동강 페놀오염사건의 조직학습 실패를 중심으로". 『정부행정』, 12.

96. 퍼거슨, 니얼(Ferguson, Niall), 2021. 홍기빈 역, 『둠: 재앙의 정치학』, 파주: 21세기북스.

97. 하버마스, 위르겐(Habermas, Jürgen). 1983, 『후기 자본주의 정당성 문제』, 임재진 역. 서울: 종로서적.

98. 하숙양, 2011. "가축 전염병(口蹄疫 및 AI)의 경제적 영향분석 및 축산업허가제". 건국대학교 대학원 축산경영·유통경제학과, 박하학위논문.

99. 한국건설기술연구원, 2012. 『국가기반체계 보호전략 개발연구』.

100. 한국농촌경제연구원, 2019. 『2019 구제역 백서』, 농림축산식품부.

101. 한국전기연구원, 2012. 『긴급부하차단 우선순위 조정에 관한 연구』, 한국전기연구원 연구보고서.

102. 한국해양수산개발원, 2003. "화물연대 운송거부사태의 영향과 정책과제", 『KMI 해양수산 현안분석』, 2003(6)

103. 한국행정연구원, 2015. 『대형복합재난 법적기반 구축 연구』, 한국행정연구원 연구보고서.

104. 해양안전심파원, 2014. 『여객선 세월호 전복사고 특별조사 보고서』.

105. 홍성태, 2010. "붕괴사고와 사고사회-와우아파트와 삼풍백화점을 중심으로", 『사회와 역사』, 87.

106. 홍성태·안홍섭·박홍신, 한미파슨스, 2006. 『삼풍사고 10년 교훈과 과제』, 서울: 보문당.

107. 4·16세월호 참사 국민조사위원회, 2017. 『세월호 참사 팩트체크: 밝혀진 것과 밝혀야 할 것』, 파주: 북콤마.

108. Cho, Seong., Da Young Kim, Ji Ni Kim, Sung Soo Byun, Jae Eun Lee., 2016. "코어시스템을 통한 여객선 침몰사고 비교분석", 『한국위기관리논집』, 12(3).

109. 岩崎 恭彦, 2012. "日本における成長と環境－公害·環境規制をめぐる「法と政策」の視点から", 『東北亞法硏究』, 5(3).